술술 넘기며 다 이해하는
파이썬 코딩 노트북 38

술술 넘기며 다 이해하는 파이썬 코딩 노트북 38

처음으로 프로그래밍 사고의 길을 내다

초판 1쇄 2022년 11월 30일

지은이 이강성
발행인 최홍석

발행처 (주)프리렉
출판신고 2000년 3월 7일 제 13-634호
주소 경기도 부천시 길주로 77번길 19 세진프라자 201호
전화 032-326-7282(代) **팩스** 032-326-5866
URL www.freelec.co.kr

편 집 서선영, 박영주
표지디자인 황인옥
본문디자인 박경옥

ISBN 978-89-6540-342-5

술술 넘기며 다 이해하는 ──

파이썬 코딩
노트북 38

이강성
지음

처음으로
프로그래밍 사고의
길을 내다

프리렉

들어가며

파이썬 프로그래밍 언어를 대학에서 20년 넘게 가르치면서 시대가 많이 변했음을 절감합니다. 2000년, 파이썬이란 언어가 좋으니 써보라는 의도로 시작한 강의지만, 이제는 누가 권하지 않아도 누구나가 배워야 할 첫 번째 프로그래밍 언어가 되었습니다.

출판사로부터 기초 파이썬 도서를 써 달라는 부탁을 받았을 때 다소 망설였습니다. 왜냐하면, 그동안 기초 파이썬 서적이 많이 출간되었고, 나름 잘 정리된 책도 많이 있는데 구태여 책을 써야 하는지에 대한 고민이 있었기 때문입니다. 하지만 기존 프로그래밍 도서들이 아주 쉽거나 혹은 어렵거나로 양분되어 있는 것과, 입문 도서들이 파이썬 문법에 주로 초점을 맞추다 보니 실제 활용을 어떻게 해야 하는지에 관한 내용은 별도로 학습을 해야 하는 점이 있다는 것을 확인하고 책을 써보기로 마음먹었습니다.

이 책은 문법 지향적인 책은 아닙니다. 이 책은 문법을 충실히 설명하면서도 동시에 어떻게 활용해야 할지를 함께 익히게 하기 위한 고민의 결과물입니다. 제가 책의 방향을 제시했을 때 프리렉 대표께서 흔쾌히 저서 의도에 동의해 주셔서 작업이 시작되었습니다만, 그 이후의 작업은 쉽지 않았습니다. A를 설명하기 위해서 B의 개념이 필요하고 B를 잘 설명하기 위해서는 A를 함께 사용하는 것이 좋은, 닭이 먼저일 수도 달걀이 먼저일 수도 없는 상황이 난감했습니다. 하지만 프리렉 출판사와의 성공적인 협업으로 방향을 잘 정리하게 되었고 지금의 결과물이 나오게 되었음을 감사하게 생각합니다. 본 도서는 저의 노력과 독자의 관점에서 오랜 시간동안 많이 고민한 출판사 기획의 결과물입니다. 독자를 최대한 배려하기 위한 출판사의 노력에 제가 이끌렸다고 해야 할 것 같습니다. 그래서 본 도서는 출판사와의 성공적인 협업에 대한 결과물로 자랑할 만합니다. 최홍석 대표님과 박영주 사원님께 심심(甚深)한 감사의 말씀을 전합니다.

기초 교육이라고 해서 표준 파이썬 라이브러리에 국한될 필요는 없다고 생각했습니다. 특별히 응용을 생각한다면 외부 라이브러리를 잘 활용해야 합니다. 순수한 파이썬만으로 프로그래밍 되는 사례는 거의 없기 때문입니다. 그래서 많은 예제가 오픈 소스로 제공되는 유명 라이브러리를 활용하고 있습니다. 입문서라는 제약으로 풍부한 활용 예제를 담지는 못했지만, 그래도 방향은 제시하고 있다고 생각합니다. 이후로 관련 자료를 참고하면서 프로그래밍을 연습해 나갈 수 있는 좋은 디딤돌이 될 것으로 확신합니다. 아무쪼록 이 책을 통해서 파이썬의 가치를 더 확인하고 그것을 잘 활용하게 되는 독자가 많이 나오게 될 것을 기대해 봅니다.

광운대학교 인제니움학부대학 **이강성 교수**

어쩌면 우리 모두는 디지털의 강을 건너야 하는 디지털 숙명에 처해 있을지도 모릅니다. '컴퓨터 (computer)'가 계산 업무 담당자를 지칭했던 1800년대부터 수천 조 번의 연산 성능을 발휘하는 컴퓨터가 등장한 오늘날까지, 긴 듯해도 인간의 문명사로 보자면 짧은 기간 사이에 우리는 인류 전대미문의 정보 시대에 접어들었습니다.

사실 이 정보 가치의 시대, 정보 과잉의 시대가 저희와 여러분이 선택한 시대는 아닙니다. 그럼에도 고성능의 컴퓨터를 사용하는 역량과 그것을 통해 데이터를 가공 및 정제하여 정보로 전환하는 지식, 그리고 얻은 정보를 다시 목적이나 의도에 따라 적절히 활용해 결과를 만들어 내는 능력이 누구에게나 기회가 되는 시대에 삶을 영위하게 되었습니다.

디지털의 강을 건너는 일이 결코 만만치는 않습니다. 그렇다 보니 대부분 포기했고, 일부만이 직업적 선택과 재능이 있어 먼저 쉽게 건너갔습니다. 지금껏 디지털 교양으로서의 프로그래밍 커리큘럼 중, 대부분의 실패는 프로그래밍 언어의 문법과 코딩 알고리즘을 학습하는 과정에서 벌어졌습니다. 교양 수준에서 접근하기에는 난도가 높았고, 현업의 실무 측면에서도 쓰임새가 작았다고 보여집니다.

이 책은 시대적 역량과 교양 목적에 맞게, 문법보다는 체험에 집중했습니다. 현실에 놓인 소재들로 디지털 체험의 다리를 놓았습니다. 또한 섹션을 쪼갰습니다. 새로워서 소화하기 버겁고 기억도 벅찬 지식을 본문 전면부터 배치하기보다, 적절히 여러 위치에 분산하고 반복하여 꼭 필요한 것만 거부감 없이 친숙해지고 이해할 수 있게끔 노력했습니다.

마지막으로 정보를 맥락까지 전달하려는 과정에서 텍스트가 갖는 선형적 전달의 한계를 넘어서고자, 시각적 요소도 어렵게나마 많이 개발하려 애썼습니다. 이 모두가 여러분의 학습 감정에 부정과 포기보다는 긍정과 즐거움이 쌓이기를 바라는 마음이었습니다.

여러분께 《파이썬 코딩 노트북 38》의 파이썬이, 디지털 역량을 몸소 익히고 활용하는 계기가 되어 드렸으면 합니다. 더 나아가 이 즐거운 경험을 통해 시나브로 쌓인 디지털 사고가 업무와 공부에 계속 적용되며 무수히 강화되고 숙성되길 바랍니다. 그럼으로써 향후 배가된 정보 문해력을 무기로, 정보의 가치를 여러분 삶에 든든한 동반자로 맞이하기를 소망합니다.

보이는 세계가 일변하는 디지털의 강, 이제 여러분이 저희와 건널 차례입니다. 함께 가보도록 합시다!

프리렉 참여자 일동

차례

* [찾아보기], [답안 및 해설]은 프리렉 홈페이지 자료실(www.freelec.co.kr/datacenter)에서 제공합니다.

폴더 0

두근두근,
프로그램의
세계로

이 폴더에서 열어 볼 노트북

이제 웹 서핑이나 문서 작성을 넘어, 직접 코드를 입력해 가면서 보다 '컴퓨터적인' 일을 시도해 보겠습니다. 프로그램의 구조와 원리를 이해할 수 있는 토대가 되어줄 것입니다. 컴퓨터와 소통하기 위한 언어를 '프로그래밍 언어'라고 합니다. 개중 초보자가 비교적 이해하기 쉬운 '파이썬(Python)' 프로그램으로 시작해 보겠습니다.

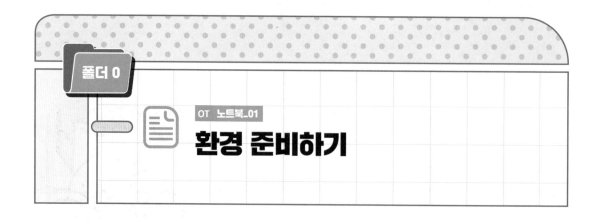

환경 준비하기

파이썬 프로그램 설치하기

파이썬은 무료로 배포됩니다. 공식 파이썬 배포판은 파이썬 공식 홈페이지(https://www.python.org/downloads/)에서 받을 수 있습니다. 윈도우 컴퓨터를 사용한다면 화면의 노란 버튼을 클릭하는 것으로 현 시점의 최신 파이썬을 내려 받을 수 있습니다. (이 책에서는 파이썬 3.10.4 버전을 기준으로 진행합니다.)

설치 프로그램을 실행하면, 이렇게 환경설정 대화상자가 뜹니다. 반드시 맨 아래 체크박스를 확인하여 [Add Python 3.10 to PATH] 옵션에 체크하시길 바랍니다. (처음에는 체크가 해제된 상태입니다.) 그런 뒤 [Install Now]를 클릭해 설치를 진행하면 됩니다.

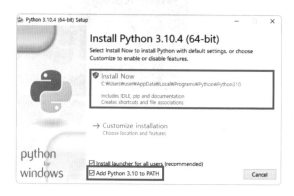

여기서 한 가지 주의할 점이 있습니다. [Install Now] 아래 추천된 설치 경로에 한글이 포함되어 있는지 꼭 확인하시기 바랍니다. 간혹 윈도우 계정 이름이 한글인 경우가 있습니다. 그러면 설치 경로는 다음과 같이 나타날 것입니다.

> C:\Users\이강성\AppData\Local\Programs\Python\Python310

주의 경로에 한글이 포함되면 안 됩니다. 나중에 문제가 생길 가능성이 아주 높습니다! 한글이 포함되지 않도록 경로를 수정해야 합니다.

[Customize installation] 옵션을 이용해 한글이 포함되지 않은 다른 경로를 선택해 보겠습니다. 진입 시 바로 나타나는 [Optional Features] 창을 [Next]로 넘기면, 다음 [Advanced Options] 화면을 볼 수 있습니다.

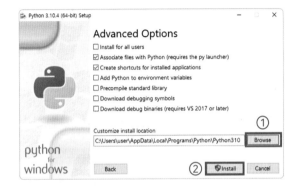

[Customize install location] 옆의 [Browse] 버튼을 클릭해 적절한 영문 경로를 찾아 지정하여 문제를 미연에 방지하시길 바랍니다. 작업을 마치고 [Install]을 클릭하면 마찬가지로 자동으로 설치가 진행됩니다.

설치가 완료되었다면, 작업 표시줄의 시작 버튼(■)을 클릭해 프로그램 목록에서 [Python 3.10] 폴더를 찾으세요. 그런 다음 가장 위에 있는 프로그램, [IDLE]를 클릭해 실행합시다.

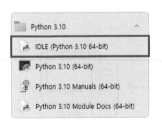

메모장과 비슷하게 생긴 창이 하나 나타납니다. IDLE의 기본 모드 [Shell]로, 대화형(interactive) 환경입니다. 대화형 환경이란, 명령을 하나 입력하면 곧바로 그 결과를 볼 수 있는 환경을 말합니다. 마치 대화하듯이 파이썬과 그때그때 상호작용할 수 있습니다.

이제 기본 준비는 다 되었습니다. 프롬프트 >>>가 보이면, 명령을 입력할 수 있는 상태입니다. 명령 몇 가지를 입력해 보겠습니다. 한 줄을 입력하고 [Enter] 키를 누르면, 다음 줄에 결과가 출력되고 프롬프트 >>>가 새로 나타납니다. 각 명령이 무슨 의미인지는 추후 소개할 예정이니, 지금은 틀리지 말고 똑같이 입력하는 데 집중하세요.

이렇게 대화식으로 한 단계씩 명령을 실행하는 '대화형' 방식도 있지만, 미리 여러 명령을 에디터를 이용해 작성해 둔 뒤, 한꺼번에 실행하는 '일괄처리' 방식도 있습니다. 이것이 바로 **프로그램**입니다. 프로그램 작성 방법은 추후 [노트북_05]에서 따로 살펴보겠습니다.

🎤 참고 · 인터프리터와 컴파일러

컴퓨터가 2진법을 사용한다는 것은 익히 들어서 알고 계실 겁니다. 이렇게 0과 1만으로 이루어진 기계어는 사람이 사용하기에는 지나치게 난해합니다. 그래서 컴퓨터에게 일을 쉽게 지시하기 위한, 인간의 말과 유사한 고급 언어인 '프로그래밍 언어'를 개발했습니다. 그런데 컴퓨터는 여전히 기계어만을 이해하기 때문에, 파이썬 등의 고급 언어로 작성된 코드는 기계가 이해할 수 있는 방식으로 실행되어야 합니다.

`그림` 인터프리터 언어의 실행 과정

프로그램을 기계어로 번역해서 실행하는 언어를 컴파일러(Compiler) 언어라고 하고, 프로그램을 부분적으로 읽고 해석하면서, 미리 준비된 방식으로 기계가 실행하도록 하는 언어를 인터프리터(Interpreter) 언어 혹은 스크립트(Script) 언어라고 합니다. 파이썬은 스크립트(Script) 언어입니다.

인터프리터 방식은 작성된 프로그램을 한 줄씩 기계어로 번역해 가며 즉시 실행합니다. 컴파일 과정이 생략되므로 소스를 작성하는 즉시 실행하기 쉽고, 비교적 오류를 더 빠르게 파악할 수 있습니다. 또한 진입 장벽이 낮아 비전공자도 쉽게 배울 수 있다는 장점이 있습니다.

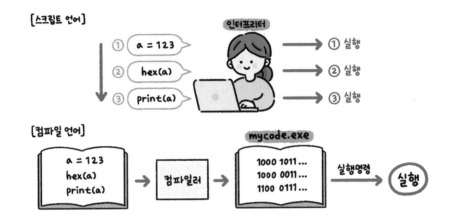

그림 스크립트 언어와 컴파일 언어의 처리 방식 비교

컴파일러 방식에서는 작성된 프로그램 전체를 한 번에 기계어로 번역한 후에 컴퓨터에서 실행할 수 있는 실행 프로그램으로 만듭니다. 프로그램 전체를 번역해야 하기 때문에 그 과정이 복잡하지만, 한번 번역한 후에는 다시 번역할 필요가 없으며, 최적화된 기계어로 번역되어 있어 실행 속도가 비교적 빠른 편입니다.

표 인터프리터 방식 vs. 컴파일러 방식

구분	인터프리터 방식	컴파일러 방식
실행 방식	한 문장씩 해석해 가며 프로그램 실행	전체 코드를 한 번에 번역한 뒤 프로그램 실행
장점	대화형 처리가 가능하다 오류를 파악하기 쉽다 배우기 쉽다 플랫폼에 독립적이다	실행 속도가 비교적 빠르다 효율적인 실행 코드를 생성할 수 있다
단점	실행 속도가 상대적으로 느리다 실행 시 반드시 인터프리터가 필요하다	상대적으로 오류를 파악하기 어렵다 기계어에 종속적인 실행 코드가 생성되므로, 실행 기계가 달라지면 새롭게 컴파일해야 한다
예시 언어	파이썬, 자바스크립트, R 등	C, C++, Java 등

주피터 프로젝트

프로그램을 작성하기 위해서는 프로그램용 에디터가 필요합니다. 구글 검색창에 'python editor'를 검색하면 다양한 파이썬 편집 프로그램이 나옵니다. 어느 것을 써도 관계없습니다만, 대개 '파이참(PyCharm)', '비주얼 스튜디오 코드(Visual Studio Code)', '주피터 랩(jupyter-lab)'을 많이 사용하는 것 같습니다.

파이썬 표준 배포판에 함께 제공되는 에디터인 IDLE를 사용해도 무방하지만, 이 책에서는 **주피터 프로젝트**(https://jupyter.org) 결과물 중에서, **주피터 노트북**(jupyter notebook) 혹은 **주피터 랩**(jupyter lab)이란 프로그램을 이용해 대부분의 코드를 작성, 실행하고자 합니다. 주피터 랩은 주피터 노트북의 발전된 버전인데, 사용법은 두 개가 서로 비슷하고 파일도 호환되므로 어느 것을 사용해도 무방합니다. 주피터 노트북/랩은 웹 브라우저를 이용해서 프로그래밍을 하도록 만든 도구입니다.

주피터 노트북에서는 대화형과 일괄처리형 방식 모두를 사용할 수 있습니다. 셀(cell)에 입력되는 코드를 대화형으로 실행할 수 있을 뿐 아니라, 셀에 여러 줄의 코드 입력이 가능하므로 일괄처리도 가능한 독특한 기능을 가집니다. 실행 결과가 셀 단위로 표시되며 수정 및 재실행이 자유로운 장점이 있습니다. 또한 설명을 하는 텍스트 영역을 지정할 수도 있고, 그래픽과 이미지 등의 여러 미디어를 함께 표현할 수 있어서 '프로그래밍이 가능한 멀티미디어 문서'라고 부를 수도 있을 것 같습니다. 다음 그림을 보면 느낌이 올 겁니다.

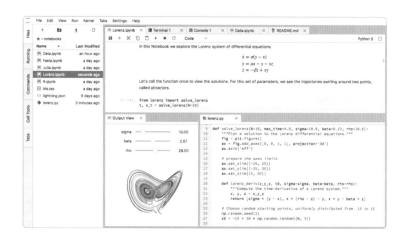

그림 주피터 랩 실행 예시

주피터 노트북 혹은 랩은 주피터 프로젝트 홈페이지(https://jupyter.org/try)에 방문하시면 설치하기 전에 미리 사용해볼 수 있습니다.

웹 페이지 하단 첫 번째와 두 번째 아이콘을 클릭해, 주피터 랩과 노트북을 차례로 실행해 봅시다. 지금은 어떤 느낌인지 가볍게 살펴만 보세요.

통합 개발 환경
(IDE, Integrated Development Environment)
: 프로그램을 개발하는 데 필요한 종합적인 도구를 제공하는 환경
예: 주피터 노트북

`그림` 주피터 랩 체험판 화면

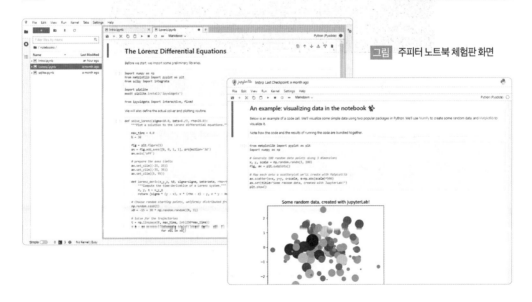

`그림` 주피터 노트북 체험판 화면

설치 및 실행

우리가 함께 할 파이썬 환경에 대해 알아보았으니, 본격적으로 준비에 들어가 보겠습니다. 주피터 노트북은 기본 파이썬에 함께 배포되지 않으므로, 알려드리는 방법으로 설치하시면 됩니다.

기본 파이썬 프로그램 외 추가 요소를 설치하는 데는 주로 [명령 프롬프트(cmd.exe)]란 프로그램을 이용합니다. 이것은 창과 아이콘으로 구성된 윈도우 운영체제가 미처 지원하지 못하는 명령어 작업을 위하여, 예전의 DOS를 모방해 마련해 둔 프로그램입니다.

작업 표시줄 검색창에서 '명령 프롬프트' 또는 'cmd'를 검색해 실행합니다.

다음과 같은 검은 창이 나타납니다.

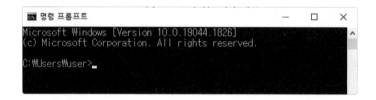

아니면 키보드 단축키 [⊞ (윈도우 키) + R]로 [실행] 팝업창을 띄운 뒤, [열기(Q)] 옆 박스에 cmd 를 입력하고 [Enter] 키를 눌러 실행하는 방법도 있습니다. (이때 관리자 권한을 부여하고 싶다면, 그냥 [Enter] 키만 누르지 말고, 단축키 [Ctrl]+[Shift]+[Enter]를 눌러 열면 됩니다.)

주피터 노트북 설치 과정 자체는 간단합니다. 명령 프롬프트(cmd.exe)의 시스템 경로(C:\Users\user>, 필자의 경우이고 환경마다 다를 수 있음)의 > 기호 뒤에 다음 명령을 입력하고 [Enter] 키를 쳐 주면 끝입니다.

```
> pip install notebook
```

자동으로 설치가 진행됩니다. 주피터 랩을 사용하고 싶다면, 다음 명령을 입력하세요.

```
> pip install jupyterlab
```

'Successfully installed~'로 시작하는 메시지와 함께 화면이 멈추고 처음 보았던 경로가 다시 나오면 정상 설치된 것입니다.

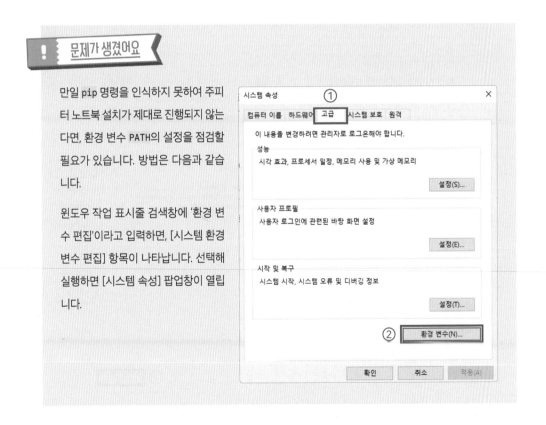

문제가 생겼어요

만일 pip 명령을 인식하지 못하여 주피터 노트북 설치가 제대로 진행되지 않는다면, 환경 변수 PATH의 설정을 점검할 필요가 있습니다. 방법은 다음과 같습니다.

윈도우 작업 표시줄 검색창에 '환경 변수 편집'이라고 입력하면, [시스템 환경 변수 편집] 항목이 나타납니다. 선택해 실행하면 [시스템 속성] 팝업창이 열립니다.

[고급] 탭에 들어가 가장 아래 [환경 변수(N)…] 버튼을 클릭하세요. [환경 변수] 창이 뜹니다. [시스템 변수(S)] 아래 목록에 있는 [Path]를 선택하고, [편집 (I)…] 버튼을 클릭합니다.

[환경 변수 편집] 창이 나타납니다. 여기서 [Path]의 환경 변수 목록을 확인하고 편집할 수 있습니다. 다음 변수들이 포함되어 있는지 찾아보세요.

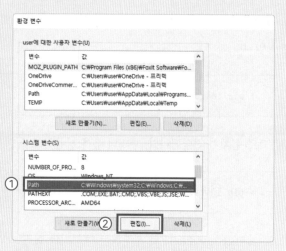

```
C:\Users\user\AppData\Local\Programs\Python\Python310
C:\Users\user\AppData\Local\Programs\Python\Python310\Scripts
```

환경 변수의 사용자 이름(여기서는 user)는
환경에 따라 얼마든지 달라질 수 있습니다.

Python 뒤의 숫자(여기서는 310)은 파이썬의 버전입니다.
파이썬은 지속적으로 더 나은 프로그래밍 언어를 추구하며
업데이트되고 있으므로, 숫자는 달라질 수 있습니다.

순서대로 현재 파이썬이 설치된 위치와 그 안의 [Scripts] 폴더의 경로입니다. 당연히 독자 여러분의 설치 설정값에 따라 다를 수 있습니다. 꼭 실제 경로 전체가 누락 없이 환경 변수로 들어가 있어야 합니다.

없다면 우측의 [새로 만들기(N)] 버튼을 눌러 다음과 같이 하나씩 추가해 줍니다. 마지막으로 하단의 [확인] 버튼을 클릭해 저장하면 끝입니다.

> C:\Users\user\AppData\Local\Programs\Python\Python310
>
> \Users\user\AppData\Local\Programs\Python\Python310\Scripts

이제 명령 프롬프트를 새로 실행하고, 주피터 노트북 설치 명령을 재차 입력해 보세요. 이런 번거로운 작업을 회피하고자 설치 시 [Add Python 3.10 to PATH] 박스를 체크했던 것입니다만, 혹 문제가 생겼을 때를 대비해 해결 방법을 소개해 둡니다.

주피터 노트북을 설치한 창을 닫고, 명령 프롬프트를 재실행합니다. 다음 명령을 입력하여 시작합니다. (주피터 랩을 사용하고 싶다면, `jupyter lab` 명령을 입력하면 됩니다.)

```
> jupyter notebook
```

자동으로 기본 웹 브라우저가 열리며 주피터 노트북이 실행됩니다. 또는 명령 프롬프트창 아래쪽에 출력된 URL 2개 중 하나를 선택, 웹 브라우저 주소창에 [복사-붙여넣기]하여 실행할 수도 있습니다.

주의 주피터 노트북이나 주피터 랩을 실행한 명령 프롬프트를 커널(kernel)이라고 합니다. 파이썬 명령이 이곳에서 실행됩니다. 브라우저는 입력된 정보를 커널로 전달해서 실행하게 하고, 그 결과를 받아서 다시 표시하는 인터페이스 역할만을 수행합니다. 따라서 명령 프롬프트는 계속 실행되고 있어야 합니다. 화면에서 없애고 싶다면 [최소화]를 해주세요.

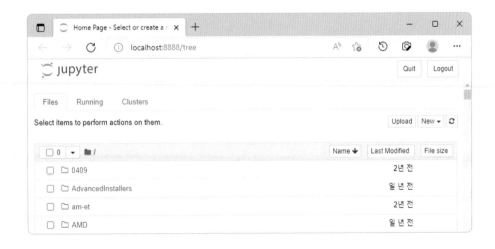

앞 그림은 주피터 노트북 메인 화면입니다. 새로 프로그래밍을 시작하려면 화면 오른쪽 위 [New] 메뉴의 드롭다운 항목에서 [Python 3 (ipykernel)]를 클릭하세요.

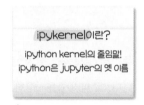

새 탭에서 가상 환경의 파이썬 노트북이 열리고, 파이썬 코드 편집기가 나타납니다. 이것이 바로 이 책 내내 우리와 함께할 파이썬 작업 환경입니다.

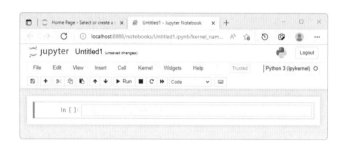

이로써 주피터 노트북을 사용할 모든 준비가 끝났습니다!

실행과제

본문에 설명한 절차에 따라 파이썬과 주피터 노트북, 주피터 랩을 설치하고 실행해 봅니다.

주피터 노트북 간단 매뉴얼

주피터 노트북의 기능은 무궁무진하지만, 이 책을 따라 하는 데는 그리 많은 것을 익힐 필요는 없습니다. 아주 기본적인 메뉴와 기능만 소개하겠습니다.

새 파이썬 노트북을 열면, 화면에 바로 박스 하나가 보입니다. 이 박스가 곧 주피터 노트북에서 코드를 입력하고 처리하는 기본 단위로, 이름은 **셀(cell)**이라고 합니다.

```
In [ ]:
```

주피터 노트북에는 두 가지 모드가 있습니다. 현재는 파일 전체나 셀 단위의 작업을 진행하는 명령(Command) 모드입니다. 이 모드에서는 다양한 단축키로 셀을 선택하고, 이동시키고, 복사하고, 붙여넣고, 합치고, 삭제하고, 추가할 수 있습니다. 파란색으로 표시됩니다.

우리가 주로 사용할 것은 셀 안에 코드를 작성하는 편집(Edit) 모드입니다. 마우스로 박스 안을 한 번 클릭해 주면, 테두리가 녹색으로 바뀌며 편집 모드가 활성화됩니다. 대개 한 줄씩 바로 실행되는 대화형 환경과 달리, 주피터 노트북 셀은 여러 줄의 코드를 한꺼번에 입력해 실행할 수도 있습니다.

```
In [ ]:  print('1')
         print('2')
         print('3')
```

임의로 몇 개의 명령을 입력해 보았습니다. 이 상태에서 단축키 [Shift] + [Enter]를 누르면(또는 메뉴의 [▶Run] 버튼 클릭) 실행 결과를 확인할 수 있습니다.

```
In [1]:  print('1')
         print('2')
         print('3')

         1
         2
         3

In [ ]:
```

셀을 실행하면 비어 있던 `In [ ]:` 대괄호 사이에 숫자가 나타납니다. 1은 현재 노트북에서 이 셀이 첫 번째로 실행되었다는 뜻입니다.

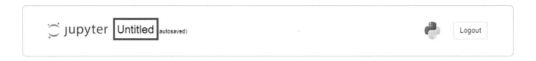

파이썬 노트북의 기본 제목은 'Untitled'입니다. 제목을 바꾸고 싶다면 [Untitled] 위치를 마우스로 클릭, 나타난 팝업창에서 새 이름을 입력한 뒤 [Rename]을 클릭하세요. 곧바로 반영됩니다.

중간에 작업을 저장하고 싶을 때는 단축키 [Ctrl]+[S]를 누르거나, 메뉴의 [File] → [Save and Checkpoint]를 클릭해 줍니다. 나중에 주피터 노트북의 [Home Page] 화면에서 저장된 `.ipynb` 파일을 찾아 코딩을 이어갈 수 있습니다.

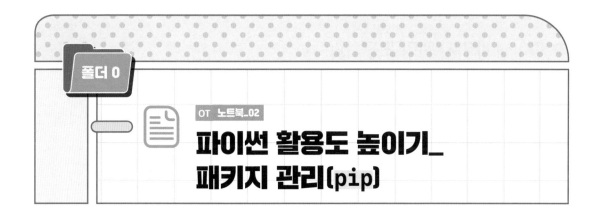

폴더 0

OT 노트북_02
파이썬 활용도 높이기_
패키지 관리(pip)

⬤ 파이썬 패키지란?

파이썬 홈페이지(https://www.python.org)에서 파이썬을 설치했다면 기본적인 준비는 된 셈입니다만, 실제로 표준 파이썬 배포판만 가지고 프로그램을 개발하는 경우는 거의 없습니다. 파이썬 생태계에서 사용할 수 있는 유용한 패키지/라이브러리가 많이 개발되어 누구나 가져다 쓸 수 있도록 공개되어 있으므로, 개발자들은 보통 이것들을 함께 사용해서 프로그램을 작성합니다. 따라서 이 노트북에서는 표준 파이썬 외에 외부에서 제공되는 패키지들을 설치하고 관리하는 방법을 살펴보고자 합니다.

패키지(package)란, 일종의 '코드 모음'이라고 보면 됩니다. 이 안에는 재사용할 수 있도록 미리 작성되어 저장된 파이썬 소스코드 파일(.py)들과 데이터가 담겨 있습니다. 마치 여러 파일과 프로그램들을 폴더별로 나누어 관리하는 것과 비슷합니다. (소스코드 파일과 패키지에 관해서는 후에 더 자세히 다룹니다.)

이들 패키지들은 대부분 PyPI 사이트에 있습니다. **PyPI**(https://pypi.org/)는 '파이썬 패키지 인덱스(Python Package Index)'라고 불리는 파이썬용 패키지 저장소입니다. 전 세계의 수많은 개발자가 자신이 개발한 파이썬 소프트웨어를 이곳에 올려 공유합니다. 이곳에서 소프트웨어를 무료로 내려 받고 업그레이드하는 것은 물론, 반대로 여러분이 직접 개발한 파이썬 소프트웨어를 다른 사람에게 제공할 수도 있습니다.

◉ 파이썬 패키지 관리 도구: pip

PyPI에 등록된 소프트웨어를 관리하는 도구가 **pip**입니다. **pip**는 최신 파이썬에 기본으로 함께 설치됩니다. **pip**는 명령 프롬프트(cmd.exe)에서 작동하는 프로그램입니다. 명령 프롬프트를 실행하고, 커서 위치에 곧바로 pip라고 입력해 보시기 바랍니다.

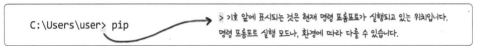

C:\Users\user> pip

> 기호 앞에 표시되는 것은 현재 명령 프롬프트가 실행되고 있는 위치입니다. 명령 프롬프트 실행 모드나, 환경에 따라 다를 수 있습니다.

[Enter] 키를 누르면 다음과 같이 **pip**에 관한 정보가 출력됩니다.

```
Usage:
  pip <command> [options]

Commands:
  install              Install packages.
  download             Download packages.
  uninstall            Uninstall packages.
  freeze               Output installed packages in requirements

  ...
```

pip는 항상 최신 버전으로 유지해야 합니다. 그러지 않으면 패키지 설치나 사용 시 오류가 발생할 수 있습니다. 만일 다음 형식의 주황색 메시지가 출력된다면, 현재 설치된 **pip**가 최신 버전이 아니라는 뜻입니다.

```
WARNING: You are using pip version 22.0.4; however, version 22.1.1 is
available.
You should consider upgrading via the '<설치_경로> -m pip install -upgrade
pip' command.
```

다음 명령을 통해 업그레이드할 수 있습니다.

```
> python -m pip install --upgrade pip
```

이와 같이 자동으로 pip 업그레이드가 진행됩니다.

```
Requirement already satisfied: pip in c:\users\user\appdata\local\programs\
python\python310\lib\site-packages (22.1.2)
Collecting pip
  Downloading pip-22.2.2-py3-none-any.whl (2.0 MB)
     -------------------------------------- 2.0/2.0 MB 10.9 MB/s eta
0:00:00
Installing collected packages: pip
  Attempting uninstall: pip
    Found existing installation: pip 22.1.2
    Uninstalling pip-22.1.2:
      Successfully uninstalled pip-22.1.2
Successfully installed pip-22.2.2
```

만일 이미 최신 버전이라면, 다음 메시지가 출력됩니다.

```
Requirement already satisfied: pip in <설치_경로>
```

pip가 무엇인지 알았으니, 이제 어떻게 pip로 파이썬 패키지를 관리하는지 살펴보겠습니다.

패키지 설치 및 업그레이드

패키지 설치는 pip의 install 명령으로 합니다. 앞서 주피터 노트북을 설치하면서 이미 사용해 보았습니다. pip inotall <패키지이름> 형식입니다

몇 개의 패키지를 시험 삼아 설치해 보겠습니다. NumPy(넘파이)는 배열 연산에 사용하는 수학 패키

지이고, `Matplotlib`(맷플롯립)은 그래프를 그려 주는 패키지입니다. 아주 많이 이용되는 패키지들입니다.

```
> pip install numpy
> pip install matplotlib
```

패키지 이름은 어원이나 인식 편의에 따라 대소문자를 구분하기도 하지만, 명령 프롬프트나 파이썬 개발 환경에서 사용될 때에는 언제나 소문자로 표기됩니다.

특정 버전이 꼭 필요하다면 `==` 기호 뒤에 버전 정보를 지정해서 설치하는 것도 가능합니다.

```
> pip install numpy==1.17.1
```

이미 설치된 패키지를 업그레이드하려면 `install` 명령의 `-U` 혹은 `--upgrade` 옵션을 사용합니다. 지금은 참고로만 알아 두면 됩니다.

```
> pip install --upgrade numpy
> pip install -U matplotlib
```

패키지 정보 확인

설치된 패키지에 대한 정보를 보려면 `pip show <패키지이름>` 명령을 이용합니다. 예시로 `NumPy` 패키지의 정보를 확인해 보겠습니다.

```
> pip show numpy
```

패키지 이름과 버전, 홈페이지, 제작자, 설치 위치 등의 정보가 출력됩니다.

```
Name: numpy
Version: 1.22.4
Summary: NumPy is the fundamental package for array computing with Python.
```

```
Home-page: https://www.numpy.org
Author: Travis E. Oliphant et al.

...
```

설치된 패키지 목록 확인

현재 어떤 패키지들이 설치되어 있는지는 `pip list` 명령으로 확인할 수 있습니다.

```
> pip list
```

패키지 목록이 Package(패키지 이름)와 Version(버전)으로 구분되어 출력됩니다. 분량상 일부만 실었습니다.

```
Package                   Version
------------------------- ---------
anyio                     3.5.0
argh                      0.26.2
argon2-cffi               21.3.0
argon2-cffi-bindings      21.2.0
asgiref                   3.5.2

...
```

업그레이드 가능한 목록 확인

`pip list --outdated` 명령을 사용하면 설치된 패키지 중에서 업그레이드 가능한 패키지의 목록을 확인할 수 있습니다. 현재 설치된 패키지 버전(Version)과 업그레이드 가능한 최신 버전(Latest)이 목록으로 출력됩니다.

```
> pip list --outdated
```

```
Package            Version    Latest       Type
------------------ ---------- ------------ -----
anyio              3.5.0      3.6.1        wheel
asttokens          2.0.5      2.0.8        wheel
attrs              21.4.0     22.1.0       wheel
Babel              2.9.1      2.10.3       wheel

...
```

패키지 삭제

패키지를 삭제하려면 uninstall 명령을 사용합니다. pip uninstall <패키지이름>과 같이 입력합니다. 앞에서 익힌 설치 명령에 부정접두사인 'un'만 붙이면 됩니다.

```
> pip uninstall numpy
```

시험 삼아 NumPy 패키지를 삭제해 보겠습니다.

```
Found existing installation: numpy 1.22.4
Uninstalling numpy-1.22.4:
  Would remove:
    c:\users\user\appdata\local\programs\python\python310\lib\site-packages\
numpy-1.22.4.dist-info\*
    c:\users\user\appdata\local\programs\python\python310\lib\site-packages\
numpy\*
    c:\users\user\appdata\local\programs\python\python310\scripts\f2py.exe
```

명령 프롬프트가 정말 삭제할 것인지 Proceed (Y/n)?를 통해 물어 옵니다. 이제 알파벳 y(대소문자 무관)를 입력하고 [Enter] 키를 치면, 잠시 후 삭제가 완료됩니다.

```
Proceed (Y/n)? y
  Successfully uninstalled numpy-1.22.4
```

실행과제

다음 열거된 패키지들을 설치해 보세요. 이 책은 물론, 다양한 환경에서 자주 이용되는 인기 있는 패키지들입니다. 미리 설치해서 원활한 개발 환경을 구현해 두길 바랍니다.

```
pip install pandas
pip install pyautogui
pip install pillow
pip install requests
pip install beautifulsoup4
pip install pyperclip
pip install argh
```

🎙️ **참고** 이 패키지들은 무엇인가요?

pandas는 데이터 분석에 이용됩니다. pyautogui는 마우스와 키보드를 자동화할 때 사용합니다. beautifulsoup4는 HTML, XML 문서를 분석할 때 사용합니다.

pillow는 이미지 처리 시에, requests는 웹 문서를 가져올 때, pyperclip은 복사 및 붙여넣기 작업에, argh는 명령행 인수를 처리하는 데 이용됩니다.

폴더 I

파이썬과 만나자_

Hello, Python!

이 폴더에서 열어 볼 노트북

앞으로 프로그래밍을 공부해 나갈 환경이 모두 조성되었으니, 이제 본격적으로 프로그래밍 언어를 만나볼 시간입니다. 우리는 태어나자 마자 한국어를 익혔고, 학교를 다니며 오랫동안 영어도 배웠습니다. 프로그래밍 언어를 배우는 것은, 영어 문법 공부와 비슷합니다. 많은 프로그래밍 언어가 영어를 기준으로 설계되었고, 문법이 엄격하여 올 바른 형식으로 사용해야 정상 실행되기 때문입니다. 어떻게 파이썬으 로 컴퓨터와 의사소통할 수 있을까요? 파이썬과 인사해 봅시다.

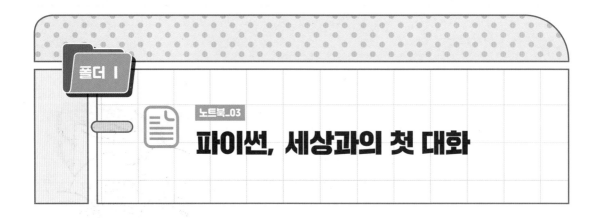

노트북_03

파이썬, 세상과의 첫 대화

데스크톱, 스마트폰, 태블릿을 불문하고, 컴퓨터는 운영체제를 기반으로 다양한 애플리케이션(앱)을 설치·실행함으로써 편리한 작업을 수행합니다. 대부분의 경우 앱의 사용법만 알면, 누구나 쉬운 시각 안내를 받아 가며 컴퓨터로 원하는 일을 할 수 있지요.

그러나 이는 애플의 매킨토시와 같은 GUI(Graphical User Interface) 기반의 운영체제가 출현하기 이전에는 상당히 어려운 일이었습니다. 복잡한 명령어를 모두 외워 일일이 타이핑해야 했기 때문입니다. 실은 우리가 간단히 마우스 클릭으로 실행하는 프로그램은, 여전히 아주 복잡한 명령어들(소스코드)로 이루어져 있습니다. 단지 우리 눈에 보이지 않을 뿐이죠.

지금부터 프로그램이 어떻게 작동하는지, 그래픽으로 가려진 뒤쪽을 살짝 들여다볼 겁니다. 그 전에, 파이썬을 통해 컴퓨터와 대화하면서 가볍게 준비 운동을 해 봅시다.

> **주의** 지금부터의 활동은 모두 앞에서 함께 구축한 '주피터 노트북' 환경을 기준으로 진행합니다. 단 노트북 03, 04의 활동은 파이썬에서 기본으로 제공하는 IDLE 환경에서 실행해 보셔도 좋습니다.

◯ 파이썬이 말할 때_print() 함수

화면에 내 메시지 출력하기

프로그래밍 언어를 이용해 이 세상을 향해서 가장 먼저 보내는 메시지는 전통적으로 'Hello world!'입니다. 메시지는 따옴표(' 혹은 ")로 묶입니다. 이 메시지를 파이썬에 기본 입력 장치인 키보드로 입력하여 기본 출력 장치인 모니터(화면)로 보내는 것이, 우리의 첫 프로그래밍 작업입니다.

그림 프로그램의 입력 - 처리 - 출력 과정

입력 장치   처리 및 저장   출력 장치

명령 프롬프트(cmd.exe)에 `jupyter notebook` 명령을 입력해 주피터 노트북을 실행한 뒤, 메뉴 바에서 [New] → [Python 3(ipykernel)]를 차례로 클릭해 새 탭을 열어 보세요.

첫 화면에 보이는 네모 칸이 주피터 노트북의 기본 단위인 셀(cell)입니다. 마우스로 한 번 클릭하면 테두리가 초록색으로 변하면서 활성화됩니다. 이것이 편집 모드(실행 모드)입니다.

```
In [ ]: |
```

그럼 파이썬에 첫 명령을 내려 봅시다. 셀에 다음 텍스트를 그대로 입력합니다. 띄어쓰기와 구두점, 대소문자가 틀리지 않게 유의하세요.

```
In [1]:
        print('Hello world!')
```

다 마쳤으면, [Shift] + [Enter] 단축키를 눌러 입력한 코드를 실행합니다. 이렇게 메시지가 출력됩니다. 파이썬이 우리의 요청을 받아들여, 세상에 "Hello world!"
라는 인사를 건넨 것입니다!

> 주피터 노트북 편집 모드에서
> 입력한 코드를 실행하려면?
> => [Shift] + [Enter] 키나
> [Ctrl] + [Enter] 키

```
Hello world!
```

주의 주피터 노트북은 괄호(( ), [ ] 등)나 따옴표(' ', " ")와 같이 짝지어 사용해야 하는 문자를 입력할 경우, 나머지 짝을 대신 입력해 줍니다. 여는 소괄호 (를 입력하면, 바로 닫는 소괄호)가 자동으로 붙는 식입니다. 이 점을 명심하여, 이미 자동 입력된 문자를 또 입력해 다음 [문제가 생겼어요]에서처럼 구문 오류를 일으키지 않도록 조심해야 합니다.

! 문제가 생겼어요

이런, Hello world! 인사를 하지 못하셨나요? 어딘가에서 입력이 잘못되었기 때문입니다. 입력이 잘못되면 당연히 제대로 처리되지 못하고, 따라서 출력에도 문제가 생기는 것입니다.

파이썬을 포함한 프로그래밍 언어에는 크게 두 가지 종류의 **오류**(error)가 있습니다. 프로그램 실행 전에 발생하는 구문 오류(syntax error)와 프로그램 실행 중에 발생하는 오류인 예외(exception) 또는 런타임 오류(runtime error)입니다.

이 중 **구문 오류**(syntax error)는 들여쓰기, 괄호 누락 등의 문제로 프로그램이 실행되기도 전에 발생하는 오류입니다. 다음 코드를 예로 살펴보겠습니다.

```
>>> print("봄여름")
봄여름
```

```
>>> print("가을겨울)
SyntaxError: unterminated string literal (detected at line 1)
```

"봄여름"은 잘 출력되었는데, "가을겨울"은 출력되지 않은 채 오류 메시지만 등장했습니다. `SyntaxError`이니 곧 구문 오류입니다. 메시지는 가을겨울에 닫는 따옴표가 없음을 지적하고 있습니다. 구문에 문제가 있어서 프로그램이 아예 실행되지 않은 것입니다.

이제 우리는 파이썬이란 프로그래밍 언어를 이용해서 세상에 첫 인사를 건넸습니다. 우리가 어떤 생각을 하고 있어도 말로 표현해야 의미가 전달되듯이, 컴퓨터가 계산하거나 작업한 결과도 화면에 표시되어야만 우리가 알 수 있습니다.

이렇게 텍스트 메시지나 파이썬의 결괏값을 화면에 출력할 때는, 기본적으로 `print()` 함수를 사용합니다. 괄호 안에 무엇이든 출력하고 싶은 내용을 넣어 주면 됩니다.

```
print(출력할_내용)
```

개념더보기 함수

프로그래밍 언어에서 **함수**(function)란, 간단히 말해 특정 작업(기능)을 수행하는 명령어입니다. 어떤 단어(예: print) 옆에 소괄호가 붙어 있으면, 보통 함수로 간주됩니다.

수학 함수와 비슷하게 입력값을 받아서 연산하거나, 지정된 작업을 수행한 뒤에 그 결괏값을 반환해 주는 구조입니다. (다음 그림 참조)

결괏값이 없을 수도 있습니다. `print()` 함수가 그런 경우입니다. 함수는 사용자가 정의할 수도 있고 시스템에서 제공하기도 합니다. `print()`는 파이썬이 제공하는 여러 기본 함수 중 하나입니다. 나만의 함수를 만들어 사용하는 방법은 앞으로 천천히 배우게 될 것입니다.

입력값, x

함수()

결괏값, f(x)

`print()` 함수를 이용한 메시지 출력은 다양한 방법으로 가능합니다. 같은 메시지가 어떻게 다른 방식으로 표현될 수 있는지 더 살펴보기로 하겠습니다.

여러 개의 텍스트 메시지는, **+** 연산으로 하나의 메시지로 합쳐질 수 있습니다.

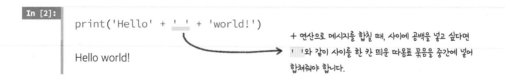

In [2]:
```
print('Hello' + ' ' + 'world!')
```
Hello world!

+ 연산으로 메시지를 합칠 때, 사이에 공백을 넣고 싶다면 ' '와 같이 사이를 한 칸 띄운 따옴표 묶음을 중간에 넣어 합쳐줘야 합니다.

또한 여러 텍스트 메시지를 콤마(,)로 구분해서 한 번에 출력할 수도 있습니다. 이때 메시지 개수에 제한은 없습니다. 구분된 메시지 사이에는 자동으로 공백이 하나 추가됩니다.

```
print('Hello', 'world!')
```

Hello world!

한편 print() 함수는 요청된 텍스트 메시지뿐 아니라, 결괏값을 출력하는 데에도 사용됩니다.

In [4]:

```
print('덧셈:', 1+2, '뺄셈:', 5-3)
```

덧셈: 3 뺄셈: 2

여러 줄을 출력하는 경우에는 print() 함수를 여러 번 반복해 작성해 주면 됩니다. print() 명령문은 위에서 아래로 순차적으로 실행됩니다.

In [5]:

```
print('덧셈:', 1+2)
print('뺄셈:', 5-3)
```

→ 처음 줄을 입력한 후 [Enter] 키를 치면 연속해서 다음 줄에 명령을 입력할 수 있습니다.

덧셈: 3
뺄셈: 2

여러 줄을 출력하는 또 다른 방법은 **줄바꿈 문자(\n)**를 이용하는 것입니다. 텍스트 메시지 중간에 이 문자가 등장하면, 문서 프로그램에서 [Enter] 키를 쳤을 때와 똑같이 줄이 바뀌게 됩니다.

In [6]:

```
print('안녕하세요,\n파이썬 첫 과정을 환영합니다')
```

안녕하세요,
파이썬 첫 과정을 환영합니다

→ \n의 \ 문자는, 키보드에 ₩로 표시되어 있기도 합니다.
모양은 달라 보이지만, 같은 문자로 취급됩니다.

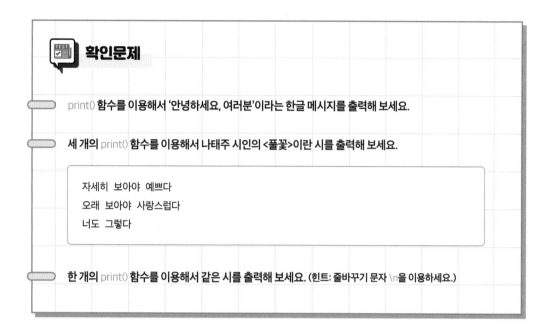

print() 함수를 이용해서 '안녕하세요, 여러분'이라는 한글 메시지를 출력해 보세요.

세 개의 print() 함수를 이용해서 나태주 시인의 <풀꽃>이란 시를 출력해 보세요.

자세히 보아야 예쁘다
오래 보아야 사랑스럽다
너도 그렇다

한 개의 print() 함수를 이용해서 같은 시를 출력해 보세요. (힌트: 줄바꾸기 문자 \n을 이용하세요.)

여러 줄 메시지를 쉽게 표현하기

앞의 [확인문제]에서 우리는 나태주 시인의 시를 출력해 보았습니다. 그런데 여러 줄로 된 메시지를 \n을 이용하여 표현하는 것은, 조금 어색하고 번거로운 감이 있습니다. 긴 메시지일수록 더욱 그렇습니다.

여러 줄 메시지를 더 쉽게 표현하는 방법은 메시지의 시작과 끝을 따옴표(' 혹은 ") 세 개로 묶는 것입니다.

```
In [7]:  print("""내가 어려운 일을 당할 때,
넌 언제든지 날 도와주러 올 걸 믿어.
""")

내가 어려운 일을 당할 때,
넌 언제든지 날 도와주러 올 걸 믿어.
```

메시지를 변수에 저장해 뒀다가 출력하는 방법도 있습니다. **변수(variable)**란, 메모리 내에 어떤 값

을 담아둘 수 있도록 만든 공간을 뜻합니다. 그리고 파이썬은 값이 담긴 특정 공간에 접근해, 자유롭게 그 값을 꺼내 사용할 수 있습니다.

이 접근을 가능하게 하는 것이 변수의 이름입니다. 변수의 이름 없이는 값에 올바르게 접근할 수 없습니다. 전화번호를 알아야 전화를 걸 수 있는 것과 마찬가지 이치입니다. 따라서 변수는 사용하기 전에 반드시 선언되어야 합니다. 함수가 정의되어야 하는 것처럼 말이지요.

변수가 코딩에서 어떻게 이용되는지, 실제 메시지를 출력해 보면서 더 자세히 살펴보겠습니다. 다음 코드는 같은 메시지를 **사랑하자**라는 변수에 먼저 넣어 두고, `print()` 함수에 변수 이름인 **사랑하자**를 그대로 넣어 출력하도록 요청하고 있습니다.

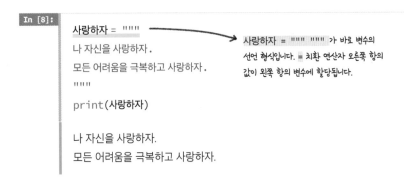

```
In [8]:

사랑하자 = """
나 자신을 사랑하자.
모든 어려움을 극복하고 사랑하자.
"""
print(사랑하자)

나 자신을 사랑하자.
모든 어려움을 극복하고 사랑하자.
```

사랑하자 = """ """ 가 바로 변수의 선언 형식입니다. = 치환 연산자 오른쪽 항의 값이 왼쪽 항의 변수에 할당됩니다.

사랑하자는 문자지만 따옴표로 둘러싸이지 않았으므로, `print()` 함수는 이것을 출력할 메시지로 인식하지 않습니다. 대신 **사랑하자**란 이름이 붙어 있는 메모리 공간에 접근해, 그곳에 저장되어 있는 값(메시지)을 그대로 출력합니다. 입력한 그대로 위아래 공백도 추가된 동일 메시지가 출력되었습니다.

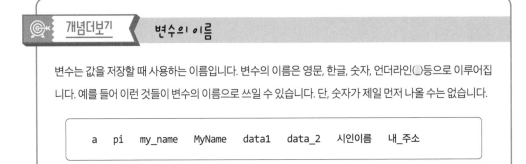

🎯 **개념더보기**   **변수의 이름**

변수는 값을 저장할 때 사용하는 이름입니다. 변수의 이름은 영문, 한글, 숫자, 언더라인(_)등으로 이루어집니다. 예를 들어 이런 것들이 변수의 이름으로 쓰일 수 있습니다. 단, 숫자가 제일 먼저 나올 수는 없습니다.

```
a    pi    my_name    MyName    data1    data_2    시인이름    내_주소
```

대문자와 소문자는 다른 문자로 취급됩니다. 따라서 다음 이름들은 모두 다른 변수입니다.

```
age      Age      AGE      aGe
```

하지만 파이썬에서 이미 사용하고 있는 예약어(reserved words)는 변수 이름이 될 수 없습니다. 사전에 특수한 문법 기능이 부여된 단어들이기 때문입니다. 키워드(keyword)라고도 부릅니다.

```
for      in      while      with      try      except ...
```

파이썬 3.10에는 총 35개의 단어가 등록되어 있습니다. 예약어의 전체 목록은, 다음 코드로 확인됩니다.

```
import keyword
keyword.kwlist
```

또한, 다음과 같이 특수 문자가 포함되어도 변수 이름이 될 수 없습니다.

```
age.      @file      #name      year-old
```

앞서 **사랑하자**에서 보았듯, 알파벳이 아닌 한글이어도 똑같이 변수 이름으로 사용됩니다. 단, "사랑하자"는 문자열로, 변수 이름이 될 수 없습니다.

작은따옴표(')와 큰따옴표(")간 기능의 차이는 없습니다. 어느 따옴표를 사용해도 무방합니다. 작은따옴표를 사용한 여러 줄 문자열의 예를 보여드립니다.

```
In [9]:
사랑하자 = '''
사랑하자

나 자신을 사랑하자.
모든 어려움을 극복하고 사랑하자.
```

```
'''
print(사랑하자)

사랑하자

나 자신을 사랑하자.
모든 어려움을 극복하고 사랑하자.
```

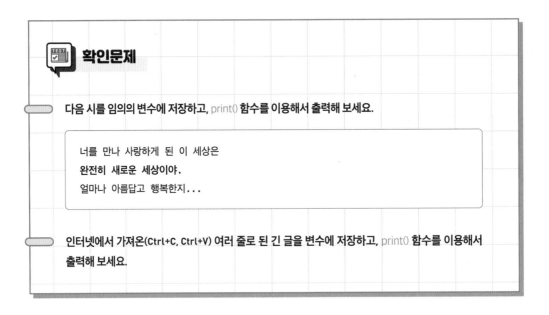

확인문제

다음 시를 임의의 변수에 저장하고, print() 함수를 이용해서 출력해 보세요.

> 너를 만나 사랑하게 된 이 세상은
> 완전히 새로운 세상이야.
> 얼마나 아름답고 행복한지...

인터넷에서 가져온(Ctrl+C, Ctrl+V) 여러 줄로 된 긴 글을 변수에 저장하고, print() 함수를 이용해서 출력해 보세요.

파이썬이 들을 때_input() 함수

사용자에게 입력 요청하기

프로그램은 코드 내 메시지나 변수에 저장된 메시지를 출력하기도 하지만, 사용자로부터 키보드를 통해 문자열을 입력받아서 출력하기도 합니다. 키보드로부터 문자열을 입력받기 위해서 input() 함수를 사용합니다.

input() 함수는 print()와 마찬가지로 사전에 작성되어 제공되는 함수로, **내장 함수** 내지 **표준 함수**라 합니다.

파이썬 코드 a=input()

사용자 입력
안녕하세요

변수 a 참조
"안녕하세요"

실제 코드를 만들어서 더 자세히 이해해 보겠습니다.

```
In [10]:    name = input('이름은 무엇인가요? ')

            print('['+name+']님 환영해요!')
```

input(프롬프트_메시지) 함수가 실행되면 프로그램은 흐름을 잠시 멈추고, 메시지를 띄운 채 키보드로부터의 입력을 기다립니다. 주피터 노트북에서는 셀 아래에 다음과 같이 새로 입력창이 생성됩니다.

> **프롬프트 메시지:**
> 사용자에게 입력을 기다리고 있음을 알리는 메시지

> 이름은 무엇인가요? [   ]

사용자가 요청에 따라 이름을 입력하고 [Enter] 키를 치면, 멈췄던 프로그램 흐름이 재개됩니다. 파이썬은 입력받은 이름 문자열 전체를 name 변수에 저장한 뒤, 그다음 줄의 명령을 실행합니다.

print() 함수가 출력할 메시지 중, name 변수의 자리를 저장된 입력값이 불려와 채우게 됩니다. 다음 출력을 보아 하니, 이번에 입력된 이름은 '홍길동'이었네요.

> 이름은 무엇인가요? 홍길동
> [홍길동]님 환영해요!
> ⟶ 앞서 입력창에 입력한 텍스트는 실행된 후에는 이처럼 일반 출력 결과로 돌아갑니다.

input() 함수는 한 줄의 입력만 받을 수 있습니다. 그러므로 여러 줄을 입력받고 싶으면 한 줄짜리 문자열들을 연결해야 합니다. 다음은 사용자에게 '파이썬' 삼행시를 요청하고, 각 행을 세 개의 변수에 각각 저장하는 코드입니다.

```
In [11]:
line1 = input('파: ')
line2 = input('이: ')
line3 = input('썬: ')
```

코드를 실행하면 아까처럼 입력창이 생성됩니다. 사용자가 '파'에 해당하는 삼행시 입력을 마친 뒤 [Enter] 키를 치면, 곧바로 그다음 줄의 input() 함수가 실행되어 '이'에 해당하는 삼행시 입력을 요청합니다.

파: 파란 하늘과 하얀 뭉게구름이

이:

다음과 같이 파이썬 삼행시가 완성되었다고 하겠습니다. 각 행은 입력과 동시에 line1, line2, line3 변수에 각각 저장되었습니다.

파: 파란 하늘과 하얀 뭉게구름이
이: 이처럼 아름다운 날들은
썬: 썬들썬들한 가을의 아름다움이다

이제 변수들을 이용하여 시를 출력해 봅시다. print() 함수를 세 개 사용했습니다.

```
In [12]:
print(line1)
print(line2)
print(line3)
```

> 파란 하늘과 하얀 뭉게구름이
> 이처럼 아름다운 날들은
> 썬들썬들한 가을의 아름다움이다

줄바꾸기 문자(\n)와 + 연산을 활용해 하나의 print() 함수로 출력할 수도 있습니다.

In [13]:
```python
print(line1+'\n'+line2+'\n'+line3)
```

> 파란 하늘과 하얀 뭉게구름이
> 이처럼 아름다운 날들은
> 썬들썬들한 가을의 아름다움이다

문자열 말고, 숫자 입력 받기

input() 함수를 이용해 키보드로부터 숫자를 입력받을 때가 있습니다. 가령 입력받은 숫자로 어떤 계산을 하고 싶을 때가 그렇습니다. 그런데 이 과정에서 문제가 생깁니다. input() 함수를 통해서 입력받은 값의 자료형은 문자열이기 때문입니다.

예를 들어 우리가 숫자를 생각하며 키보드로 2를 입력하더라도, input() 함수의 결과는 "2"라는 문자열이 됩니다. 2 + 3의 결과는 5이지만, "2" + 3 연산은 오류를 발생시킵니다.

개념더보기 **자료형(data type)**

숫자, 문자, 표 등 값으로 저장되는 모든 것이 **자료(data)**입니다. 프로그래밍 언어에 따라 자료의 유형을 구분하고 있는데, 이것을 자료형(data type)이라고 부릅니다. 각 자료형마다 사용 가능한 연산이 정해져 있습니다.

그러므로 '1'과 1이 모양은 비슷해도 서로 다른 자료형임에 주의할 필요가 있겠습니다. 파이썬에 존재하는 다양한 자료형은, 앞으로 차근차근 소개해 가노록 하겠습니다.

파이썬에서 자료형은 **type()** 함수를 이용하여 확인합니다. "123"의 자료형은 `str`, 즉 문자열 (character string)이군요.

```
In [14]:   type("123")

           str
```

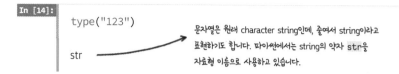

문자열은 원래 character string인데, 줄여서 string이라고 표현하기도 합니다. 파이썬에서는 string의 약자 `str`을 자료형 이름으로 사용하고 있습니다.

반면 따옴표(" ")가 없는 그냥 숫자 123의 자료형은 `int`, 즉 정수형(integer)입니다. 비슷한 모양이지만 완전히 다른 자료임을 알 수 있습니다.

```
In [15]:   type(123)

           int
```

문자열 "123"으로 직접 산술 연산을 할 수는 없습니다. 다행히 문자열을 숫자로 바꿀 방법이 있습니다. 바로 **int()** 형변환 함수입니다.

```
In [16]:   int("123")

           123
```

따라서 키보드에서의 숫자 입력 작업은, 먼저 **input()** 함수로 문자열을 받은 뒤에, 그것을 **int()** 함수를 사용해 숫자로 변경하는 순서로 이루어집니다.

입력한 숫자의 두 배 값을 계산해 출력해 주는 다음 코드의 진행 순서를 확인해 보면, 더 잘 이해할 수 있을 겁니다.

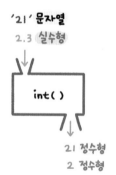

'21' 문자열
2.3 실수형

int( )

21 정수형
2 정수형

```
msg = input('숫자를 입력해 주세요 : ')   # 주석: 이 코드가 실행되면 123을 눌러주세요.
n = int(msg)
print('입력한 수의 두 배: ', n*2)

입력한 수의 두 배: 246
```

주석(comment):
코드를 설명하는 내용이나
참고할 사항 등을 기술한 것. 코드
실행에 영향을 미치지 않음.
'#' 다음에 나오는 텍스트는
언제나 주석!

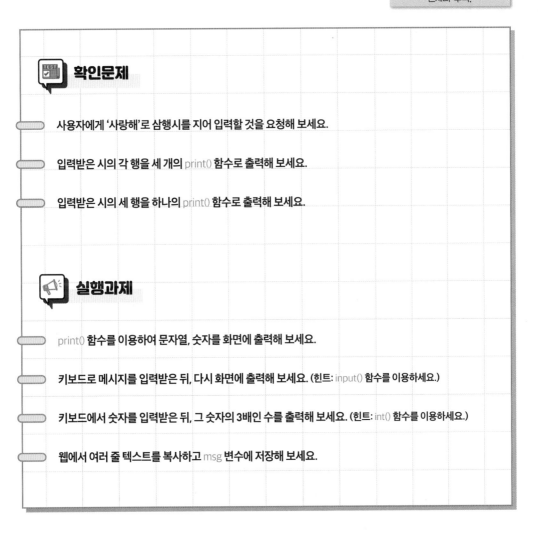

✅ 확인문제

○ 사용자에게 '사랑해'로 삼행시를 지어 입력할 것을 요청해 보세요.

○ 입력받은 시의 각 행을 세 개의 print() 함수로 출력해 보세요.

○ 입력받은 시의 세 행을 하나의 print() 함수로 출력해 보세요.

📢 실행과제

○ print() 함수를 이용하여 문자열, 숫자를 화면에 출력해 보세요.

○ 키보드로 메시지를 입력받은 뒤, 다시 화면에 출력해 보세요. (힌트: input() 함수를 이용하세요.)

○ 키보드에서 숫자를 입력받은 뒤, 그 숫자의 3배인 수를 출력해 보세요. (힌트: int() 함수를 이용하세요.)

○ 웹에서 여러 줄 텍스트를 복사하고 msg 변수에 저장해 보세요.

폴더 1

노트북_04

파이썬과 좀 특별한 문자들

이전 노트북에서 알파벳과 한글 그리고 숫자까지는 이야기하는 데 성공했습니다. 그런데 이것만으로 모든 의사표현을 다 할 수 있는 것은 아닙니다.

가령 키보드에는 알파벳/한글이나 숫자, 기호 같은 일반 키뿐 아니라, 누르면 어떤 작업을 수행하는 특수 키들이 있습니다. [Backspace], [Enter] 키 등이 대표적이지요. 그런가 하면 공간의 한계로 키보드에 추가되지 못한 온갖 특수 문자들도 있습니다. 또한 우리는 한자나 일본 문자, 그리스 문자를 입력하고 싶을지도 모릅니다!

그런 다문자 사용자의 꿈을 위해, 파이썬의 해결책을 만나 보겠습니다.

◉ 이스케이프 문자: \

문자나 숫자 입력이 아닌 '기능'을 입력하는 키들을 구현하기 위해, 프로그램 코드에서는 \ 기호로 시작하는 문자 조합을 사용합니다. 예를 들어 앞에서 이미 확인했지만, '줄바꾸기' 기능은 \n 문자로써 표현되고, [Enter] 키 입력을 대체합니다.

```
In [1]:    print('많이 보고 싶겠지만\n조금만 참자')        # \n = 줄바꾸기 문자

많이 보고 싶겠지만
조금만 참자
```

즉, \n은 두 문자로 표현되지만 실제로는 '줄바꾸기 문자'라는 한 문자인 것입니다. 이렇게 \로 시작해서 표현하는 특수 문자 조합을 **이스케이프(escape) 문자**라고 합니다. 대표적인 이스케이프 문자를 다음 표에 정리합니다.

표 이스케이프 문자의 종류와 기능

용도	종류	기능
특수 키	\b	백스페이스(backspace)
	\t	탭(tab)
	\n	줄바꾸기(new line)
	\f	폼피드(form feed), 한 페이지 넘김
	\r	캐리지 리턴(carriage return), 커서를 맨 앞으로 보냄
부호 표현	\\	백슬래시(backslash)
	\'	단일 인용부호(single quote), ' 문자 자체
	\"	이중 인용부호(double quote), " 문자 자체

이스케이프 문자로 특수 키를 입력하는 구체적인 사례를 보겠습니다. 다음은 \t를 사용해 알파벳 사이에 탭을 삽입한 것입니다.

```
In [2]:  print('a\tb\tc\nd\te\tf')

a       b       c
d       e       f
```

그런데 컴퓨터는 파일 경로를 표시할 때, 폴더를 구분하기 위해 \ 문자를 사용합니다. 그러다 보니 이런 문제가 생기기도 합니다.

```
In [3]:  print('C:\tcmp')

C:      emp
```

출력된 경로에서 백슬래시(\)와 문자 t가 사라졌습니다. 이는 경로 구분용으로 쓰인 기호 \와 붙어 있는 문자 t를 합한 \t를 탭 문자로 인식한 결과입니다.

따라서 \는 \\로 표현해 주어야만 원하는 대로 경로 문자열을 출력할 수 있습니다.

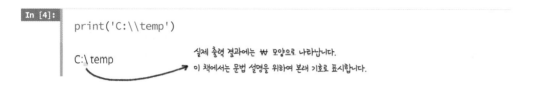

이렇게 이스케이프 문자에는 이런 오인식을 방지하고, 원하는 부호/기호를 표현하기 위해 사용되는 것들이 있습니다. 인용부호도 그중 하나입니다. 다음 두 print() 명령을 비교해 보세요.

첫 번째 print() 문에서 \'가 이스케이프 문자인 '단일 인용부호'로 인식되어, 문자열에 직접 단순 인용부호(')를 적어 준 두 번째 print() 문과 동일한 출력 결과를 내고 있습니다.

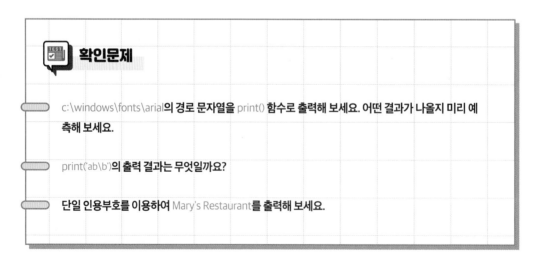

확인문제

c:\windows\fonts\arial의 경로 문자열을 print() 함수로 출력해 보세요. 어떤 결과가 나올지 미리 예측해 보세요.

print('ab\b')의 출력 결과는 무엇일까요?

단일 인용부호를 이용하여 Mary's Restaurant를 출력해 보세요.

● 날 문자열(raw string): r

이런 이스케이프 문자의 기능을 적용하지 않고 표현된 그대로 출력하려면, 문자열 앞에 알파벳 r을 붙이면 됩니다. r이 없을 때와 있을 때를 비교해 보겠습니다.

```
In [6]:
print(r'a\tb\tc\nd\te\tf')

a\tb\tc\nd\te\tf
```

\t, \n이란 이스케이프 문자가, r이 있기 때문에 날 문자열이 되어 그대로 출력되었습니다.

```
In [7]:
print('a\tb\tc\nd\te\tf')

a       b       c
d       e       f
```

r을 삭제하고 다시 시도해 보니, 이스케이프 문자가 작동해 탭이 삽입되고(\t), 줄이 바뀐(\n) 문자열이 출력되었습니다.

이렇게 앞에 r을 붙인 문자열을 **날 문자열(raw string)**이라고 합니다. 윈도우 탐색기 등에서 경로를 복사해서 붙여넣는 데 사용하면 편리합니다.

```
In [8]:
print(r'C:\temp')

C:\temp
```

확인문제

날 문자열을 이용하여 C:\windows\fonts\arial **경로를 출력해 보세요.**

유니코드

이제 더 나아가, 아예 키보드에 없는 ℃, ¿, ✓ 같은 특수 문자를 입출력하고 싶을 때에는 어떻게 해야 할까요? 문서 편집 프로그램이라면 [기호] 표에서 직접 찾아 넣는 방법도 있겠고, 웹 브라우저에서 찾은 문자를 복사해서 사용해도 됩니다.

이들을 출력하는 또 다른 방법으로 유니코드를 이용할 수 있습니다. **유니코드(Unicode)**란, 전 세계모든 문자를 컴퓨터에서 일관되게 표현할 수 있도록 고안된 표준 코드입니다. 유니코드에는 지구상 대부분 언어의 문자와 특수 문자들이 등록되어 있습니다.

유니코드는 대개 \Uxxxxxxxx(16진수 8자리, 4바이트) 혹은 \uxxxx(16진수 4자리, 2바이트) 형식으로 표현됩니다. 16진수 한 자리는 0-9/A-F의 문자로 구성됩니다.

시험 삼아 몇 가지 특수 문자를 출력해 보겠습니다.

```
In [9]:  print('\u2605 \u267b \u24b6 \U0001F60D')

         ★ ♻ Ⓐ 😍
```

주의 각 형식에서 대문자 'U'와 소문자 'u'의 구분에 주의해야 합니다. 8자리 유니코드에 소문자 u를 쓰거나, 반대로 4자리 유니코드에 대문자 U를 사용하면 제대로 실행되지 않습니다.

각 문자의 코드값은 인터넷 검색창에서 '유니코드 표' 혹은 'unicode chart' 등을 검색하면 확인할 수 있습니다.

물론 웹에서 원하는 문자를 검색한 후 '복사-붙여넣기'를 해도 특수 문자 입력이 가능합니다.

```
In [10]:  print('㎕ ㎖ ㎗ ℓ ㎘ ㏄ ㎜² ㎝² ㎥ ㎞² ㎚ ㎚ ㎛ ㎜ ㎝ ㎞ ㎜² ㎝²
          ㎥ ㎞² ㏊ ㎍ ㎎ ★ ♻ Ⓐ 😍')

          ㎕ ㎖ ㎗ ℓ ㎘ ㏄ ㎜² ㎝² ㎥ ㎞² ㎚ ㎚ ㎛ ㎜ ㎝ ㎞ ㎜² ㎝² ㎥ ㎞² ㏊ ㎍ ㎎ ★ ♻ Ⓐ 😍
```

앞서 이야기했듯이, 유니코드는 컴퓨터에서 세계 각국의 언어를 통일된 방법으로 표현할 수 있게 해주는 국제 표준 문자 코드 규약*입니다. 유니코드는 1995년 국제표준(ISO)으로 지정된 이래, 세상의 공통 문자 체계로 이용되고 있습니다.

유니코드 체계는 거의 대부분 국가의 문자는 물론이고, 단위, 음악 기호, 이모지(이모티콘)까지 온갖 문자를 망라합니다. 유니코드를 정하고 관리하는 주체는 유니코드 컨소시엄(Unicode Consortium)이며, 지금도 꾸준히 유니코드 버전을 갱신해 가며 아직 포함되지 않은 문자들로 영역을 확장하고 있습니다.

유니코드 컨소시엄 공식 사이트(https://www.unicode.org/charts/)에서 유니코드 차트를 확인할 수 있습니다. 예시로 <통화 기호(Currency symbols)>의 유니코드 표를 보여드립니다.

그림 유니코드 표 예시(통화 기호)

Currency Symbols

Range: 20A0—20CF   Quantity of characters: 48

Currency symbols

₠	₡	₢	₣	£	₥	₦	₧
U+20A0	U+20A1	U+20A2	U+20A3	U+20A4	U+20A5	U+20A6	U+20A7
₨	₩	₪	₫	€	₭	₮	₯
U+20A8	U+20A9	U+20AA	U+20AB	U+20AC	U+20AD	U+20AE	U+20AF
₰	₱	₲	₳	₴	₵	₶	₷
U+20B0	U+20B1	U+20B2	U+20B3	U+20B4	U+20B5	U+20B6	U+20B7
₸	₹	₺	₻	₼	₽	₾	₿
U+20B8	U+20B9	U+20BA	U+20BB	U+20BC	U+20BD	U+20BE	U+20BF

*「두산백과」, 유니코드, https://terms.naver.com/entry.naver?docId=1181043&cid=40942&categoryId=32841

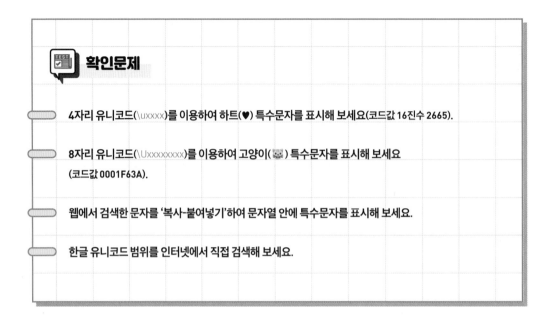

문자와 16진수

앞에서 보았듯, 2바이트 혹은 4바이트 문자인 경우는 유니코드로 표현할 수 있습니다. 그러면 1바이트 코드값은 어떻게 표현할까요? **\x41** 과 같이 16진수 두 자리로 표현할 수 있습니다.

```
In [11]:   '\x41'

           'A'
```

반대로 주어진 한 문자의 코드값은 **ord()** 함수로 확인 가능합니다.

```
In [12]:   ord('A')

           65
```

65는 10진수입니다. 이 값을 다시 `hex()` 함수에 넘겨주면 문자열로 된 16진수를 얻을 수 있습니다.

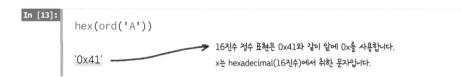

```
In [13]:   hex(ord('A'))

           '0x41'
```

16진수 정수 표현은 0x41과 같이 앞에 0x를 사용합니다.
x는 hexadecimal(16진수)에서 취한 문자입니다.

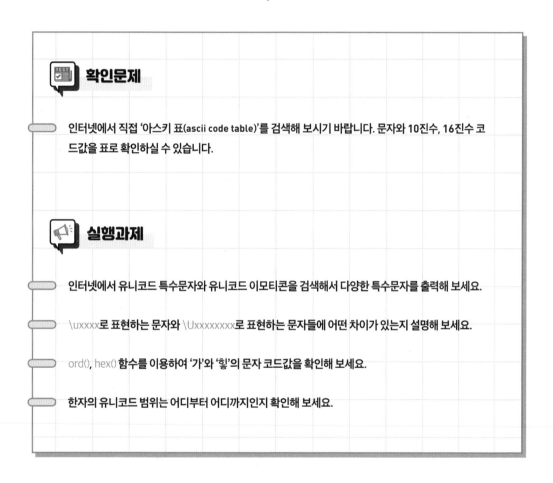

확인문제

인터넷에서 직접 '아스키 표(ascii code table)'를 검색해 보시기 바랍니다. 문자와 10진수, 16진수 코드값을 표로 확인하실 수 있습니다.

실행과제

인터넷에서 유니코드 특수문자와 유니코드 이모티콘을 검색해서 다양한 특수문자를 출력해 보세요.

\uxxxx로 표현하는 문자와 \Uxxxxxxxx로 표현하는 문자들에 어떤 차이가 있는지 설명해 보세요.

ord(), hex() 함수를 이용하여 '가'와 '힣'의 문자 코드값을 확인해 보세요.

한자의 유니코드 범위는 어디부터 어디까지인지 확인해 보세요.

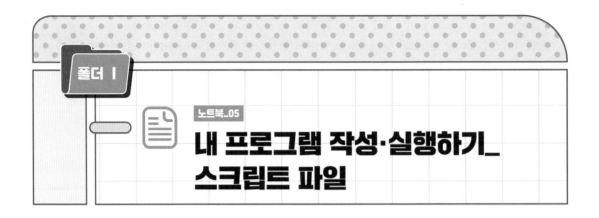

폴더 I

노트북_05

내 프로그램 작성·실행하기_
스크립트 파일

지금까지는 셀 단위로 바로 코드를 실행할 수 있는 주피터 노트북에서 대화형 명령 실행 환경을 체험해 보았습니다. 이번에는 여러 줄의 명령어로 구성된 프로그램을 작성해 놓고, 한 번에 실행하는 방법을 알아보겠습니다.

여러 줄의 명령은 보통 (코딩용) 편집기를 이용하여 만들어지며, 텍스트 파일로 저장됩니다. 어떤 에디터(메모장 포함)를 사용해도 프로그램을 작성할 수 있습니다만, 프로그램 전용 에디터를 사용하는 것이 여러 모로 유익합니다.

여기에서는 파이썬에서 기본으로 제공하는 IDLE 편집기를 이용해서 프로그램을 작성해 보겠습니다. 원래 IDLE는 대화형 명령 실행 환경이지만, 기본적인 편집기 기능도 갖추고 있습니다. 편집기(에디터)로 작성한 명령어 모음 파일을 **스크립트(script)**라고 합니다.

⬤ 프로그램 작성하기: IDLE 편집기

직접 해보겠습니다. 우선은 [시작] 버튼 메뉴에서 [Python 3.10] 폴더를 찾거나, 작업 표시줄 검색창에서 'IDLE'를 검색해 IDLE 프로그램을 실행합니다.

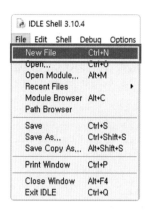

그럼 파이썬 IDLE가 대화형 셸(Shell) 모드로 열립니다. 이제 메뉴에서 [File] → [New File]을 차례로 선택하면 편집기 모드로 들어갈 수 있습니다.

스크립트 파일을 작성할 수 있는 새 창이 나타났습니다. 새 이름으로 저장할 때까지 창에는 *untitled*로 표시될 것입니다.

앞에서 했듯이 첫 줄에 `print("Hello world!")`를 입력하고 [Enter] 키를 누릅니다. 앞에서 익힌 다른 명령을 추가로 입력해 보아도 좋습니다.

작성이 끝났으면 저장해야 합니다. [File] → [Save As...] 메뉴를 선택하여 적당한 위치에 파일을 저장합니다. 오류를 방지하기 위해서는 자동 지정된 위치를 변경하지 않는 편이 좋긴 합니다.

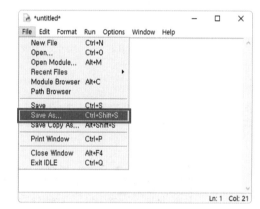

파일의 확장자는 .py로 자동 저장됩니다. 여기서는 test.py로 저장하겠습니다.

● 프로그램 실행하기

이렇게 작성된 파이썬 스크립트 파일은 다양한 방식으로 실행해 볼 수 있습니다. 차례로 소개합니다.

IDLE 셸

IDLE에서 곧바로 실행하는 방법부터 살펴보겠습니다. 우선 소스코드가 편집기에 있는 것이 아니라면 편집기 메뉴에서 [File] → [Open]으로 저장된 test.py 파일을 불러옵니다.

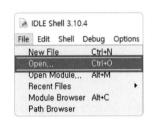

IDLE 편집기 메뉴에서 [Run]을 선택하고, 드롭다운 메뉴에서 [Run Module]을 클릭하면 스크립트 코드가 실행됩니다. 또는 바로가기 키로 [F5]를 이용할 수도 있습니다.

이번 예제의 경우, 출력 결과는 다음과 같습니다.

```
IDLE Shell 3.10.4                                    —   □   ×

File  Edit  Shell  Debug  Options  Window  Help
     Python 3.10.4 (tags/v3.10.4:9d38120, Mar 23 2022, 23:13:41) [MSC v.1929 64 bit (
     AMD64)] on win32
     Type "help", "copyright", "credits" or "license()" for more information.
>>>
     ==== RESTART: C:/Users/user/AppData/Local/Programs/Python/Python310/test.py ====
     Hello world!
>>> |
```

```
==== RESTART: 파일 경로가 포함된 파일 이름 ====

Hello world!
```

첫 줄의 RESTART는 파이썬이 처음부터 다시 실행된다는 뜻입니다. 그다음 줄부터 스크립트 실행 결과(여기서는 파란색 Hello world! 문자열)가 표시됩니다.

윈도우 탐색기

이번에는 일반 프로그램과 똑같이, 윈도우 탐색기에서 마우스 더블 클릭으로 실행하는 방법입니다. 그러기 위해서는 우선 **test.py** 파일의 소스코드를 다음과 같이 수정하고 저장해야 합니다.

```python
print("Hello world!")
input("Press Enter key.")    # 엔터 키 입력 대기
```

이제 파일을 저장한 위치에 가서, **test.py** 파일을 찾습니다.

파일 확장자 **.py**가 보이지 않을 수도 있습니다. 확장자를 표시하려면 윈도우 탐색기 설정을 변경하세요. 메뉴에서 [보기] 탭을 선택한 뒤, [파일 확장명] 체크박스를 찾아 체크해 주면 됩니다.

test.py 파일을 찾았다면, 아이콘을 마우스로 더블 클릭해 봅니다.

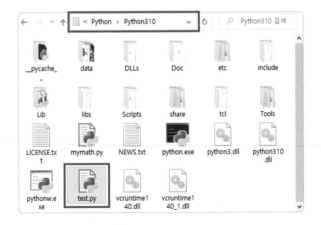

그럼 실행 프로그램을 묻는 팝업창이 뜹니다. 여기에서 [Python]을 선택해 수거나, [Python]이 바로 보이지 않으면 [추가 앱] → [이 PC에서 다른 앱 찾기]를 차례로 클릭한 후, 'python.exe'를

찾아서 선택해 주면 됩니다. `C:\...\Python310\python.exe`와 비슷한 경로가 될 것입니다.

그러면 명령 프롬프트와 비슷한 검은 색 창이 하나 뜨면서 프로그램이 실행됩니다.

[Enter] 키를 누르면 창이 닫힙니다. `print("Hello world!")` 코드만 있다면, 실행 후 창이 바로 닫혀 버리기 때문에 제대로 실행되었는지 알 수가 없습니다. 그래서 결과를 볼 시간을 벌기 위해 `input("Press Enter key.")` 명령을 추가한 것입니다.

명령 프롬프트

마지막으로 명령 프롬프트(cmd.exe)에서 실행하는 방법을 알아보겠습니다. 우선 명령 프롬프트 창을 띄웁니다.

여기서 바로 실행할 수는 없고, 먼저 방금 작성한 `test.py` 파일이 있는 디렉토리로 이동해야 합니다. `test.py` 파일의 경로는 사용자의 설정에 따라 달라집니다. 실행하기 전에 정확한 위치를 확인해 두세요.

필자는 `test.py` 파일을 `C:\Users\user\AppData\Local\Programs\Python\Python310`에 저장했

으므로, 그곳으로 이동(change directory)하겠습니다.

먼저 알파벳 cd를 입력하고 한 칸을 띄운 뒤, 다음처럼 복사한 경로를 붙여넣습니다. 그리고 나서 [Enter] 키를 쳐 주면 됩니다.

```
> cd C:\Users\user\AppData\Local\Programs\Python\Python310
```

다음처럼 새 작업 디렉토리 줄이 출력되었나요? 바로 **python 스크립트파일이름.py** 명령을 입력해 실행하면 끝입니다.

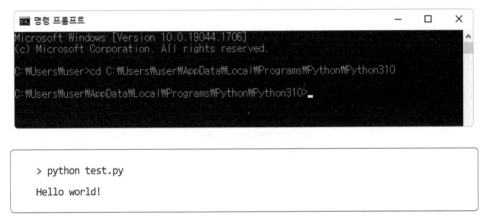

```
> python test.py
Hello world!
```

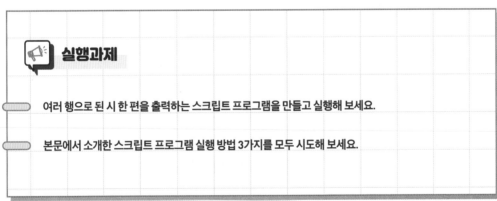

실행과제

여러 행으로 된 시 한 편을 출력하는 스크립트 프로그램을 만들고 실행해 보세요.

본문에서 소개한 스크립트 프로그램 실행 방법 3가지를 모두 시도해 보세요.

폴더 II

파이썬을 알아가자_
기초 연산과
자료형

이 폴더에서 열어 볼 노트북

기본적인 주피터 노트북 사용법과 IDLE 편집기를 이용한 프로그램 실행 방법을 익혔으니, 이제는 본격적인 프로그래밍으로의 첫 발을 내딛을 차례입니다. 우선은 우리에게 익숙한 산술 연산을 알아보겠습니다. 산술 연산에 필요한 자료형엔 어떤 것들이 있는지, 그들의 한계는 무엇인지 그리고 어떻게 연산을 해야 하는지 알아봅니다. 또한 파이썬에 사용되는 기초 자료형에는 어떤 것들이 있는지, 전체 모습을 파악할 수 있도록 정리해 보겠습니다.

최초의 컴퓨터 에니악(ENIAC)이 계산기였다는 사실을 상기한다면, 컴퓨터의 발명 목적이 복잡한 수식의 계산이라는 점도 쉽게 이해할 수 있을 겁니다. 그런 만큼, 산술 연산은 컴퓨터에 있어 매우 자연스러운 작업입니다. 파이썬과 친숙해지는 첫 단계로 산술 연산에 도전해 봅시다. 일반 계산기와 마찬가지로 파이썬에서도 숫자에 대한 계산을 할 수 있습니다.

> **주의** 여기에 제시되는 코드들은 IDLE에서 실행해도 되고, 주피터 노트북으로 실행해도 됩니다. 이 책은 주피터 노트북으로 실행한 결과를 바탕으로 서술했습니다.

⬤ 사칙연산

처음 숫자를 접할 때 그랬던 것처럼, 사칙연산부터 시작하겠습니다. 파이썬은 기본 사칙연산자로 +, −, *, / 기호를 사용합니다. 의미는 일반 산술 연산자와 동일하며, 앞에서부터 차례로 더하기, 빼기, 곱하기, 나누기입니다.

오른쪽 표에 그 밖의 여러 산술 연산자를 정리해 두었습니다.

그럼 파이썬에서 실제로 연산이 어떻게 이루어지는지 살펴보겠습니다. 단위 간의 변환을 예로 들어서 말이지요.

표 파이썬에서 쓰이는 기본 산술 연산자

연산자	설명	사용 예	결괏값
+	더하기	6+4	10
−	빼기	6-4	2
*	곱하기	6*4	24
/	나누기(소수점 이하까지 나옴, 결과는 실수)	6/4	1.5
//	나누기('몫'만 나옴, 결과는 정수)	6/4	1
%	나머지	6/4	2
**	거듭제곱	3**2	9

먼저 길이입니다. 인치(inch)를 센티미터(cm)로 변환해 보겠습니다. 대략 2.54센티미터가 1인치이므로, 인치를 센티미터로 변환할 때는 인치 값에 2.54를 곱해 주어야 합니다. 곱하기는 * 기호를 사용합니다.

```
In [1]:    10 * 2.54

           25.4
```

*는 연산기호로서, 연산자(operator)라고 합니다.
10이나 2.54 같이 연산에 참여하는 변수나 상수는 피연산자(oprerand)입니다.

변수에 값을 저장해서 연산할 수도 있습니다. 변수를 활용하면 이후 다른 곳에 재사용할 수 있기 때문에, 가능하면 변수를 활용하는 것이 좋습니다.

변수에 값을 저장할 때는 **치환(할당) 연산자**(=)를 이용합니다. 항상 오른쪽 항의 값이 왼쪽 항에 할당됩니다. 따라서 치환 연산자 왼쪽에는 항상 변수가 와야 합니다.

```
In [2]:    inch = 10
           cm_per_inch = 2.54
           inch * cm_per_inch        # 10인치 * 2.54 = 10인치를 센티미터로 변환한 값

           25.4
```

print() 함수를 이용해서 다음과 같이 결과를 출력할 수 있습니다.

```
In [3]:    inch = 10
           cm_per_inch = 2.54
           print(inch, 'inch =', inch * cm_per_inch, 'cm')

           10 inch = 25.4 cm
```

두 번째로 온도 변환을 해보겠습니다. 온도를 측정하는 단위에는 화씨(℉)와 섭씨(℃)가 있습니다. 대다수가 섭씨를 사용하지만, 아직도 몇몇 나라들은 화씨를 사용하고 있습니다. 화씨 100도를 섭씨로 변환하는 코드를 작성해 보겠습니다. 변환식은 다음과 같습니다.

```
섭씨 = (화씨 - 32) * (5 / 9)
```

In [4]:
```
f = 100
(f - 32) * (5 / 9)

37.77777777777778
```

화씨가 100도에 가깝다면 굉장히 더운 날씨일 것 같습니다. 그렇습니다. 37도가 넘는 한여름 날씨네요.

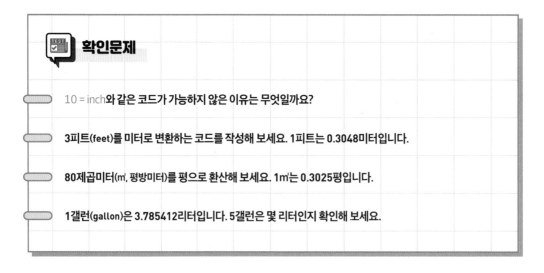

몫과 나머지

기본적인 사칙연산 외 다른 산술 연산도 얼마든지 가능합니다. 환율 문제를 풀어 보면서 알아보겠습니다. USD $1(1달러)를 1,128원이라고 가정할 때, 한화 30만원으로 환전할 수 있는 달러는 얼마일까요?

In [5]:
```
300000 / 1128
```

```
265.9574468085106
```

265달러가 조금 넘습니다. 당연하지만 결과는 소수점이 있는 실수입니다. 이것을 변수화시켜 보겠습니다. wpd란 변수에 1달러당 원화를 정의합니다.

In [6]:
```
wpd = 1128
300000 / wpd
```
```
265.9574468085106
```

은행에서는 몫에 해당하는 값만 지폐로 환전해 줍니다. 나머지에 해당하는 동전까지 환전해 주진 않습니다. 소수점 이하는 버리고, 지폐로 받을 수 있는 몫(정수 부분)만 출력하겠습니다. 이럴 때, // 연산자를 사용합니다. 이 연산자는 나눗셈을 한 뒤, 정수형 결과인 몫만 반환합니다.

In [7]:
```
300000 // wpd
```
```
265
```

그렇다면 30만원을 265달러로 환전한 뒤에, 한화는 얼마가 남을까요? 30만원을 환율로 나눈 나머지를 구하면 알 수 있습니다. 나머지 값을 구하기 위해서는 % 연산자를 이용합니다.

In [8]:
```
300000 % wpd
```
```
1080
```

48(=1128-1080)원이 모자라서 1달러로 환전이 어렵겠습니다. 몫과 나머지를 한꺼번에 계산해 주는 함수(divmod())도 있습니다. 다음 코드를 참고하길 바랍니다.

In [9]:
```
divmod(300000, wpd)
```
```
(265, 1080)
```

숫자에 0이 많아서 읽기
불편하다면, 언더라인(_)
사용 가능
예: 300_000 % wpd

확인문제

오늘 점심 후식으로 마신 커피는 3600원입니다. 현금으로 값을 치르려고 합니다. 이때, 다음 질문에 답해 보세요.

○ 천 원짜리 몇 장을 내야 하는지 수식으로 직접 계산해 보세요. (힌트: // 연산자를 이용하세요.)

○ 남은 금액에서 오백 원짜리는 몇 개를 내야 하는지 수식으로 직접 계산해 보세요.

○ 남은 금액에서 백 원짜리는 몇 개를 내야 하는지 수식으로 직접 계산해 보세요.

◎ 거듭제곱

기왕 연산을 시작했으니 조금 더 해봅시다. 같은 수를 거듭해서 곱한 수를 거듭제곱이라고 합니다. 영어로는 power라고 하는데, 파이썬에서 거듭제곱 연산을 수행하는 함수 이름도 `pow()`입니다.

```
In [10]:    pow(2, 3)    # 2의 3거듭제곱 = 2 * 2 * 2

            8
```

＊＊ 연산자를 이용할 수도 있습니다.

```
In [11]:    2 ** 3

            8
```

얼마나 큰 계산이 가능할까요? 일단 정수형 연산은 크기에 제한이 없다고 말할 수 있습니다.

In [12]:

```
pow(2, 128)      # 2의 128거듭제곱
```

340282366920938463463374607431768211456

In [13]:

```
pow(2, 1024)     # 2의 1024거듭제곱
```

17976931348623159077293051907890247336179769789423065727343008115773
26758055009631327084773224075360211201138798713933576587897688144166
22492847430639474124377767893424865485276302219601246094119453082952
08500576883150682342462881473913110540827237163350510684586298239947
2459384797163048353563296242241 37216

문제가 생겼어요

문자열과 숫자처럼 서로 다른 자료를 연산하면 TypeError라는 예외(오류)가 발생합니다. 문자열과 숫자를 그대로 입력하면 우리 눈에도 자료형이 명확히 보이므로 이러한 실수가 거의 발생하지 않습니다. 그러나 변수를 사용하면 내부에 어떤 자료형이 들어 있는지 한눈에 파악하기 어렵고, 그러다 보면 TypeError가 발생할 수 있습니다.

```
>>> name = "파이썬"
>>> number = 7
>>> name + number
Traceback (most recent call last):
  File "<pyshell#2>", line 1, in <module>
TypeError: unsupported operand type(s) for '+' : 'str' and 'int'
```

TypeError는 종종 만날 수 있는 오류이므로 숙지하길 바랍니다.

확인문제

2의 64거듭제곱이 얼마인지 확인해 봅니다. (2의 64거듭제곱은 64비트 CPU가 한 번에 연산할 수 있는 최대 크기 +1의 자연수입니다.)

일한 대가로 오늘은 쌀 1톨(2^0), 내일은 쌀 2톨(2^1), 모래는 쌀 4톨(2^2), 글피는 쌀 8톨((2^3)……을 받는다고 할 때, 30일째에 받는 쌀은 몇 톨일까요?

80kg 쌀 한 가마니에 쌀이 8백만 톨 들어 있다고 할 때, 30일째에 받게 되는 쌀은 몇 가마니일까요?

실행과제

총부채원리금상환비율(DSR: Debt Service Ratio)이란, 차주(돈 빌린 사람)가 보유한 금융부채의 원리금 상환액이 연소득에서 차지하는 비율이며, 다음 식으로 계산됩니다.

DSR(총부채원리금상환비율) = (금융회사 대출의 연간 원리금 상환액) ÷ 연소득 x 100

내 연소득이 4000만원이고, 대출이 2000만원이 있습니다. 대출 이자와 원금 상환액을 합친 원리금 상환액으로 40만원씩 매월 지출한다고 할 때, DSR을 계산해 보세요.

폴더 ||

노트북_07

실수 연산

부동소수점(floating point) 자료형

지난 노트북에서 pow(2, 128)(2의 128거듭제곱)의 결과를 확인했습니다. 그런데, 식의 사소한 변화로 결과가 완전히 달라지기도 합니다. 숫자 2에 점(.)을 하나 추가한 뒤, 그 차이를 확인해 보겠습니다.

```
In [1]:   pow(2., 128)        # pow(2.0, 128)과 동일, 2.0의 128거듭제곱

          3.402823669209385e+38
```

이 출력값을 우리에게 익숙한 형태로 바꾸면, $3.402823669209385 \times 10^{38}$입니다. pow(2, 128)의 결과가 340282366920938463463374607431768211456이었던 것과는 다른 결과가 도출되었습니다. 왜 결괏값이 다른 것인지 차근차근 알아가 보겠습니다.

근본 원인은 자료형의 차이입니다. 대부분의 프로그래밍 언어에서 숫자의 점(.)은 데이터의 종류를 구분하는 중요한 기준입니다. 숫자 2와 2.0은 서로 다른 종류의 데이터란 뜻입니다.

이때 2는 **정수형(integer)**이라고 부르고, 2.0과 같이 소수점이 있는 숫자는 **부동소수점(floating point)** 혹은 **실수형**이라고 부릅니다. type() 함수를 이용하여 자료형(data type)을 확인해 보겠습니다.

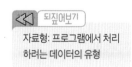

되짚어보기

자료형: 프로그램에서 처리하려는 데이터의 유형

```
In [2]:    type(2)      #정수형

           int
```

```
In [3]:    type(2.0)       # 부동소수점형(실수형)

           float
```

```
In [4]:    type(pow(2., 128))     #부동소수점형(실수형)

           float
```

pow() 연산에서 피연산자(operand) 중 하나라도 부동소수점이면, 결과도 부동소수점이 됩니다. 따라서 pow(2., 128)의 결과는 3.402823669209385e+38 즉, $3.402823669209385 \times 10^{38}$인 것입니다. 10의 거듭제곱은 e로 표시합니다.

부동소수점의 결과가 유효자릿수가 제한되어 근삿값으로 표현된 것에 유의하길 바랍니다. 부동소수점의 유효자릿수는 17자리 정도입니다.

⊙ 자료형 정리 ⊙
- **int** : integer(정수), 소수점이 없는 숫자
- **float** : float point(부동소수점, 실수), 소수점이 있거나 E(지수부)가 있는 숫자
- **str** : String(문자열)
- **bool** : boolean(불, 불린, 불리언), 참과 거짓을 나타내는 값

다시 말해, 정수형끼리의 연산 결과는 정수형이지만, 그중 하나라도 부동소수점(실수)형이라면 결과는 부동소수점형이 됩니다.

```
In [5]:    2 + 3     #정수형+정수형

           5       # 정수형
```

```
In [6]:    2 + 3.0     #정수형+부동소수점형(실수형)

           5.0       # 부동소수점형
```

⬭ 수치 표현의 한계

같은 값일지라도 **int**와 **float** 두 자료형은 내부 표현 구조가 다르므로 계산 방식이 다릅니다. 표현할 수 있는 수의 정확도와 범위도 다릅니다. **2.0**의 1024거듭제곱 계산으로 시험해 봅시다.

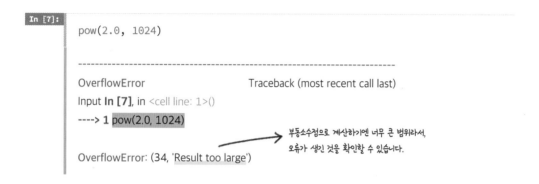

정수의 거듭제곱에서는 문제가 없었는데, 부동소수점 연산은 문제가 생겼습니다. 그 원인은 정수와 부동소수점 간 표현할 수 있는 수치의 범위에 차이가 있기 때문입니다.

파이썬에서, 정수라면 메모리가 허용하는 한 큰 숫자도 얼마든지 표현할 수 있습니다. 반면에 부동소수점형(실수형)은 고정 64비트(부호 1비트, 지수부 11비트, 가수부 52비트)의 제한된 범위 내에서만 수치를 표현합니다.

까닭에 너무 큰 수는 표현할 수가 없으며, (가수부) 유효자릿수도 17자리로 제한되어 정확성도 떨어집니다. 부동소수점형이 표현할 수 있는 최댓값, 최솟값은 다음과 같이 확인됩니다.

```
In [8]:
import sys

sys.float_info.max, sys.float_info.min      # 최댓값, 최솟값

(1.7976931348623157e+308, 2.2250738585072014e-308)
```

⬭ 정확성의 한계

컴퓨터 연산은 항상 오차 없이 정확할까요? 확인해 보겠습니다. 다음 연산 결과는 당연히 정확하게 맞는 것 같습니다.

```
In [9]:    0.1 + 0.1

           0.2
```

그런데 다음 연산은 좀 이상합니다.

```
In [10]:   0.1 + 0.1 + 0.1

           0.30000000000000004
```

`0.3`이 아니라, `0.30000000000000004`가 나왔습니다. 예상 밖의 오차 0.00000000000000004가 발생한 것입니다.

이유는 이상하게 들리겠지만, 십진수 0.1이 이진수 유한자리로는 정확하게 표현되지 않기 때문입니다. 이와 같이, 부동소수점 연산은 오차를 포함하고 있다고 생각해야 합니다.

2로 나머지 없이 분할되는 0.5, 0.25, 0.125와 같은 숫자는 이진수로 정확하게 표현되는 반면, 0.1은 그렇지 않습니다. 십진수 0.1이 이진수로는 순환소수로 나타나기 때문에, 유한자릿수로 표현될 때 약간의 오차가 포함되는 것입니다. (자세히 설명하려면 복잡해지니, 이 정도로 정리하겠습니다.)

많은 경우 소수점이 포함된 연산들의 결괏값은 근삿값이 됩니다. 일단은, 부동소수점 연산은 대부분 약간 오차가 생긴다고만 이해하면 됩니다.

확인문제

0.1을 10번 더하면 얼마가 나올지 직접 확인해 보세요. 1.0이 나올까요? (힌트: 곱셈이 아니라 덧셈을 한 결과를 확인해야 합니다.)

0.125를 10번 더하면 얼마가 나올지 직접 확인해 보세요. 1.25가 나올까요?

pow(e, pi) 값과 pow(pi, e) 값 중 어느 값이 큰지 직접 확인해 보세요. 각 변수의 값은 다음과 같이 정의됩니다.

```
e = 2.7183
pi = 3.1416
```

 실행과제

위경도를 나타내는 GPS 좌표 표기법에는 D(Degree)와 DMS(Degree-Minute-Second) 두 가지 표기법이 있습니다.

DMS 표기법인 41°24'12.2"는 41도 24분 12.2초로 읽습니다. 1도는 60분, 1분은 60초로 분할됩니다. 따라서 이것을 '도(degree)'로만 계산하면 41.40338888888889란 값이 나옵니다. 이 변환을 직접 해보길 바랍니다.

두 부동소수점 숫자 a=0.7, b=0.1*7가 있습니다. 이 두 값을 비교하고 싶은데, 비교해 보니 두 숫자가 다르다고 나옵니다.

```
>>> a = 0.7
>>> b = 0.1 * 7
>>> a == b
False
```

그 이유는 본문에서 언급한 바와 같이 부동소수점 오차에 의한 것입니다. 두 값을 어떻게 비교할 수 있는지 생각해 보길 바랍니다.

○ 두 값은 같다고 봐야 할까요? 다르다고 봐야 할까요?

○ 같다고 하면, 어떻게 판단해야 할까요?

앞서 산술 연산을 할 때, '자료형'이란 말이 계속해서 등장한 것을 보셨을 겁니다. 심지어 이 자료형은 계산 결과에까지 영향을 미쳤습니다. 그렇다면 자료형은 매우 중요한 개념이겠지요? 맞습니다. 자료형을 제대로 이해하는 것은 프로그래밍을 하는 데 있어 꼭 필요한 일입니다.

자료형(data type)이란, 프로그램에서 연산을 효과적으로 수행하기 위해 마련된 자료의 분류입니다. 이 중 '변수 하나에 값 하나를 담는 자료형'을 **기초 자료형**이라고 합니다. 여러 값을 담는 복합 자료형도 있지만, 지금은 기초 자료형만 살펴보기로 합니다.

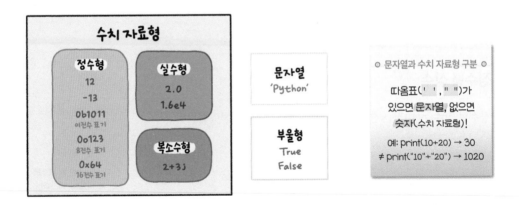

기초 자료형은 다시 수치 자료형과 문자열 자료형으로 구분되는데, 수치 자료형에는 정수형과 실수형 및 복소수형이 포함됩니다. 이외에도 참/거짓을 구분해 주는 부울(불) 자료형도 있습니다.

그럼 여기서 파이썬의 기초 자료형을 제대로 정리해 보도록 하겠습니다. 우선 자료형을 확인하는 방법입니다. 변수 혹은 상수 자료형을 확인하려면 type(자료) 함수를 사용합니다. (지면 관계상, 확인된 자료형의 결과는 주석에 표시하겠습니다.)

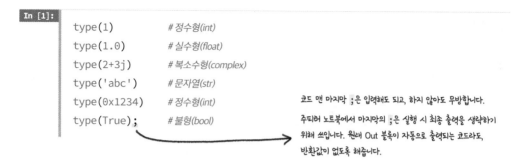

```
In [1]:   type(1)          # 정수형(int)
          type(1.0)        # 실수형(float)
          type(2+3j)       # 복소수형(complex)
          type('abc')      # 문자열(str)
          type(0x1234)     # 정수형(int)
          type(True);      # 불형(bool)
```

코드 맨 마지막 ;은 입력해도 되고, 하지 않아도 무방합니다.

주피터 노트북에서 마지막의 ;은 실행 시 최종 출력을 생략하기 위해 쓰입니다. 원래 Out 블록이 자동으로 출력되는 코드라도, 반환값이 없도록 해줍니다.

표 파이썬의 기초 자료형 예시

자료형	예시
정수형(int)	1, 2, -1, -2, 0과 같이, 소수점이 없는 수치 자료
실수형(float)	1.2, 2.5, 1.4E12와 같이, 소수점이 있거나 지수부가 있는 수치 자료
복소수형(complex)	2+3j, 1+2J 와 같이, 실수부와 허수부가 있는 수치 자료
문자열(str)	'안녕하세요', "144"와 같이, 따옴표로 둘러싸인 자료
불형(bool)	True, False와 같이, 참 또는 거짓을 나타내는 자료

◯ 수치 자료형

정수형 상수

정수형 상수는 10진, 8진, 16진, 2진 상수로 표현할 수 있습니다.

```
In [2]:   123               # 123, 10진 상수
          0o123             # 83, 8진 상수(octal)
          0x123             # 291, 16진 상수(hexa)
          0b10110101;       # 181, 2진 상수(binary)
```

2진수, 8진수, 16진수 => 모두 이진수!

이진수 세 자리 = 8진수

이진수 네 자리 = 16진수

정수형 자료에서는 수치 표현 범위가 제한되지 않습니다. 다음과 같은 30자리의 정수도 거뜬히 표현합니다.

```
In [3]:    1234567890123456789012345678901234567890

           1234567890123456789012345678901234567890
```

정숫값은 기본적으로 10진수 형태로 표현되지만, 16진수, 8진수, 2진수 형태의 문자열로 변환할 수도 있습니다.

```
In [4]:    a = 123
           hex(a)      # '0x7b' 16진수
           oct(a)      # '0o173' 8진수
           bin(a);     # '0b1111011' 2진수
```

◦ 각 약어의 본뜻 ◦

hex = hexa(16진수)

oct = octal(8진수)

bin = binary(2진수)

실수형 상수(부동소수점)

다른 언어에서도 그렇듯, 실수형 상수는 소수점을 포함하거나, e 또는 E로 지수부를 표현합니다.

```
In [5]:    2.0, 2., 2e1, 2E-10              2e1==2×10^1
                                            2E-10==2×10^-10
           (2.0, 2.0, 20.0, 2e-10)
```

실수형 상수는 내부적으로 64비트(소수부 52비트, 지수부 11비트, 부호 1비트)로 표현됩니다. 따라서 유효자리와 수치 표현에 최댓값, 최솟값이 존재합니다. 예를 들어, 다음 30자리 숫자에 대해 실수형 상수는 그 유효자리를 제대로 표현하지 못합니다. 소수부의 유효자릿수는 17자리 정도라서, 그 뒤 숫자는 잘리기 때문입니다.

```
In [6]:    0.123456789012345678901234567890

           0.12345678901234568
```

지수부의 표현 범위 역시 $10^{\pm308}$ 정도로 한정됩니다.

복소수형

복소수형은 일반적으로는 사용되지 않지만, 공학 분야에서 자주 사용되는 수치 자료형입니다. 복소수 상수는 '실수부+허수부'로 표현됩니다. 허수부에는 문자 'j'나 'J'를 붙여서 구분합니다.

```
In [7]:   c = 4+5j       # 허수부 = 5
          d = 7-2J       # 허수부 = -2
          e = complex(3, 4);       # 3+4j
```

> complex(실수부, 허수부) 함수:
> 한 쌍의 숫자를 받아 앞 숫자가 실수부, 뒤 숫자가
> 허수부를 이루는 복소수를 반환합니다.

`conjugate()` 함수를 이용하면 다음처럼 켤레 복소수를 만들 수 있습니다.

```
In [8]:   c.real     # 4
          c.imag     # 5
          c.conjugate();     # 4-5j 켤레 복소수
```

문자열형

한 문자에 관한 함수들

파이썬에는 한 문자만을 다루는 '문자형(character type)'은 없습니다. 여러 문자를 모아 놓은 **문자열형(string type)**이 있을 뿐입니다.

문자열은 문자들의 나열입니다. 우리가 흔히 '텍스트'라고 부르는 것이 바로 문자열입니다. 문자열(string)이라는 이름에서 알 수 있듯이, 글자들이 끈(string)으로 서로 엮여 있는 모습을 상상하면 이해하기 쉽습니다.

따옴표로 둘러싸 입력한 모든 것을 문자열이라고 생각하면 간단합니다. 큰따옴표(" ") 혹은 작은따옴표(' ')로 문자열을 만들 수 있습니다. 단 하나의 문자라도 따옴표로 잘 둘러싸여 있다면 '문자열' 자료형이 됩니다. 문자열이라고 해서 여러 문자가 있어야 하는 것은 아닙니다.

> 주의 큰따옴표와 작은따옴표를 섞어 쓰거나, 누락해 버리면 문자열 상수로 인식되지 않습니다. 조심하세요!

```
In [9]:     a = 's'
            type(a)

            str
```

그래서 문자열형은 한 문자에 대한 함수도 몇 가지 가지고 있습니다. 그중 하나인 ord() 함수는 문자의 코드값(유니코드)을 돌려줍니다.

```
In [10]:    ord('A')        # 65
            ord('a')        # 97
            ord('가')       # 44032
            ord('加')       # 21152
            ord('あ');      # 12354
```

되짚어보기

유니코드: 전 세계 모든 문자를 컴퓨터에서 일관되게 표현할 수 있도록 고안된 표준 코드

hex() 함수를 추가해 주면 16진 형태로 출력할 수도 있습니다.

```
In [11]:    hex(ord('가'))      # 44032

            '0xac00'
```

한편 chr() 함수는 ord() 함수와는 반대로, 코드값을 입력하면 그 값에 해당하는 문자를 반환합니다.

```
In [12]:    chr(65)         # 'A'
            chr(44032)      # '가'
            chr(0xac00);    # '가'
```

문자열(시퀀스) 자료형의 기본 연산

문자열 자료형은 내용이 조금 있습니다. 문자열에 관련된 연산을 설명해야 하기 때문입니다. 우선은 다른 시퀀스 자료형과의 공통 연산을 설명한 뒤, 추가로 문자열에만 적용되는 연산을 설명하겠습니다.

그림 문자열의 예: "안녕하세요!"

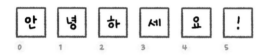

문자열은 사람이 읽기 위한 텍스트 정보를 표현합니다. 문자열은 순서를 갖는 **시퀀스(sequence) 자료형**의 한 종류입니다. 대표적인 시퀀스 자료형으로는 문자열, 리스트, 튜플(이후 설명합니다) 등이 있습니다.

시퀀스 자료형은 공통적으로 인덱싱(indexing), 슬라이싱(slicing), 연결(concatenation), 반복(repetition), 길이(len), 멤버십 테스트(membership test) 기본 연산을 지원합니다.

우리의 첫 인사 "Hello World!"를 가지고 각 연산을 해 보겠습니다.

1) 인덱싱(indexing): [ ]

인덱싱은 순서에 따라 문자열의 문자에 차례로 번호를 부여하는 것입니다. 대괄호 [ ] 안에 선택할 문자의 위치를 정수로 입력합니다.

기본적으로 인덱스는 첫 번째 문자부터 시작해 0, 1, 2… 식으로 더해 가며 번호를 매깁니다. −1부터 시작하는 음수를 이용해 맨 뒤에서부터 지정하는 것도 가능합니다.

그림 "Python" 문자열의 인덱싱

```
s = "Python"
```

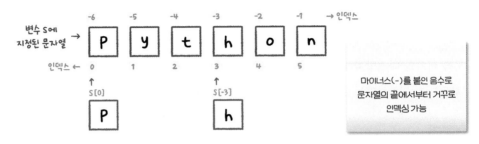

자, 이제 "Hello World!" 문자열에 두 가지 방법으로 인덱스를 부여해 보겠습니다.

표 "Hello World!"의 인덱스

문자	H	e	l	l	o		W	o	r	l	d	!
인덱스	0	1	2	3	4	5	6	7	8	9	10	11
	-12	-11	-10	-9	-8	-7	-6	-5	-4	-3	-2	-1

이렇게 부여한 번호(인덱스)를 통해, 다음처럼 특정 위치의 문자를 지정해서 가져오거나 저장할 수 있습니다.

```
In [13]:
s = "Hello World!"
s[0], s[1], s[-1], s[-2]

('H', 'e', '!', 'd')
```

2) 슬라이싱(slicing): [:]

슬라이싱은 잘라낸다는 의미로, 인덱스를 이용해 문자열의 특정 범위를 선택할 때 사용합니다. 범위는 대괄호 [ ] 안에 콜론(:)으로 구분해서 지정합니다.

```
In [14]:
s[0:5]          # 문자열 중 0에서 5 사이의 부분 문자열
```

'Hello'

0에서 5 사이(까지)라고 할 때, 마지막 5위치를 포함하지 않는 점에 주의하세요. 5위치 앞, 즉 4위치까지 포함한다는 의미입니다.

시작 위치와 마지막 위치를 생략할 수도 있습니다. 슬라이싱의 시작 위치가 생략되면 문자열의 '처음부터' 포함하라는 뜻이고, 마지막 위치가 생략되면 문자열을 '끝까지' 포함하라는 뜻입니다.

```
In [15]:   print(s[1:])     # 마지막 위치 생략 = 끝까지
           print(s[:3])     # 시작 위치 생략 = 처음부터
           print(s[:])      # 모두 생략 = 처음부터 끝까지

           ello World!
           Hel
           Hello World!
```

좀더 구체적으로 [start:stop:step]의 3가지 값을 지정할 수 있습니다. 순서대로 시작 값, 끝 값, 간격을 의미합니다. 세 번째의 step은 생략 가능하며, 생략했을 경우 기본값은 1입니다.

```
In [16]:   s[::2]       # 2 간격으로 선택

           'HloWrd'
```

step 위치에 마이너스(-)를 붙인 음수를 입력할 수도 있습니다. 마이너스(-) 간격을 사용할 경우, 뒤에서부터 탐색하기 때문에 start가 stop보다 뒤에 있는 인덱스여야 합니다. 예를 들면 s[-1:-5:-1]과 같은 형태입니다.

```
In [17]:   print(s[-1:-5:-1], s[::-1])       # 거꾸로

           !dlr !dlroW olleH
```
시작 값(start)과 끝 값(stop)을 생략한 경우는, 전체 범위에 대해 적용됩니다.

인덱싱과 슬라이싱을 할 때, IndexError(index out of range)라는 오류를 볼 수도 있습니다. IndexError는 파이썬뿐만 아니라 다른 프로그래밍 언어에서도 자주 볼 수 있는 주요 예외 중 하나입니다. 왜 발생하는 걸까요?

IndexError 예외는 문자열이나 리스트의 전체 숫자를 넘는 요소, 글자를 선택할 때 발생합니다. 리스트는 뒤에서 배우게 될 내용이고, 현재 문자열에 대해 배우고 있으니 문자열을 가지고 알아보겠습니다.

다음은 **"파이썬은재미있다"**가 8글자인데, 16번째(인덱스 번호 15) 문자에 접근하고 있는 코드입니다. 문자열에 없는 16번째 문자를 선택하고 있으므로, 인덱스가 문자열의 범위를 넘었다면서 IndexError: string index out of range라는 오류가 발생합니다.

```
>>> print("파이썬은재미있다"[15])
Traceback (most recent call last):
  File "<pyshell#2>", line 1, in <module>
IndexError: string index out of range
```

IndexError 예외가 발생하면 당황하지 말고, 문자열이나 리스트의 인덱스를 넘는 범위 혹은 부분을 선택했다고 빠르게 파악하길 바랍니다.

3) 연결(concatenation): +

+는 연결 연산자입니다. 다음과 같이 문자열과 문자열을 이어 붙입니다.

```
'문자열' + '문자열'
```

주의 반드시 문자열끼리만 + 기호를 사용해서 연결해야 합니다. 만약 숫자(예: 100, -1 등)와 문자열을 연결하려면 숫자에 따옴표를 붙여 문자열로 인식시켜야(예: "100", "-1" 등) 오류 없이 실행할 수 있습니다. 따옴표 없이 그냥 연결하게 되면 TypeError 오류 메시지를 볼 수 있으니 주의하세요.

연결 연산을 통해 원래의 `Hello world` 문자열을 만들어 보겠습니다.

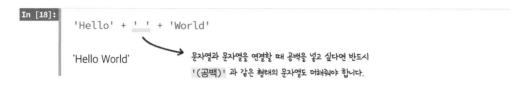

```
In [18]:   'Hello' + ' ' + 'World'

           'Hello World'
```

문자열과 문자열을 연결할 때 공백을 넣고 싶다면 반드시
`' '(공백)` 과 같은 형태의 문자열도 더해줘야 합니다.

4) 반복(repetition): *

`*`는 반복 연산자입니다. 문자열을 일정 횟수 반복하게 만듭니다.

`'반복하고_싶은_문자열' * 원하는_반복_횟수` ⟶ 이때 '원하는_반복_횟수'는 반드시 정수로만 입력합니다.

지정한 횟수만큼 공백 없이 문자열이 나열됩니다.

```
In [19]:   'Hello' * 3

           'HelloHelloHello'
```

문자열과 횟수의 자리는 바뀌어도 상관없습니다.

```
In [20]:   40 * '-'

           '----------------------------------------'
```

+, * 연산자는 피연산자의
자료형이 중요!

수치형이면 → 덧셈 or 곱셈
문자열이면 → 연결 or 반복

5) 길이: len() 함수

문자열의 길이를 구할 때는 `len()` 함수를 사용합니다. 괄호 안에 문자열을 넣으면, 문자열에 들어 있는 글자 수(문자열의 길이)를 세어 출력합니다.

```
In [21]:   len('Hello')

           5
```

6) 멤버십 테스트(membership test)

`in` 연산자는 부분 문자열이 전체 문자열에 포함되는지를 확인하여, True 혹은 False(참 또는 거짓)로 결괏값을 반환합니다. 다음 형식으로 사용합니다.

> `'부분_문자열' in '전체_문자열'`

`'like'` 문자열이 `'I like python'` 문자열에 포함되어 있는지를 알아봅시다.

```
In [22]:   'like' in 'I like python'

           True
```

문자열은 변경 불가능

자료형은 변경 가능한 자료형과 변경 불가능한 자료형으로 나누어집니다. 문자열은 변경 불가능한 자료형입니다. 다음 코드를 봅시다.

```
In [23]:   s = 'Hello'
           s[0] = 'a'        # 'Hello' 문자열에서 바로 첫 글자인 'H'를 a로 정의하려 시도

           ----------------------------------------------------------------------
           TypeError                        Traceback (most recent call last)
           Input In [23] in <cell line: 2>()
               1 s = 'Hello'
           ----> 2 s[0] = 'a'

           TypeError: 'str' object does not support item assignment
```

`'Hello'` 문자열의 첫 글자인 'H'만을 취해 새로운 문자열로 만들고자 했으나, 문자열은 변경할 수 없는 자료형이므로 오류가 생겼습니다. 문자열을 변경하려면 새로운 문자열을 만들어야 합니다.

```
In [24]:   s = 'Hello'
           a = 'h' + s[1:]    # 'Hello' 문자열과 별개로 새 문자열 a를 생성
           a
                          s[1:]은 슬라이싱으로 'ello'를 취한 것입니다.

           'hello'
```

문자열 메서드

파이썬의 모든 자료는 객체(object)입니다. 객체는 멤버(member)라고 불리는 데이터와, 이 데이터에 대한 연산을 수행하는 함수 형태의 메서드(method)를 갖습니다. 예를 하나 들어 보겠습니다.

```
In [25]:   s = 'I love Python'
           s.upper()      # 문자열 전체 대문자로 변환

           'I LOVE PYTHON'
```

여기서 변수 s는 문자열 데이터 `I love Python`을 가지고 있습니다. 또한 문자열 객체는 `upper()`라는 메서드를 가지고 있습니다.

이 메서드는 객체에 저장된 문자열을 대문자로 변환한 새로운 문자열을 돌려줍니다. 문자열은 변경 불가능 자료형이니, 변수 s의 문자열을 변경하지 않고 새로운 문자열을 만들어서 돌려주는 것입니다. 메서드를 호출하는 형식은 **객체.메서드()**입니다.

객체나 메서드에 관한 자세한 설명은 이후에 더 상세히 하겠습니다. 당장 잘 이해되지 않더라도, 일단은 이런 것이 있다고 참고로만 알아 두시면 됩니다.

> ◎ 함수와 메서드의 차이 ◎
> 함수: 다른 곳에 종속되지 않으며 독립적으로 호출됨
> 예: **함수명()**
>
> 메서드: 상위 그룹인 클래스(라이브러리)에 종속되는 함수로, 그룹과 함께 호출됨
> 예: **변수명.메서드명()**

문자열에 적용 가능한 메서드들 중에서 몇 개를 소개합니다.

- `upper()`: 문자열을 대문자로 만들어 돌려줍니다(반환값: 문자열).
- `lower()`: 문자열을 소문자로 만들어 돌려줍니다(반환값: 문자열).
- `count('문자')`: 해당 문자열에 '문자'가 몇 개 포함됐는지 돌려줍니다(반환값: 숫자).
- `startswith('문자')`: 해당 문자열이 '문자'로 시작하는지 확인합니다(반환값: True/False).
- `endswith('문자')`: 해당 문자열이 '문자'로 끝나는지 확인합니다(반환값: True/False).
- `find('문자')`: '문자'의 위치를 찾습니다. '문자'가 한 단어일 경우엔, 그 문자가 시작하는 위치의 인덱스를 출력합니다.
- `index('문자')`: '문자'의 위치를 찾습니다.
- `isalnum()`: 문자열이 알파벳이나 숫자로 구성되어 있는지 확인합니다(반환값: True/False).
- `isascii()`: 문자열이 아스키 문자로 구성되어 있는지 확인합니다(반환값: True/False).
- `isdecimal()`: 문자열이 숫자로만 구성되어 있는지 확인합니다(반환값: True/False).
- `split()`: 문자열을 공백(혹은 다른 문자)을 전후로 잘라서 리스트로 구성합니다(반환값: 문자열 리스트).
- `join(문자열_리스트)`: 분리된 문자열 리스트를 모아서 하나의 문자열로 합칩니다(반환값: 문자열).
- `strip()`: 문자열의 좌우 공백을 없앱니다. 왼쪽 공백만 없애는 `lstrip()`, 오른쪽 공백만 없애는 `rstrip()`도 있습니다(반환값: 문자열).
- `splitline()`: 문자열을 줄 단위로 구분한 리스트를 만듭니다(반환값: 문자열 리스트).

이외에도 많은 메서드가 제공됩니다. 자세한 내용은 파이썬 표준 라이브러리 레퍼런스 웹 페이지 (https://docs.python.org/ko/3.10/library/stdtypes.html#text-sequence-type-str)를 참조하세요.

앞서 소개한 메서드들의 간단한 사용법을 제시합니다. 이것 역시, 부담 없이 '이런 것이 있구나' 하는 정도로 한번 살펴보시면 됩니다.

```
In [26]:
s = 'I love Python'
s.upper()        # 문자열 전체 대문자로 변환

'I LOVE PYTHON'
```

```
In [27]:    s.lower()        # 문자열 전체 소문자로 변환

            'i love python'
```

```
In [28]:    s.count('o')        # 문자열에 'o'가 몇 개 있는지 확인

            2
```

```
In [29]:    s.startswith('I')        # 문자열이 'I'로 시작하는지 확인

            True
```

```
In [30]:    s.endswith('thon')        # 문자열이 'thon'으로 끝나는지 확인

            True
```

```
In [31]:    s.find('love')        # 문자열에서 'love'를 찾아 인덱스 번호 반환

            2
```

```
In [32]:    s.find('like')        # 문자열에 'like'가 없으면 -1 반환

            -1
```

```
In [33]:    s.index('love')        # 문자열에서 'love'는 몇 번째에 있는지 반환

            2
```

```
In [34]:    s.index('like')        # 문자열에 'like'가 없으면 오류가 발생

            ---------------------------------------------------------------------------
```

ValueError   Traceback (most recent call last)
Input **In [34]**, in <cell line: 1>()
----> 1 s.index('like')

ValueError: substring not found   ⟶   기존 문자열에 찾고자 하는 문자열 'like'가
                                                      없으므로, '부분 문자열을 찾을 수 없음'이라는
                                                      ValueError 예외가 발생합니다.

In [35]:
```python
'abc123'.isalnum()          # 알파벳과 숫자로만 구성된 문자열인지 확인
```

True

In [36]:
```python
'abcABC123!@#'.isascii()          # 아스키 문자로 구성된 문자열인지 확인
```

True

In [37]:
```python
'1230123'.isdecimal()          # 숫자로만 구성된 문자열인지 확인
```

True

In [38]:
```python
s.split()          # 문자열 분리
```

['I', 'love', 'Python']

In [39]:
```python
' '.join(['I', 'love', 'Python'])          # 분리된 문자열 조합
```

'I love Python'

In [40]:
```python
s = '  I love Python  '
s.strip()          # 좌우 공백 제거
```

'I love Python'

```
In [41]:    s = '   I love Python   '
            s.lstrip()      # 왼쪽 공백만 제거

            'I love Python   '
```

```
In [42]:    s = '   I love Python   '
            s.rstrip()      # 오른쪽 공백만 제거

            '   I love Python'
```

```
In [43]:    s = '''line1
            line2
            line3'''
            s.splitlines()      # 라인 단위로 분리/리스트로 반환

            ['line1', 'line2', 'line3']
```

○그 외

불(bool)형

비교 연산에서 사용하는 진릿값(참 혹은 거짓)을 나타내는 자료형입니다. True 또는 False 값을 갖습니다. 부울, Boolean, 불린 또는 불리언으로 불리기도 합니다.

불 자료형은 6개의 비교 연산자와 3개의 논리 연산자를 통해 만들어집니다.

표   파이썬에서 사용하는 6개의 비교 연산자

연산자	설명	연산자	설명	연산자	설명
a==b	a와 b가 같은 값이다	a<b	a가 b보다 작다	a<=b	a가 b보다 작거나 같다
a!=b	a와 b의 값이 다르다	a>b	a가 b보다 크다	a>=b	a가 b보다 크거나 같다

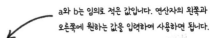
a와 b는 임의로 적은 값입니다. 연산자의 왼쪽과 오른쪽에 원하는 값을 입력하여 사용하면 됩니다.

연산자	설명
a and b	a와 b 둘 중 하나라도 False면 False (a, b 모두 True여야 True)
a or b	a와 b 둘 중 하나라도 True면 True (a, b 모두 False여야 False)
not x	진릿값을 뒤집음, True를 False로, False를 True로

비교 연산자에 관해서는, 3과 1을 비교 연산한 다음 두 결과를 살펴보면 금방 이해할 수 있을 겁니다.

```
In [44]:
3 > 1       # 3이 1보다 크다, 참 or 거짓?

True
```

```
In [45]:
3 < 1       # 3이 1보다 작다, 참 or 거짓?

False
```

논리 연산자의 경우는 어떨까요? 다음은 논리 연산자 and를 이용하여, 변수 x의 값이 0에서 100 범위에 있는지를 검사하는 코드입니다.

```
In [46]:
x = 10                      # 임의의 값 설정
0 <= x and x <= 100         # x값이 0~100 사이에 있는지 검사

True
```

None형(None)

숫자에서 0은 개수나 양이 없다는 것을 나타내기 위한 수입니다(모순적인 표현이긴 합니다). 마찬가지로 파이썬에서 '없음'을 나타내기 위한 객체가 바로 None입니다.

```
In [47]:    None
```

None 객체의 자료형은 NoneType입니다.

```
In [48]:    type(None)

            NoneType
```

'해당 자리에 아무것도 없다'는 상태를 표시하고 싶을 때, None을 사용하면 됩니다.

```
In [49]:    L = [None, None, None]
```

◉ 형변환(casting)

자료형의 유형을 바꾸는 것을 **형변환**이라고 합니다. 예를 들어, 정수형 자료 10을 문자열 자료 '10'으로 바꿀 수 있습니다. 기초 자료형 간에는 이러한 형변환이 가능합니다. 영어로 **캐스팅(casting)**이라고도 합니다.

실제 형변환을 시도해 보겠습니다. 이전과 마찬가지로 지면 관계상, 결괏값은 주석으로 표시했습니다.

표 형변환의 종류

함수	설명
int(x)	x를 int(정수)로 변환
float(x)	x를 float(실수, 부동소수점)로 변환
complex(re, im)	실수부 re, 허수부 im을 가지는 복소수형으로 변환
str(x)	x를 문자열로 변환

```
In [50]:    int(1.2)         # 결괏값 1
            int('123')       # 결괏값 123

            float(2)         # 결괏값 2.0
            float('2.34')    # 결괏값 2.34
```

```
complex(3, 4)       # 결괏값 3+4j

str(123)            # 결괏값 '123'
str(2.34)           # 결괏값 '2.34'
str(3+4j);          # 결괏값 '(3+4j)'
```

형변환 시, ValueError 예외가 발생할 수 있습니다. 이는 '변환할 수 없는 것'을 변환하려고 하면 발생하는 오류입니다. 이러한 ValueError 예외가 발생하는 경우는 두 가지입니다.

첫 번째는 숫자가 아닌 것을 숫자로 변환하려고 할 때입니다. 예를 들어, 숫자를 정수로 변환하는 int() 함수를 사용한다고 생각해 봅시다. 이때 괄호 안에는 수치 자료형이 들어가야 하는데, int("파이썬")과 같이 문자열이 들어가면 정수로 변환할 수 없는 값이므로 오류가 발생합니다.

두 번째는 소수점이 있는 숫자 형식의 문자열을 int() 함수로 변환하려고 할 때입니다. int() 함수는 입력된 값을 정수로 변환하는데, 소수점이 있는 숫자 형식으로 값이 입력됐을 때는 정상적으로 작동합니다. 그러나 같은 소수점이 있는 숫자라도 따옴표로 싸여 있다면 오류가 발생하게 됩니다.

실행과제

파이썬의 기초 자료형인 정수형, 부동소수점형(실수형), 복소수형, 문자열형, 불(bool)형, None형에 대해서 개략적으로 정리해 보았습니다. 내용이 많지 않으니 잘 숙지해 두세요.

문자열 자료형에 사용하는 여러 가지 메서드를 소개했습니다. 직접 실행해 보고, 꼭 익혀 두세요.

'gslee:5284:9010' 문자열이 있을 때, 이 문자열을 'gslee-5284-9010'으로 바꾸는 방법을 두 가지 이상 찾아보세요.

폴더 III

파이썬이 일하는 방법_
함수와 모듈

이 폴더에서 열어 볼 노트북

 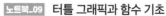
 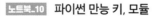

우리는 복잡한 업무를 만나면, 대개 작은 기능 단위로 업무를 나누어서 차례로 처리합니다. 그리고 각 기능에 이름을 붙여 두고, 필요시 그 이름으로 해당 기능을 지칭합니다. 이렇게 작업을 개념화해서 이름을 부여하는 것을 '추상화(abstraction)'라고 합니다. 그러면 전체 작업을 수행하기에도 좋고, 개별 작업 흐름을 이해하기도 쉽습니다. 놀랍게도 프로그램도 우리와 비슷하게 일합니다. 어떻게 하냐고요? 자, 함께 들어가 봅시다.

노트북_09

터틀 그래픽과 함수 기초

터틀 그래픽

프로그램은 기본적으로 **함수(function)**를 이용해서 작업의 단위화, 즉 추상화를 구현합니다. 수학에서의 함수가 연산의 값을 구하는 것이 목표라면, 프로그램에서의 함수는 어떤 작업을 수행하는 것을 목표로 합니다. 즉, 결괏값을 명시적으로 돌려주지 않아도 좋다는 뜻입니다.

그렇다면 함수는 어떤 과정을 거쳐 사용되고 있을까요? **터틀 그래픽(turtle graphic)**에 도전해서 직접 알아보겠습니다. 터틀 그래픽은 평면 위에 있는 거북이가 이동하면, 그 경로를 따라 선이 그려지는 그래픽입니다. 1960년대말 컴퓨터 교육용으로 개발된 프로그래밍 언어 'LOGO'의 기본 기능이었는데, 파이썬이 가져와 `turtle`이란 이름의 모듈로 제공하고 있습니다.

여기에서 터틀 그래픽을 다루는 목적은, 프로그램 구조를 이해하고 함수의 필요성과 기능을 예제를 통해 알아보는 것입니다. 여기 미처 소개하지 못한 재미난 기능이 많이 있으니, 관심 있는 독자는 좀더 검색해 보아도 좋습니다.

> **주의** 주피터 노트북 환경에서는 `turtle` 모듈이 잘 실행되지 않습니다. 따라서 이번 실습은 파이썬 IDLE를 이용해야 합니다. 이 노트북은 꼭 직접 코드를 실행해 보아야 의미가 있습니다. 직접 한 줄 한 줄 실행해 보시기 바랍니다.

터틀 모듈 다루기

먼저 IDLE를 실행하고, 셸(Shell) 창에서 다음 명령을 입력합니다. 첫 줄의 `import turtle`은 `turtle` 모듈을 사용하겠다는 선언입니다. 우리가 사용할 `turtle` 모듈은 파이썬에서 기본 제공하는 모듈입니다. 모듈을 사용하려면, 먼저 `import`를 해야 합니다.

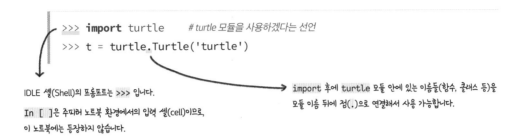

```
>>> import turtle        # turtle 모듈을 사용하겠다는 선언
>>> t = turtle.Turtle('turtle')
```

IDLE 셸(Shell)의 프롬프트는 `>>>` 입니다.

`In [ ]`은 주피터 노트북 환경에서의 입력 셸(cell)이므로, 이 노트북에는 등장하지 않습니다.

import 후에 turtle 모듈 안에 있는 이름들(함수, 클래스 등)을 모듈 이름 뒤에 점(.)으로 연결해서 사용 가능합니다.

다음 줄의 `t = turtle.Turtle('turtle')` 명령은 `turtle` 모듈 안 `Turtle` 클래스의 객체(거북이)를 만들어서, 변수 `t`에 할당하라는 뜻입니다.

명령을 실행하면 [Python Turtle Graphics]란 이름의 새 창이 열리고 거북이 한 마리가 나타날 것입니다. 거북이가 나타난 창의 크기를 조절해서 작업하기 편한 위치에 두면 좋습니다.

명령 `t = turtle.Turtle('turtle')`에서, 소괄호 안의 `'turtle'` 인수는 거북이의 모양을 지정합니다. 인수 없이 `turtle.Turtle()`로만 호출하면, 거북이 모양 대신 삼각형이 나타나게 됩니다.

자, 이제 거북이를 100포인트만큼 전진시켜 봅니다.

```
>>> t.forward(100)
```

1포인트는 화면의 1픽셀입니다. 따라서 100포인트 값을 주면, 100픽셀만큼 이동합니다.

이번에는 (거북이 진행방향 기준) 좌측으로 90도 회전해 보겠습니다.

```
>>> t.left(90)
```

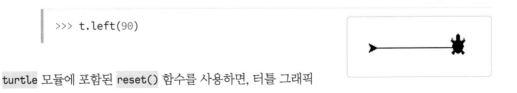

`turtle` 모듈에 포함된 `reset()` 함수를 사용하면, 터틀 그래픽 화면이 초기화됩니다(선이 지워지고, 거북이가 원위치됩니다).

```
>>> t.reset()
```

앞서 시험해 봤던 100포인트 전진+90도 좌회전 작업을 네 번 반복하면 사각형이 그려집니다.

```
>>> t.forward(100)    # 변 1
>>> t.left(90)
>>> t.forward(100)    # 변 2
>>> t.left(90)
>>> t.forward(100)    # 변 3
>>> t.left(90)
>>> t.forward(100)    # 변 4
>>> t.left(90)
```

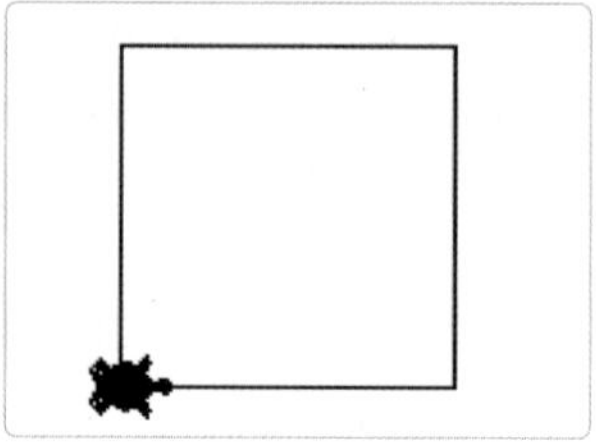

이어서 정삼각형을 그리는 코드를 작성해 보겠습니다. 각이 3개이니, 120도만큼 회전해야 합니다.

```
>>> t.forward(100)    # 변 1
>>> t.left(120)
>>> t.forward(100)    # 변 2
>>> t.left(120)
>>> t.forward(100)    # 변 3
>>> t.left(120)
```

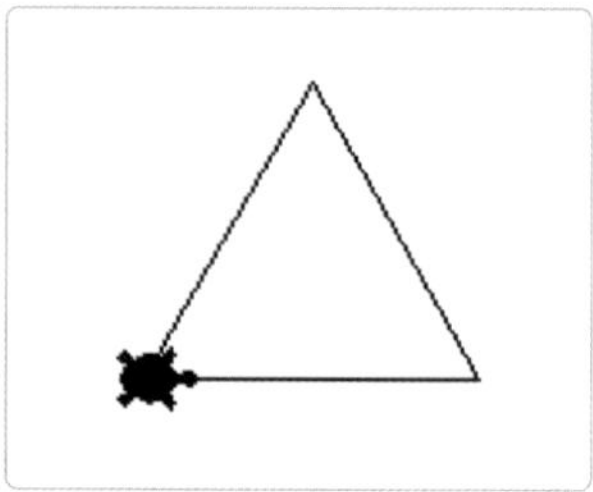

반복문의 도입

지금껏 작성한 코드를 잘 살펴보니, 같은 명령이 번거롭게 여러 번 되풀이되었습니다. 작업이 비효율적입니다. 이 반복을 효과적으로 처리하기 위해 특별한 구조를 이용해 보겠습니다. 바로 for 반복문입니다.

for 반복문의 사용법은 곧 자세히 설명할 테니, 일단 여기서는 다음 그림과 같은 코드가 for 아래의(for가 포함하는) 코드를 4번 실행한다, 정도로 이해해 두면 됩니다.

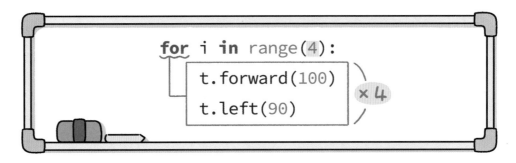

```
for i in range(4):
    t.forward(100)
    t.left(90)         × 4
```

코드를 입력해 봅시다. 들여쓰기에 주의를 기울이고, 맨 마지막의 콜론 **:** 문자를 잊지 마세요.

```
>>> for i in range(4):
        t.forward(100)
        t.left(90)
```

여러 번 쓸 필요 없이 간단하게 정사각형이 완성되었습니다. 같은 방법으로 10각형도 쉽게 그릴 수 있습니다. 회전 각도는 360/10입니다.

```
>>> for i in range(10):
        t.forward(100)
        t.left(360/10)
```

화면 정리가 필요하면 중간 중간에 **t.reset()**을 호출하면 됩니다. n각형을 그린다면 다음과 같이 변의 개수를 변수화할 수 있겠습니다.

```
>>> n = 10
>>> for i in range(n):
        t.forward(100)
        t.left(360/n)
```

⬤ 함수와 인수

함수 정의하기

이제 우리가 앞에서 작성한 코드를, 함수라는 하나의 단위로 묶어 이름을 붙여 보겠습니다. 이를 프로그램에서는 '정의한다(define)'라고 합니다. 함수의 정의는 **def**로 시작합니다. 이름은 원하는 대로 붙이면 됩니다. (이름 짓는 팁이 궁금하다면, [개념 더보기]를 참고하세요.)

그림 함수의 정의 방법

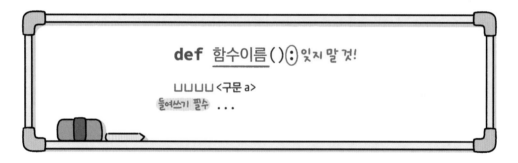

여기서는 사각형을 그리는 함수인 만큼, drawSquare라고 명명하겠습니다.

```
>>> def drawSquare():       #함수 정의
        for i in range(4):
            t.forward(100)
            t.left(90)
```

이로써 새로운 함수가 정의되었습니다.

주의할 점은, 정의(definition)와 실행(execution)이 서로 다른 개념이란 점입니다. 함수를 만드는 것 이 함수 정의이며, 함수의 실행은 **함수 호출**(function call)로 이루어집니다.

함수를 호출해 보겠습니다. 함수를 호출하려면, 반드시 함수 이름 뒤에 소괄호 ()를 붙여 주어야 합니다.

```
>>> drawSquare()      # 함수 호출
```

이 함수를 다시 `for` 반복문과 조합하면 한층 효율적인 결과를 낼 수 있습니다. 다음은 `drawSquare()` 함수를 호출하여 사각형을 그린 다음, 10도 왼쪽으로 회전해 다시 사각형을 그리는 것을 10번 반복하는 코드입니다.

```
>>> for j in range(10):
        drawSquare()
        t.left(10)
```

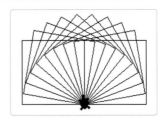

이런 복잡한 모양이 순식간에 완성되었습니다. 이처럼 `drawSquare()`라는 함수를 한번 정의해 놓으니(개념화해 놓으니), 편리하게 가져다 몇 번이고 이용할 수 있게 되었습니다.

가인수(parameters)와 실인수(arguments)

그런데 이 함수는 몇 가지 한계가 있습니다. 일단은 `drawSquare()`라는 함수가 너무 '고지식하게' 정의된 것이 눈에 걸립니다. 삼각형도 그리고 오각형도 그릴 수 있으면 좋을 텐데, 오직 사각형만 그리게끔 고정되어 있기 때문입니다. (이렇게 상수가 직접 사용된 경우를 '하드코딩 되어 있다'고 합니다.)

함수에 약간의 유연성을 부여하겠습니다. 이는 함수의 인수라는 개념을 통해서 구현됩니다. 인수에는 두 가지가 있습니다. 함수를 정의할 때 선언한 매개변수인 **가인수(parameters)**와, 함수를 호출할 때 전달하는 실제 값인 **실인수(arguments)**입니다.

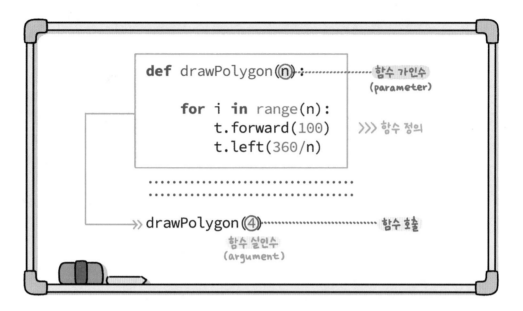

이제 drawSquare() 함수를, 다각형을 그리는 drawPolygon(n) 함수로 재정의해 보겠습니다.

```
>>> def drawPolygon(n):
        for i in range(n):
            t.forward(100)
            t.left(360/n)
```

함수 정의 첫 줄의 n은 변수입니다. 실제 호출이 이루어질 때까지는 이 변수의 값을 알 수 없습니다. 그래서 이것을 가인수(parameters)라고 부릅니다.

drawPolygon(n) 함수의 n은 호출에 의해서 4가 되기도 하고, 10이 되기도 합니다. 함수 호출 시 가인수 자리에 대신해서 들어가는 이런 구체적인 값들을, 실제 인수란 의미로 실인수(arguments)라 부릅니다.

```
>>> drawPolygon(4)        # 4각형
>>> drawPolygon(10)       # 10각형
```

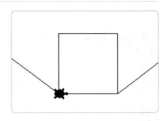

코드를 실행하면, 이 그림과 같이 n이 어떤 숫자로써 호출되느냐에 따라 4각형이 그려지기도 하고 (n=4), 10각형이 그려지기도 합니다(n=10). 즉, '몇 각형인지'가 미정 상태로 있다가, 함수 호출 시에 비로소 결정되는 것입니다.

한 발 더 나아가, 유연성을 좀더 추가해 보겠습니다. 현재 도형의 한 변 길이는 100포인트로 고정되어 있는데, 이것도 변화시킬 수 있게 변수(length)로 전환하겠습니다.

```
>>> def drawPolygon(n, length):      # n = 각형, length = 한 변 길이
        for i in range(n):
            t.forward(length)
            t.left(360/n)
```

기본형인 drawPolygon(n, length)에서 확인할 수 있듯이, 함수 drawPolygon()의 가인수가 두 개가 되었습니다. 따라서 다음과 같이 실제 함수 호출에서도 실인수 값 두 개를 넘기게 됩니다.

이제 한 변 길이가 50인 정사각형과, 한 변 길이가 30인 정10각형을 각각 그려 보겠습니다.

```
>>> drawPolygon(4, 50)
>>> drawPolygon(10, 30)
```

(4, 50)과 (10, 30)이 순서대로 n과 length에 넘어가고, drawPolygon() 함수가 두 차례 실행되어, 이런 그림이 그려집니다.

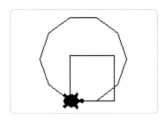

기본적으로 실인수들은 순서대로 함수에 전달됩니다. 인수의 이름에 값을 지정하는 것을 **키워드 인수**라고 합니다. 키워드 인수의 장점은, 순서에 의존하지 않는다는 것입니다.

가령 다음처럼 인수의 순서를 변경해서 전달해도 아무런 문제가 없습니다.

```
drawPolygon(length=100, n=4)    # 키워드 인수라면 순서가 바뀌어도 Okay
```

그리고 가인수의 값을 그때그때 정하는 것이 아니라, 미리 지정해 둘 수도 있습니다. 이 지정값을 기본값이란 의미로 **디폴트(default) 인수**라고 부릅니다.

다음은 drawPolygon() 함수를 정의하면서 length=10으로 length의 기본값을 정한 예입니다.

```
def drawPolygon(n, length=10):
    for i in range(n):
        t.forward(length)
        t.left(360/n)
```

length 값이 주어지지 않은 다음의 호출 drawPolygon(4)에서, length는 기본값 10을 갖습니다.

```
drawPolygon(4)          # drawPolygon(4, 10)과 출력 동일
drawPolygon(4, 100)     # length에 100 전달, 길이 100으로 출력
```

◯ 함수 좀더 알아보기

외부 변수의 문제

그런데 앞서 정의한 drawPolygon() 함수에는 아직 문제가 남아 있습니다. forward(), left() 등의 메서드를 사용하는 t 변수(객체) 때문입니다. t 변수는 함수 내에서 정의되지 않았으므로, 함수 외부에서 t = turtle.Turtle('turtle')로 정의된 t를 참조하게 됩니다.

그림 함수 외부의 변수 참조

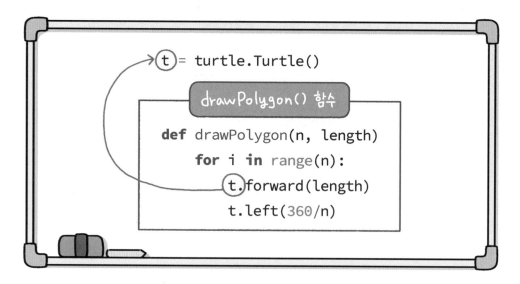

문제는 함수 내부에서 참조하는 t가 외부 환경에 의존한다는 것입니다. 즉, 외부에서 정의되는 t에 따라서 실행이 잘될 수도, 안 될 수도 있습니다.

실행이 안 될 때에 구체적으로 무슨 일이 일어나는지 보겠습니다. 예로 t에 다른 값을 대입하고, drawPolygon() 함수를 호출합니다. 원래대로라면 drawPolygon(10, 30) 함수는 한 변 길이가 30 포인트인 10각형을 그려 내야 합니다.

그런데 t = 10으로 외부 변수에 다른 값이 주어지니, 거북이는 움직이지 않고 셀 창은 다음처럼 오류(Error) 메시지만을 출력합니다.

```
>>> t = 10
>>> drawPolygon(10, 30)
Traceback (most recent call last):
  File "<pyshell#31>", line 1, in <module>
    drawPolygon(10, 30)
  File "<pyshell#25>", line 3, in drawPolygon
    t.forward(length)
AttributeError: 'int' object has no attribute 'forward'
```

오류가 발생하면, IDLE은 코드를 거꾸로 거슬러 가며 어디에서 문제가 일어났는지 찾습니다. <pyshell#31>은 이 창의 31번째 코드 묶음(셀)을 가리킵니다. 따라서 숫자는 달라질 수 있습니다.

어떤 일이 벌어졌는지 그림으로 보면 다음과 같습니다.

그림 함수 외부의 변수 참조(다른 값인 경우)

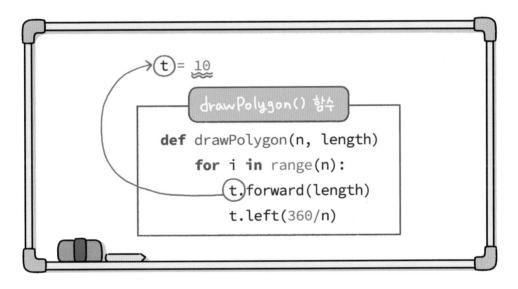

그러므로 외부에서 정의된 변수를 그대로 함수 내부에서 사용하는 것은 좋은 방법이 아닙니다. **함수 내부에서 사용되는 것들은, 가능하면 모두 가인수로 받는 것이 좋습니다.** 그래야 함수의 문제를 함수 내부에서만 해결할 수 있기 때문입니다. 문제가 생겼을 때 외부 환경까지 고려해야 한다면, 그야말로 최악의 상황이 올 수도 있습니다.

코드를 수정해 보겠습니다.

기존 drawPolygon() 함수의 가인수는 n과 length 두 가지였는데, 여기에 t를 추가함으로써 함수 내의 모든 참조 변수를 인수화했습니다.

```
>>> def drawPolygon(t, n, length):    # t를 가인수로 추가
        for i in range(n):
            t.forward(length)
            t.left(360/n)

>>> t = turtle.Turtle('turtle')    # 가인수 t에 터틀 모듈 대입
>>> drawPolygon(t, 10, 30)
```

이렇게 정의한 터틀 객체 t를, 함수에 실인수로 전달합니다.

문제없이 잘 실행되네요!

t를 가인수로 만들면 또 하나의 장점이 있습니다. 거북이 여러 마리로 한 창에서 동시에 그릴 수 있다는 것입니다.

t1, t2의 거북이 두 마리를 동시에 소환해 보겠습니다. t1은 한 변 길이가 100인 삼각형을, t2는 한 변 길이가 100인 사각형을 각각 그릴 것입니다.

```
>>> t1 = turtle.Turtle('turtle')
>>> t2 = turtle.Turtle('turtle')
>>> drawPolygon(t1, 3, 100)
>>> drawPolygon(t2, 4, 100)
```

거북이들이 서로 겹쳐서 정말 두 마리인지 구분이 되질 않습니다. 앞뒤로 약간씩 움직여서 따로 보이게 하겠습니다.

```
>>> t1.forward(30)
>>> t2.backward(30)
```

근사하군요!

메서드(method) 개념

조금 더 생각해 보니 drawPolygon(t1, 3, 100)이라고 호출하는 것보다는, t1.drawPolygon(3, 100)으로 호출하는 편이 더 좋을 것 같습니다. 그래야 t1.forward(30)과 같은 형태를 취하게 되어 코드가 깔끔해지는 것은 물론, 연산도 쉽게 표현되고 이해되기 때문입니다.

아직은 이해하기 어렵겠지만, 이 작업은 turtle.Turtle 클래스에 첫 가인수가 Turtle 객체인 drawPolygon() 함수를 등록해 주면 가능합니다. 치환 연산자 =만으로 간단히 해결됩니다.

```
>>> turtle.Turtle.drawPolygon = drawPolygon
```

drawPolygon() 함수가 turtle.Turtle 클래스에 등록된 메서드 turtle.Turtle.drawPolygon이 되었습니다. 이제 t1과 t2에서 drawPolygon 메서드를 각각 호출해 잘 실행되는지 보겠습니다.

```
>>> t1.drawPolygon(3, 100)
>>> t2.drawPolygon(4, 100)
```

이전과 똑같이 거북이 두 마리가 한 변이 100인 삼각형과 사각형을 그려 줍니다. (아니라고요? 겹쳐서 한 마리로 보일 뿐입니다.)

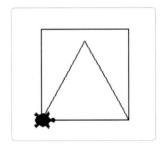

이렇게 t1.drawPolygon(3, 100) 형태로 호출할 수 있도록 사전에 등록된 함수를, 메서드(method)라고 부릅니다. 대체로 함수와 유사하나, 메서드의 첫 인수가 해당 클래스(여기서는 Turtle)의 객체여야 한다는 점은 다릅니다.

사실 보통은 이렇게 메서드를 일일이 등록해서 사용하지는 않습니다. 메서드는 클래스(class)를 선언할 때 함께 정의되기 때문입니다.

이 내용은 클래스를 다루어야만 제대로 접근할 수 있기에 지금 단계에서 이 이상 자세한 설명은 어렵지만, 메서드 개념을 이렇게 간접적으로라도 이해해 두면 좋겠다는 생각에서 간단히 이야기해 보았습니다. (클래스에 관해서는 [폴더 XII]에서 더 자세히 알아봅니다.)

함수와 동적 자료형 결정

앞서 파이썬 함수를 정의할 때, 가인수의 자료형은 특별히 지정하지 않았습니다. 그 이유는 파이썬은 어떤 자료형이든 전달할 수 있으며, 특별한 경우가 아니면 자료형을 검사하지 않기 때문입니다.

예를 보겠습니다. 다음처럼 add() 함수를 정의합니다.

```
>>> def add(a, b):
        return a+b
```

주의 함수 정의 코드를 다 입력했다면, 꼭 [Enter] 키를 두 번 눌러서 프롬프트(>>>)를 다시 나오게 해 주세요. >>>가 나와야 다음 명령을 입력할 수 있습니다. 그 전까지는 아직 add() 함수를 정의하는 영역에 있는 것이기 때문입니다.

이 add() 함수는 단순히 숫자를 더하는 함수 같아 보이지만, 사실은 다양한 연산이 가능합니다.

```
>>> add(1, 2)                   #정수형
3
>>> add(1.2, 3.4)               #부동소수점형(실수형)
4.6
>>> add('hug', ' and kiss')     #문자열형
'hug and kiss'
>>> add([1,2,3], [4,5,6])       #리스트
[1, 2, 3, 4, 5, 6]
```

보다시피 동일한 add() 함수이지만, 네 경우 모두 다른 자료형이 전달되었습니다. 그런데 + 연산은 별도 조치가 없었는데도 각 자료형에 알맞은 방식으로 이루어졌습니다.

이렇게 자유롭게 자료형이 전달되고 거기에 맞는 연산이 이루어지는 것을 **동적 자료형**(dynamic typing)이라고 부릅니다. 이것은 파이썬과 같은 스크립트 언어의 특징입니다.

함수의 반환값

마지막으로 함수의 **반환(return)값**에 대해 추가 설명을 하겠습니다. 함수에는 연산 결과를 반환해 주는 기능이 있습니다. return 문을 사용합니다.

다음은 2차 방정식의 계산값을 돌려주는 **f(x)** 함수입니다.

```
>>> def f(x):
        return x*x + 3*x + 8

>>> f(1)
12
```

다음 `addSub()` 함수처럼 여러 개의 값을 한꺼번에 돌려줄 수도 있습니다.

```
>>> def addSub(a, b):
        return a+b, a-b

>>> addSub(3, 4)
(7, -1)
```

이런 반환값(리턴값)들은 하나의 변수로 받을 수도 있고,

```
>>> r = addSub(3, 4)
>>> print(r[0], r[1])        # 변수 r의 첫째 값, 둘째 값 출력
7 -1
```

각각의 변수에 따로 받을 수도 있습니다. 이렇게 반환값을 각각의 변수로 받는 것을 언패킹(un-packing)이라고 합니다(언패킹에 관해서는 추후 [노트북_13]에서 더 자세히 알아봅니다).

```
>>> x, y = addSub(3, 4)
>>> print(x, y)        # 변수 x와 y 값 각각 출력
7 -1
```

한편 `return` 문이 없는, 값을 돌려주지 않는 함수도 있습니다.

```
>>> def printMessage():
        print('Hello')

>>> printMessage()
Hello
```

이 함수 `printMessage()`는 다른 반환값 없이, 단순히 'Hello' 문자열만을 출력합니다. 프로그램에서 함수의 목표는 값을 돌려주는 것이 아니라, 작업을 수행하는 것이기 때문입니다.

함수 호출에서 값 반환까지의 실행 흐름을 다음 그림에 정리했습니다.

그림 함수 호출에서 반환까지

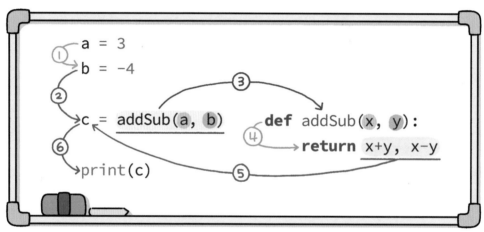

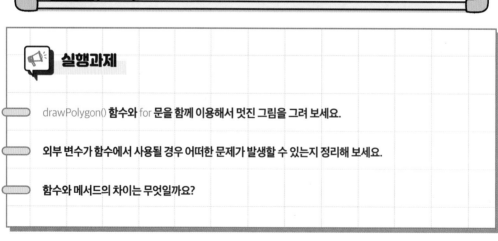

실행과제

drawPolygon() 함수와 for 문을 함께 이용해서 멋진 그림을 그려 보세요.

외부 변수가 함수에서 사용될 경우 어떠한 문제가 발생할 수 있는지 정리해 보세요.

함수와 메서드의 차이는 무엇일까요?

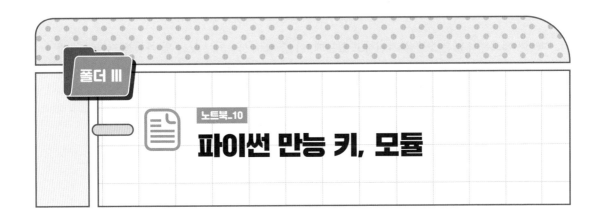

◯ 모듈이란?

프로그래밍을 하다 보면 자주 사용하게 되는 함수들이 있습니다. 그렇다면 매번 같은 함수를 일일이 새로 정의해서 사용하기보다, 하나의 파일에 필요한 기능들을 미리 정의해 저장해 두고, 필요할 때마다 import로 가져다가 사용하는 것이 편리할 것입니다.

이렇게 재사용될 수 있도록 함수와 변수, 클래스 등을 저장한 '하나의 파일(.py)'을 **모듈**(module)이라고 부릅니다.

그림 모듈의 구성요소

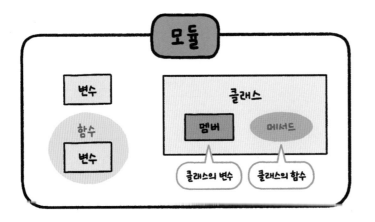

반복되는 코드 블록을
함수 → 클래스 → 모듈로
필요에 따라 묶어 사용하면,
코드 재사용성 UP!

함수, 클래스, 모듈 ≒
프로그램 부품

파이썬에서는 수많은 모듈을 지원하고 있는데, 이 중 자주 사용되는 모듈 몇 가지를 간단히 소개하면 다음과 같습니다.

- **sys**: 파이썬이 실행되는 환경을 제어합니다.
- **time**: 시간과 관련된 작업을 수행합니다.
- **math**: 다양한 수학 계산을 지원합니다.
- **random**: 임의의 무작위 수(난수)를 발생시킵니다.
- **turtle**: 간단한 그래픽을 구현합니다.

모듈은 크게 표준 모듈과 외부 모듈로 구분됩니다. 먼저 표준 모듈은 파이썬에 기본적으로 내장되어 있는 모듈을 말합니다. 별도 설치 없이 import 문으로 가져와 사용하면 됩니다.

모듈의 모임은 패키지(package)라 하는데, 외부 모듈 혹은 패키지는 대부분 PyPI(https://pypi.org)에 등록되어 배포됩니다. 필요한 경우 pip 명령을 이용, 설치해서 사용합니다. (이에 관해서는 [노트북_02]를 참조해 주세요.)

◉ 모듈 사용 방법

[기본] import 문으로 가져오기

모듈을 사용하려면 import 문으로 해당 모듈을 메모리에 가져와야 합니다. 보통, 모듈을 가져오는 import 문은 코드의 맨 위에 작성합니다.

```
import 모듈이름
```

예를 들어 다음은 여러 수학 함수를 지원하는 math 모듈을 가져오는 코드입니다.

```
In [1]:
import math
```

일단 모듈이 임포트 되었다면, 모듈 **math** 안에 등록된 이름(식별자)들을 **math**를 통하여 사용할 수 있습니다.

예를 들어 **math.pi**는 **math** 공간 안에 있는 **pi** 상수를 참조하겠다는 의미입니다. 온점 **.**을 '왼쪽 항목의 공간 안'으로 해석하면 무리가 없습니다.

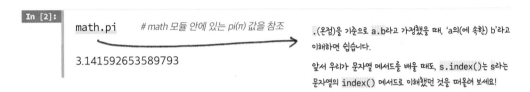

In [2]:
```
math.pi          # math 모듈 안에 있는 pi(π) 값을 참조

3.141592653589793
```

.(온점)을 기준으로 a.b라고 가정했을 때, 'a의(에 속한) b'라고 이해하면 쉽습니다.
앞서 우리가 문자열 메서드를 배울 때도, s.index()는 s라는 문자열의 index() 메서드로 이해했던 것을 떠올려 보세요!

다음은 **math** 모듈 안에 정의되어 있는 사인(sin) 함수를 호출하는 예입니다.

In [3]:
```
math.sin(math.pi/2)

1.0
```

사인(sin)뿐 아니라, 각종 삼각함수, 로그함수 등을 math 모듈에서 호출 가능!

다른 예로, 시스템에 관한 여러 가지 정보를 제공해 주는 **sys** 모듈이 있습니다. 현재 필자가 쓰고 있는 파이썬 버전을 확인해 보겠습니다.

In [4]:
```
import sys          # sys 모듈 불러오기
sys.version

'3.10.4 (default, March 23 2022, 17:30:36) [MSC v.1929 64 bit (AMD64)]'
```

버전 정보의 숫자는 개별적으로도 제공됩니다.

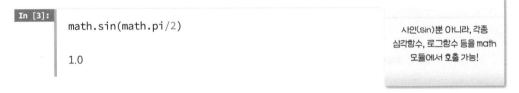

In [5]:
```
sys.version_info.major          # 버전 정보의 가장 앞자리 = 3
sys.version_info.minor          # 버전 정보의 중간자리 = 10
sys.version_info.micro;         # 버전 정보의 가장 뒷자리 = 4
```

이대로는 아무 값도 나오지 않지만, 각 줄을 분리해서 주피터 노트북 셀에 입력 후 실행하면 해당되는 숫자가 출력됩니다. 직접 확인해 보세요.

표준 모듈 중에는 운영체제에 관한 여러 가지 정보와 서비스를 제공하는 os란 모듈이 있습니다. 이것을 통해 현재 필자가 어느 폴더에서 작업하고 있는지 확인해 보겠습니다.

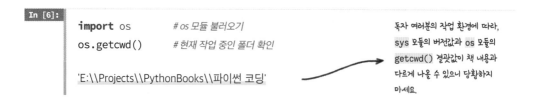

```
In [6]:  import os        # os 모듈 불러오기
         os.getcwd()      # 현재 작업 중인 폴더 확인

         'E:\\Projects\\PythonBooks\\파이썬 코딩'
```

독자 여러분의 작업 환경에 따라, sys 모듈의 버전값과 os 모듈의 getcwd() 결괏값이 책 내용과 다르게 나올 수 있으니 당황하지 마세요

[응용1] from... import... 문으로 일부만 가져오기

계속 같은 모듈을 사용할 것인데, 반복적으로 math.을 붙이는 것이 번거롭게 느껴진다면, 다음과 같이 from... import... 문을 활용할 수 있습니다.

> from 모듈이름 import 변수_또는_함수

다음 코드는 모듈 math에서 pi 상수 이름 하나만 따로 가져와, 현재 공간에서 사용하도록 해줍니다.

```
In [7]:  from math import pi
         pi

         3.141592653589793
```

모듈 math 안에는 여러 이름이 등록되어 있는데, 이름을 콤마(,)로 구분하여 열거해도 좋습니다.

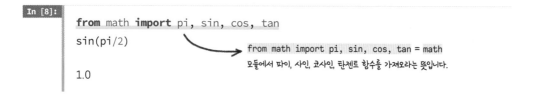

```
In [8]:  from math import pi, sin, cos, tan
         sin(pi/2)

         1.0
```

from math import pi, sin, cos, tan = math 모듈에서 파이, 사인, 코사인, 탄젠트 함수를 가져오라는 뜻입니다.

그러나 사용할 이름들을 다 열거하기가 좀 번거로울 경우가 있습니다. 이럴 경우 `math` 모듈 안에 정의된 이름을 한꺼번에 가져와 사용합니다. `*`는 모듈 안에 정의된 이름 모두(all)를 의미합니다.

```
In [9]:
from math import *          # math 모듈에 등록된 모든 이름 가져오기
sqrt(2)                     # 제곱근 구하는 함수 sqrt() 호출

1.4142135623730951
```

[응용2] import... as... 문으로 간략히 가져오기

모듈 이름이 긴 경우에는 `as` 문을 통해 짧은 별칭으로 사용할 수 있습니다. 예를 들어 'apple'이라는 이름을 간단히 'A'로 부르고 싶다면, `import apple as A`라고 쓰는 식입니다. 정리하면 다음과 같습니다.

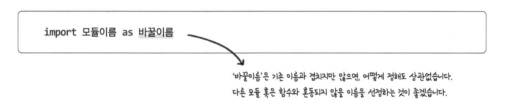

import 모듈이름 as 바꿀이름

'바꿀이름'은 기존 이름과 겹치지만 않으면, 어떻게 정해도 상관없습니다.
다른 모듈 혹은 함수와 혼동되지 않을 이름을 선정하는 것이 좋겠습니다.

줄인 별칭으로 모듈 내 메서드를 호출해 사용하는 예를 보여드립니다.

```
In [10]:
import random as r          # random 모듈을 r로 부르기로 정함
r.random()                  # random.random() 대체

0.32624396980247117
```

확인문제

다음 형식으로 파일의 파일 크기(바이트 수)를 알 수 있습니다. 다음 코드는 계산기 파일의 크기를 확인합니다. 직접 결과를 확인하길 바랍니다.

```python
import os
os.path.getsize('c:/Windows/System32/calc.exe')
```

원래 윈도우에서 경로 구분 기호로는 \ 를 사용하지만, 파이썬에서는 / 를 입력해도 실행됩니다. 참고로 알아 두면 좋습니다.

from os import path 형식으로 임포트 한 후, getsize() 메서드를 사용해서 계산기 파일의 크기를 확인해 보세요.

마지막으로 from os.path import getsize 형식으로 임포트 한 후, getsize() 메서드를 사용해서 계산기 파일의 크기를 확인해 보세요.

 실행과제

모듈을 불러와서 사용하는 방법에는 몇 가지가 있습니다. 다음 형식들을 한 번씩 시도해 보고, 잘 익혀 두세요.

```python
import math
from math import sin
from math import *
import numpy as np
import matplotlib.pyplot as plt
```

파이썬에는 이스터 에그(Easter egg)가 하나 있습니다. 이스터 에그란 프로그래머가 프로그램에 숨겨둔 장난스러운 기능을 의미합니다. 파이썬에서 `this`를 `import` 하면, 파이썬 프로그래밍이 추구하는 철학을 정리해 놓은 개발자 팀 피터스(Tim Peters)의 〈The Zen of Python(파이썬의 선善)〉이란 시가 출력됩니다. 이 시를 읽고 그 의미를 새겨 보면 좋겠습니다.

```
import this

The Zen of Python, by Tim Peters

Beautiful is better than ugly.
Explicit is better than implicit.
Simple is better than complex.
Complex is better than complicated.
Flat is better than nested.
Sparse is better than dense.
Readability counts.
Special cases aren't special enough to break the rules.
Although practicality beats purity.
Errors should never pass silently.
Unless explicitly silenced.
In the face of ambiguity, refuse the temptation to guess.
There should be one-- and preferably only one --obvious way to do it.
Although that way may not be obvious at first unless you're Dutch.
Now is better than never.
Although never is often better than *right* now.
If the implementation is hard to explain, it's a bad idea.
If the implementation is easy to explain, it may be a good idea.
Namespaces are one honking great idea -- let's do more of those!
```

[파이썬의 선, 팀 피터스

아름다운 것이 추한 것보다 좋습니다.

명확히 표현하는 것이 함축적으로 표현하는 것보다 좋습니다.

단순한 것이 복합적인 것보다 좋습니다.

복합적인 것이 복잡한 것보다 좋습니다.

단순 구조가 중첩된 구조보다 좋습니다.

성기게 표현하는 것이 밀도 있게 표현하는 것보다 좋습니다.

가독성이 중요합니다.

실용성이 순수성을 이기긴 합니다만, 규칙을 깰 만큼 특별한 경우는 없습니다.

오류를 명백히 잠재우지 않는 한, 오류는 결코 조용히 지나치지 않습니다.

모호함이 있을 때, 생각한 대로 돌아갈 것이라고 믿으려는 유혹에 넘어가지 마십시오.

문제 해결에 거의 유일한, 하나의 명백한 방법이 있을 것입니다.

비록 파이썬이 모국어가 아니라면 그 방법이 처음에는 명확히 보이지 않을 수 있지만 말입니다.

늦게라도 하는 것이 하지 않는 것보다 좋습니다.

하지만 가끔은 지금 '당장' 하는 것보다 하지 않는 것이 나을 수도 있기는 합니다.

구현한 것을 설명하기 힘들다면, 좋지 않은 아이디어입니다.

구현한 것을 설명하기 쉽다면, 좋은 아이디어일 것입니다.

이름 공간은 정말 훌륭한 아이디어입니다. 많이 이용하십시오.]

〈The Zen of Python(파이썬의 선)〉은 프로그래밍을 많이 한 사람이라도 읽으면서 감동을 받는 시입니다. 천천히 읽어 보면서 그것이 의미하는 바를 상상해 보세요. 이 책을 다 끝낸 후 다시 한번 읽는다면 또다시 새롭게 다가올 것입니다.

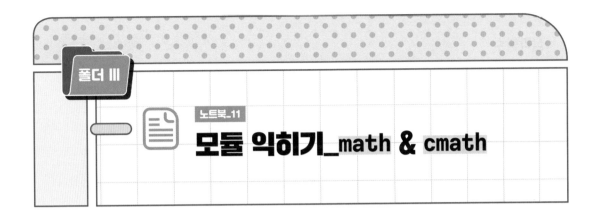

노트북_11

모듈 익히기_math & cmath

모듈이 무엇인지 알았으니, 이제는 모듈의 실제 사용 방법을 math 모듈을 통해 알아보겠습니다. 삼각함수, 지수함수, 로그함수를 사용하는 기초적인 내용을 다루니, 수치 연산에 관심이 없는 분들은 다음 노트북으로 바로 넘어가도 좋습니다.

math 모듈과 함수

math 모듈은 스칼라 값에 대한 삼각, 지수, 로그함수를 지원합니다. 또한 중요한 상수인 π와 e의 근삿값도 제공합니다.

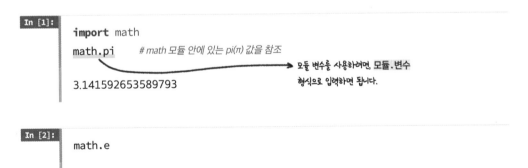

```
In [1]:  import math
         math.pi        # math 모듈 안에 있는 pi(π) 값을 참조

         3.141592653589793
```

> 모듈 변수를 사용하려면, 모듈.변수 형식으로 입력하면 됩니다.

```
In [2]:  math.e

         2.718281828459045
```

삼각함수

`math` 모듈에서 지원하는 삼각함수로는 다음과 같은 것들이 있습니다.

> sin, cos, tan, asin, acos, atan, atan2, sinh, cosh, tanh, asinh, acosh, atanh

이 함수들을 활용할 정도면 그 내용은 이미 알고 있으리라 생각하고, 따로 설명하지는 않겠습니다. 각각의 자세한 사용법은 레퍼런스 매뉴얼 혹은 웹 검색으로 쉽게 얻을 수 있습니다.

각도(degree) 기준으로 0도부터 360도까지 15도 간격으로 `sin` 값을 계산해 보겠습니다. 그런데, 삼각 함수는 라디안(radian) 단위를 사용합니다. 따라서 각도 값을 라디안 값으로 변환해 주어야 합니다. 이때, `radians()` 함수를 이용합니다.

In [3]:
```
math.radians(90)      # 90도에 해당하는 라디안 값

1.5707963267948966
```

마찬가지로 모듈에 포함된 함수를 사용하고 싶다면 모듈.함수() 형태로 호출합니다.

반대로 라디안 값을 각도 값으로 계산해 주는 함수도 있습니다. `degrees()` 함수입니다.

In [4]:
```
math.degrees(math.pi)

180.0
```

이제 0도부터 360도까지 15도 간격의 각도들에 대해서 `sin` 값을 계산하겠습니다.

In [5]:
```
print(math.sin(math.radians(0)))
print(math.sin(math.radians(15)))
print(math.sin(math.radians(30)))
print(math.sin(math.radians(45)))
...
print(math.sin(math.radians(180)))
```

파이썬에서 ...는 Ellipsis라고 불립니다. 생략 부호로서 여러 형태로 사용되지만, 여기서는 자리만 채우고 실행은 없는 기능을 합니다. pass 문과 동일합니다.

```
0.0
0.25881904510252074
0.49999999999999994
0.7071067811865476
1.2246467991473532e-16
```

180도(π rad)의 결괏값을 유심히 살펴보세요. 원래 0이 나와야 하는데, 저렇게 작은 오차(1.2246...
×10⁻¹⁶)가 있습니다. 어차피 모듈에 있는 **pi** 값이 근삿값이므로 정확한 계산은 이루어지지 않습니
다. 오차를 감안해서 생각해야 합니다.

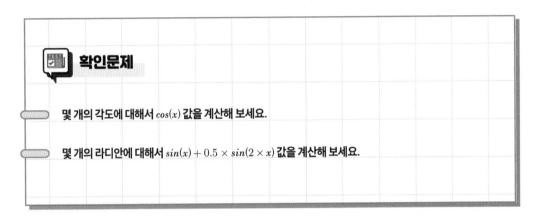

확인문제

몇 개의 각도에 대해서 $cos(x)$ 값을 계산해 보세요.

몇 개의 라디안에 대해서 $sin(x) + 0.5 \times sin(2 \times x)$ 값을 계산해 보세요.

지수로그함수

지수함수는 $f(x) = a^x$와 같이, 거듭제곱의 지수를 변수로 하는 함수입니다. 이 함수는 일반적으로
파이썬에서 `pow(a, x)`와 같이 계산이 가능합니다만, 몇몇 특수한 경우를 위한 함수는 별도로 준
비되어 있습니다.

예를 들어, 제곱근(square root)을 효과적으로 계산하게 해주는 `sqrt()`라는 함수가 있습니다.

In [6]:
```
math.sqrt(2)

1.4142135623730951
```

모든 지수함수는 e에 대한 함수로 표현할 수 있으며, 파이썬에서는 exp() 함수로 표현됩니다. 밑이 e인 지수함수 e^x는 exp(x)입니다.

In [7]:
```
math.exp(1)
```
2.718281828459045

한편 로그함수는 지수함수의 역함수입니다. math 모듈이 지원하는 로그함수에는 다음과 같은 것들이 있습니다.

> log, log10, log1p, log2

log()는 밑이 e인 자연로그 함수, log10()은 밑이 10인 상용로그 함수입니다. log1p()는 log(1+number)를 계산하는 함수, log2()는 밑이 2인 로그함수입니다. 즉, log1p(1)는 log(2)와 같습니다.

사실 a^x와 같은 형식의 지수함수는 e^{Cx} 형식으로 변환 가능합니다($C=log(a)$). 파이썬으로는 math.log(a)와 같이 표현됩니다.

In [8]:
```
a = 2.0
C = math.log(a)
C
```
0.6931471805599453

연산값이 같은지 궁금한가요? 두 값이 동일한지 확인할 때에는 == 연산자를 사용합니다. 이는 오른쪽 항의 값을 왼쪽 항에 대입하는 =(치환 연산자)와 구분됩니다.

In [9]:
```
x = 2.5
pow(a, x) == math.exp(C * x)
```
True

활용 예시로, 바이러스 전파 속도를 보겠습니다. 다음은 현재 감염자 수가 1,000명일 때, 감염재생산지수가 1.10인 경우와 1.17인 경우에 각각 7일 후의 총 감염자가 몇 명일지 예측해 본 것입니다.

```
In [10]:    N = 1000

            r1 = 1.10              # 감염재생산지수가 1.10인 경우
            print(N*pow(r1, 7))    # 7일 후의 감염자 수 r1은?

            r2 = 1.17              # 감염재생산지수가 1.17인 경우
            print(N*pow(r2, 7))    # 7일 후의 감염자 수 r2는?

            1948.7171000000012
            3001.242116069729
```

이것을 밑이 e인 지수함수로 다시 표현하면 다음과 같습니다.

```
In [11]:    N = 1000

            r1 = 1.10
            r2 = 1.17
            C1 = math.log(r1)      # 감염재생산지수 1.10(r1)의 로그함수 값: 일일 추가 확진 수
            C2 = math.log(r2)      # 감염재생산지수 1.17(r2)의 로그함수 값: 일일 추가 확진 수

            print(N * math.exp(C1*7))      # r1의 경우, 7일 후의 총 감염자 수는?
            print(N * math.exp(C2*7))      # r2의 경우, 7일 후의 총 감염자 수는?

            1948.717100000001
            3001.242116069729
```

 확인문제

바이러스의 1일 단위 감염재생산지수가 1.17이고 현재 감염자 수가 1,000명일 때, 7일 후에 새로 감염되는 사람의 수는 몇 명일지 예측해 보세요.

⬤ 복소수 연산(`cmath`)과 함수

그럼 복소수의 함수 연산은 어떻게 하는지 알아보겠습니다. 파이썬의 복소수(complex number)는 $a + bj$ 형식으로 표현됩니다. 여기서 a는 실수부, b는 허수부입니다. a와 b는 모두 정수와 실수, 양수와 음수 값을 가질 수 있습니다.

```
In [12]:   2 + 3j      # 실수 2 + 허수 3j

           (2+3j)
```

a값과 b값을 알고 있다면, `complex()` 함수를 이용해서 다음과 같이 복소수를 만들 수 있습니다.

```
In [13]:   a = 2
           b = 3
           complex(a, b)

           (2+3j)
```

반대로 복소수값이 주어져 있다면, 실수부값을 `c.real`로, 허수부값을 `c.imag`로 각각 참조하면 됩니다.

```
In [14]:   c = 2 + 3j
           print(c.real)     # 실수부
           print(c.imag)     # 허수부

           2.0
           3.0
```

실수: real number /
허수: imaginary number

각각 앞 글자를 따서 사용

x값이 주어질 때, 식 e^{ix}는 어떻게 표현할 수 있을까요? 우선 ix를 만들어 봅니다.

```
In [15]:  x = 3.141592      # 임의의 값
          complex(0, x)

          3.141592j
```

간단히 다음과 같이 표현할 수도 있습니다.

```
In [16]:  x * 1j

          3.141592j
```

이제 e^{ix}를 계산해 보겠습니다. 그런데 math 모듈은 실수 연산만을 지원하므로, 복소수를 인수로 받는 지수함수 exp()는 사용할 수 없습니다.

복소수를 사용하기 위해서는 복소수 연산이 가능한 cmath(complex math) 모듈을 이용해야 합니다. 모듈을 가져오겠습니다.

```
In [17]:  import cmath
          cmath.sqrt(-1)        # 복소수에 대한 제곱근값 구하기

          1j                    sqrt() 함수: 인수의 제곱근을 반환합니다.
```

시험 삼아 단위 허수(1j)를 제곱해 봅니다.

```
In [18]:  1j * 1j

          (-1+0j)
```

이제 $x = \pi$에 대해 식 e^{ix}를 계산합니다. 이렇게 cmath 모듈은 복소수 연산이 가능한 여러 함수(삼각함수, 지수로그함수 등)를 지원합니다.

```
In [19]:   x = cmath.pi              # x=π값에 대해
           cmath.exp(x * 1j)         # 지수함수 구하기

           (-1+1.2246467991473532e-16j)
```

더 나아가 몇몇 x값에 대하여, 다음 식 $e^{ix} = cosx + isinx$의 성립 여부를 확인해 보겠습니다. 양쪽 항이 값이 같은지를 알기 위해서 == 비교 연산자를 사용합니다. 두 값이 같으면 True, 나르면 False를 돌려줄 것입니다.

```
In [20]:   import math
           import cmath

           x = math.radians(0)
           print(cmath.exp(x * 1j) == complex(cmath.cos(x), cmath.sin(x)))

           x = math.radians(30)
           print(cmath.exp(x * 1j) == complex(cmath.cos(x), cmath.sin(x)))

           x = math.radians(60)
           print(cmath.exp(x * 1j) == complex(cmath.cos(x), cmath.sin(x)))

           x = math.radians(90)
           print(cmath.exp(x * 1j) == complex(cmath.cos(x), cmath.sin(x)))

           True
           True
           True
           True
```

반복문 for를 배우게 되면 다음과 같이 간략하게 처리하는 것이 가능합니다.

```
In [21]:   for deg in range(0, 360, 30):
               x = math.radians(deg)
               print(deg, cmath.exp(x * 1j) == complex(cmath.cos(x), cmath.sin(x)))
```

```
0 True
30 True
60 True
90 True
120 True
150 True
180 True
210 True
240 True
270 True
300 True
330 True
```

 확인문제

다음 식 $e^{i\pi} + 1 = 0$이 성립함을 직접 확인해 보세요.

 실행과제

이차방정식의 해를 구하는 코드를 작성해 보세요. 실근, 중근, 허근을 직접 계산해 보세요.

삼각함수 sin의 도함수는 cos입니다. 이때 수치적으로 다음 수식이 올바른지(근사하는지), 몇 개 구간에서 직접 확인해 보세요.

$$\frac{d}{dx} sin\, x = cos\, x$$

폴더 IV

파이썬을 더 알아가자_

심화 연산과
복합 자료형

이 폴더에서 열어 볼 노트북

앞서 폴더 Ⅱ에서 기초 연산과 자료형을 배웠습니다. 기초 개념에서 더 나아가 원하는 작업을 구현하기 위한 지식을 보강하기 위해, 이 폴더에서는 두 번째 폴더 노트북들의 심화 내용을 소개합니다. 먼저 비교, 참조 비교, 멤버십, 논리 등 산술 연산 외 다른 연산들에 대해서 알아보고, 문자열이나 숫자를 넘어 더 복잡한 형태의 자료형들도 만나볼 겁니다. 이 복합 자료형은 여러 개의 값을 저장하므로, 많은 데이터의 처리에 유용하게 활용됩니다. 그럼 본격적으로 프로그래밍의 숲에 들어가 볼까요?

파이썬 연산자

앞서 컴퓨터는 애초 계산기였다고 했습니다. 그만큼 '수와 논리의 연산'은 컴퓨터에 있어 핵심적인 작업입니다. 따라서 파이썬 역시 연산 작업을 구현하기 위한 다양한 기능을 준비해 두고 있습니다. 여기에 활용되는 약속된 기호들을 **연산자(operators)**라고 부릅니다.

이제 파이썬에는 어떤 종류의 연산자가 있는지 전체적으로 정리하는 시간을 가져 보겠습니다. 지금은 단순히 연산자를 소개하는 것이 의의로, 당장 이해되지 않는다고 하여 문제되지 않으니 참고 차원에서 학습하길 바랍니다.

◯ 산술 연산자

연산자 중에 가장 흔하게, 자주 쓰이는 것이 바로 산술 연산자입니다. 파이썬 기초 연산을 소개하면서 이미 살펴봤습니다만, 기억을 되살리는 차원에서 다시 짚어 보겠습니다.

파이썬의 산술 연산자는 수치 자료형(숫자형)을 가지고 연산을 진행합니다. 사칙연산자를 비롯해, 다음과 같은 연산자들이 있습니다.

| 표 | 산술 연산자의 종류와 기능 |

연산자	설명	결합 순서	우선순위
**	거듭제곱	왼쪽 ← 오른쪽	3
+, -	단항 덧셈(양의 부호), 단항 뺄셈(음의 부호)	왼쪽 ← 오른쪽	4
*, @, /, //, %	곱셈, 행렬 곱셈, 나눗셈, 버림 나눗셈 (몫), 나머지	왼쪽 → 오른쪽	5
+, -	덧셈, 뺄셈	왼쪽 → 오른쪽	6

그럼 이 연산자들의 사용 예를 하나씩 살펴보겠습니다.

주의 지면 관계상 이 노트북의 많은 코드는 따로 출력값(결괏값)을 제시하지 않고, # 옆 주석으로 연산 결과를 표시해 두었습니다. 필요한 경우 직접 IDLE나 주피터 노트북에 한 줄씩 입력해서 확인하길 바랍니다.

단항 연산자

우선 단항 연산자입니다. 이 연산자는 하나의 피연산자(오퍼랜드, operand)에 대해 연산을 수행합니다. +, -로 더하기, 빼기와 형태는 같지만, 양수와 음수를 가리키는 기호입니다.

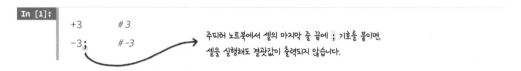

```
In [1]:    +3        # 3
           -3;       # -3
```

주피터 노트북에서 셀의 마지막 줄 끝에 ; 기호를 붙이면,
셀을 실행해도 결괏값이 출력되지 않습니다.

만일 2개를 겹쳐 사용한다면, 수학에서처럼 부호 계산을 하게 됩니다.

```
In [2]:    --3       # -(-3) == 3
           ++3       # +(+3) == 3
           +-3       # +(-3) == -3
           -+3;      # -(+3) == -3
```

이항 연산자와 우선순위

다음은 이항 연산자입니다. 이항 연산을 수행하려면, 두 개의 피연산자가 필요합니다. 이항 연산자에는 +(더하기), -(빼기), *(곱하기), /(나누기)의 사칙연산자를 비롯해, //(몫)이나 %(나머지) 등 대부분 연산자가 포함됩니다.

```
In [3]:    3 * 2      # 6
           -3 * 2     # -6
           3 * -2     # -6
           3 / 2      # 1.5
           3 // 2     # 1, 몫만 취하는 연산자
           3 % 2      # 1, 나머지만 취하는 연산자
           3 ** 2;    # 9, 거듭제곱 연산자
```

같은 식에 여러 연산자가 있을 때는 약속된 우선순위에 따라 높은 것부터 차례로 연산합니다. 앞의 표 〈산술 연산자의 종류와 기능〉 가장 오른쪽 열에 있는 숫자가 바로 **우선순위**입니다. 이 숫자가 작을수록 우선순위가 높으며, 따라서 먼저 계산됩니다.

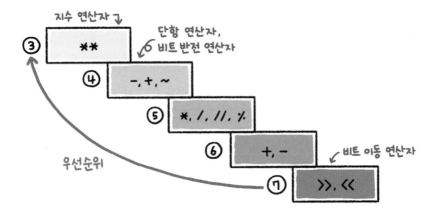

다음은 이항 연산자를 2개 이상 사용한 경우입니다. 그런데 *(곱하기)와 /(나누기), //(몫) 연산자의 우선순위는 '5'로 동일합니다. 이럴 때에는, 사칙연산의 규칙에 따라 왼쪽부터 계산하면 됩니다.

```
In [4]:
5 / 2 * 2       # 5.0
5 // 2 * 2;     # 4
```

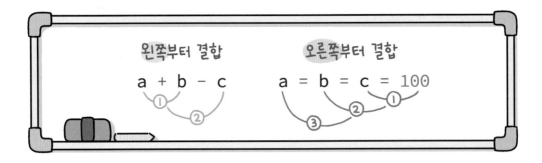

우선순위를 잘 모르겠다면 괄호를 사용하는 게 좋습니다. (모호함이 있을 때, 생각한 대로 돌아갈 것이라고 믿으려는 유혹에 넘어가지 마십시오. – 〈파이썬의 선(Zen of Python)〉 중에서)

```
8 / 2 * (2 + 2)        # 16.0
(8 / 2) * (2 + 2)      # 16.0
8 / 2 ** 3             # 1.0
8 / (2 ** 3)           # 1.0
(8 / 2) ** 3;          # 64.0
```

왜냐하면 같은 숫자들로 같은 거듭제곱 연산을 하더라도, 다음처럼 괄호 유무에 따라 값이 달라지기 때문입니다.

```
2 ** 3 ** 4            # 2417851639229258349412352
2 ** (3 ** 4)          # 2417851639229258349412352
(2 ** 3) ** 4;         # 4096
```

◉ 비교 연산자(관계 연산자)

비교 연산자는 두 피연산자의 크기를 비교하기 위한 연산자입니다. 결과는 True, False 중 하나로 출력됩니다. 어떤 것들이 있을까요? 다음 표에 정리해 보았습니다.

연산자	설명	우선순위	연산자	설명	우선순위
>	왼쪽이 오른쪽보다 크다	11	<=	왼쪽이 오른쪽보다 작거나 같다	11
<	왼쪽이 오른쪽보다 작다	11	==	양쪽(값)이 같다	11
>=	왼쪽이 오른쪽보다 크거나 같다	11	!=	양쪽(값)이 같지 않다	11

숫자 5를 연산자의 왼쪽 항에, 숫자 3을 연산자의 오른쪽 항에 넣고, 각 연산자의 결과가 어떻게 나오는지 확인해 봅시다.

```
5 > 3      # True
5 < 3      # False
5 >= 3     # True
5 <= 3     # False
5 == 3     # False
5 != 3;    # True
```

참조 비교 연산자(식별 연산자)_`is` / `is not`

비교 연산자의 일종으로, 두 피연산자가 같은 메모리를 참조하고 있는지(같은 객체인지)를 확인하는 `is` 연산자가 있습니다.

참조 주소가 같으면 값도 당연히 같겠지만, 값이 같다고 항상 참조 주소도 같지는 않을 겁니다. 이걸 구분해 주므로, `is` 연산자는 **참조 비교 연산자(식별 연산자)**라고도 합니다.

`A is B` 형식으로 양쪽 항의 피연산자를 비교하게 됩니다. 이때 두 피연산자의 참조 주소가 같다면 True를, 다르다면 False를 반환합니다. 부정사 'not'이 붙어 `is not`이 되면, `is`와는 반대가 됩니다. 다음 표에 정리했습니다.

연산자	설명	우선순위
A is B	A와 B는 서로 같은 객체이다(A와 B의 참조 주소가 같다)	11
A is not B	A와 B는 서로 다른 객체이다(A와 B의 참조 주소가 다르다)	11

그럼 값이 같은데 참조 주소는 다른 경우와, 참조 주소까지 같은 경우 두 가지를 예시로 들어 비교해 보겠습니다. 먼저 `str(100)`이라는 같은 값을 a와 b 두 변수에 각각 대입한 경우입니다.

```
In [8]:   a = str(100)
          b = str(100)
          a == b        # True: 값은 동일
          a is b;       # False: a는 b와 다른 객체
```

이번에도 a, b 변수에 값 100을 함께 대입했습니다. 단, a = b로 동일하다는 점이 다릅니다.

```
In [9]:   a = b = 100
          a == b        # True: 값이 동일
          a is b;       # True: a와 b도 서로 같은 객체
```

== 연산자는 두 경우 모두 True를 반환한 반면, is 연산자는 a와 b 자체를 비교해 서로 다른 결과를 냈음을 알 수 있습니다.

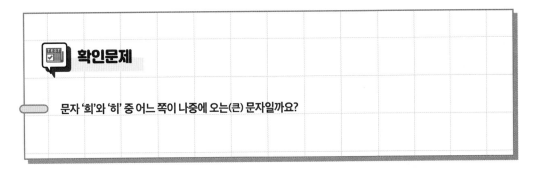

확인문제

문자 '회'와 '히' 중 어느 쪽이 나중에 오는(큰) 문자일까요?

멤버십 연산자_ in / not in

파이썬에는 여러 개의 자료(요소)를 저장하는 복합 자료형이 있습니다. 어떤 자료가 복합 자료형에 포함되어 있는지 알고 싶을 때, in 연산자를 사용합니다.

a in A에서 a가 A의 요소(element)라면 결과는 True입니다. 반대로 a가 A에 없다면 결과는 False겠지요. 여기서 A의 일부인 a를 '멤버'라고 하며, 멤버인지 아닌지를 검사하는 in 연산자를 **멤버십 연산자**라고 부릅니다.

is 연산자와 비슷하게, 부정사 'not'이 붙은 반대 뜻의 연산자 not in이 있습니다. 다음 표를 참고하세요.

연산자	설명	우선순위
in	왼쪽은 오른쪽의 멤버(요소)이다	11
not in	왼쪽은 오른쪽의 멤버(요소)가 아니다	11

다음은 숫자 1과 4가 복합 자료형 (1, 2, 3, 4, 5)의 멤버인지 아닌지를 검사하는 코드입니다.

```
In [10]:
t = (1, 2, 3, 4, 5)

1 in t          # True: 1은 t의 일부
4 not in t;     # False: 4는 t의 일부이므로 False
```

마치 문서 검색처럼, 원하는 특정 문자열이 더 큰 문자열에 있는지 없는지를 물어볼 수도 있습니다.

```
In [11]:
s = 'I like python'

'like' in s          # True: 부분 문자열 'like'가 s에 있음
'Like' not in s;     # True: 첫 글자가 대문자인 문자열 'Like'는 s에 없음
```

논리 연산자

연산자 중에는 논릿값을 판단하는 논리 연산자가 있습니다. 논리 연산자는 두 피연산자에 대해 True/False를 각각 판단한 뒤, 연산자의 기능에 따라 최종 결과를 출력해 줍니다.

논리 연산자에는 and, or, not의 세 가지가 있습니다. 각 연산자의 사용 형태와 기능은 다음 표와

같습니다. 다른 연산자들과는 달리 우선순위가 모두 제각각인 데 유의하세요. 세 논리 연산자가 식 하나에 함께 있다면, not → and → or 순으로 판단하게 됩니다.

연산자	설명	우선순위
not A	A가 False면 True / True면 False (논리값 반전)	12
A and B	A와 B 두 식이 모두 True여야 True / 하나라도 False면 False	13
A or B	A와 B 두 식 중 하나라도 True면 True / 모두 False면 False	14

a가 3, b가 5일 때, 다음 두 논리식을 살펴보겠습니다. 첫 번째는 비교 연산식 두 개에 대해 각각 not 연산을 한 뒤, 두 결괏값을 or 논리 연산자로 판별합니다.

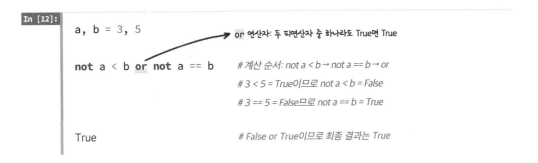

```
In [12]:   a, b = 3, 5

           not a < b or not a == b
```
or 연산자: 두 피연산자 중 하나라도 True면 True
계산 순서: not a < b → not a == b → or
3 < 5 = True이므로 not a < b = False
3 == 5 = False므로 not a == b = True

```
           True
```
False or True이므로 최종 결과는 True

두 번째는 비교 연산식 두 개의 값을 각각 도출하여, and 논리 연산자로 판별합니다.

```
In [13]:   0 <= a < 100 and 50 <= b < 150
```
0 <= 3 < 100 = True
50 <= 5 < 150 = False

and 연산자: 두 피연산자가
모두 True여야 True

```
           False
```
True and False이므로 최종 결과는 False

비트단위 연산자는 이진수 비트를 조작하는 연산자입니다. 이 연산자들은 컴퓨터 관련 종사자가 아니면 거의 사용할 일이 없을 겁니다. 정수형 자료에만 적용됩니다.

연산자	설명	우선순위
~a	비트 NOT, a의 비트를 반전	4
a<<b, a>>b	a의 비트를 b번 왼쪽으로 이동 / a의 비트를 b번 오른쪽으로 이동	7
a&b	비트단위 AND, a와 b의 비트를 AND 연산	8
a^b	비트단위 XOR, a와 b의 비트를 XOR 연산	9
a|b	비트단위 OR, a와 b의 비트를 OR 연산	10

다음과 같이 사용할 수 있습니다.

```
a = 10          # 0b1010
a << 1          # 20
a >> 1          # 5
~a              # -11
a & 0b0011      # 2
a | 0b0011      # 11
a ^ 0b1111      # 5
```

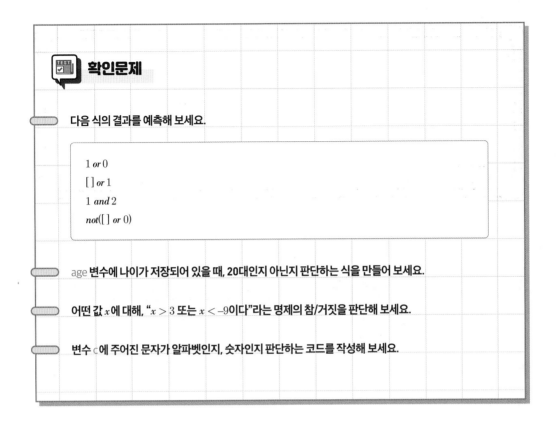

확인문제

다음 식의 결과를 예측해 보세요.

$1\ or\ 0$
$[\ ]\ or\ 1$
$1\ and\ 2$
$not([\ ]\ or\ 0)$

age 변수에 나이가 저장되어 있을 때, 20대인지 아닌지 판단하는 식을 만들어 보세요.

어떤 값 x에 대해, "$x > 3$ 또는 $x < -9$이다"라는 명제의 참/거짓을 판단해 보세요.

변수 c에 주어진 문자가 알파벳인지, 숫자인지 판단하는 코드를 작성해 보세요.

확장 치환문

산술 연산자, 비교 연산자 등은 치환문과 함께 사용할 수 있는데, 이것을 **확장 치환문**(augmented assignment)이라고 합니다. 확장 치환문은 연산식에서 반복되는 연산자들을 생략함으로써 가독성을 높여 줍니다.

가령 `a = a + b`와 같이 a값과 b값을 더해서 다시 a에 대입하는 연산이라면, `a += b`로 더 간략하게 표현할 수 있습니다.

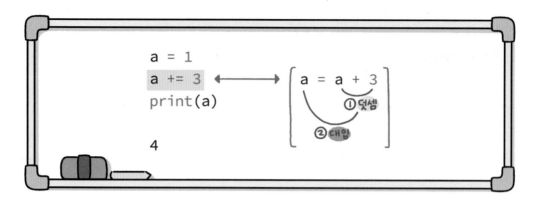

이렇게 활용 가능한 확장 치환문 연산자의 종류는 다음 표와 같습니다.

연산자	설명	우선순위
+=, -=, *=, /=, //=, %=, **=, >>=, <<=, &=, |=, \^=	a @= b는 a = a @ b와 같다	17

확장 치환문을 어떻게 사용하는지, 다음 예시 코드를 통해 알아봅시다.

```
In [14]:
a = 2
b = 3
c = 4
a += b * c          # a = a + (b * c)와 동일
print(a)

14
```

이 노트북에서 소개한 연산자들을 포함해, 파이썬 연산자의 전체 우선순위를 표로 정리합니다.

표   파이썬 연산자 우선순위

우선 순위	연산자	설명
1	(), 리스트, 사전, 집합, 함수 내부 연산식	괄호, 리스트, 사전, 집합, 함수 내부 연산식
2	리스트/튜플의 인덱싱, 슬라이싱	인덱싱, 슬라이싱
3	**	지수 연산자
4	-, +, ~	단항 연산자, 비트 반전 연산자 (예: -10, ~18)
5	*, /, //, %	곱하기, 나누기, 몫, 나머지
6	+, -	더하기, 빼기
7	>> , <<	비트이동 연산자 (예: 1 << 4)
8	&	논리곱 / 비트단위 AND
9	^	배타적 논리합 / 비트단위 XOR
10			논리합 / 비트단위 OR
11	in, not in, is, is not, <, <=, >=, !=, ==	멤버십 연산자, 식별 연산자, 비교 연산자
12	not	불 NOT
13	and	불 AND
14	or	불 OR
15	if ~ else	조건문, 비교문
16	lambda	람다식
17	+=, -=, *=, /=, //=, %=, **=, >>=, <<=, &=, |=, \^=	확장 치환문 (a @= b는 a = a @ b와 같다)

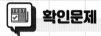 **확인문제**

산술 연산자, 비교 연산자, 논리 연산자는 아주 많이 활용되는 연산자입니다. 잘 익혀 두면 좋습니다. 이 노트북의 내용을 여러 번 되풀이해 읽고 정리해 봅시다.

다음 표에, 각 연산 범주에 해당하는 연산자 두 개씩을 써 넣어 보세요.

비교 연산자	
논리 연산자	
멤버십 연산자	
식별 연산자	

논리 연산에는 'P이면 Q이다(P→Q)'라는 논리 연산도 있습니다. 이 연산의 진릿값은 다음 표와 같습니다.

P	Q	P→Q
T	T	T
T	F	F
F	T	T
F	F	T

예를 들어, "비가 오면(P) 탁구를 친다(Q)"라는 명제가 있다고 하겠습니다. 비가 오고(T) 탁구를 치면(T) 이 명제는 참(T)이 됩니다. 반대로 비가 오는데도(T) 탁구를 치지 않으면(F) 거짓(F)이 맞습니다. 그런데 비가 오지 않으면(F) 탁구를 치는 걸까요(T), 치지 않는 걸까요(F)?

사실 명제에서 이 경우를 언급하지는 않습니다. 탁구를 쳐도, 치지 않아도 명제에서는 별 관심이 없습니다. 뭘 해도 무방하다는 뜻입니다. 그래서 비가 오지 않는다면 탁구를 치든 치지 않든 다 참이 되는 것입니다.

P→Q 연산은 논리식으로 not (P and not Q)로 표현됩니다. 이 논리식이 맞는지 파이썬 코드로 직접 확인해 보세요. 그리고 나중에 쉽게 활용할 수 있도록, 함수 ifthen으로도 만들어 보세요.

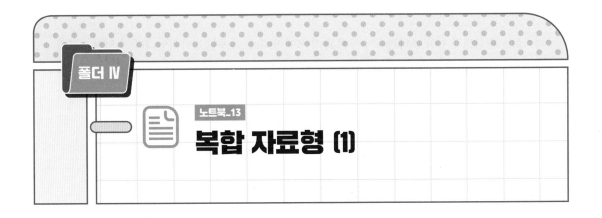

복합 자료형 (1)

이전 노트북에서도 잠시 언급했지만, 파이썬의 자료형 중에는 자료형에 상관없이 여러 개의 값을 저장할 수 있는 **복합 자료형**이 있습니다. 대표적으로 리스트(list), 튜플(tuple), 사전(dict), 집합(set) 이 여기에 속합니다. 이 자료형들의 정의와 활용을 간단히 살펴보겠습니다.

리스트란?

먼저 리스트(list)입니다. **리스트**는 우리가 흔히 사용하는 '목록'과 마찬가지로, 여러 객체를 한 덩어리로 모아 둔 자료형을 말합니다. 리스트는 다음 형식으로 작성합니다.

> **그림** 리스트의 정의 방법

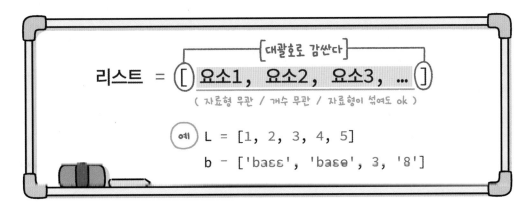

리스트는 활용도가 높아 파이썬에서 가장 많이 쓰이며, 가장 유용한 자료형입니다. 수치형 자료와 문자열을 포함해 모든 파이썬 자료를 리스트의 요소(element)로 담아낼 수 있고, 변경도 가능합니다.

$$L = [\ \ 'Hello'\ \ ,\ 2,\ 2.0,\ True,\ 'a',\ [1,2,3]]$$

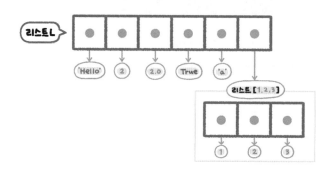

시험 삼아 리스트를 생성하고 초기화 해봅시다. 예시는 다음과 같습니다.

In [1]:
```
L = []                    #빈 리스트 생성
L = [1, 2, 3, 4, 5]       #L에 요소 5개 초기화
type(L)                   #L 자료형 확인

list
```

리스트도 시퀀스 자료형이며, 따라서 **시퀀스 자료형**의 기본 연산을 모두 수행할 수 있습니다.

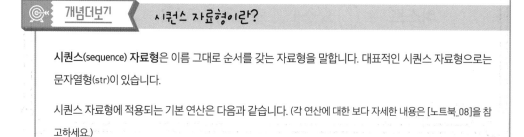

개념더보기 │ 시퀀스 자료형이란?

시퀀스(sequence) 자료형은 이름 그대로 순서를 갖는 자료형을 말합니다. 대표적인 시퀀스 자료형으로는 문자열형(str)이 있습니다.

시퀀스 자료형에 적용되는 기본 연산은 다음과 같습니다. (각 연산에 대한 보다 자세한 내용은 [노트북_08]을 참고하세요.)

- 인덱싱: 각 요소에 첨자(인덱스)를 부여하고, 그것을 이용해 요소를 참조합니다.

- 슬라이싱: 인덱스를 이용해 전체 자료 중 원하는 일부 요소만 취합니다.

- 연결(+): 두 자료를 합칩니다.

- 반복(*): * 연산자 뒤의 숫자만큼 자료형 전체를 반복해 복제합니다.

앞서 만든 리스트 `L = [1, 2, 3, 4, 5]`를 사용해 여러 연산을 해보겠습니다. 차례로 인덱싱, 슬라이싱, 연결, 반복입니다. 지면 관계상 연산 결과는 코드 오른편에 주석으로 표시했습니다.

```
In [2]:
L[0]        # 리스트 L의 첫 번째 요소는?      # 1
L[:2]       # 리스트 L의 0~2위치에 있는 요소만 자르면?    # [1, 2]
L + L       # 리스트 L에 동일 리스트 L 연결    # [1, 2, 3, 4, 5, 1, 2, 3, 4, 5]
L * 2;      # 리스트 L 2번 반복    # [1, 2, 3, 4, 5, 1, 2, 3, 4, 5]
```

리스트의 길이는 `len()` 함수로 확인할 수 있으며,

```
In [3]:
len(L)      # 리스트 L의 전체 길이

5
```

특정 값이 리스트에 포함되어 있는지를 알고 싶을 때에는 `n in L` 구문을 사용하면 됩니다.

```
In [4]:
2 in L      # 리스트 L에 2가 있는지?

True
```

리스트의 값(요소)은 언제든지 변경 가능(mutable)합니다. `L[n] = 변경값` 구문의 오른쪽에 변경할 값을 넣고, 몇 번째 요소를 변경할 것인지 n에 써 주면 됩니다.

◁◁ 되짚어보기

리스트의 요소를 뒤에서부터 선택하려면 음수를 사용합니다.

예: L 리스트에서 맨 뒤에 있는 5를 출력하고 싶다면 L[-1]로 작성

```
In [5]:    L[0] = 100      # 첫 번째 값 변경(1 →100)
           L

           [100, 2, 3, 4, 5]
```

요소의 삭제는 `del`을 이용합니다.

```
In [6]:    del L[0]        # 첫 번째 요소(100) 제거
           L

           [2, 3, 4, 5]
```

슬라이싱을 이용해서 구간 요소를 삭제할 수도 있습니다.

```
In [7]:    del L[2:]       # [2, 3, 4, 5]에서 2번 항목 이후 전부 제거

           [2, 3]
```

리스트에서 메서드 사용하기

리스트 역시, 기초 자료형처럼 메서드를 활용할 수 있습니다. 사용 방식은 다음과 같습니다.

리스트이름.메서드(요소)

리스트 마지막에 요소를 추가하려면 **append()** 메서드를 사용합니다.

```
In [8]:   L = [1, 2, 3]      #리스트 L 재정의
          L.append(100)      #리스트 마지막에 요소 100 추가
          L.append(100)      #리스트 마지막에 요소 100 추가
          L

          [1, 2, 3, 100, 100]
```

특정한 위치에 요소를 삽입하려면 insert(**위치, 요소**) 메서드를 이용합니다.

```
In [9]:   L.insert(3, 4)     #리스트 L의 3번 위치(네 번째 요소) 앞에 4 삽입
          L

          [1, 2, 3, 4, 100, 100]
```

그림 insert() 메서드로 리스트에 요소 추가하기

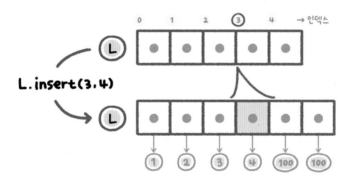

count(**요소**) 메서드는 리스트 내 해당 요소의 개수를 알려 줍니다.

```
In [10]:  L.count(2)      #현재 리스트 L에 요소 2는 몇 개?

          1
```

reverse() 메서드는 전체 리스트의 순서를 뒤집어 요소들을 거꾸로 저장합니다.

In [11]:
```
L.reverse()
L
```

[100, 100, 4, 3, 2, 1]

그림 `reverse()` 메서드로 리스트 순서 뒤집기

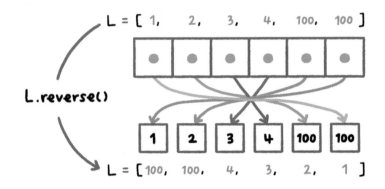

`sort()` 메서드는 리스트의 요소를 크기 순서대로 오름차순으로 정렬합니다.

In [12]:
```
L.sort()
L
```

[1, 2, 3, 4, 100, 100]

`remove(요소)` 메서드는 리스트에서 지정한 요소 하나를 제거합니다.

In [13]:
```
L.remove(100)          # 리스트 L에서 요소 100 제거
L
```

[1, 2, 3, 4, 100]

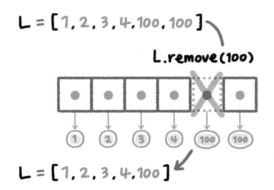

extend(**복합자료**) 메서드는 복합 자료형의 각 항목을 리스트에 추가합니다.

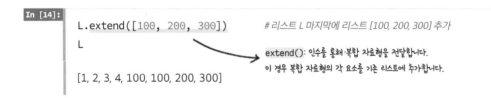

In [14]:
```
L.extend([100, 200, 300])
L
```
 # 리스트 L 마지막에 리스트 [100, 200, 300] 추가

extend(): 인수를 통해 복합 자료형을 전달합니다.
이 경우 복합 자료형의 각 요소를 기존 리스트에 추가합니다.

[1, 2, 3, 4, 100, 100, 200, 300]

그림 extend() 메서드로 리스트에 요소 추가하기

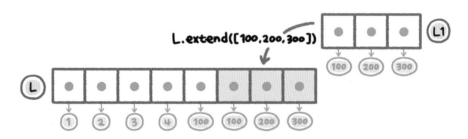

pop() 메서드는 리스트 맨 오른쪽에서 요소를 하나 꺼내 옵니다. 꺼낸 요소는 리스트에서 제거됩니다.

In [15]:
```
L.pop()
```
 # 리스트 L에서 맨 오른쪽 요소 꺼내기

300
 # L = [1, 2, 3, 4, 100, 100, 200]

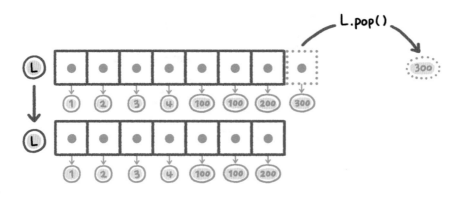

pop(i) 메서드는 특정한 인덱스 i 위치의 요소를 하나 꺼내 옵니다. 마찬가지로 꺼낸 요소는 리스트에서 제거됩니다.

```
In [16]:   L.pop(0)       # 리스트 L에서 첫 번째 요소 꺼내기

           1
```

여기까지 거친 리스트 L이 현재 어떤 상태인지 확인해 보겠습니다.

```
In [17]:   L

           [2, 3, 4, 100, 100, 200]
```

리스트 메서드를 다음과 같이 정리해 봅니다.

- append(): 요소를 리스트 끝에 추가합니다.
- clear(): 리스트를 비웁니다.
- copy(): 리스트를 복사합니다.
- count(): 요소의 개수를 확인합니다.
- extend(): 여러 요소를 리스트에 추가합니다.
- index(): 요소의 위치를 돌려줍니다.

- insert(): 요소를 지정된 위치에 삽입합니다.
- pop(): 지정된 인덱스의 요소를 제거합니다.
- remove(): 해당 요소를 리스트에서 제거합니다.
- reverse(): 리스트의 순서를 반대로 뒤집습니다.
- sort(): 내부 요소들을 정렬합니다.

⬤ 튜플이란?

튜플(tuple)은 리스트와 거의 유사합니다. 시퀀스 자료형이며, 다양한 자료를 저장할 수 있는 점이 그렇습니다. 리스트는 대괄호 []를, 튜플은 소괄호 ()를 사용해 작성합니다.

```
In [18]:    t = ()              #빈 튜플 생성
            t = (1, 2, 3)       #(1, 2, 3) 튜플 생성
```

그림 **튜플의 구조**

T = ('Hi', 1, 3.14, (100,200), [1,2,3])

튜플의 선언에서는 사실 괄호보다 콤마가 더 중요합니다. 다음 튜플 정의 사례를 보면, 괄호 없이 콤마만으로 정의되고 있습니다.

```
In [19]:    t1 = 1, 2, 3
            type(t1)

            tuple
```

요소가 하나뿐인 튜플이라도 반드시 콤마를 넣어 신인해야 합니다. 그러지 않으면 `SyntaxError`가 발생합니다.

```
In [20]:    t2 = (1 2)        #한 개짜리 튜플에는 콤마 필수!
```

Input In [20]

```
t2 = (1 2)
      ^
```

SyntaxError: invalid syntax. Perhaps you forgot a comma?

한편, 튜플은 다음과 같이 리스트에 담긴 형태로도 많이 사용됩니다.

In [21]:

```
t = [('one', 1), ('two', 2), ('three', 3)]
```

튜플과 리스트의 가장 큰 차이는 '변경 가능성'에 있습니다. 튜플은 값을 변경할 수 없습니다(immutable). 변경하려 하면, **TypeError**가 발생합니다.

In [22]:

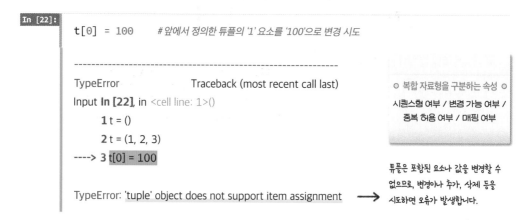

```
t[0] = 100          # 앞에서 정의한 튜플의 '1' 요소를 '100'으로 변경 시도

---------------------------------------------------------------
TypeError                      Traceback (most recent call last)
Input In [22], in <cell line: 1>()
      1 t = ()
      2 t = (1, 2, 3)
----> 3 t[0] = 100

TypeError: 'tuple' object does not support item assignment
```

◎ 복합 자료형을 구분하는 속성 ◎
시퀀스형 여부 / 변경 가능 여부 /
중복 허용 여부 / 매핑 여부

튜플은 포함된 요소나 값을 변경할 수 없으므로, 변경이나 추가, 삭제 등을 시도하면 오류가 발생합니다.

따라서 튜플은 변경하지 않을 데이터를 보관하는 용도로 주로 사용되며, 검색에 관련된 메서드 몇 개만 지원합니다. 요소를 세는 **count()** 메서드나,

In [23]:

```
t = (1, 2, 3)       # 튜플 t 재정의
t.count(3)          # 튜플 안에 있는 요소 3의 개수는?

1
```

요소 위치를 찾아 주는 **index()** 메서드가 그 예입니다.

```
t.index(3)        # 튜플에서 요소 3의 위치는?
```

```
2
```

패킹과 언패킹

한편 시퀀스 자료형에서 지원되는 특별한 연산도 있습니다. 파이썬에서는 다음처럼 한 변수에 여러 가지 자료를 넣을 수 있습니다.

In [25]:

```
t1 = 1, 2, 3
```

이 경우 1, 2, 3의 자료형은 자동으로 튜플(tuple)로 지정됩니다. (보이진 않지만) 괄호로 둘러싸여한 묶음이 되는 것이기에, 이를 **패킹(packing)**이라고 부릅니다.

반대로 묶음을 풀어서 별개의 요소로 구분해 줄 수도 있을까요? 가능합니다. 다음 코드는 t에 패킹되어 있던 1, 2, 3 요소를 하나씩 풀어, 각각 변수 x, y, z에 저장하고 있습니다.

In [26]:

```
x, y, z = t
print(x, y, z)
```

```
1 2 3
```

이처럼 치환 연산자 양쪽에 튜플을 이용하여 여러 개의 값을 치환하는 연산을, **언패킹(unpacking)**이라고 부릅니다.

또한 패킹·언패킹 연산은 함수에도 적용됩니다. 왜냐하면 어떤 함수가 두 개 이상의 값을 반환한다면, 튜플 자료형이기 때문입니다.

In [27]:

```
def f(a, b):
    return a+b, a-b

f(2, 3)
```

```
(5, -1)
```

따라서 다음과 같이 개별 변수로 값을 받는 것도 자연스럽습니다(언패킹).

```
In [28]:   x, y = f(2, 3)      # 2+3이 x에, 2-3이 y에 대입됨
           print(x, y)

           5 -1
```

사실 패킹·언패킹은 튜플뿐 아니라, 리스트나 문자열 등 시퀀스 자료형들에 똑같이 적용 가능합니다.

```
In [29]:   a, b, c = [1, 2, 3]      # 리스트 언패킹
           a, b, c = 'abc'          # 문자열 언패킹
```

확장된 언패킹

메타 문자 *(애스터리스크)를 이용하면 더 유연하고 다양하게 자료들을 할당할 수 있습니다. 이것을 **확장된 언패킹**(expanded unpacking)이라 합니다.

방식은 이렇습니다. *가 없는 변수에 그 위치(순서)에 해당하는 자료를 할당합니다. 그리고 할당되지 않은 나머지 자료(요소)들을 리스트에 담아, *가 붙은 변수에 한꺼번에 할당하는 것입니다.

직접 해봅시다. 리스트가 할당될 변수 이름으로 *xs를 사용하겠습니다. 먼저 첫 번째 값을 분리합니다.

```
In [30]:   x, *xs = 1, 2, 3, 4, 5      # x = 1, xs = [2, 3, 4, 5]
```

순서를 바꾸면 마지막 값을 분리해낼 수 있습니다.

```
In [31]:    *xs, x = 1, 2, 3, 4, 5      # xs = [1,2,3,4], x = 5
```

양쪽 값 분리도 가능합니다. 두 개의 값을 담기 위해 변수 y를 추가했습니다.

```
In [32]:    x, *xs, y = 1, 2, 3, 4, 5      # x=1, xs = [2, 3, 4], y = 5
```

다음과 같이 다양한 언패킹이 가능합니다. 항상 치환 연산자 양쪽의 길이가 일치해야 합니다.

```
In [33]:    (a,b), c = "XY", "Z"         # a='X', b='Y', c='Z'

            print(a)
            print(b)
            print(c)

            X
            Y
            Z
```

 확인문제

리스트와 튜플의 특징을 비교·대조하여 표로 정리해 보세요.

리스트	특징	튜플

실행과제

L = [1,2,3,4,5]일 때, 다음 두 코드의 결과가 어떻게 다를지 확인해 봅시다.

```
L = [1, 2, 3, 4, 5]
L[1:3] = [100]
L
```

```
L = [1, 2, 3, 4, 5]
L[1:1] = [100]
L
```

다음 코드에서 b와 c의 차이는 무엇일까요?

```
a = [1,2,3]
b = a * 3
c = [a] * 3
```

다음 코드를 수행한 후, b와 c는 어떤 값을 갖는지 확인해 보세요.

```
a = [1,2,3]
b = a * 3
c = [a] * 3
a[0] = 0
```

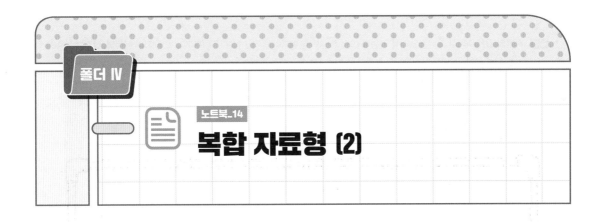

노트북_14
복합 자료형 (2)

폴더 IV

앞 노트북에서는 복합 자료형 중 리스트와 튜플에 대해 알아보았습니다. 이어서 이 노트북에서는 ·
복합 자료형의 다른 한 축인 사전과 집합에 관해 소개하겠습니다.

사전(딕셔너리)이란?

사전(dict, dictionary)은 다른 말로 매핑형이라고도 합니다. **매핑형(mapping)**은 어떤 키(key)로 값
(value)에 접근하는 자료형을 의미합니다.

파이썬 사전에서, 키와 값은 한 쌍으로 등록됩니다. 이 한 쌍을 **항목(item)**이라고 부릅니다. 그리고
이 쌍을 이어주는 것이 바로 '**해시 함수(hash function)**'입니다. 해시 함수는 키 값을 가지고, 매핑할
자료 주소(해시값)를 연결해 주는 함수입니다. 이렇게 키에 해시 함수를 적용해 반환된 해시값(주
소)을 통해 값에 접근하는 것이, 매핑형 자료의 원리입니다.

`그림` 시퀀스 자료 vs. 매핑형 자료

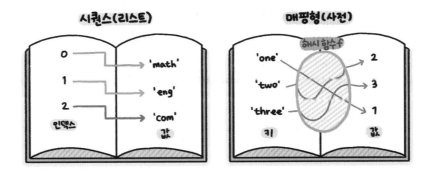

주의 사전의 값은 어떠한 자료형도 사용 가능하지만, 키는 변경 불가능한 자료형이어야 합니다. 즉, 숫자나 문자열, 튜플, 불 등은 키로 사용 가능하지만, 리스트, 사전 등은 키로 사용될 수 없습니다.

또한 대괄호 []로 작성하는 리스트와 달리, 사전은 중괄호 {}를 사용하여 작성합니다. 사전을 작 성하는 방식은 다음과 같습니다.

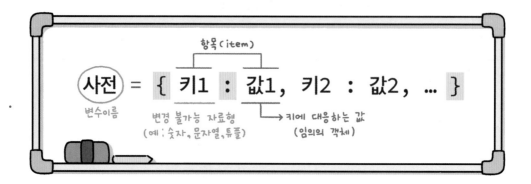

그럼 본격적으로 사전을 익혀 봅시다. 구기 종목별 한 팀 인원수로 사전을 만들어 보겠습니다.

```
In [1]:
member = {'basketball': 5, 'soccer': 11, 'baseball': 9}
```

그림 새 사전 member 생성하기

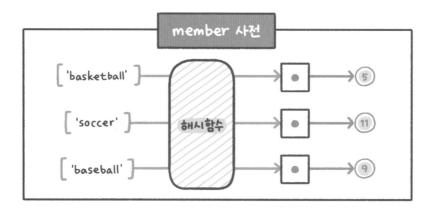

세 종목의 정보가 담긴 사전 member가 생성되었습니다. 키를 통해 그 키에 해당하는 값을 알 수 있 습니다.

In [2]:
```
member['baseball']
```

9

사전에서 값을 꺼낼 때는 인덱싱과 같이 대괄호를 사용합니다.

사전은 얼마든지 변경 가능합니다. 값을 추가하거나 수정할 수 있습니다. 기존 사전을 변경하는 경우, 중괄호 {}가 아닌 대괄호 []를 이용하는 데 유의하세요.

In [3]:
```
member['volleyball'] = 7    # 새로운 항목 추가
member['volleyball'] = 6    # 변경
```

그림 사전에 새 항목 추가 & 변경하기

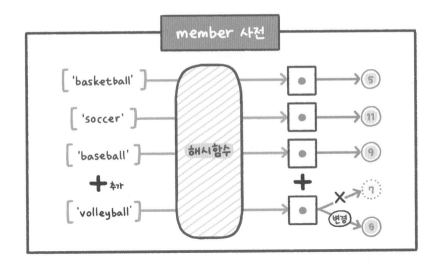

새 항목 'volleyball'을 추가했습니다. len() 함수로 member 사전의 항목 수를 확인해 볼까요?

In [4]:
```
len(member)
```

4

앞에서 'volleyball'을 추가했으므로 'baseball', 'soccer', 'baseball', 'volleyball' 총 4개입니다.

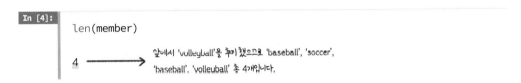

항목을 제거할 때는 del 명령을 사용합니다.

```
In [5]:    del member['basketball']
```

만일 없는 키로 사전에 접근하면 오류가 발생합니다. 이미 제거된 'basketball' 키를 사용하려 했더니, 해당 키가 없다는 오류 메시지가 출력되었습니다.

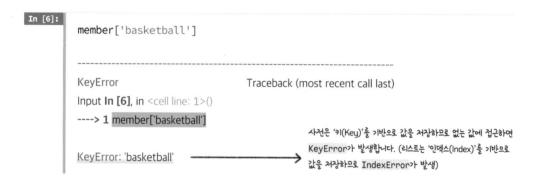

```
In [6]:    member['basketball']
```

```
---------------------------------------------------------------
KeyError                          Traceback (most recent call last)
Input In [6], in <cell line: 1>()
----> 1 member['basketball']

KeyError: 'basketball'
```

사전은 '키(Key)'를 기반으로 값을 저장하므로 없는 값에 접근하면 KeyError가 발생합니다. (리스트는 '인덱스(Index)'를 기반으로 값을 저장하므로 IndexError가 발생)

키 값만 확인할 때는 `keys()` 메서드를 이용합니다.

```
In [7]:    member.keys()

           dict_keys(['soccer', 'baseball', 'volleyball'])
```

결괏값에 처음 보는 것이 등장했군요. 이 `dict_keys` 자료형은 **반복자(iterator)**라고 하는 파이썬 자료형입니다. 데이터를 순차적으로 가져다 사용하기 위한 자료형으로, `for` 문에 사용하기 좋습니다. 형식은 다음과 같습니다.

> for 변수 in 사전이름.keys():

실제 사전 member의 keys에 대해 `for` 문을 적용했더니, 모든 키를 사용해 하나씩 출력해 줍니다.

```
In [8]:    for k in member.keys():
               print(k)
```

```
soccer
baseball
volleyball
```

사실 `for` 문에서는 꼭 `.keys()`를 사용할 필요가 없습니다. 그냥 사전 자체를 반복자로 사용하면 됩니다.

```
for k in member:        # member.keys()와 동일
    print(k)

soccer
baseball
volleyball
```

그렇다면 리스트처럼 인덱스(주소) 값으로 접근할 수도 있을까요? 시도해 봅시다.

```
member.keys()[0]
```

```
---------------------------------------------------------------------
TypeError                              Traceback (most recent call last)
Input In [10], in <cell line: 1>()
----> 1 member.keys()[0]        # 반복자는 인덱싱을 허용하지 않음!

TypeError: 'dict_keys' object is not subscriptable
```

오류가 발생했습니다. 반복자가 인덱싱을 허용하지 않는 까닭입니다. 대신 `list(member.keys())`를 이용해, 리스트 자료형으로 변환하면 사용 가능합니다.

```
list(member.keys())

['soccer', 'baseball', 'volleyball']
```

사전에서 메서드 사용하기

사전의 메서드 몇 가지를 살펴보겠습니다. 값만을 꺼낼 때는 `values()` 메서드를 사용합니다.

```
In [12]:   member.values()

           dict_values([11, 9, 6])
```

dict_values 자료형 : 반복자이며, 앞의
dict_keys 자료형과 유사한 성격을 갖습니다.

`items()` 메서드로 **(키, 값)**의 튜플 순서쌍 리스트를 꺼낼 수도 있습니다.

```
In [13]:   member.items()

           dict_items([('soccer', 11), ('baseball', 9), ('volleyball', 6)])
```

dict_items 자료형 역시 반복자입니다.

`get(키, 기본값)` 메서드를 이용하면 이미 존재하는 키에 해당하는 값을 꺼냅니다.

```
In [14]:   member.get('soccer')        # member['soccer']와 동일

           11
```

그러나 등록되지 않은 키라면, 오류 메시지 대신 기본값을 반환합니다.

```
In [15]:   member.get('rugby', '?')

           '?'
```

`update()` 메서드는 말 그대로 사전을 업데이트합니다. 키를 추가하거나 변경할 수 있습니다.

```
In [16]:   member.update({'rugby': 15, 'basketball': 5})        # rugby, basketball 추가
           member
```

```
{'soccer': 11, 'baseball': 9, 'volleyball': 6, 'rugby': 15, 'basketball': 5}
```

`clear()` 메서드를 실행하면 사전의 모든 내용이 삭제됩니다.

`In [17]:`
```
member.clear()
```

사전 생성에는 `fromkeys()` 메서드를 이용할 수도 있습니다. 사용할 키들을 모아 만든 시퀀스 자료(다음 코드에서는 문자열)와 초깃값으로 사전을 만드는 방식입니다.

`In [18]:`
```
dict.fromkeys('abc', 0)          # a, b, c 3개의 키에 초깃값 0으로 사전 생성

{'a': 0, 'b': 0, 'c': 0}
```

사전 메서드를 다음과 같이 정리해 봅니다.

- `clear()`: 사전의 내용을 비웁니다.
- `copy()`: 사전을 복사해서 새로운 사전을 만듭니다.
- `fromkeys()`: 시퀀스 자료로 공급되는 키와 초깃값으로 사전을 새로 만듭니다.
- `get(키, 기본값)`: 지정된 키의 값을 반환합니다. 값이 없다면 기본값을 반환합니다.
- `items()`: 항목 목록을 반환합니다.
- `keys()`: 키 목록을 반환합니다.
- `pop(i)`: 지정된 키(i)에 해당하는 값을 반환하고, 사전에서 제거합니다.
- `popitem()`: 마지막에 추가된 항목을 반환하고, 사전에서 제거합니다.
- `setdefault(키, 기본값)`: '키'의 값을 반환합니다. '키'가 없다면, (키, 기본값)을 사전에 등록합니다.
- `update(사전_혹은_항목리스트)`: 주어진 데이터를 사용해 사전을 갱신합니다.
- `values()`: 값 목록을 반환합니다.

집합이란?

집합(set) 자료형은 우리가 학창시절 수학 시간에 배운 '집합' 개념을 떠올리면 이해하기 쉽습니다. 수학 집합에서 그랬듯 파이썬 집합도 중괄호 {} 안에 요소를 작성하며, 콤마(,)로 구분합니다.

집합 자료형은 중괄호 {}나,

```
In [19]:    {}         #공집합
            {1, 2, 3, 4, 5}      #집합 초기화

            {1, 2, 3, 4, 5}
```

> **되짚어보기**
>
> **사전과 집합의 차이**
> 집합 자료형은 중괄호 속 요소가 콤마(,)로만 구분되지만, 사전 자료형은 키:값의 구조로, 콜론(:)과 콤마(,)로 구분된다는 걸 기억하세요.
> 집합 = {a, b, c}
> 사전 = {'a':1, 'b':2, 'c':3}

set() 메서드로 생성 가능합니다.

```
In [20]:    set()       #공집합

            set()
```

시퀀스 자료에 **set()** 메서드를 적용하면 집합 자료형으로 변환 가능합니다. 문자열 `'abc'`가 집합 `{'a', 'b', 'c'}`로 변환되었네요.

```
In [21]:    set('abc')

            {'a', 'b', 'c'}
```

이번에는 리스트를 집합으로 바꿔 보겠습니다.

```
In [22]:    set([1,2,3,4,5,3,4,5])      #중복된 3, 4, 5는 생략!

            {1, 2, 3, 4, 5}
```

리스트 [1, 2, 3, 4, 5, 3, 4, 5]를 set() 메서드에 넣었더니, {1, 2, 3, 4, 5}라는 집합이 되었습니다. 이렇게 된 것은, 집합은 중복 요소를 허용하지 않기 때문입니다.

그렇다면 이건 어떨까요? 문자열 'HELLO'의 문자들을 이용해 요소 순서가 다른 두 집합을 준비해서, == 연산자로 값을 비교해 보겠습니다.

```
In [23]:
{'E', 'H', 'L', 'O'} == {'H', 'E', 'L', 'O'}

True
```

같은 값이군요! 그렇습니다. 집합에는 '순서'의 개념도 없습니다. 시퀀스 자료형과 달리, 요소들의 위치가 달라져도 동일 요소를 똑같이 갖고 있기만 하면 동일 집합으로 취급됩니다.

집합 메서드와 집합 고유의 연산

리스트나 사전과 마찬가지로, 집합 자료형에서도 요소를 추가하거나 수정, 제거하는 변경 작업이 가능합니다. 다음 집합 A로 테스트해 보겠습니다.

```
In [24]:
A = {1, 2, 3, 4, 5}
```

add() 메서드로 집합 A에 원소 10을 추가합니다.

```
In [25]:
A.add(10)

{1, 2, 3, 4, 5, 10}
```

discard() 메서드로 집합 A에서 원소 1을 버립니다.

```
In [10]:
A.discard(1)
A
```

{2, 3, 4, 5, 10}

`pop()` 메서드를 사용하면, 집합 요소 중 한 개를 임의로 추출해 출력한 후, 그 요소를 삭제합니다.

```
In [27]:    A.pop()

            2   ───────▶   pop() 메서드는 무작위로 요소를
                           고르므로, 실행 결과는 매번 달라집니다.
```

집합에 요소가 한 개만 있을 때,
`pop()` 메서드 사용 →
공집합이 됨

비어 있는 집합(공집합)에
`pop()` 메서드 사용 →
KeyError 발생

`clear()` 메서드는 요소를 모두 없애고 공집합으로 만듭니다.

```
In [28]:    A.clear()
```

또한 집합 자료형인 만큼 합집합, 교집합, 차집합 같은 집합 고유의 연산도 지원합니다. 집합 연산 메서드는 다음 형식으로 작성합니다.

> 집합1.메서드이름(집합2)

합집합 연산은 `union()` 메서드를 이용합니다.

```
In [29]:    A = {1,2,3,4,5}
            B = {3,4,5,6,7}
            A.union(B)              # 두 집합을 합치고, 중복된 요소는 생략

            {1, 2, 3, 4, 5, 6, 7}
```

교집합 연산에는 `intersection()` 메서드를 이용합니다.

```
In [30]:    A.intersection(B)       # 두 집합의 공통 요소로 집합 생성

            {3, 4, 5}
```

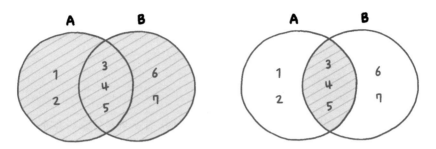

A에 대한 B의 차집합을 구할 땐, **difference()** 메서드를 이용합니다.

In [31]:

```
A.difference(B)          # 집합 A에서 집합 B와 중복되는 요소 제거

{1, 2}
```

대칭차집합을 구하려면 **symmetric_difference()** 메서드를 이용합니다.

In [32]:

```
A.symmetric_difference(B)          # 집합 A와 B의 합집합에서, 두 집합의 교집합 요소를 제거

{1, 2, 6, 7}
```

그림 차집합 연산 메서드 A.difference(B) & 대칭차집합 연산 메서드 A.symmetric_difference(B)

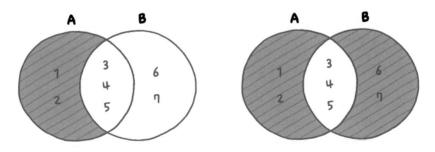

`len()` 함수를 통해 집합의 크기도 알 수 있습니다.

```
In [33]:    len(A)

            5
```

이외에도 활용할 수 있는 집합 메서드가 많습니다. 다양한 집합 메서드를 다음과 같이 정리합니다.

- `add()`: 집합에 요소를 추가합니다.
- `clear()`: 집합의 모든 요소를 삭제합니다.
- `copy()`: 집합을 복사합니다.
- `difference()`: 차집합을 구합니다.
- `difference_update()`: 차집합 연산 결과를 집합에 적용합니다.
- `discard()`: 지정한 요소를 집합에서 제거합니다.
- `intersection()`: 교집합을 구합니다.
- `intersection_update()`: 교집합 연산 결과를 집합에 적용합니다.
- `isdisjoint()`: 서로소 집합인지 확인합니다.
- `issubset()`: 부분집합인지 확인합니다.
- `issuperset()`: 초집합(포함집합)인지 확인합니다.
- `pop()`: 집합 내 임의의 요소를 추출한 뒤에 해당 요소를 제거합니다.
- `symmetric_difference()`: 대칭차집합을 계산합니다.
- `symmetric_difference_update()`: 대칭차집합 연산 결과를 집합에 적용합니다.
- `union()`: 합집합을 구합니다.
- `update()`: 주어진 데이터를 사용해 집합을 갱신합니다.

리스트와 튜플, 집합의 특징을 비교해 보세요.

	변경 가능 여부	순서 유무	인덱싱/슬라이싱	중복 허용 여부
리스트				
튜플				
집합				

다음 도식의 빈 곳에 적절한 자료형 이름을 써 넣어 보세요.

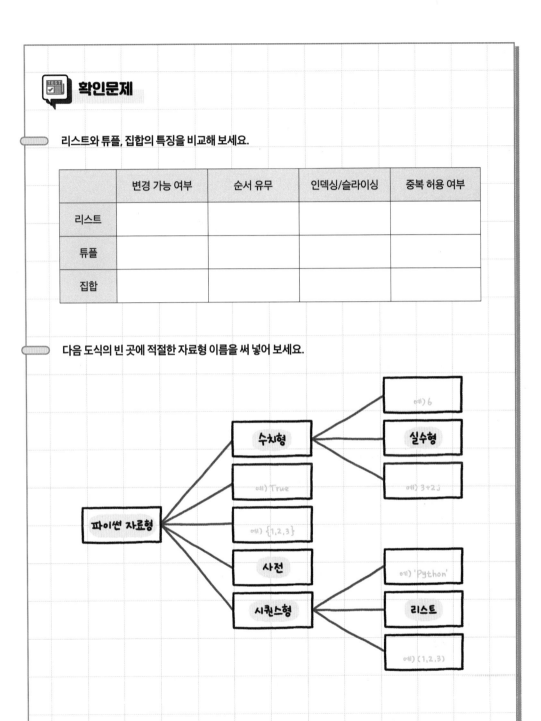

⊙ 복합 자료형 간의 형변환

복합 자료형도 대부분 형변환(casting)이 가능합니다. 방법은 어렵지 않습니다. 각 자료형의 자료형 이름(`list`, `tuple`, `dict`, `set`)을 사용해 변환하면 됩니다.

형변환을 연습하기 위해 각 자료형을 하나씩 생성해 두겠습니다.

```
In [34]:  a = [1, 2, 3]                              # 리스트 자료형
          b = (1, 2, 3)                              # 튜플 자료형
          c = {1, 2, 3}                              # 집합 자료형
          d = {'one': 1, 'two': 2, 'three': 3}      # 사전 자료형
```

`tuple()` 메서드로 리스트 자료형인 `a`를 튜플 자료형으로 변환합니다.

```
In [35]:  tuple(a)       # 리스트 → 튜플

          (1, 2, 3)
```

`list()` 메서드를 사용하면 다양한 복합 자료형을 리스트로 변환할 수 있습니다.

```
In [36]:  list(b)       # 튜플 → 리스트 [1, 2, 3]
          list(c);      # 집합 → 리스트 [1, 2, 3]
```

사전 자료를 리스트로 변환하는 경우, 사전의 키(key)로 리스트를 만드는 방법과 값(value)으로 리스트를 만드는 방법, 키와 값을 모두 추출하는 방법이 있습니다.

`list(변수이름.keys())` 메서드는 사전의 키로만 리스트를 추출합니다.

```
In [37]:  list(d.keys())      # 키의 리스트

          ['one', 'two', 'three']
```

`list(변수이름.values())` 메서드는 사전의 값으로만 리스트를 추출합니다.

```
In [38]:    list(d.values())    # 값의 리스트

            [1, 2, 3]
```

`list(변수이름.items())` 메서드는 사전의 키와 값을 모두 리스트로 추출합니다.

```
In [39]:    list(d.items())    # 항목의 리스트

            [('one', 1), ('two', 2), ('three', 3)]
```

이렇게 얻은 순서쌍의 리스트는 다시 사전으로 변환할 수도 있습니다. `dict()` 메서드를 이용합니다.

```
In [40]:    dict([('one', 1), ('two', 2), ('three', 3)])

            {'one': 1, 'two': 2, 'three': 3}
```

확인문제

사전의 키로 사용될 수 있는 자료형에는 어떤 것들이 있을까요?

사전을 이용해서 'a', 'b', 'c', 'd'를 'w', 'x', 'y', 'z'로 변환하는 프로그램을 작성해 보세요. (예를 들어 'cabsz'는 'ywxsd'로 변환되어야 합니다.)

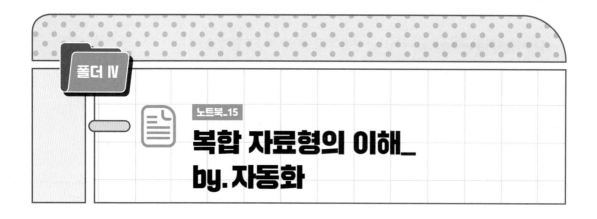

폴더 IV

노트북_15

복합 자료형의 이해_
by.자동화

PyAutoGUI 모듈 설치

이 노트북에서는 복합 자료형이 실제적으로 어떻게 활용되는지 이해하기 위해, PyAutoGUI(파이오토구이)라는 라이브러리(모듈)를 이용해 보려고 합니다. 이 모듈은 마우스와 키보드를 마음대로 제어하도록 해 줍니다.

pyautogui 모듈은 외부 모듈이므로 별도로 설치해야 합니다. 만일 여러분이 주피터 노트북에서 작업한다면, 셀에서 다음 명령을 실행하면 됩니다.

```
!pip install pyautogui
```

<< 되짚어보기

외부 모듈(external module): 파이썬이 기본적으로 제공하는 것이 아닌, 다른 사람들이 만들어 배포하는 모듈

주피터 노트북에서 코드 맨 앞에 !가 처음 사용되면 **셸 명령어(shell command, dos command)**로 처리됩니다. 따로 명령 프롬프트를 실행하지 않아도 돼 편리합니다. 명령 프롬프트에서는 다음 명령으로 모듈을 설치해 줍니다.

```
> pip install pyautogui
```
→ 이 위치에 설치를 원하는 외부 모듈 이름을 작성하면 외부 모듈을 설치할 수 있습니다.

마우스 자동화

기본적인 기능 몇 가지만 익혀 보겠습니다. 설치한 pyautogui 모듈을 가져옵시다.

```
In [1]:    import pyautogui
```

먼저 `size()` 메서드로 사용 중인 스크린의 해상도를 확인해 봅니다.

```
In [2]:    pyautogui.size()

           Size(width=2560, height=1440)
```

여기서 출력된 `Size()`는 네임드 튜플(named tuple)입니다. 이것을 이용해, 확인된 해상도 값을 `w`, `h` 변수에 각각 저장합니다.

```
In [3]:    w, h = pyautogui.size()
```

 개념더보기　　네임드 튜플(named tuple)

네임드 튜플이란 이름으로 속성값에 접근할 수 있는 튜플을 말합니다. 튜플의 모든 기능을 그대로 가지고 있되, 이름이 붙었다고 생각하면 됩니다. `size()` 튜플을 사용해, 어떻게 접근하는지 보여드립니다.

```
>>> s = pyautogui.size()        # s 이름에 size() 튜플 할당
>>> s[0]                        # s의 인덱스 0 값은?
2560
>>> s[1]                        # s의 인덱스 1 값은?
1440

>>> s.width
2560
>>> s.height
1440
```

이렇게 튜플의 이름인 `s`를 통해 `width`, `height`라는 속성값을 확인할 수 있었습니다.

이제 준비는 끝났습니다. 지금부터 마우스 관련 작업을 간단히 테스트해 보겠습니다. 먼저 마우스를 원하는 위치로, 일정 시간에 거쳐 움직이게 해봅시다. moveTo(x좌푯값, y좌푯값, duration=n) 형태로 사용합니다.

x, y 좌푯값 : 숫자만 입력합니다.

duration=n : 키워드 인수. 마우스 이동 시간을 초 단위로 지정합니다.

```
In [4]:     pyautogui.moveTo(100, 100, duration=1)    #(100, 100) 위치로 1초 동안 이동
```

현재 마우스가 있는 위치를 클릭하려면 click() 메서드를 사용하면 됩니다.

```
In [5]:     pyautogui.click()
```

원하는 특정 위치를 클릭하려면 click(x좌푯값, y좌푯값)과 같이 click() 메서드에 좌푯값을 넣어 줍니다.

```
In [6]:     pyautogui.click(400, 500)
```

이번에는 마우스 왼쪽 버튼을 누른 상태에서 커서를 움직이는 드래그(drag)를 해봅시다. dragTo() 메서드를 이용하면 됩니다. 다음은 마우스 커서를 (400, 500) 위치로 이동시킨 뒤, 왼쪽 버튼을 누른 채로 (600, 900) 위치까지 옮기며 드래그하는 코드입니다.

```
In [7]:     pyautogui.moveTo(400, 500, duration=1)    #마우스를 (400, 500) 위치로 이동
            pyautogui.dragTo(600, 900, duration=1)    #드래그하며 (600, 900) 위치로 이동
```

position() 메서드가 현재 마우스 위치를 튜플 형태로 알려 줍니다.

```
In [8]:     pyautogui.position()

            Point(x=600, y=900)
```

이 Point() 역시 네임드 튜플(named tuple)입니다. Size()에서처럼 이름(변수)으로 속성값에 접근할 수 있습니다.

```
x, y = pyautogui.position()
```

참고 | 사용자 정의 네임드 튜플

namedtuple은 다음과 같이 사용자 튜플을 정의하고 사용할 수 있게 해줍니다.

In [10]:

```
from collections import namedtuple

Point = namedtuple('Point', 'x, y')    # Point라는 새로운 튜플형 정의
                                        # 값은 순서대로 또는 x, y로 접근 가능

p = Point(100, 200)
print(p)
print(p.x, p.y)
print(p[0], p[1])

Point(x=100, y=200)
100 200
100 200
```

계산기 사용하기

어느 정도 마우스 자동화에 익숙해졌으니, 본격적으로 자동 계산을 구현하며 활용법을 실습해 보도록 하겠습니다. 윈도우 기본 프로그램인 [계산기]를 이용할 것입니다.

원하는 숫자와 기호를 자동으로 클릭하기 위해서는 먼저 각 버튼의 정확한 위치를 알아야 합니다. 화면 좌표를 얻는 방법은 여러 가지가 있으나, 이미 써 보았던 `pyautogui.position()` 메서드를 이용해 좌표를 얻을 수 있으니 바로 진행하겠습니다.

미리 계산기 프로그램을 실행하고, 다음처럼 창을 모니터 화면 왼쪽 최상단에 배치해 둡니다.

그런 뒤 다음 코드를 실행한 채 마우스 커서를 각 버튼에 차례로 옮기면 좌푯값을 확인할 수 있습니다. 2초에 한 번씩 마우스 위치 좌표를 4번 추출하는 코드입니다.

In [11]:
```python
import time          # 시간을 다루는 모듈 time 가져오기
time.sleep(2)        # 2초 대기

for i in range(4):                      # 다음 블록을 네 번 반복
    print(pyautogui.position())         # 현재 마우스 좌표 출력
    time.sleep(2)                       # 2초 대기
```

Point(x=35, y=440)
Point(x=35, y=440)
Point(x=112, y=447)
Point(x=123, y=391) ⟶ 마우스 좌표는 미세하게 구별되므로, 좌푯값은 이것과 정확하게 일치하지 않을 수 있습니다. 여기 제시된 것은 필자가 확인한 좌푯값입니다.

숫자를 일일이 기억하기는 좀 어려워 보입니다. 얻은 좌푯값을 참고해서 심볼(숫자, 기호 버튼)과 그 위치를 몇 개만 등록하겠습니다. 심볼과 좌표를 매칭시켜야 하니, 사전을 이용합니다.

In [12]:
```python
buttons = {'0': (112, 490), '1': (35, 440), '2':
(112, 440), '5': (112, 390), '=': (275, 490),
'+': (275, 440), '-': (275, 390), '*': (275,
340), '/': (275, 290)}
```

계산기 프로그램의 숫자 '0' 버튼이 화면의 x=112, y=490 좌표에 있다는 뜻입니다.

잘되었는지 확인해 봅시다. 숫자 0 버튼의 좌푯값은 무엇일까요?

In [13]:
```python
buttons['0']
```

(112, 490)

이로써 buttons 사전에 저장된 좌푯값을 꺼내어, x와 y 변수에 할당해 사용할 수 있게 되었습니다.

In [14]:
```
x, y = buttons['1']    # '1' 버튼의 x, y 값을 불러옴
```

준비가 다 되었으니, 실제 125*2= 연산에 도전해 봅시다. 먼저 필요한 버튼의 좌표를 출력해 보겠습니다.

In [15]:
```
for c in '125*2=':
    print(c, buttons[c])       # '1', '2', '5', '*', '2', '=' 값을 각각 불러옴

1 (35, 440)
2 (112, 440)
5 (112, 390)
* (275, 340)
2 (112, 440)
= (275, 490)
```

다음으로 이 좌표를 이용해서 계산기의 실제 버튼을 클릭하겠습니다. 반드시 계산기 창을 모니터 왼쪽 최상단에 열어 두고 다음 코드를 실행하세요.

In [16]:
```
for c in '125*2=':
    x, y = buttons[c]
    print(c, x, y)             # 코드 실행 확인 차원, 실제 작업과 무관
    pyautogui.click(x, y)

1 35 440
2 112 440
5 112 390
* 275 340
2 112 440
= 275 490
```

'125*2='에 해당하는 계산기 버튼(1, 2, 5, *, 2, =)이 차례로 클릭되면서, 계산 결과가 계산기 창에 출력됩니다.

계산기 창을 원하는 위치로 이동하기

마우스 클릭을 자동화하려면 계산기 창의 위치가 일정해야 합니다. 왜냐하면 계산기 창의 위치가 달라지면, 당연히 각 심볼 및 버튼의 좌푯값도 달라지기 때문입니다. 우리가 직접 계산기를 특정한 위치에 놓을 수도 있지만, 자동으로 한다면 더 편리할 터입니다.

우선 현재 모니터에서 실행 중인 모든 창(윈도우) 정보를 가져와 봅시다. `getAllWindows()` 메서드를 이용합니다.

```
In [17]:    pyautogui.getAllWindows()

            [Win32Window(hWnd=65800),
             Win32Window(hWnd=197712),
             Win32Window(hWnd=854614),          독자의 컴퓨터 환경에 따라 그때그때
             Win32Window(hWnd=198868),          출력값은 달라질 수 있습니다.
             Win32Window(hWnd=460408),
             Win32Window(hWnd=395922),
             Win32Window(hWnd=2361512),
             Win32Window(hWnd=132000),
             Win32Window(hWnd=131664),
             Win32Window(hWnd=198182),
             Win32Window(hWnd=66046),
             Win32Window(hWnd=66004),
             Win32Window(hWnd=65998),
             Win32Window(hWnd=65974)]
```

윈도우의 다양한 정보를 제공하는 `Win32Window` 객체가 리스트에 잔뜩 전달되었습니다. 그런데 무엇이 무엇인지 전혀 알 수가 없네요. 다행히 요소 객체의 `title` 속성을 이용하면, 각 창의 이름을 알 수 있습니다.

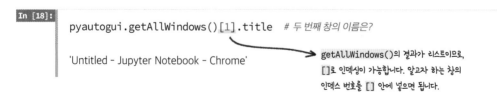

```
In [18]:    pyautogui.getAllWindows()[1].title   # 두 번째 창의 이름은?

            'Untitled - Jupyter Notebook - Chrome'
```

getAllWindows()의 결과가 리스트이므로, [ ]로 인덱싱이 가능합니다. 알고자 하는 창의 인덱스 번호를 [ ] 안에 넣으면 됩니다.

참고 창의 이름을 알아내는 다른 방법

창의 이름만 확인하려면 `pyautogui.getAllTitles()` 메서드를 호출하는 방법도 있습니다. 다음처럼 창 이름으로 만들어진 문자열 리스트를 돌려줍니다.

```
In [19]:
```
```
pyautogui.getAllTitles()
```

```
['Untitled - Jupyter Notebook - Chrome',
 '다운로드',
 '그림판 3D',
 '계산기',
 'Microsoft Text Input Application',
 '명령 프롬프트 - jupyter  notebook',
 'Program Manager']
```

특정한 문자열이 포함된 창만 얻으려면, `pyautogui.getWindowsWithTitle("계산기")`와 같이 실행해도 됩니다. "계산기"라는 문자열이 포함된 창의 객체 리스트를 받을 수 있습니다.

```
In [20]:
```
```
pyautogui.getWindowsWithTitle("계산기")
```

```
[Win32Window(hWnd=198042), Win32Window(hWnd=394484)]
```

"계산기"란 이름을 찾는 것이 우리의 목표입니다. 창을 하나씩 살펴보기 위해 **for** 문을 사용합니다. `title` 구문이 창의 제목을 확인합니다. "계산기"라면 진행을 중단하고(**break**), **for** 구조를 벗어납니다.

```
In [21]:
```
```
for win in pyautogui.getAllWindows():
    if win.title == '계산기':          # 이름이 '계산기'이면
        break                         # 실행 중단
```

셀이 실행 완료되었다면 아마 파이썬은 계산기 창을 찾았을 겁니다. 맞게 찾았는지 다시 한번 이름을 확인해 봅시다.

```
In [22]:   win.title

           '계산기'
```

계산기의 현재 위치도 확인해 보겠습니다. win.box를 입력하면, 창의 네 꼭지점 좌표가 반환됩니다.

```
In [23]:   win.box

           Box(left=100, top=100, width=336, height=541)
```

계산기를 원하는 위치(0, 0)로 이동하겠습니다. 앞서 다뤘던 moveTo(x, y) 메서드를 활용합니다.

```
In [24]:   win.moveTo(0, 0)
```

창을 항상 이렇게 이동해 둘 것이므로, 미리 계산된 좌표를 이용해서 정확하게 마우스 클릭을 할 수 있을 것입니다. 선택된 창을 활성화하려면 activate() 메서드를 이용합니다.

```
In [25]:   win.activate()
```

이 메서드를 실행하면 계산기 창이 다른 창 뒤쪽에 있거나, 심지어 최소화된 상태더라도 곧바로 가장 앞쪽에 활성화되어 나타나게 됩니다.

이 상태에서 앞서 만들어 둔 125*2= 연산 마우스 자동 클릭 코드를 실행하면 자동으로 계산이 진행됩니다. (계산기 좌표를 담은 buttons가 그대로 남아 있는 주피터 노트북에서 실행해야 함에 유의하세요.)

```
In [26]:
win.moveTo(0, 0)
win.activate()

for c in '125*2=':
    x, y = buttons[c]
    print(c, x, y)
    pyautogui.click(x, y)
```

◎ 키보드 자동화

앞에서는 마우스 자동화로 계산기를 사용했는데, 키보드 자동화로도
계산기를 이용할 수 있습니다. 실제로 마우스보다는 키보드를 이용
하는 것이 더 확실하고 안전한 방법이긴 합니다. 키보드의 키를 누르
는 작업에는 기본적으로 typewrite() 함수를 이용합니다.

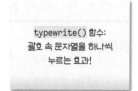

typewrite() 함수:
괄호 속 문자열을 하나씩
누르는 효과!

win 변수에 계산기 창이 저장되어 있다면, 우선 계산기 창을 활성화(activate())한 후, 키보드로
숫자를 입력(typewrite())하면 됩니다. 원활한 진행을 위해, 활성화 명령과 키보드 입력 사이에
약간의 시간 간격이 필요합니다.

```
In [27]:
win.activate()
time.sleep(1)
pyautogui.typewrite('125*2=', interval=0.1)
                        # 0.1초 간격으로 키 입력
```

이런 일반 키에는 typewrite()를 이용하지만, [Ctrl]+[C]와 같이 함께 눌러야 하는 단축키 조합에는 hotkey() 메서드를 이용해야 합니다.

```
In [28]:    pyautogui.hotkey('ctrl', 'c')
```

[F1], [Esc]와 같은 기능 키를 입력하고 싶다면, press() 메서드에 리스트로 키 이름들을 넣어 주면 됩니다.

```
In [29]:    pyautogui.press(['f1', 'esc'])
```

키보드의 키 이름들은 pyautogui.KEY_NAMES 메서드로 확인할 수 있습니다.

```
In [30]:    pyautogui.KEY_NAMES        # 지면 관계상 일부만 표시

            ['\t',
             '\n',
             '\r',
             ' ',
             '!',
             '"',
             '#',
             '$',
             '%',
             '&',]
```

지금까지 pyautogui 모듈을 이용해 보면서 리스트, 튜플, 문자열, 사전 등의 자료들이 어떻게 활용되고 있는지를 함께 살펴보았습니다. 이 모듈을 이용해 더 많은 재미 있는 작업을 해볼 수 있지만, 그것은 여러분의 과제로 남기기로 합니다. 자동화에 관한 더 풍부하고 자세한 정보는 필자의 다른 저서 《한 번 배운 파이썬, 나만의 활용 스킬》(프리렉)에서 참고하길 바랍니다.

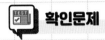 **확인문제**

typewrite(), hotkey(), press() **메서드의 용도를 각각 구분해 보세요.**

 실행과제

다음과 같이 파이썬에서 계산기를 자동 실행시킬 수 있습니다.

```
import os
os.system('calc.exe')        # '계산기' 프로그램의 영문명은 'calc'
```

또, 본문에서 설명한 바를 응용하여, 계산기 창을 만났을 때 자동으로 창을 닫도록 만들 수도 있습니다. 코드는 다음과 같습니다.

```
import pyautogui
    for win in pyautogui.getAllWindows():
        if win.title == '계산기':
            win.close()        # 창을 닫습니다
            break
```

이 내용을 바탕으로 계산기를 자동 실행하고 필요한 연산을 한 후, 일정 시간 기다린 후에 자동적으로 계산기 윈도우 창을 닫는 코드를 작성해 보세요.

폴더 V

프로그램의
실행 흐름을
알아보자

이 폴더에서 열어 볼 노트북

무슨 일이든 간에, 일을 할 때는 모름지기 순서가 있습니다. 작게는 등교나 출근 준비, 라면 끓이기 같은 소소한 것부터 수능 공부, 결혼이나 장례 같은 대사까지 전부 그렇습니다. 마찬가지로 컴퓨터도 항상 명령들의 진행 순서를 알고 싶어 합니다. 그때그때 상황에 맞춰 유연한 판단이 가능한 사람과 달리, 컴퓨터는 정해진 대로밖에 움직일 수 없으므로, 원하는 결과를 얻기 위해서는 사전에 세심하게 실행 흐름을 설계해 두어야 합니다. 이 폴더에서는 파이썬 실행 흐름을 어떻게 제어할 수 있는지 알아보겠습니다.

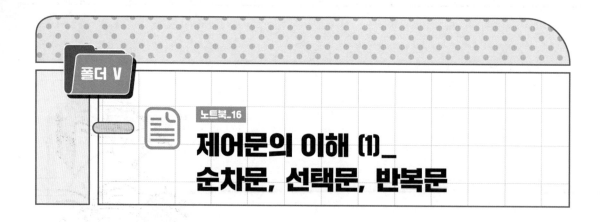

노트북_16

제어문의 이해 (1)_
순차문, 선택문, 반복문

여러분 중 다수는 교통수단을 이용해 등교하거나 출근할 겁니다. 집에서 학교나 직장으로 가려면, 정해진 길을 순서대로 따라가야 합니다. 가끔은 돌발 상황을 만나 길을 우회하거나, 다른 교통수단으로 갈아탈 때도 있습니다.

이와 비슷하게, 컴퓨터 프로그램에도 원하는 결과를 만들어 내기 위해 문장, 명령어, 함수 등에 미리 정해진 호출 순서가 있습니다. 이를 **실행 흐름**이라고 합니다.

프로그램에서 명령문들의 실행 흐름을 제어하는 장치가 바로 **제어문**입니다. 파이썬의 제어문에는 순차문, 선택문(조건문), 반복문, 예외처리문의 4가지가 있습니다.

⬤ 순차문

프로그램 코드는 기본적으로 위에서 아래로, 한 줄씩 차례로 실행됩니다. 이를 순차문이라고 부릅니다. 순차문에는 특별한 제어구조가 필요하지 않습니다. 앞 명령어의 실행이 완료된 후에 다음 명령이 실행됩니다. 작업 실행 순서에 맞게 코드를 작성해야 합니다.

⬤ 선택문(조건문)

두 번째 유형은 선택문입니다. 조건문이라고도 부릅니다. 어떤 조건을 판단한 뒤, 그 결괏값에 따라 특정 코드 블록을 실행하거나 건너뛰는 구조를 가집니다. 결괏값에 따라 둘 중에 하나를 선택할 수도 있고, 여러 코드 블록 중 하나를 선택할 수도 있습니다.

조건문은 파이썬에서는 if 문으로 구현됩니다. 이전에도 조금씩 다뤄 봤습니다만, 이제 if 문에 대해 조금 더 자세히 알아보겠습니다.

if 조건문

if 문은 조건문이라고 했습니다. 조건문은 어떤 조건이 참이면 그것에 해당되는 구문을 수행하고, 그렇지 않으면 건너뜁니다. if 문의 기본 형식은 다음과 같습니다. <조건식>의 결과가 참인 경우에만 <구문a>가 실행됩니다. (경우에 따라 <구문b>, <구문c>··· 로 계속 진행될 수도 있습니다.)

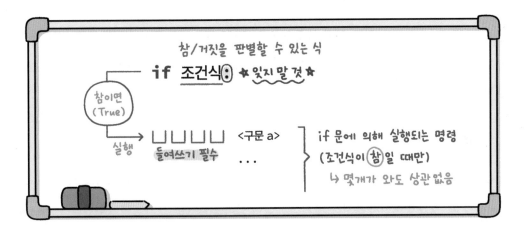

<구문a>를 비롯한 if 문 아래의 구문들을 묶어, **코드 블록**이라고 합니다. <조건식> 끝의 콜론(:) 문자가 새로운 하위 코드 블록이 시작됨을 표시합니다. 한 코드 블록의 문들은 들여쓰기가 일정해야 합니다. 그렇지 않으면 오류가 발생합니다.

> ○ 코드 블록을 설정하는 방법 ○
>
> 프로그래밍 언어마다 다르다!
>
> ● 파이썬: 들여쓰기
> ● C, Java, JavaScript 등: 기호 { }
> ● SQL, Pascal, Visual Basic 등: begin, end

주의 탭(tab) 코드와 공백(space) 코드가 섞여 있을 때 문제가 될 수 있습니다. 탭의 폭은 화면에서 2자리, 4자리, 8자리 등 설정에 따라 자유롭게 표시되지만, 실제 파이썬에서 탭은 공백 8자리로 처리됩니다. 따라서 육안으로는 열이 맞는 것처럼 보여도 실제로는 열이 맞지 않게 되는 문제가 생길 수 있습니다. 따라서 들여쓰기는 탭 키를 사용하지 말고, 공백으로 통일해서 사용하는 것이 좋습니다.

이 if 조건문의 기본 형식에 맞추어, 선택문(조건문)이 실행 흐름을 그림으로 나타내며 다음과 같습니다.

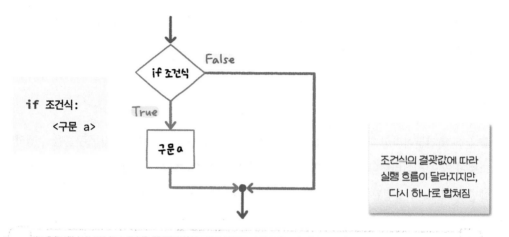

```
if 조건식:
    <구문 a>
```

조건식의 결괏값에 따라
실행 흐름이 달라지지만,
다시 하나로 합쳐짐

실제 사례를 들어 살펴보겠습니다. 한 강의에서 총점이 90점 이상인 학생들에게 A 학점을 부여하기로 했다고 합니다. 점수가 s로 주어진다고 할 때, s가 90 이상인 경우 문자 'A'를 출력하는 코드를 작성해 보겠습니다.

```
if s >= 90:        # s가 정의되어 있다고 가정
    print('A')     # 90점 이상일 때만 처리
```

s = 91일 때, 결과가 어떤지 봅시다. 조건식이 참이 되어(s >= 90), 문자 A가 출력됩니다. 반면 s가 90 미만이라면 아무것도 출력되지 않을 것입니다.

```
In [1]:
s = 91

if s >= 90:
    print('A')

A
```

만약 조건이 거짓일 때 다른 작업을 하고 싶다면 어떻게 할까요? if 조건식에 else 블록(파트)을 추가하면 됩니다. 먼저 조건이 참일 때 실행될 작업을 if 조건식 아래 작성하고, 조건이 거짓일 때 실행할 작업을 else 문 아래 작성합니다.

실행 흐름을 정리하면 다음 그림과 같습니다. if 조건식이 참일 경우 <구문a>가 실행되고, 거짓이면 else 블록에 있는 <구문b>가 실행됩니다.

다음 성적 산출 코드는 주어진 점수 s의 크기가 70보다 크거나 같으면(=if 조건식이 참이면), if 문에 딸린 <구문a>에서 지시하는 대로 Pass를 출력합니다. 반대로 70보다 작으면(=if 조건식이 거짓이면), else 블록이 지시하는 대로 Fail을 출력합니다.

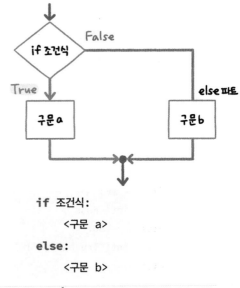

```
if 조건식:
    <구문 a>
else:
    <구문 b>
```

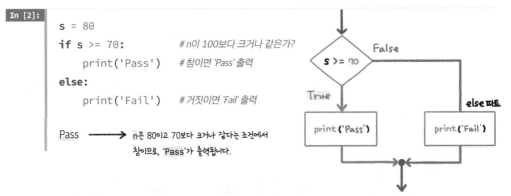

```
In [2]:  s = 80
         if s >= 70:          # n이 100보다 크거나 같은가?
             print('Pass')    # 참이면 'Pass' 출력
         else:
             print('Fail')    # 거짓이면 'Fail' 출력

         Pass  ──▶  n은 80이고 70보다 크거나 같다는 조건에서
                    참이므로, 'Pass'가 출력됩니다.
```

만약 P/F가 아니라, 더 세분화된 성적 산출을 하고 싶을 때는 어떻게 하면 될까요? 더 많은 선택지를 위해서, 다음처럼 elif 조건식을 if 조건식과 else 문 사이에 추가할 수 있습니다.

```
if 조건식1:
    <구문 a>
elif 조건식2:
    <구문 b>
else:
    <구문 c>
```

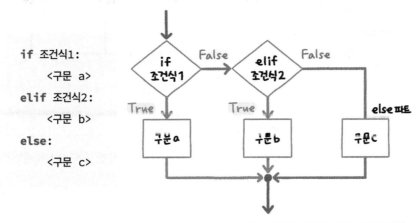

이때 elif는 'else if'의 줄임말로서, 앞 테스트가 실패했다면 elif에 주어진 조건식을 계속해서 테스트해 보라는 뜻입니다.

다음 코드는 앞선 성적 산출 코드에 elif 조건식을 추가한 것입니다. 점수 s가 70 이상인 경우, 70 미만 50 이상인 경우 그리고 50 미만인 경우를 구분해서 처리하도록 바뀌었습니다.

```
In [3]:  s = 100
         if s >= 70:                    # n이 70보다 크거나 같은가?
             print('Pass')
         elif s >= 50:                  # n이 50보다 크거나 같은가?
             print('Try harder')
         else:
             print('Fail')
```

이 elif 문 s >= 50에서, 50 <= s < 70과 같이 위쪽 범위를 확인할 필요는 없습니다. 왜냐하면 앞의 if 문에서 실패한 것을 통해, s가 70보다 작음을 이미 확인했기 때문입니다. 이러한 elif 블록은 몇 개든 올 수 있습니다(다음 그림 참조).

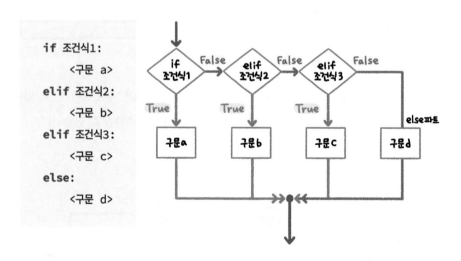

이제 elif가 여러 개 사용된 실제 예시를 보겠습니다. BMI(Body Mass Index) 지수는 자신의 몸무게(kg)를 키(m)의 제곱으로 나눈 값입니다. BMI 지수는 근육량, 유전 요인, 다른 개인적 차이를 반영하지 못하는 단점이 있음에도, 조사자나 의료인들이 비만도를 확인하기 위해 많이 쓰는 방법 중 하나입니다.

BMI 지수에 따른 비만도 판정 기준은 다음 그림과 같습니다.

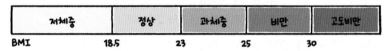

이 정보를 활용해 BMI 지수를 산출한 뒤, 비만도를 판단하는 코드를 작성해 봅니다. 키가 173cm 이고, 몸무게는 73kg인 사람의 비만도는 어떨까요?

```
In [4]:
    weight = 73              # 몸무게(kg)
    height = 173 / 100       # 키(cm를 m로 환산)
    bmi = weight / (height*height)   # BMI 산출 공식
    print('BMI =', bmi)              # 키 173cm, 몸무게 100kg의 BMI 출력

    # BMI에 따른 비만도 판단 조건식
    if bmi <= 18.5:          # bmi가 18.5 이하면
        print('저체중')      # '저체중' 출력
    elif bmi <= 23:          # bmi가 18.5보단 크고 23 이하면
        print('정상')        # '정상' 출력
    elif bmi <= 25:          # bmi가 23보단 크고 25 이하면
        print('과체중')      # '과체중' 출력
    elif bmi <= 30:          # bmi가 25보단 크고 30 이하면
        print('비만')        # '비만' 출력
    else:
        print('고도비만')    # bmi가 30보다 크면 '고도비만' 출력

bmi = 24.3910588392529
과체중    # 23 < 24.3910588392529 <= 25
```

프로그램은 차례로 코드를 살펴보면서 앞 단계의 **if/elif** 조건식이 거짓인 경우에만 다음 단계의 **elif**로 진행합니다. 그러다 참이 되면 해당 **if/elif** 문의 코드 블록을 실행합니다. 이 경우 이미 선택한 구문을 실행했으므로, 뒤쪽에 남은 **elif**나 **else**는 무시합니다.

혈압을 잴 때는, 수축기 혈압과 이완기 혈압을 함께 측정합니다. 수축기 혈압은 심장이 피를 내보낼 때의 압력이고, 이완기 혈압은 심장이 피를 받아들일 때의 압력입니다. 수축기 및 이완기 혈압에 따라서 분류되는 고혈압 관련 건강 상태를 정리하면 다음 표와 같습니다.

분류	수축기 혈압(mmHg)	연산	이완기 혈압(mmHg)
정상	120 미만	그리고	80 미만
고혈압 전단계	120~139	또는	80~89
1기 고혈압	140~159	또는	90~99
2기 고혈압	160~179	또는	100~110
고혈압 위기	180 초과	또는	110 초과

이를 기준으로, 수축기 혈압(high)과 이완기 혈압(low)을 알고 있을 때 건강 상태를 판단하는 bloodPressureStatus(high, low) 함수를 빈 칸을 채워 완성해 보세요. 그리고 bloodPressureStatus 함수를 실제로 호출해 보세요.

```python
def bloodPressureStatus(high, low):
    if high < 120 and low < 80:
        status = '정상'
    elif          :
        status = '고혈압 전단계'
    elif          :
        status = '1기 고혈압'
    elif          :
        status = '2기 고혈압'
    elif high > 180 or low > 110:
        status = '고혈압 위기'
    else:
        status = '???'
    return status
```

긴 `if` 문 간단히 쓰기: 한 줄 `if` 조건식

지금까지 코드를 따라 쳐 보면서 느꼈겠지만, 복잡한 코드일수록 입력하고 실행하는 데 시간이나 용량 측면에서 손해를 보게 됩니다. 간단히 표현해서 자원을 절약할 수 없을까요?

삼항연산자(ternary)라고 불리는 조건 치환식(conditional assgiment expression)이 **`if`** 조건식을 대체할 수 있습니다. 다음처럼 여러 조건을 한 줄에 표현할 수 있기 때문에, 이 구조를 **한 줄** if 식이라고도 부릅니다.

```
참일_때_값 if 조건식 else 거짓일_때_값
```

다음 코드에서는 조건식 `a > b`가 참이면 `result`가 x를 취하고, 거짓이면 y를 취합니다.

```
result = x if a > b else y
```

다음 **`if… else…`** 문과 동일한 결과입니다. 네 줄짜리 코드 블록이 단 한 줄로 줄어든 셈입니다.

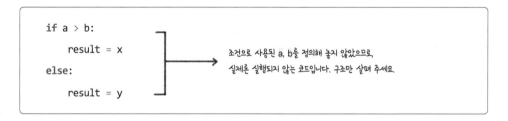

```
if a > b:
    result = x
else:
    result = y
```

조건으로 사용된 a, b를 정의해 놓지 않았으므로, 실제론 실행되지 않는 코드입니다. 구조만 살펴 주세요.

한 줄 **`if`** 식은 표현이 간결해진다는 큰 장점이 있습니다. 예를 들어 70점을 기준으로 P/F를 판별하는 두 버전의 `getResult(score)` 함수 정의를 비교해 보겠습니다. 어느 쪽이 더 좋아 보이나요?

표 일반 `if` 조건문 vs. 한 줄 `if` 식

[1] 일반적인 정의	[2] 한 줄 if 식을 이용한 정의
```def getResult(score): if score >= 70: return 'pass' else: return 'nonpass'```	```def getResult(score): return 'pass' if score >= 70 else 'nonpass'```

어느 쪽이 효율적인지는 더 말할 필요가 없겠지요!

반복문

세 번째 유형은 반복문입니다. 프로그램에서 특히 중요하게 쓰입니다. 코드 블록을 정해진 횟수 또는 특정 조건이 충족될 때까지 반복합니다. 이런 반복 구조를 **루프(loop)**라고도 하는데, 이 이름은 '고리' 모양에서 반복된다는 의미가 연상되었기 때문에 붙은 것입니다.

파이썬 반복문에는 for와 while 두 종류가 있습니다. 차례대로 알아보겠습니다.

for 반복문

for 문은 하나 이상의 구문을 반복 실행시키는 제어문입니다. 일반적인 형식은 다음과 같습니다.

```
for 변수 in <공급자료>:
    <구문a>
```

여기서 <공급자료>는 복수의 데이터를 갖고 있는 자료형으로, 순차적으로 데이터를 공급할 수 있어야 합니다(문자열, 리스트, 사전 등). <변수> 자리에는 변수 규칙에 따라 새로운 이름을 하나 정해서 넣습니다.

코드를 실행하면, in 키워드가 <공급자료>의 각 항목을 <변수>에 값으로 공급하면서, <구문a>를 반복 수행합니다. 이때 반복 횟수는 미리 정해진 <공급자료>의 요소 개수에 따라 결정됩니다.

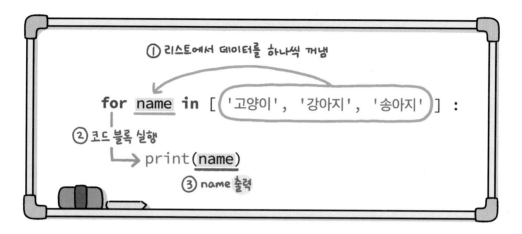

예를 들어 살펴봅시다. 다음 for 문은 name 변수에 ['고양이', '강아지', '송아지']라는 리스트의 각 요소를 순차 대입하면서 print(name) 구문을 실행합니다.

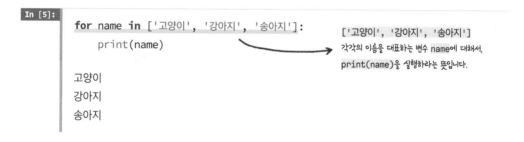

```
In [5]:    for name in ['고양이', '강아지', '송아지']:
               print(name)

           고양이
           강아지
           송아지
```

['고양이', '강아지', '송아지']
각각의 이름을 대표하는 변수 name에 대해서,
print(name)을 실행하라는 뜻입니다.

코드를 실행하면, 고양이, 강아지, 송아지를 차례로 출력한 뒤 for 루프를 벗어납니다.

특정 횟수를 반복하고 싶을 때는, 주로 원하는 범위의 정숫값을 공급하는 range() 함수를 이용합니다.

```
In [6]:    for i in range(4):    # 0, 1, 2, 3  # 4는 포함되지 않음!
               print(i)

           0
           1
           2
           3
```

∘ range() 함수 사용법 ∘
range(n) : 0부터 n-1까지의
정수 범위
range(n, A) : n부터
A 1까지의 정수 범위
range(n, A, B) : n부터
A-1까지의 정수 범위
단, 정수 간 B만큼의 간격 있음

`for` 문에서 처리하는 데이터의 순서를 얻고 싶을 때에는 `enumerate()` 함수를 이용하면 됩니다. 각 항목이 0부터 시작되는 인덱스 번호와 함께 전달됩니다.

```
In [7]:     for (i, name) in enumerate(['고양이', '강아지', '송아지']):
                print(i, name)

            0 고양이
            1 강아지
            2 송아지
```

> enumerate( ) 함수:
> 참조 번호와 객체 요소를 쌍으로
> 함께 전달하는 함수

`for` 문에도 `if` 문에서처럼 `else` 블록이 추가될 수 있습니다.

```
for 변수 in <공급자료>:
    <구문a>
else:
    <구문b>
```

이 경우 <구문a>의 반복이 다 끝난 다음, <구문b>를 한 번만 수행합니다. `break` 문(이후 설명)에 의해서 `for` 루프가 종료된 경우에는, `else` 블록의 <구문b>를 수행하지 않습니다.

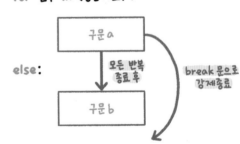

우리의 동물 리스트에도 적용해 보지요.

```
In [8]:     for name in ['고양이', '강아지', '송아지']:
                print(name)
            else:
                print('정상종료')

            고양이
            강아지
            송아지
            정상종료
```

확인문제

for **문을 이용하여 코드** print('Hello')**를 10회 반복해 보세요.**

while 반복문

while 반복문은 for 문과 달리, 몇 번을 반복할지 특정 횟수를 지정하지는 않습니다. 대신 논리식이 주어지는데, 그 값이 참(True)이면 계속 반복하고, 거짓(False)이면 반복을 멈춥니다.

```
while <논리식>:
    <구문a>
```

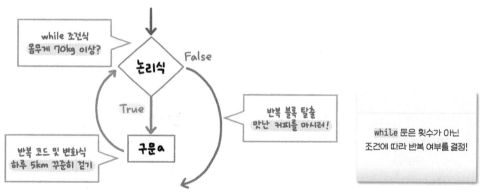

예를 들어, 다음 코드는 누적값이 100보다 같거나 커지면 루프를 벗어납니다. 반복 횟수를 미리 알 수는 없겠죠.

```
In [9]:
    i = 0
    acc = 0
```

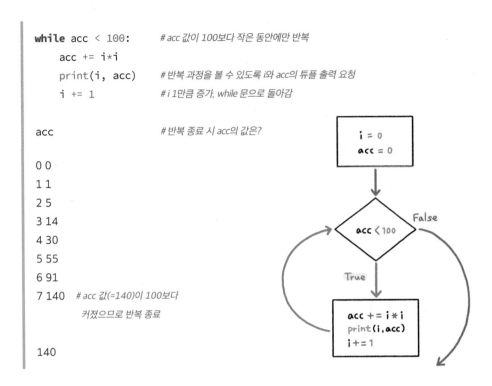

```
while acc < 100:          # acc 값이 100보다 작은 동안에만 반복
    acc += i*i
    print(i, acc)         # 반복 과정을 볼 수 있도록 i와 acc의 튜플 출력 요청
    i += 1                # i 1만큼 증가, while 문으로 돌아감

acc                       # 반복 종료 시 acc의 값은?

0 0
1 1
2 5
3 14
4 30
5 55
6 91
7 140      # acc 값(=140)이 100보다
            커졌으므로 반복 종료

140
```

while 문은 논리식이 False가 된 순간 자동으로 반복을 종료하고, while 문 다음 구문으로 넘어갑니다. 만일 반복이 정상적으로 종료되었는지 확인하고 싶다면, else 문을 포함한 다음 구조를 사용하면 됩니다.

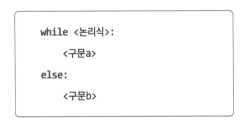

```
while <논리식>:
    <구문a>
else:
    <구문b>
```

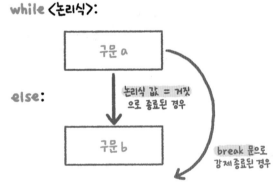

이때 <구문b>는 <논리식>이 거짓이 되어 반복을 멈추게 된 경우에만 실행됩니다.

앞의 누적 계산 코드에, 반복 종료 시에 문자열 'else_part'와 반복 횟수 i값을 출력해 달라는 else 문을 추가해 실행해 보겠습니다.

```
In [10]:    i = 0
            acc = 0

            while acc < 100:        # acc 값이 100보다 작은 동안에만 반복
                acc += i*i
                print(i, acc)
                i += 1
            else:                   # acc 값이 100보다 커져 반복이 종료되면 다음 구문 실행
                print('else_part', i)

            acc                     # 반복 종료 시 acc 값은?

            0 0
            1 1
            2 5
            3 14
            4 30
            5 55
            6 91
            7 140               # acc가 100보다 커졌으므로 반복 종료
            else_part 8         # 반복이 종료되어 print('else part', i) 문이 실행됨

            140
```

확인문제

while **문을 이용하여 1부터 20까지의 홀수를 출력해 보세요.**

break & continue

반복문에 횟수와 논리식 외의 조건을 추가로 걸어서 흐름을 제어할 수도 있습니다. 방법은 간단합

니다. 반복 루프 내에 if 조건식을 삽입합니다. 그리고 조건을 만족할 때(즉, 조건식이 참일 때) 흐름을 어떻게 움직일지를 설정하면 됩니다.

이때 쓰이는 것이 break와 continue 명령입니다. break/continue를 포함한 for 문의 기본 형식은 다음과 같습니다. 이 구조에서 break와 continue 문은 모두 if 구조 안에 위치하고, if 조건식이 참일 때 실행됩니다. (무조건 if 문과 사용되어야 하는 것은 아닙니다!)

```
for 변수 in <자료형>:
    if 조건식:
        break  /  continue
    <구문a>
else:
    <구문b>
```

그러나 (당연히) 둘 중 무엇을 쓰느냐에 따라 프로그램의 실행 결과는 달라집니다. break는 조건이 만족되자마자 곧장 반복 루프에서 빠져나갑니다. 더 이상 해당 반복문은 수행되지 않습니다.

반면 continue는 조건이 만족되면 남은 코드를 건너뛰고 루프의 맨 처음(여기서는 for 문 줄)으로 돌아갑니다. 그리곤 다음 반복을 이어갑니다.

각각의 사용법을, 앞서 보았던 동물 리스트를 출력하는 for… else… 문에 적용해서 비교해 보겠습니다. 다음 for 반복문에서 if 조건식은 name == '강아지'입니다. 따라서 이 조건식은 변수 name 에 '강아지'가 담겨 있다면 참, 아니면 거짓이 됩니다.

In [11]:
```python
for name in ['고양이', '강아지', '송아지']:
    if name == '강아지':
        break
    print(name)
else:
    print('정상종료')

고양이
```

첫 번째 요소 '고양이'부터 시작합니다. 이때 if 조건식은 거짓이므로 프로그램은 print(name)을 실행해 고양이를 출력하고는, 두 번째 요소 '강아지'를 반복하기 위해 돌아갑니다.

'강아지'에서 if 조건식이 참이 되었습니다! break가 실행됩니다. 이렇게 break 문으로 루프가 끝날 경우 else 블록을 실행하지 않습니다. 왜냐하면 else 블록도 for 반복문에 속하기 때문입니다.

이번에는 똑같은 for 반복문에서, break만 continue로 바꾸어 보았습니다. continue가 실행되면, 프로그램은 continue 이후의 문은 건너뛴 채 다음 반복을 위하여 처음으로 돌아갑니다.

```
In [12]:
for name in ['고양이', '강아지', '송아지']:
    if name == '강아지':
        continue
    print(name)
else:
    print('정상종료')

고양이
송아지
정상종료
```

출력 결과를 보면 강아지만 빠져 있습니다. 이렇게 된 까닭은 if 조건식이 참일 때, 즉 name이 '강아지'일 때만 print(name) 구문을 수행하지 않았기 때문입니다.

break는 반복문을 더 이상 수행하지 않아야 할 때 사용하고, continue는 반복은 끝까지 진행하되 특정 조건의 결과만 제외하고 싶을 때 사용하면 좋습니다.

while 문에서도 for 문과 마찬가지로 break와 continue 문을 사용할 수 있습니다. 다음 코드는 acc에 값을 누적시켜 나가다가, 1000보다 커지면 반복을 종료합니다.

```
In [13]:
i = 0
acc = 0

while True:          # 무한 루프
    acc += i*i       # acc = acc + i*i를 반복
```

```
    i += 1          # i는 1에서 시작
    if acc > 1000:
        break

acc

1015
```

다음 코드는 앞의 코드와 비슷하지만, 조건이 더 추가되었습니다. acc 값이 500보다 작은 동안에는(acc < 500), print() 함수를 호출하지 않습니다(continue). 그러나 acc 값이 500과 같거나 커지면, print() 함수를 실행해 반복횟수(i)와 acc 값을 출력합니다.

```
In [14]:    i = 0
            acc = 0

            while True:
                acc += i*i
                i += 1
                if acc > 1000:
                    break
                if acc < 500:
                    continue
                print(i, acc)

            12 506
            13 650
            14 819
```

acc를 불러와서 최종값을 확인해 보겠습니다. 추가된 조건과 상관없이 기존 break 문은 잘 작동했음을 알 수 있습니다.

```
In [15]:    acc

            1015
```

이렇게 프로그램은 기본적으로 코드를 차례대로 실행하되(순차문), 조건에 따라 여러 코드 블록 중 일부를 선별해 진행하고(선택문/조건문), 필요한 경우 일정 구간을 반복하며(반복문) 원하는 실행 결과를 향해 나아갑니다.

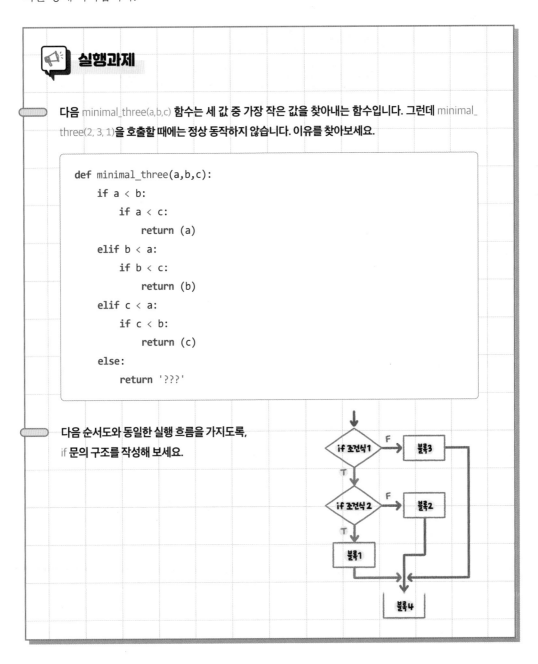

실행과제

다음 minimal_three(a,b,c) 함수는 세 값 중 가장 작은 값을 찾아내는 함수입니다. 그런데 minimal_three(2, 3, 1)을 호출할 때에는 정상 동작하지 않습니다. 이유를 찾아보세요.

```python
def minimal_three(a,b,c):
    if a < b:
        if a < c:
            return (a)
    elif b < a:
        if b < c:
            return (b)
    elif c < a:
        if c < b:
            return (c)
    else:
        return '???'
```

다음 순서도와 동일한 실행 흐름을 가지도록, if 문의 구조를 작성해 보세요.

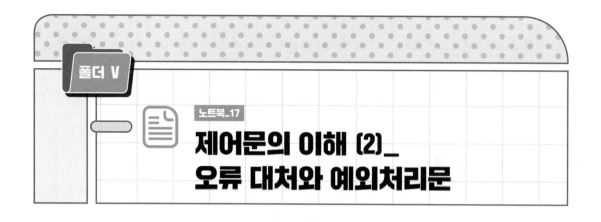

노트북_17

제어문의 이해 (2)_
오류 대처와 예외처리문

오류 발생에 대처하기

프로그램은 정상적인 경우, 이전 노트북에서 다뤘던 순차문, 선택문(조건문), 반복문 등이 지시하는 흐름에 따라 작업을 진행합니다.

그런데 프로그램을 실행하다 보면 예상 범주 내 문제는 물론, 생각지도 못한 문제도 생길 수 있습니다. 이런 경우에 **오류(error)**가 발생하며, 프로그램은 오류 메시지만 출력한 채 멈추고 맙니다.

이러한 오류는 다양한 상황에서 일어납니다. 예를 들면, 파일에서 데이터를 읽으려 하는데 파일을 찾을 수 없거나(FileNotFoundError), 반복을 실행하다가 어느 순간 0으로 숫자를 나누게 되는 일(ZeroDivisionError)도 있습니다.

혹은 문자열로 숫자 더하기 연산을 하는 경우(TypeError)라든가, 등록되지 않은 키로 사전을 검색하는 사태(KeyError)까지, 가능한 돌발 상황의 수는 무궁무진합니다.

따라서 유능한 프로그래머라면, 처음부터 진행 중 발생할 수 있는 여러 오류와 예외를 염두에 두고, 이에 대처하기 위한 준비를 해야 합니다. 그렇게 오류와의 전쟁에 나서는 사용자들을 돕기 위해 프로그래밍 언어에서 마련해 놓은 장치가 바로, '**예외 처리(exception handling)**' 기능입니다. 이는 대개 예외처리문을 통해 수행됩니다.

예외처리문

try...except 문

예외처리문은 파이썬 제어문의 네 번째 유형이기도 합니다. 파이썬에서는 try...except 구문으로 구현됩니다. 기본 원리는 오류나 예외가 발생할 시, 이에 대처하기 위해 사전에 except 문 아래 특별히 지정된 코드 블록을 실행하는 것입니다.

그림 try...except 문의 실행 흐름

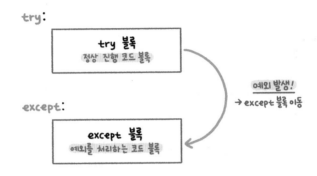

본격적으로 try...except 구문을 살펴보기 전에, 우선은 파이썬에서 볼 수 있는 오류 메시지를 눈여겨보길 바랍니다.

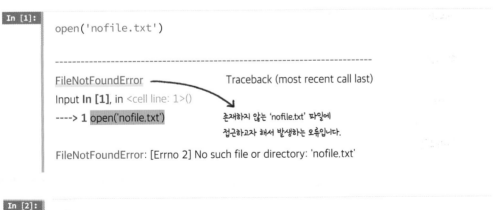

```
In [1]:
open('nofile.txt')
```

```
FileNotFoundError                         Traceback (most recent call last)
Input In [1], in <cell line: 1>()
----> 1 open('nofile.txt')

FileNotFoundError: [Errno 2] No such file or directory: 'nofile.txt'
```

존재하지 않는 'nofile.txt' 파일에 접근하고자 해서 발생하는 오류입니다.

```
In [2]:
1/0
```

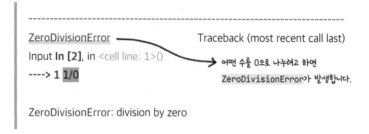

```
----------------------------------------------------------------
ZeroDivisionError                           Traceback (most recent call last)
Input In [2], in <cell line: 1>()
----> 1 1/0

ZeroDivisionError: division by zero
```

어떤 수를 0으로 나누려고 하면
ZeroDivisionError가 발생합니다.

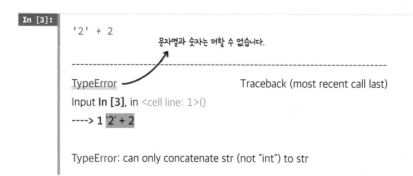

In [3]:
```
'2' + 2
```

문자열과 숫자는 더할 수 없습니다.

```
----------------------------------------------------------------
TypeError                                   Traceback (most recent call last)
Input In [3], in <cell line: 1>()
----> 1 '2' + 2

TypeError: can only concatenate str (not "int") to str
```

이렇듯 예외가 발생하더라도, 프로그램이 **try...except** 문을 사용해 대처할 수 있도록 사전에 준비해 주어야 합니다. 구문의 전체 형식은 다음과 같습니다.

```
try:
    <구문0>
except 예외종류1:
    <구문1>
except 예외종류2:
    <구문2>
else:
    <구문3>
finally:
    <구문4>
```

가장 먼저, 프로그램이 정상 실행되는 경우에 해당하는 구문이 맨 위 **try** 문 바로 아래, <구문0>으로 위치합니다.

그리고 <구문0>을 실행하다가 예외종류1이 발생하면, except 블록의 <구문1>이 실행됩니다. 예외종류2가 발생한다면, 또 다른 except 블록의 <구문2>가 실행됩니다.

코드 블록으로 구분해 두었으므로, 예외종류2가 발생했는데 <구문1>이 실행되는 일은 없습니다. 이러한 except 블록은 필요에 따라 얼마든지 추가될 수 있습니다.

```
In [4]:
try:
    some_job()                            # 정상 실행
except ZeroDivisionError:                 # 예외종류1
    ...
except NameError:                         # 예외종류2
    ...
except KeyError:                          # 예외종류3
    ...
except (TypeError, FileNotFoundError):    # 예외종류4, (): 두 가지 예외 처리
...
else:                                     # 예외종류1~4 미발생 시 some_job() 다음 코드가 실행됨
    ...
```

마지막으로 <구문0>에서 아무런 예외가 발생하지 않았다면, else 문에 딸린 <구문3>이 실행됩니다. 물론 else 문은 생략 가능합니다.

덧붙여 try...except 문 중에는 finally 블록을 포함한 것이 있는데, 이 블록은 예외가 발생하건 하지 않건 간에 제일 마지막에 코드를 정리하는 의미로 실행됩니다. 필요하지 않다면 역시 생략 가능합니다.

지금까지의 실행 흐름 전체를 그림으로 나타내 보았습니다.

그림 finally 블록이 있는 try... except 구조의 실행 흐름

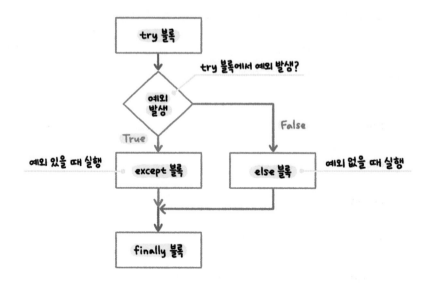

try...except 구조가 어디까지 확장될 수 있는지 설명했습니다만, 일단은 except 블록이 하나만 있는 가장 단순한 코드를 시험 삼아 실행해 보겠습니다.

```
In [5]:     try:
                fname = 'nofile.txt'
                open(fname)
            except FileNotFoundError:             # FileNotFoundError가 발생하면
                print('[ERROR] File Not Found -', fname)     # 이 텍스트를 출력

            [ERROR] File Not Found - nofile.txt
```

이것은 파일 탐색 과정에서 존재하지 않는 파일에 접근할 때를 대비해 만든 코드입니다. FileNotFoundError 오류가 발생하면, except FileNotFoundError 코드 블록을 실행해 '[ERROR] File Not Found 파일이름' 메시지를 출력합니다.

try...except 문 대신, if 문을 이용해서 같은 프로그램을 다음과 같이 작성할 수도 있습니다.

```
In [6]:     import os

            fname = 'nofile.txt'
            if os.path.exists(fname):
                open(fname)

                ...

            else:
                print('[ERROR] File Not Found -', fname)

            [ERROR] File Not Found - nofile.txt
```

하지만 **if** 문보다는 **try...except**를 이용한 처리가 더 좋습니다. 정상적인 실행과 예외적인 상황을 분리하는 것이 더 좋은 코딩입니다. 그래야 혼선의 여지가 적고, 코드를 알아보기도 쉽기 때문입니다.

다음과 같이 어떤 오류가 발생할 수 있는 상황을 사전에 철저히 예측하고, 상황마다 별도로 대책을 구분하여 마련해 두도록 합시다.

```
In [7]:     def get_hebrew_word(strong):
                hebdict = HebrewDict()

                try:
                    html = hebdict.strong2html(strong)    # KeyError 발생 가능 메서드
                    o = {'html': html}
                except KeyError:        # KeyError가 발생한 경우의 처리
                    o = {}
                return o
```

예외 발생시키기: **raise**

코딩을 하다 보면 오류가 발생할 상황을 미리 검사하고, 강제로 문맥에 맞는 예외를 발생시켜야 할 경우가 있습니다. 예를 들어 데이터 입력 형식이 여러분이 원하는 방식이 아닐 수 있고, 아직

구현되지 않은 기능을 실행해야 하는 상황일 수도 있습니다.

어떤 이유이든, 더 이상 진행이 불가능하다면 다음처럼 raise 문을 이용하여 예외를 강제로 발생시켜 줄 수 있습니다. raise 다음에 원하는 예외이름을 입력해 주면 됩니다.

```
try:
    raise RuntimeError      # 강제로 RuntimeError 발생
except RuntimeError:        # RuntimeError가 발생하면
    print('...')            # '...'를 출력

...
```

예외의 종류와 계층 구조

파이썬의 예외는 기본적으로 클래스로 정의되어 있고, 이들은 계층 관계로 구성되어 있습니다. 예를 들면, ArithmeticError에는 FloatingPointError, OverflowError, ZeroDivisionError가 속합니다.

ArithmeticError
├── FloatingPointError
├── OverflowError
└── ZeroDivisionError

상위 예외는 전체 집합, 하위 예외는 부분 집합에 속하는 원소라고 생각하면 OK!

이처럼 상위 예외는 하위 예외를 포함하기 때문에, 상위 예외를 사용하면 하위에 있는 예외들까지 다 잡아낼 수 있습니다.

예를 들어 봅시다. 1/0 연산은 무조건 ZeroDivisionError를 발생시킵니다. 따라서 다음 코드에서는 ZeroDivisionError 발생 시 어떻게 할지를 미리 try...except 구조로 정해 두었습니다.

```
In [9]:   try:
              1/0
          except ZeroDivisionError:    # ZeroDivisionError가 발생하면
              print('...')             # '…'를 출력

          ...
```

그런데 `ZeroDivisionError`를 바로 쓰기보다, 상위 예외인 `ArithmeticError`를 이용한다면 하위 예외인 `FloatingPointError`, `OverflowError`, `ZeroDivisionError`가 발생하더라도, 빠짐없이 모두 잡아낼 수 있습니다.

```
In [10]:  try:
              1/0
          except ArithmeticError:    # ArithmeticError가 발생하면
              print('...')           # '…'를 출력

          ...  ────────────→  정확하게는 앞서 보았듯 ZeroDivisionError가 발생했습니다. 그런데 ArithmeticError가
                               ZeroDivisionError을 포함하는 상위 예외이므로, except 블록이 실행돼 …가 출력된 것입니다.
```

🎙 참고   예외의 계층 구조

파이썬 예외의 전체적인 계층 구조 중 일부를 표시하면 다음과 같습니다. 이 예시에서 가장 상위 예외는 `BaseException`이며, 나머지는 그 하위 예외들입니다. 들여쓰기 수준이 같으면 같은 계층의 예외이며, 각 예외는 한 수준 내어써진 상위 예외에 속해 있습니다. ▩▩은 본디 예외가 존재하나, 지면 관계와 내용상 크게 관련 없는 부분을 생략한 것입니다.

```
BaseException
    Exception
        ⋯⋯⋯
            ArithmeticError
                ZeroDivisionError
```

```
            AttributeError
        ImportError
            ModuleNotFoundError
        LookupError
            IndexError
            KeyError
        NameError
            UnboundLocalError
        OSError
        SyntaxError
        TypeError
        ValueError
            UnicodeError
        Warning
```

전체 계층 구조는 파이썬 표준 라이브러리 문서(https://docs.python.org/ko/3/library/exceptions.html)를 참고하길 바랍니다.

사용자 예외 만들기

앞서 확인한 예외 중에 여러분에게 필요한 예외가 없다면, 혹은 더 구체적인 예외가 필요하다면 사용자 예외를 직접 만들어 사용할 수 있습니다.

예를 들어 로그인 절차를 코딩 중에 있는데, BadUserNameError(사용자 이름이 틀린 경우), BadPasswordError(비밀번호가 틀린 경우) 같은 예외가 필요하다고 하겠습니다.

이때 새로 정의할 사용자 예외는 이미 존재하는 예외의 계층구조 안에 포함되어야 합니다. 따라서 여러분이 정의할 예외를 어느 예외 아래에 배치시킬 것인지를 결정해야 합니다. 여기서는 LookupError로 정하겠습니다.

클래스를 이용해 사용자 예외를 정의합니다. class 사용자예외(상위예외): 형식으로 작성합니다.

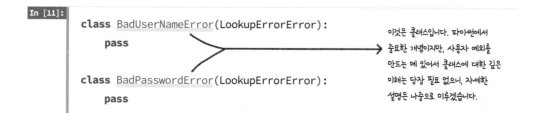

In [11]:
```python
class BadUserNameError(LookupErrorError):
    pass


class BadPasswordError(LookupErrorError):
    pass
```

이것은 클래스입니다. 파이썬에서 중요한 개념이지만, 사용자 예외를 만드는 데 있어서 클래스에 대한 깊은 이해는 당장 필요 없으니, 자세한 설명은 나중으로 미루겠습니다.

그러면 `LookupError` 아래에 `BadUserNameError`, `BadPasswordError` 두 개의 예외 클래스가 생성됩니다. 이로써 사용자 예외를 쉽게 정의할 수 있습니다.

```
LookupError
    ├─ BadUserNameError
    └─ BadPasswordError
```

이렇게 정의된 예외는 앞서 살펴본 `raise` 문을 이용해 발생시킬 수 있고, 또 `except` 문을 이용해 오류를 잡아낼 수도 있습니다.

In [12]:
```python
try:
    raise BadUserNameError
except BadUserNameError:
    print('...')

...
```

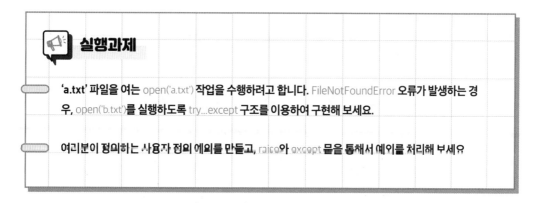

📢 **실행과제**

'a.txt' 파일을 여는 open('a.txt') 작업을 수행하려고 합니다. FileNotFoundError 오류가 발생하는 경우, open('b.txt')를 실행하도록 try...except 구조를 이용하여 구현해 보세요.

여러분이 정의하는 사용자 정의 예외를 만들고, raise와 except 문을 통해서 예외를 처리해 보세요

폴더 VI

프로그램의 핵심,
반복과 선택

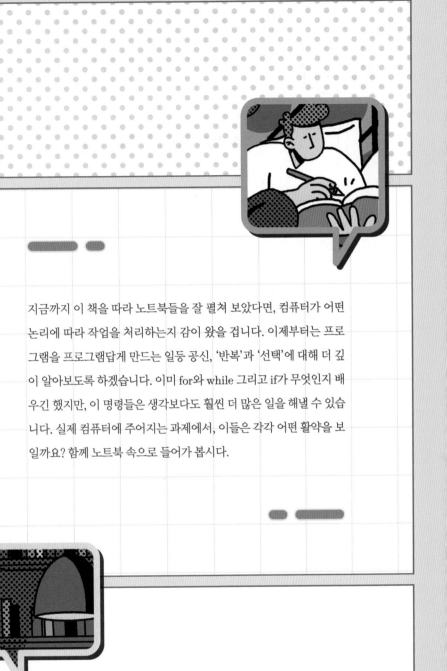

지금까지 이 책을 따라 노트북들을 잘 펼쳐 보았다면, 컴퓨터가 어떤 논리에 따라 작업을 처리하는지 감이 왔을 겁니다. 이제부터는 프로그램을 프로그램답게 만드는 일등 공신, '반복'과 '선택'에 대해 더 깊이 알아보도록 하겠습니다. 이미 for와 while 그리고 if가 무엇인지 배우긴 했지만, 이 명령들은 생각보다도 훨씬 더 많은 일을 해낼 수 있습니다. 실제 컴퓨터에 주어지는 과제에서, 이들은 각각 어떤 활약을 보일까요? 함께 노트북 속으로 들어가 봅시다.

for 문, 반복의 모든 것

반복문이 필요한 이유

우리가 컴퓨터를 이용하는 주된 이유는, 유사한 형태의 반복 작업을 시키기 위한 것입니다. 그래서 프로그래밍 언어는 반복을 잘 표현할 수 있도록 설계되었습니다. 반복은 프로그래밍 언어의 핵심입니다.

우리는 왜 반복문을 사용하게 되었을까요? 간단한 코드로 테스트해 보겠습니다.

지금 현금 100만원을 갖고 있다고 합시다. 예금에 대한 은행 이자가 복리 연 3%라면, 10년 후에는 얼마가 되어 있을까요?

1년 후에는,

```
In [1]:
r = 1.03
100 * pow(r, 1)      # 혹은 100 * r

103.0
```

> ○ 복리와 단리 ○
> • 단리(單利 simple interest):
> 원금에 대해서만 이자가 붙는
> 계산방식
> • 복리(複利, compound interest):
> (원금+이자)에 다시 이자가 붙는
> 계산방식. 이 예에서 이자는
> 연단위로 붙음!

2년 후에는,

```
In [2]:
r = 1.03
100 * pow(r, 2)      # 혹은 100 * r * r

106.08999999999999
```

10년 후에는 거의 두 배가 됩니다.

```
In [3]:   r = 1.03
          100 * pow(r, 10)      # 혹은 100 * (r ** 10)

          134.39163793441222
```

이런 식으로 20년 동안 매년 달라지는 예금액 목록을 출력하고 싶습니다. 그런데 같은 코딩을 20회나 하는 것은 너무 비효율적입니다. 분명 코드와 용량이 무한정 늘어날 겁니다. 게다가 문제에 따라서는 반복이 100회, 1000회, 10000회가 될 수도 있습니다. 이 작업을 일일이 다 하기는 불가능합니다.

반복을 간단히 표현할 수 있는 다른 효율적인 방법이 필요합니다. 이 노트북에서는 파이썬이란 언어가 이렇게 중요한 반복 작업을 어떻게 구현하는지를 살펴보겠습니다.

⬤ 파이썬의 반복법

앞서 소개했듯, 파이썬에는 `for`, `while` 두 가지의 반복문이 있습니다. 상대적으로 `for` 문을 훨씬 더 자주 사용합니다. 따라서 여기서도 `for` 문을 더 자세히 파고들어 보도록 하겠습니다.

우선 `for` 문을 이용해 문자열 `'Hello world!'`를 세 번 출력해 보겠습니다.

```
In [4]:   for i in range(3):
              print('Hello world!')

          Hello world!
          Hello world!
          Hello world!
```

`print()` 문이 세 번 실행되있습니다. 세 번 실행하도록 도와주는 것이, 바로 첫 번째 줄의 `for i in range(3)`입니다. `for`는 다른 구문들의 반복 실행을 도와주는 기능을 합니다. 그래서 이것을 `for` **반복문**이라고 부르는 것입니다.

`for`라는 단어는 "~에 대해서"란 뜻의 수학 기호에서 왔습니다. 즉, `for i`는 "변수 i에 대해서"를 의미합니다. 변수 이름은 여러분이 정하면 됩니다.

변수의 값은 `in` 다음의 `range(3)`이 결정해 줍니다. 좀더 자세히 풀어보면, 이 코드 `for i in range(3):`은 "range(3)이 갖는 세 개의 값 i에 대하여, 다음의 구문을 실행하라."라는 뜻입니다.

여기 쓰인 `range(n)` 함수는 규칙적인 값을 만드는 역할을 합니다. 기본적으로 0에서 시작하며 끝 값을 포함하지 않습니다. `in` 뒤에는 `range()` 함수 말고도 리스트, 사전 등 여러 가지 자료형이 올 수 있습니다.

이제 앞 코드로 돌아가서, i값을 확인해 보겠습니다. `print('Hello world!')` 문에 `i,`를 추가해 `i`값을 함께 출력하게 만듭시다.

```
In [5]:  for i in range(3):
             print(i, 'Hello world!')

         0 Hello world!
         1 Hello world!
         2 Hello world!
```

i값은 0, 1, 2군요. 즉 여기서 i는 range(3)에서 공급한 0, 1, 2를 하나씩 받아다가 print() 문을 실행한 것입니다.

원래 print() 문은 실행할 때마다 줄바꾸기를 하는데, end=', ' 옵션을 활용해 줄바꾸기 대신에 ', '를 출력할 수 있습니다.

In [6]:
```python
for i in range(10):
    print(i, end=', ')
```

0, 1, 2, 3, 4, 5, 6, 7, 8, 9,

end=''라고 입력하면, 출력값이 공백 없이 붙어서 출력됩니다.

In [7]:
```python
for i in range(10):
    print(i, end='')
```

0123456789

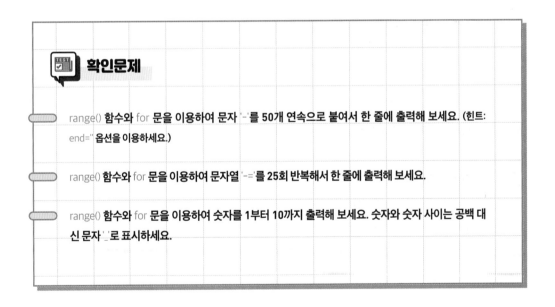

확인문제

range() 함수와 for 문을 이용하여 문자 '-'를 50개 연속으로 붙여서 한 줄에 출력해 보세요. (힌트: end='' 옵션을 이용하세요.)

range() 함수와 for 문을 이용하여 문자열 '-='를 25회 반복해서 한 줄에 출력해 보세요.

range() 함수와 for 문을 이용하여 숫자를 1부터 10까지 출력해 보세요. 숫자와 숫자 사이는 공백 대신 문자 '_'로 표시하세요.

range() 함수로 반복 출력하기

range() 함수는 range(stop)이나 range(start, stop), range(start, stop, step) 형식으로도 사용할 수 있습니다. start와 stop으로 시작 값과 끝 값을 설정하고, 필요한 경우 step을 추가해 어떤 간격으로 반복할지도 정해 줍니다.

주의 range() 함수를 사용할 때, 괄호 속 모든 값은 정수여야 합니다.

정하지 않으면 기본값으로 진행됩니다. 시작 값 start의 기본값은 0, 간격인 step의 기본값은 1입니다. 그래서 range(10)은 range(0, 10) 혹은 range(0, 10, 1)과 동일합니다.

```
In [8]:
for i in range(0, 10):      # 0부터 9까지
    print(i, end=', ')

0, 1, 2, 3, 4, 5, 6, 7, 8, 9,
```

시작 값을 다르게 주면 어떻게 될까요?

```
In [9]:
for i in range(5, 10):      # 5부터 9까지
    print(i, end=', ')

5, 6, 7, 8, 9,
```

다음은 range(start, stop, step) 형식으로 사용된 예입니다.

```
In [10]:
for i in range(1, 10, 2):      # 1부터 9까지, 2의 간격으로
    print(i, end=', ')

1, 3, 5, 7, 9,
```

간격(step)이 음수인 경우, 반드시 시작 값이 끝 값보다 커야 합니다. 끝 값 0은 포함되지 않는 데 주의하세요.

```
In [11]:    for i in range(10, 0, -1):      # 10부터 1까지, -1의 간격으로
                print(i, end=', ')

            10, 9, 8, 7, 6, 5, 4, 3, 2, 1,
```

-5부터 5까지의 값을 출력해 보겠습니다. 이번에는 변수를 x로 하겠습니다.

```
In [12]:    for x in range(-5, 6, 1):       # -5부터 5까지, 1의 간격으로
                print(x, end=', ')

            -5, -4, -3, -2, -1, 0, 1, 2, 3, 4, 5,
```

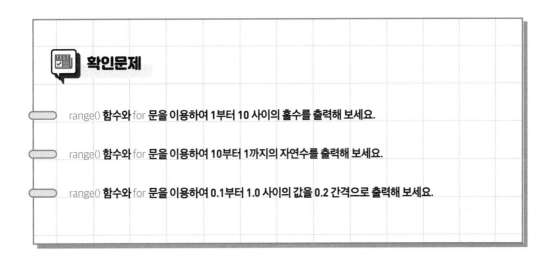

확인문제

○── range() 함수와 for 문을 이용하여 1부터 10 사이의 홀수를 출력해 보세요.

○── range() 함수와 for 문을 이용하여 10부터 1까지의 자연수를 출력해 보세요.

○── range() 함수와 for 문을 이용하여 0.1부터 1.0 사이의 값을 0.2 간격으로 출력해 보세요.

range() 함수로 반복 연산하기

range() 함수는 특정 범위를 출력할 뿐 아니라, 그 범위에 대한 연산을 수행할 수도 있습니다. 그 예로 각 x에 대하여 다음 2차 함수 y값을 계산해 보겠습니다.

$$y = x^2$$

```
for x in range(-5, 6, 1):
    y = pow(x, 2)            # y = x ** 2
    print('x=', x, 'y=', y)
```

x= -5 y= 25
x= -4 y= 16
x= -3 y= 9
x= -2 y= 4
x= -1 y= 1
x= 0 y= 0
x= 1 y= 1
x= 2 y= 4
x= 3 y= 9
x= 4 y= 16
x= 5 y= 25

비슷한 문제로 각 x에 대하여 다음 2차 함수 y값을 계산해 보겠습니다. 바로 이해할 수 있을 겁니다.

$$y = 2x^2 - 5x + 8$$

```
for x in range(-5, 6, 1):
    y = 2 * pow(x, 2) - 5 * x + 8      # y = 2 * x ** 2 - 5 * x + 8
    print('x=', x, 'y=', y)
```

x= -5 y= 83
x= -4 y= 60
x= -3 y= 41
x= -2 y= 26
x= -1 y= 15
x= 0 y= 8
x= 1 y= 5
x= 2 y= 6

```
x= 3 y= 11
x= 4 y= 20
x= 5 y= 33
```

numpy 패키지로 실수 반복 연산하기

range() 함수의 한계점은 정수만 지원한다는 것입니다. 실수에는 다른 방법을 사용해야 합니다. 다음과 같이 나누기를 이용하는 것도 하나의 방법입니다.

```
In [15]:    for i in range(10):      # i를 0부터 9까지 반복
                x = i / 10
                print(x)

            0.0
            0.1
            0.2
            0.3
            0.4
            0.5
            0.6
            0.7
            0.8
            0.9
```

그러나 NumPy 패키지를 이용하면 손쉽게 이런 자료를 만들 수 있습니다. 이 패키지에 포함된 numpy.arange() 함수는 실수도 지원합니다.

사용법은 range() 함수와 동일합니다. 단지, 실수(부동소수점)를 지원한다는 점에서 차이가 있습니다.

NumPy는 외부 패키지!
별도 설치 필요
설치 방법: 명령 프롬프트에
pip install numpy 입력

```
In [16]:   import numpy as np          # numpy 패키지를 np 이름으로 가져오기

           np.arange(0, 1.0, 0.1)      # 0부터 0.9까지, 0.1의 간격으로 생성

           array([0. , 0.1, 0.2, 0.3, 0.4, 0.5, 0.6, 0.7, 0.8, 0.9])
```

당연히 **for** 반복문에도 사용 가능합니다. 앞서 `range()` 함수로 계산했던 2차 함수 $y = 2x^2 - 5x + 8$을, 숫자 –10부터 9까지 0.1 간격으로 나열한 부동소수점 자료형으로 계산해 보겠습니다.

```
In [17]:   for x in np.arange(-10, 10, 0.1):     # -10부터 9까지, 0.1 간격
               y = 2 * (x * x) - 5 * x + 8       # 각 x에 대해 이 연산 수행
               print(y)

           258.0
           253.52
           249.08000000000004
           244.68000000000004
           240.32000000000005
           236.00000000000006
           231.72000000000008
           227.48000000000013
           223.28000000000014
           219.12000000000012      # 분량상 -10부터 -9 미만의 출력값만 표시
           ...
```

한편 `np.linspace(start, end, num)` 함수는 시작 값과 끝 값을 포함하면서 같은 간격으로 `num`개의 데이터를 생성합니다.

주의 `np.arange(start, stop, step)` 함수와 달리, `np.linspace(start, stop, num)` 함수는 stop 값을 포함하고 생성 데이터의 수(num)를 지정합니다. 예를 들어, `np.arange(0, 10, 1)` 함수는 0부터 9까지 포함하는 데 비해, `np.linspace(0, 10, 10)` 함수는 10을 포함하는 10개의 데이터를 만듭니다.

```
In [18]:   np.linspace(0, 1.0, 5)      # 0부터 1.0까지, 총 5개의 데이터 생성

           array([0. , 0.25, 0.5 , 0.75, 1. ])
```

이 예에서는 0 이상 1.0 이하의 범위에서 총 5개를 출력해야 하므로, 0.25 간격으로 데이터가 생성되었습니다.

range()나 np.arange()와 마찬가지로, np.linspace(start, stop, num) 함수도 for 문에 사용할 수 있습니다.

다음 코드는 –10에서 10의 범위에서 100개의 데이터(x)를 생성한 뒤, 그 x에 대해 2차 함수 $y = 2x^2 - 5x + 8$의 y값을 계산하고 있습니다. 지면 관계상 앞 5개와 뒤 5개만 표시했습니다.

In [19]:
```python
for x in np.linspace(-10, 10, 100):    # -10~10 범위, 총 100개의 데이터
    y = 2 * (x*x) - 5 * x + 8
    print(x)
    print(y)
```

```
-10.0
258.0
-9.797979797979798
248.99071523313947
-9.595959595959595
240.14467911437606
-9.393939393939394
231.46189164370983
-9.191919191919192
222.9423528211407
...                          # 지면 관계상 중간 생략
9.19191919191919
131.02316090194873
9.393939393939394
137.5224977043159
9.595959595959595
144.1850831547801
9.7979797979798
151.01091725334155
10.0
158.0
```

> **참고** NumPy 모듈의 2차 함수 계산법
>
> NumPy 모듈은 배열 연산을 지원하므로, for 문이 없어도 다음처럼 한 번에 2차 함수 계산이 가능합니다.
> 이때 y는 100개의 요소를 갖는 numpy 배열입니다.
>
> 확인해 보면, 100개의 x 각각에 대해 y값을 도출하였으므로, y도 100개임을 알 수 있습니다.
>
> **In [20]:**
> ```
> x = np.linspace(-10, 10, 100)
> y = 2 * (x*x) - 5 * x + 8
>
> len(y)        # y의 개수는?
>
> 100
> ```

10년 동안의 수익률 계산하기

이제 은행 예금의 10년간 수익률 계산을 마무리해 보겠습니다. 예금 이자율이 복리 연 3%이고 원금이 100만원이라면, year년 이후의 금액은 다음과 같습니다.

In [21]:
```
r = 1.03
year = 3
100 * pow(r, year)        # year년 후 금액

109.2727
```

이제 year 변수를 0부터 10까지 변경해 가면서 같은 계산을 해보겠습니다.

In [22]:
```
r = 1.03
for year in range(11):
    print(year, '년후', 100 * pow(r, year))
```

```
0 년후 100.0
1 년후 103.0
2 년후 106.08999999999999
3 년후 109.2727
4 년후 112.55088100000002
5 년후 115.92740743
6 년후 119.40522965290002
7 년후 122.98738654248702
8 년후 126.67700813876164
9 년후 130.4773183829245
10 년후 134.39163793441222
```

이것이 이해된다면 반복문의 기초는 잘 이해한 것입니다. 다음 노트북에서는 이 for 문에 대한 다양한 문제들을 다뤄 보도록 하겠습니다.

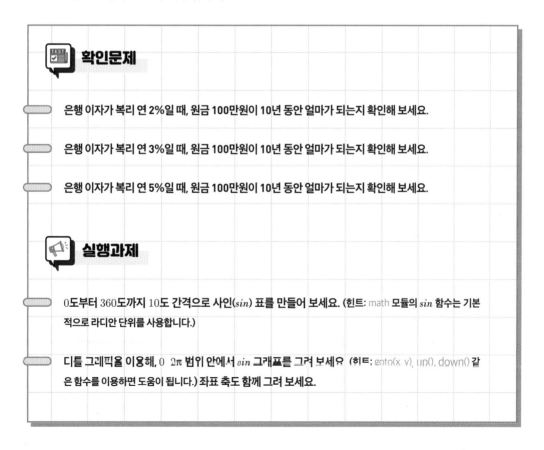

확인문제

은행 이자가 복리 연 2%일 때, 원금 100만원이 10년 동안 얼마가 되는지 확인해 보세요.

은행 이자가 복리 연 3%일 때, 원금 100만원이 10년 동안 얼마가 되는지 확인해 보세요.

은행 이자가 복리 연 5%일 때, 원금 100만원이 10년 동안 얼마가 되는지 확인해 보세요.

실행과제

0도부터 360도까지 10도 간격으로 사인(sin) 표를 만들어 보세요. (힌트: math 모듈의 sin 함수는 기본적으로 라디안 단위를 사용합니다.)

터틀 그래픽을 이용해, 0 ~ 2π 범위 안에서 sin 그래프를 그려 보세요. (힌트: goto(x, y), up(), down() 같은 함수를 이용하면 도움이 됩니다.) 좌표 축도 함께 그려 보세요.

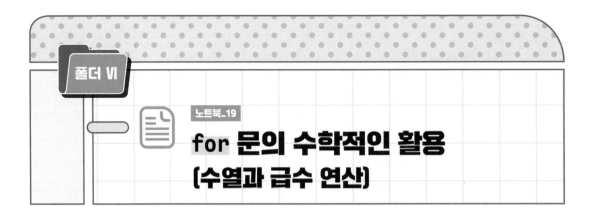

for 문의 수학적인 활용 (수열과 급수 연산)

for 문에 대한 이해는 마쳤으니, 이제 활용법을 알아봅시다. for 문은 변수의 증감값을 따로 작성하지 않으면, 기본값(기본 증감값)이 1로 지정된다는 특징이 있습니다. 따라서 지정한 구간까지 커지거나 작아지는 수열이나 급수 등을 출력하기에 매우 편리합니다.

◯ 수열 만들기

for 문을 활용해서 분수들의 값을 출력해 보겠습니다. 분모가 1씩 커지는 분수의 수열입니다. 특별한 설명이 없어도 코드를 보면 이해할 수 있을 겁니다.

$$1, \frac{1}{2}, \frac{1}{3}, \ldots, \frac{1}{10}$$

In [1]:
```python
for i in range(1, 11):      #i를 1부터 10까지 반복
    print('1/', i, '=', 1/i)

1/ 1 = 1.0
1/ 2 = 0.5
1/ 3 = 0.3333333333333333
1/ 4 = 0.25
1/ 5 = 0.2
1/ 6 = 0.16666666666666666
```

```
1/ 7 = 0.14285714285714285
1/ 8 = 0.125
1/ 9 = 0.1111111111111111
1/ 10 = 0.1
```

다른 수열도 만들어 보겠습니다. 이번에는 분모의 숫자가 1씩 커지면서, 커진 숫자의 제곱이 분모가 되는 분수의 수열입니다(1/1, 1/2의 제곱, 1/3의 제곱……). 거듭제곱(**)은 곱하기(*) 기호 두 개를 사용해 표시합니다.

$$1, \frac{1}{2^2}, \frac{1}{3^2}, \dots, \frac{1}{10^2}$$

In [2]:

```
for i in range(1, 11):      #i를 1부터 10까지 반복
    print('1/(', i, '**2)', '=', 1/pow(i, 2))

1/( 1 **2) = 1.0
1/( 2 **2) = 0.25
1/( 3 **2) = 0.1111111111111111
1/( 4 **2) = 0.0625
1/( 5 **2) = 0.04
1/( 6 **2) = 0.027777777777777776
1/( 7 **2) = 0.02040816326530612
1/( 8 **2) = 0.015625
1/( 9 **2) = 0.012345679012345678
1/( 10 **2) = 0.01
```

그렇다면 다음처럼 매번 부호(+, −)가 바뀌는 경우에는 어떻게 해야 할까요?

$$1, -\frac{1}{2^2}, +\frac{1}{3^2}, -\frac{1}{4^2}, \dots, -\frac{1}{10^2}$$

우선 부호 변경을 표현하기 위해 **sign**이란 변수를 추가로 도입하겠습니다.

```
sign = 1
sign = -sign        # 바뀐 부호 값 저장
print(sign)

-1
```

+1이던 값이, −1로 바뀐 것을 볼 수 있습니다. 이제 **sign = -sign** 코드가 실행될 때마다 부호가 바뀝니다.

```
sign = -sign        # 부호가 다시 바뀜
print(sign)

1
```

이 방법을 이용해서 다음과 같이 문제를 해결합니다.

```
sign = 1
for i in range(1, 11):        # i를 1부터 10까지 반복
    print(sign, '/(', i, '**2)', '=', sign * 1/pow(i, 2))
    sign = -sign

1 /( 1 **2) = 1.0
-1 /( 2 **2) = -0.25
1 /( 3 **2) = 0.1111111111111111
-1 /( 4 **2) = -0.0625
1 /( 5 **2) = 0.04
-1 /( 6 **2) = -0.027777777777777776
1 /( 7 **2) = 0.02040816326530612
-1 /( 8 **2) = -0.015625
1 /( 9 **2) = 0.012345679012345678
-1 /( 10 **2) = -0.01
```

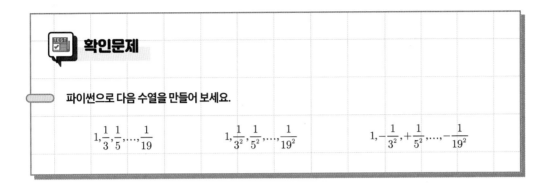

파이썬으로 다음 수열을 만들어 보세요.

$$1, \frac{1}{3}, \frac{1}{5}, \ldots, \frac{1}{19} \qquad 1, \frac{1}{3^2}, \frac{1}{5^2}, \ldots, \frac{1}{19^2} \qquad 1, -\frac{1}{3^2}, +\frac{1}{5^2}, \ldots, -\frac{1}{19^2}$$

◯ 누적 계산하기

이번에는 1+2+3+4+5와 같은 숫자들의 합을 계산해 보겠습니다. 계산은 ((((1+2)+3)+4)+5)의 순서로 순차적으로 이루어집니다.

합을 저장할 변수를 acc라고 하겠습니다. 이 값은 0으로 초기화됩니다.

연산 기호가 전부 동일하다면 →
우선순위가 동일하므로
앞에서부터 계산하면 OK

여러 연산 기호가 섞였다면 →
먼저 계산해야 하는 항목끼리
괄호로 묶기

In [6]:
```
acc = 0
```

이 변수에 1을 더해 보겠습니다.

In [7]:
```
acc = acc + 1     # 0 + 1
acc

1
```

같은 방식으로 acc에 2를 누적시켜 보겠습니다.

In [8]:
```
acc = acc + 2     # 1 + 2
acc

3
```

acc의 초깃값 1에다 2를 더해서, 3이 acc 변수에 저장되었습니다. 같은 방식으로 5까지 덧셈을 해나가면, 1부터 5까지의 누적값을 계산할 수 있습니다.

```
In [9]:   acc = 0
          acc = acc + 1     # 0 + 1
          acc = acc + 2     # 1 + 2
          acc = acc + 3     # 3 + 3
          acc = acc + 4     # 6 + 4
          acc = acc + 5     # 10 + 5

          acc       # acc 값은?

          15
```

이 코드를 for 문을 이용해서 다시 표현해 보겠습니다.

```
In [10]:  acc = 0
          for i in range(1, 6):       # i를 1부터 5까지 반복
              acc = acc + i

          15
```

이제 더 큰 범위 수의 합계도 계산할 수 있습니다. 다음은 1부터 1000까지의 합연산입니다.

```
In [11]:  acc = 0
          for i in range(1, 1000+1):     # i를 1부터 1000까지 반복
              acc = acc + i
          acc

          500500
```

확장 치환문

`acc = acc + i` 문은 줄여서 `acc += i`와 같이 표현할 수 있습니다. 이것을 **확장 치환문**(augmented assignment)이라고 합니다. 확장 치환문은 +뿐 아니라, 거의 모든 연산에 적용됩니다.

확장 치환문을 이용한 1부터 1000까지의 합은 다음과 같이 나타냅니다.

```
acc = 0
for i in range(1, 1000+1):
    acc += i
```

사실 이 문제는 파이썬으로 아주 쉽게 해결됩니다. sum()이란 함수가 마련되어 있으니까요.

```
In [12]:  sum(range(1, 1001))

          500500
```

> sum() 함수:
> 괄호 속 모든 값의 합을 반환

그런데도 이렇게 for 문을 이용한 연산 기법을 설명하는 까닭은, 이와 같은 코딩 기법이 아주 많이 사용되기 때문입니다. 익혀 두면 유용하게 쓰일 것입니다.

 확인문제

- 1부터 100 사이의 홀수의 합을 계산해 보세요. (힌트: range(1, 100, 2)를 이용하세요.)

- 100 이하 자연수의 7의 배수의 합을 계산해 보세요.

- 1부터 20까지 모든 수를 곱해 보세요. 얼마나 큰 수가 나올까요? (힌트: 덧셈 연산 대신 곱셈 연산을 적용하면 됩니다. 덧셈의 항등원은 0이지만 곱셈에 대한 항등원은 1인 것에 주의하시기 바랍니다.)

◯ 급수 연산

급수란, 주어진 수열의 모든 항의 합입니다. 앞에서 다룬 누적 계산 기법을 이용하여 몇 가지 수열의 합을 계산해 보겠습니다. 개념은 동일합니다.

$$1 + \frac{1}{2} + \frac{1}{3} \ldots + \frac{1}{1000}$$

In [13]:
```
acc = 0.0
for i in range(1, 1001):     # i를 1부터 1000까지 반복
    acc += 1/i               # acc = acc + 1/i
acc
```

7.485470860550343

이번에는 부호가 바뀌는 수열의 합을 계산해 보겠습니다.

$$+1 - \frac{1}{2^2} + \frac{1}{3^2} - \frac{1}{4^2} \ldots + \frac{1}{1000^2}$$

In [14]:
```
acc = 0.0
sign = 1
for i in range(1, 1001):        # i를 1부터 1000까지 반복
    acc += sign * 1/pow(i, 2)
    sign = -sign
acc
```

0.8224665339241114

리만의 제타함수에 따르면, 다음과 같은 급수 연산식이 성립한다고 합니다.

$$1 + \frac{1}{2^2} + \frac{1}{3^2} + \ldots = \frac{\pi^2}{6}$$

10만 항까지 계산해서, 그 결과가 대략 맞는지 확인해 보겠습니다.

```
acc = 0.0
for i in range(1, 100001):    # i를 1부터 100000까지 반복
    acc += 1/pow(i, 2)        # acc = acc + 1/pow(i, 2)
acc

1.6449240668982423
```

In [15]:

π값을 이용해 계산해 보면 다음과 같은 결과가 나옵니다.

```
import math    # π 계산을 위해 math 모듈 가져오기

z = pow(math.pi, 2) / 6
z

1.6449340668482264
```

In [16]:

두 값은 얼마나 차이 날까요? acc에서 z를 빼 보니, 소수점 이하 5자리 정도의 오차가 있는 것을 알 수 있습니다.

```
acc - z

-9.999949984074163e-06
```

In [17]:

확인문제

다음 수식의 값을 직접 확인해 보세요.

$$\zeta(3) = 1 + \frac{1}{2^3} + \frac{1}{3^3} + \ldots = 1.202$$

다음 수식의 값을 직접 확인해 보세요.

$$\zeta(5) = 1 + \frac{1}{2^5} + \frac{1}{3^5} + \ldots = 1.036$$

다음 수식의 값을 직접 확인해 보세요. 오차가 어느 정도 되는지도 확인해 보세요.

$$\zeta(8) = 1 + \frac{1}{2^8} + \frac{1}{3^8} + \ldots = \frac{\pi^8}{9450}$$

실행과제

파이썬을 이용하면 다음 수식의 수천 개 항을 계산하는 것은 어렵지 않습니다.

$$\zeta(8) = 1 + \frac{1}{2^8} + \frac{1}{3^8} + \ldots = \frac{\pi^8}{9450}$$

그런데 문제가 있습니다. 과연 부동소수점이 얼마나 정확하게 값을 계산할 수 있는가 하는 문제입니다.

예를 들어, 다음과 같은 소수점 이하 20자리 수가 있다고 합시다. 부동소수점은 이것을 최대 18자리까지밖에 표현하지 못합니다. 따라서 이보다 작은 값은 더한다 한들 영향을 주지 못하고 무시됩니다.

```
>>> a = 0.12345678901234567890
>>> a
0.12345678901234568

>>> a + 1 / 1e20          # 차이 없음
0.12345678901234568
```

대부분의 경우, 이런 오차를 감안하고 넘어갑니다. 그러나 오차를 무시할 수 없는 분야도 존재합니다. 아주 높은 정확도를 요구하는 과학 계산이 있을 수도 있고, 금융 통화 분야에서도 계산이 정확해야 합니다. 이런 경우를 위해 파이썬은 decimal이라는 모듈을 지원합니다.

정확한 10진수 기반의 연산이 필요할 경우, 이 내장 모듈의 Decimal() 함수를 사용하면 됩니다. Decimal()은 숫자를 10진수로 처리하여, 정확한 소수점 자릿수를 표현해 줍니다.

따라서 오차가 없을 뿐 아니라,

```
>>> from decimal import *
>>> x = Decimal('0.1') + Decimal('0.1') + Decimal('0.1')
>>> x == Decimal('0.3')
True
```

아주 크거나 작은 수도 표현할 수 있습니다.

```
>>> a = Decimal('0.12345678901234567890')      # 20자리 그대로
>>> a + Decimal('1E-20')                         # 맨 마지막 1 변경
Decimal('0.12345678901234567891')
```

기본 정확도는 28자리로 설정되어 있지만, 변경도 가능합니다.

```
>>> getcontext().prec
28                              # 기본 정확도

>>> getcontext().prec = 50     # 기본 정확도 50으로 변경
```

따라서 $\dfrac{1}{1000^8}$ 과 같이 작은 수더라도, 다음과 같이 표현할 수 있습니다. (정수의 자릿수에는 제한이 없으므로, pow() 함수를 사용할 수 있습니다.)

```
>>> Decimal('1') / pow(1000, 8)
Decimal('1E-24')
```

본 실행과제에서 제시한 $\zeta(8)$ 수식을 1000항까지 계산해 보되, 일반 부동소수점 연산 결과와 Decimal() 함수를 이용한 연산 결과를 비교해서 어느 정도 오차가 발생하는지 직접 확인해 보세요.

if 문과 함께 for 문 사용하기

필터 역할로 for 문과 함께 사용되는 if 문

반복문인 for 문과 조건문인 if 문은, 언뜻 서로 바로 옆에 있을 일이 없어 보일지도 모르겠습니다. 그렇지만 사실 if 문은 단독으로 사용되기도 하지만, 많은 경우 for 문과 연계하여 사용됩니다. 그 경우 if 문은 필터 역할을 합니다.

어떤 식으로 사용할 수 있을까요? 앞서 만났던 성적 산출 코드를 예로 살펴보겠습니다. score 변수가 여러 개의 점수가 저장되어 있는 리스트 scores의 한 요소라고 한다면(다음에 곧 정의됩니다), 다음과 같은 코딩이 가능합니다.

```
In [1]:
    for score in scores:        # scores가 정의되어 있다고 가정
        if score >= 90:
            print('A')          # 90점 이상일 때만 처리
```

점수를 대량으로 만들어 이 코드를 테스트해 보겠습니다. 다양한 점수를 만들기 위해서 random 모듈을 가져옵니다. random.randint(0, 100)은 0에서 100 사이의 수를 무작위로 하나 발생시키라는 명령입니다. 이런 무작위 수들을 난수(亂數, random number)라고 부릅니다.

```
In [2]:
    import random    # random 모듈 가져오기

    random.randint(0, 100)

    89
```

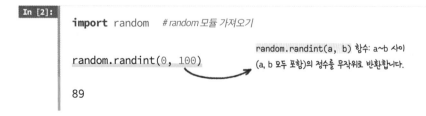

random.randint(a, b) 함수: a~b 사이 (a, b 모두 포함)의 정수를 무작위로 반환합니다.

이제 이 값 200개를 갖는 scores를 만들어 보겠습니다. 다음은 random.randint(0, 100)으로 만든 0~100 사이 난수를, scores 리스트에 200번 추가하는 코드입니다.

In [3]:
```python
scores = []                                  # scores 변수에 빈 리스트 생성
for i in range(200):                         # for 반복문: 다음을 200번 반복
    scores.append(random.randint(0, 100))    # 0~100 사이의 난수를 scores에 추가
```

🎙 참고 ▶ **같은 코드 다르게 쓰는 법 I**

같은 말도 아 다르고 어 다르게 할 수 있고, 수학 문제도 풀이 방법이 다양하듯이, 프로그램 코드에도 여러 가지 답이 있습니다.

가령 In [3]의 코드는, 다음과 같이 합쳐서 쓸 수도 있습니다. 필자 개인적으로는 이쪽 표현이 더 간략해서 좋다고 생각합니다. 이렇게 작성하는 방법은 추후 더 자세히 설명하겠습니다.

In [4]:
```python
scores = [random.randint(0, 100) for i in range(200)]    # 리스트 내장
```

다른 방법으로 numpy 패키지를 이용한다면 한 번에 200개의 난숫값을 만들 수도 있습니다.

In [5]:
```python
import numpy as np

scores = np.random.randint(0, 100, 200)
```

이제 scores 변수에 점수들이 담겨 있습니다. 그럼 본격적으로 if 문을 내포한 for 반복문을 통해 성적 처리를 해보도록 하겠습니다.

먼저 90점 이상인 학생이 몇 명인지 세는 코드입니다. for 문을 반복하면서, if 조건식의 참/거짓에 따라 다른 작업을 수행하고 있습니다.

```
In [6]:    cnt = 0                      # 학생 수를 셀 변수 cnt를 정의하고 0으로 초기화

           for score in scores:         # scores 리스트의 각 요소 score가
               if score >= 90:          # 90보다 크거나 같은 경우
                   cnt += 1             # cnt에 1을 더한다(아니면 pass)

           cnt                          # 반복을 마쳤을 때 cnt의 값은?

           17
```

> += 는 확장 연산자입니다. 이 식은
> cnt = cnt + 1과 동일합니다.

200명 중 A 학점을 받을 우수 학생은 모두 17명이군요! 물론 여러분의 실행 환경에서는 더 적거나 많을 수 있습니다. random.randint()가 생성한 난숫값은 그때그때 다르기 때문입니다.

🎙 **참고** **같은 코드 다르게 쓰는 법 2**

앞서 난수 추가 코드와 마찬가지로, A 학점 산출 코드도 다음처럼 훨씬 더 간략하게 표현할 수도 있습니다. (후에 다룰 '리스트 내장'이라는 기능입니다만, 다재다능한 친구이므로 미리 살짝 보여드립니다.)

```
In [7]:    len([score for score in scores if score >= 90])

           17
```

한 줄로 간단히 표현되었는데, 풀어 보면 scores 리스트의 score 값(for score in scores)에 대해, 조건식 score >= 90이 참인 score의 개수를 세는(len()) 코드입니다.

더 복잡한 if 문 필터 적용하기(if... else... 문)

이번에는 Pass와 Fail 인원수를 각각 세어 보겠습니다. 60점 이상은 Pass(이수), 60점 미만은 Fail(낙제)로 하겠습니다. 두 경우를 각각 따로 처리해야 하니, cnt1, cnt2로 변수를 분리합니다.

논리식 score >= 60을 기준으로 식의 결과가 참이면 cnt1을 증가시키고, 거짓이면 cnt2를 증가시킬 것입니다.

```
In [8]:
cnt1 = cnt2 = 0      #변수 초기화

for score in scores:
    if score >= 60:
        cnt1 += 1
    else:
        cnt2 += 1

print('Pass: {}, Fail: {}'.format(cnt1, cnt2))

Pass: 86, Fail: 114  ─────→  생성된 난수에 따라 다른 숫자로
                             나타날 수 있습니다.
```

코드는 반복이 종료된 뒤, 지정된 `print` 문 형식 `'Pass: {}, Fail: {}'.format(cnt1, cnt2)`에 맞추어, 결과를 보기 쉽게 출력해 줍니다. `format()` 메서드를 이용한 것인데, 이는 문자열에 서식을 부여하는 문자열 포맷 방법 중 하나입니다. (문자열 포맷에 대해서는 [노트북_21]에서 매우 자세히 알아볼 예정이니, 지금은 이렇게만 짚고 넘어갑시다.)

그럼 예를 하나 더 들어 보겠습니다. 알파벳(영어)과 한글(한국어)이 섞인 문장이 하나 있다고 합시다. 다음은 이 문자열에서 영어 단어를 분리해 내는 코드입니다.

`for` 문 안에서 `if` 문이 어떻게 필터 역할을 하고 있는지, 찬찬히 살펴보길 바랍니다.

```
In [9]:
s = 'HIV는 complex retrovirus로 여러 가지 효소를 virion 내에 포함하고 있기 때문에 단순히
cDNA를 transfaction해서는 감염이 되지 않는다.'

eng = ''            # 문자열을 모을 변수 eng 선언
for c in s:         # 문자열 s의 각 문자에 대해서
    if 'a' <= c <= 'z' or 'A' <= c <= 'Z':    # 알파벳인 경우
        eng += c                               # 문자를 모은다
    else:                                      # 알파벳이 아닌 경우
        eng += ' '                             # 공백을 추가한다

print(eng)
print(eng.split())
```

split() 함수: 괄호에 인수를 제공하지 않았을 때, 공백을 기준으로 문자열을 나눠 줍니다. 이 경우에는 eng 변수에 대해 적용했으므로, eng.split() 형태가 되었습니다.

```
HIV  complex retrovirus        virion           cDNA  transfaction
['HIV', 'complex', 'retrovirus', 'virion', 'cDNA', 'transfaction']
```

확인문제

10개의 0 혹은 1 값을 난수로 생성하고, 0이면 앞면, 1이면 뒷면이라고 출력해 보세요.

리스트 scores에 학점이 담겨 있다고 할 때, 학점을 A(90-100), B(80-89), C(70-79), F(0-69)로 구분해서, 각 구간에 몇 명이나 있는지 확인하는 코드를 작성해 보세요.

 실행과제

다음 주어진 문자열에서 한글만으로 구성된 문자열을 만들어 보세요. 한글은 그대로 모으고, 알파벳은 공백으로 대치합니다. (힌트: 한글의 문자 범위는 '가' <= c <= '힣'을 이용합니다.)

```
s = 'HIV는 complex retrovirus로 여러 가지 효소를 virion 내에 포함하고 있기 때
문에 단순히 cDNA를 transfaction해서는 감염이 되지 않는다.'
```

다음 문자열은 3·1 독립 선언서(三一獨立宣言書)의 첫 문장입니다. 이 문자열에서 한자만 추출해 보세요. 한자는 그대로 모으고 한글은 공백으로 대치합니다. (힌트: 한자의 문자 범위는 '\u4E00' <= c <= '\u9fff'를 이용합니다.)

```
s = '吾等은 兹에 我 朝鮮의 獨立國임과 朝鮮人의 自主民임을 宣言하노라 此로써 世界萬邦
에 告하야 人類平等의 大義를 克明하며 此로써 子孫萬代에 誥하야 民族自存의 正權을 永有케
하노라.'
```

폴더 VII

파이썬의 다양한 출력 형식

이 폴더에서 열어 볼 노트북

지금까지 파이썬을 이해하고자 이런저런 코드를 작성하고 실행해 보면서, 다양한 출력값을 얻었습니다. 그런데 print() 문에 의한 출력이 줄이 안 맞아 알아보기 힘들거나, 소수 자릿수가 일정하지 않아 정리가 안 된 면이 있었습니다. 이 폴더에서는 문자열 출력을 형식화해서 깔끔하게 만들고, 보기 쉽게 그래프로 그리는 방법을 알아봅니다. 그와 함께 그래프를 그리기 위해 필요한 데이터를 수집하고 정리하는 방법들도 함께 살펴보겠습니다.

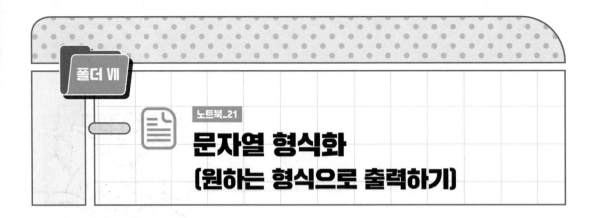

노트북_21

문자열 형식화
(원하는 형식으로 출력하기)

지난 노트북에서 우리는 $1, \frac{1}{2}, \frac{1}{3}, ..., \frac{1}{10}$ 수열을 다음과 같이 출력했습니다.

In [1]:
```python
for i in range(1, 11):      # i를 1부터 10까지 반복
    print('1/', i, '=', 1/i)
```

```
1/ 1 = 1.0
1/ 2 = 0.5
1/ 3 = 0.3333333333333333
1/ 4 = 0.25
1/ 5 = 0.2
1/ 6 = 0.16666666666666666
1/ 7 = 0.14285714285714285
1/ 8 = 0.125
1/ 9 = 0.1111111111111111
1/ 10 = 0.1
```

그런데 아무래도 썩 깔끔해 보이지 않습니다. 분수를 출력하기 위한 표현식도 그렇고, 길이가 들쑥날쑥한 출력 결과도 그렇습니다. 다행히 파이썬은 이런 출력값을 보기 좋게 정리할 수 있는 방법을 마련해 두고 있습니다.

그럼 지금부터 출력 결과를 깔끔하게 정리하는, **문자열 형식화**(string formatting) 방법들을 살펴보겠습니다.

○ 방법 1: 포맷 문자열 f''

첫 번째는 포맷 문자열 f''를 이용하는 것입니다. 따옴표로 둘러싸인 문자열 앞에 알파벳 f를 붙이면, 출력 형식을 지정하는 문자열 형식화 기능을 사용할 수 있습니다.

f'' 포맷 문자열에는 중괄호 {}를 이용해서 **표현식**(expression)을 삽입할 수 있습니다({i}, {1/i}). 이 표현식을 계산한 결괏값이 해당 위치에 삽입됩니다. 앞선 코드의 print() 함수 안에 포맷 문자열을 적용해 봅니다.

```
In [2]:   for i in range(1, 11):        #i를 1부터 10까지 반복
              print(f'1/{i} = {1/i}')

          1/1 = 1.0
          1/2 = 0.5
          1/3 = 0.3333333333333333
          1/4 = 0.25
          1/5 = 0.2
          1/6 = 0.16666666666666666
          1/7 = 0.14285714285714285
          1/8 = 0.125
          1/9 = 0.1111111111111111
          1/10 = 0.1
```

분수에 공백이 없어진 것을 제외하면, 출력 결과에 별 차이가 없습니다. 왜냐하면 기본 형식으로 자동 출력되기 때문입니다.

이제 소수점 이하 3자리까지만 출력되도록 숫자를 형식화하겠습니다. 일단 변경된 코드부터 보겠습니다.

```
for i in range(1, 11):        #i를 1부터 10까지 반복
    print(f'1/{i:2d} = {1/i:6.3f}')
```

달라진 부분은 표현식 뒤에 출력형식이 추가된 것입니다. **출력형식**은 표현식의 결과를 어떻게 출력할 것인가를 정하는 양식입니다(다음 그림 참조).

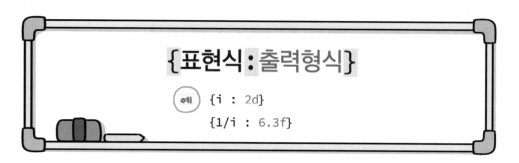

이 예에서 출력형식은 2d와 6.3f입니다. d(decimal)는 10진 정수를 출력할 때 사용합니다. f(floating point)는 부동소수점 혹은 실숫값을 출력할 때 사용합니다. 형식 문자 d와 f 앞의 숫자들은 자릿수를 의미합니다.

각각 살펴봅시다. 먼저 2d는 두 자리로 표현식(i)의 결과를 출력하라는 뜻입니다. 한 자리 수라면 공백으로 자리를 채웁니다.

```
In [3]:    f'{1:2d}'

           ' 1'   # 첫 자리 공백
```

결과가 두 자리 수면 그대로 출력됩니다.

```
In [4]:    f'{12:2d}'

           '12'
```

여기서 두 자리는 최소 자릿수입니다. 즉, 더 필요하다면 자동적으로 늘어납니다.

```
In [5]:    f'{123:2d}'       # 두 자리로 지정했지만

           '123'              # 전체 세 자리로 늘어남
```

6.3f는 표현식(**1/i**)의 결과 출력을 지정합니다. 부동소수점 숫자를 전체 6자리로 출력하되, 소수점 이하는 3자리로 고정하라는 뜻입니다. 자릿수를 바꿔 가며 시험해 보겠습니다. 먼저 한 자리일 때입니다.

```
In [6]:    f'{3:6.3f}'

           ' 3.000'   # 첫 자리 공백
```

두 자리면 어떨까요?

```
In [7]:    f'{34:6.3f}'

           '34.000'
```

여기서도 전체 자리수 6은 최소 자리수(소수점 포함)를 의미합니다. 필요하다면 늘어날 수 있습니다. 하지만 소수점 이하 3자리는 고정됩니다.

```
In [8]:    f'{345:6.3f}'

           '345.000'   # 전체 일곱 자리로 늘어남
```

포맷 문자열 구조를 알았으니, 코드를 실행해 실제 출력 결과를 확인해 봅시다.

```
In [9]:    for i in range(1, 11):
               print(f'1/{i:2d} = {1/i:6.3f}')

           1/ 1 = 1.000
           1/ 2 = 0.500
           1/ 3 = 0.333
           1/ 4 = 0.250
           1/ 5 = 0.200
           1/ 6 = 0.167
           1/ 7 = 0.143
```

```
1/ 8 = 0.125
1/ 9 = 0.111
1/10 = 0.100
```

길이도 맞고, 결과도 깔끔하군요. 포맷 문자열 `f''`를 이용해 원하는 대로 출력하는 데 성공했습니다! 원한다면 표현식을 수정해 다르게 출력해 보아도 좋습니다.

`d`, `f` 이외에도 여러 변환기호가 있습니다. 자주 사용하는 변환기호들을 표로 정리해 보았습니다.

변환기호	원어	뜻	변환기호	원어	뜻
s	string	문자열	b	binary	2진수
d	digit	10진수 기반의 정수	o	octal, oct	8진수
f	floating point	실수/부동소수점	x	hexadecimal, hex	16진수
e	scientific notation	과학적 표기법, 지수 표기			

⬭ 방법 2: `format()` 메서드

그런데 사실 `f''` 포맷 문자열은 파이썬 3.6 버전부터 추가된 비교적 새로운 기능입니다. 이전부터 널리 사용된 문자열 형식화 방식은 바로 `format()` 메서드입니다. 기본형은 다음과 같습니다.

> "{}".format(표현식)

일반 문자열에 빈 자리를 만들어 시험해 보겠습니다.

```
In [10]:
"1234{}6789".format("5")

'123456789'
```

다음 그림과 같은 과정을 거쳐, 비어 있는 자리에 5가 들어갔습니다.

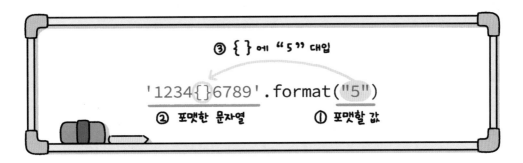

그렇다면 여러 자리에 여러 데이터를 대입할 때는 어떻게 해야 할까요? 문자열에 필요한 만큼 {} 를 사용하고, `format()`에 자료를 공급하면 됩니다.

```
'{} {}'.format(표현식0, 표현식1)
```

형식은 이와 같습니다. 여기에서 **표현식0, 표현식1**은 중괄호 {} 안에 좌측부터 하나씩 순서대로 들 어갑니다.

실제 코드를 보겠습니다. 숫자 데이터를 이용해 분수식을 출력하려는 경우입니다.

```
In [11]:  '{}/{} = {}'.format(4, 8, 4/8)

          '4/8 = 0.5'
```

다음처럼, **4, 8, 0.5**가 차례로 `'{}/{} = {}'`에 준비된 빈 자리 세 곳을 채워 문자열이 완성됩니다.

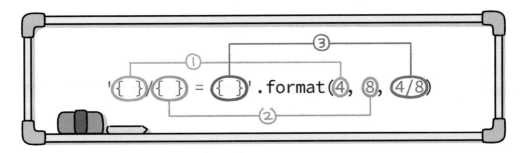

한편 `{0}` 과 같이 `{}` 안에는 정수를 넣을 수도 있습니다. 이 숫자는 공급된 표현식의 위치를 가리키는 것입니다. 이 경우 값들은 자신의 인덱스 번호와 같은 숫자의 자리에 자동으로 들어갑니다. 따라서 앞 코드의 출력값은 다음 코드의 출력값과 동일합니다.

```
In [12]:    '{1}/{2} = {0}'.format(4/8, 4, 8)

            '4/8 = 0.5'
```

순서를 섞어 놨는데도 원하는 대로 출력되었지요? 다음 그림과 같은 과정을 거쳤기 때문입니다.

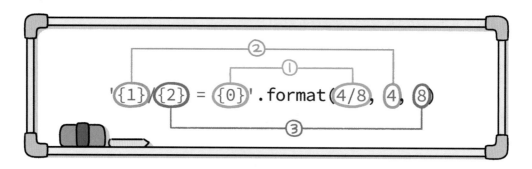

! 문제가 생겼어요

혹시 인덱스 문제가 생겼나요? `format()` 메서드에서 `IndexError`가 발생하는 까닭은, 대개 중괄호 `{}`가 대입된 값보다 많은 것이 원인입니다.

다음 예는 포맷 문자열에 `{}`가 세 개 있는데, 실제 값은 두 개만 제공되는 경우입니다.

```
In [13]:    "{}{}{}".format(10, 20)   # 채워야 할 자리는 세 개, 자료는 두 개

            ------------------------------------------------------------
            IndexError                        Traceback (most recent call last)
            Input In [13], in <cell line: 1>()
            ----> 1 "{}{}{}".format(10, 20)

            IndexError: Replacement index 2 out of range for positional args tuple
```

형식화가 제대로 실행되지 않습니다. 오류 메시지가 세 번째 {}가 제공된 튜플의 범위를 벗어났다고 알려줍니다.

추가 옵션: 정렬, 자리 채우기 등

자릿수나 위치 지정 외, 다른 출력 형식화 옵션들도 조금 소개하겠습니다.

출력 결과를 왼쪽으로 정렬하고 싶을 때는 기호 <를 사용하면 됩니다. 반대로 오른쪽으로 정렬하려면 기호 >를 사용합니다.

다음 `format()` 메서드에서 좌변은 왼쪽 정렬, 우변은 오른쪽 정렬을 하고 있습니다.

```
In [14]:  '{:<2d}/{:<2d} = {:>5.1f}'.format(4, 8, 4/8)

          '4 /8  =  0.5'
```

물론 `f''` 문자열에도 동일하게 적용됩니다.

```
In [15]:  f'{4:<2d}/{8:<2d} = {4/8:>5.1f}'

          '4 /8  =  0.5'
```

정수형 출력 앞 빈자리에 0을 채우려면, 표현식에 0을 추가하면 됩니다.

```
In [16]:  '{:02d}/{:02d} = {:5.2e}'.format(2, 3, 2/3)

          '02/03 = 6.67e-01'
```

e 변환 기호는 과학적 표기법(scientific notation)으로, 지수 형태로 출력합니다. **5.2e**는 최소 5자리를 확보하고, 소수점 이하 2자리는 고정하라는 뜻입니다. 실제로는 8자리로 출력되었네요.

같은 값이라고 해도 지정 형식에 따라 다른 결과를 낼 수 있습니다. 예로, 160이라는 동일 정수를 10진수, 8진수, 16진수로 표현한 결과는 다음과 같습니다. 자릿수를 지정하는 숫자가 없으면 필요한 만큼의 길이가 만들어집니다.

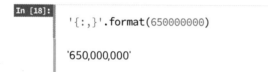

```
In [17]:    '10진수 {0:d} = 8진수 {0:o} = 16진수 {0:x}'.format(160)

            '10진수 160 = 8진수 240 = 16진수 a0'
```

d는 10진수(decimal), o는 8진수(octal), x는 16진수(hexadecimal)를 의미합니다.

큰 정숫값을 출력할 때 읽기 쉽도록 콤마(,)를 추가할 수도 있습니다. `{:,}`는 고급 형식 지정 문자열 중 하나로, 천 단위마다 자동으로 쉼표를 붙여 줍니다.

```
In [18]:    '{:,}'.format(650000000)

            '650,000,000'
```

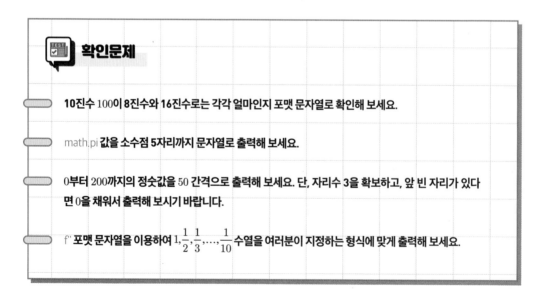

확인문제

10진수 100이 8진수와 16진수로는 각각 얼마인지 포맷 문자열로 확인해 보세요.

math.pi 값을 소수점 5자리까지 문자열로 출력해 보세요.

0부터 200까지의 정숫값을 50 간격으로 출력해 보세요. 단, 자리수 3을 확보하고, 앞 빈 자리가 있다면 0을 채워서 출력해 보시기 바랍니다.

f'' 포맷 문자열을 이용하여 $1, \frac{1}{2}, \frac{1}{3}, \dots, \frac{1}{10}$ 수열을 여러분이 지정하는 형식에 맞게 출력해 보세요.

방법 3: 이름으로 양식 채우기

순서나 수식에 의한 양식 채우기 외에, '이름에 의한 양식 채우기'도 있습니다. 이름으로 양식을 채우면 순서에 신경 쓸 필요가 없어서 편리합니다.

```
In [19]:  "제 이름은 {fname}이구요, 고향은 {hometown}입니다.".format(fname='홍길동',
          hometown='파주')

          '제 이름은 홍길동이구요, 고향은 파주입니다.'
```

대부분 이 형식은 텍스트 문서의 빈칸을 채우는 용도로 사용하기 좋습니다. 예를 들어, 매월 필자가 받는 휴대전화 요금 안내 문자는 다음과 같은 형식을 취하고 있습니다.

```
In [20]:  template = '''
          안녕하세요 {phone} {name} 고객님,

          이번 달 납부하실 금액은 총 {total_price}원입니다.
          납기일은 {due_date} 입니다.

          주소: {address}
          연락처: {phone}
          고객센터: 080-000-0000
          '''
```

변수 **template** 문자열에 값을 채우려면 **format()** 메서드를 이용하면 됩니다. 물론 각 이름에 해당하는 데이터를 빠짐없이 제공해야 합니다.

```
In [21]:  msg = template.format(phone='010-1234-5678', name='홍길동', total_
          price=38000, due_date='2021.05.21', address='경기도 파주시')

          print(msg)
```

안녕하세요 010-1234-5678 홍길동 고객님,

이번 달 납부하실 금액은 총 38000원입니다.
납기일은 2021.05.21 입니다.

주소: 경기도 파주시
연락처: 010-1234-5678
고객센터: 080-000-0000

사전 자료에 미리 정보가 저장되어 있다면, 한결 간편하게 처리할 수 있습니다.

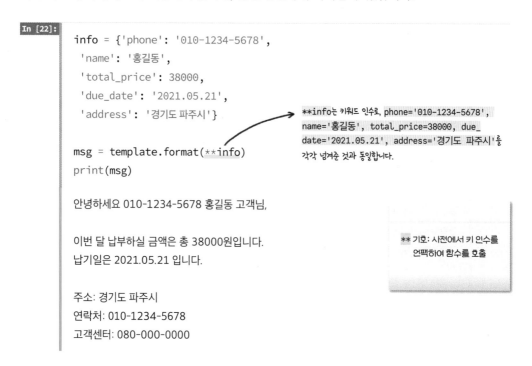

```
In [22]:

info = {'phone': '010-1234-5678',
 'name': '홍길동',
 'total_price': 38000,
 'due_date': '2021.05.21',
 'address': '경기도 파주시'}

msg = template.format(**info)
print(msg)


안녕하세요 010-1234-5678 홍길동 고객님,

이번 달 납부하실 금액은 총 38000원입니다.
납기일은 2021.05.21 입니다.

주소: 경기도 파주시
연락처: 010-1234-5678
고객센터: 080-000-0000
```

**info는 키워드 인수로, phone='010-1234-5678', name='홍길동', total_price=38000, due_date='2021.05.21', address='경기도 파주시'를 각각 넘겨준 것과 동일합니다.

** 기호: 사전에서 키 인수를 언팩하여 함수를 호출

수많은 고객 데이터를 가지고 있는 통신사는 이와 비슷한 방법으로, 정해진 양식에 고객 정보를 채워 넣어 문서를 생성하고 고객에게 발송하고 있습니다.

다음 양식에 format() 메서드를 키워드 인수 방식으로 호출하여, 최저 기온 15도, 최고 기온 23도를 알리는 문자열을 만들어 보세요.

> "오늘 오전 최저 기온은 {temp_low}도이고, 낮 최고 기온은 {temp_high}도입니다."

앞 문제와 같은 양식에 대해 필요한 데이터를 사전에 저장해 두고, format() 메서드로 호출하고 최종 문자열을 만들어 보세요.

 실행과제

1부터 100까지의 정숫값을 10진수, 8진수, 16진수, 2진수로 각각 출력해 보세요. 출력 열이 보기 좋게 잘 정렬되도록, 출력 자릿수를 조절해 보세요.

1부터 100까지의 정숫값을 10진수 3자리, 8진수 3자리, 16진수 2자리, 2진수 8자리로 각각 출력해 보세요. 단, 남는 자리는 0으로 채우도록 합니다.

현재 달러당 원 가격이 1,250원이라고 합니다. 한화 1,000원부터 10,000원까지 천 단위 액수들이 각각 몇 달러 몇 센트(예: $12.56)가 되는지, 표 형식으로 열을 맞추어서 출력해 보세요.

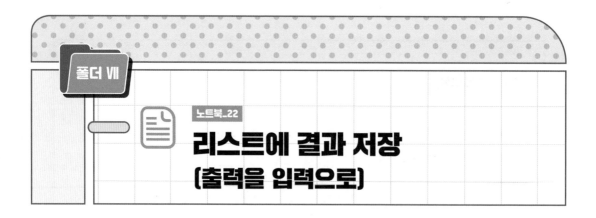

폴더 VII

노트북_22

리스트에 결과 저장
(출력을 입력으로)

연산 결과 모으기

지금까지 우리는 수열을 만들기도 하고, 그 수열의 합을 계산하기도 했습니다. 때로는 이렇게 만들어진 수열을 저장할 필요가 있습니다. 그래야 그 수열을 이용하여 다시 연산을 할 수 있기 때문입니다. 어떤 연산의 결과는 또 다른 연산의 입력값으로 사용됩니다.

그래서 이 노트북에서는 연산의 결과를 모으고, 그것을 활용하는 연습을 해보겠습니다. 값을 모으는 데 사용되는 자료형으로 대표적인 것이 바로 **리스트(list)**입니다.

`append()` 메서드를 이용하면 리스트에 데이터를 추가할 수 있습니다. `()` 안에 주어진 값을 리스트 오른쪽 끝에 추가합니다.

```
In [1]:  L = []
         L.append(10)      # 빈 리스트 L에 10 추가 → [10]
         L.append(20)      # 리스트 L의 오른쪽 끝에 20 추가 → [10, 20]
         L.append(30)      # 리스트 L의 오른쪽 끝에 30 추가 → [10, 20, 30]
         L

         [10, 20, 30]
```

이것을 이용하여 다음 값들을 모아서 리스트에 저장해 보도록 하겠습니다.

$$1, \frac{1}{2}, \frac{1}{3}, \dots, \frac{1}{10}$$

```
In [2]:    L = []                          # 빈 리스트 생성
           for i in range(1, 11):          # 1~10의 정수 i에 대해 다음 반복 수행
               L.append(1/i)               # i÷1의 값 리스트 L에 추가
           L

           [1.0,
            0.5,
            0.3333333333333333,
            0.25,
            0.2,
            0.16666666666666666,
            0.14285714285714285,
            0.125,
            0.1111111111111111,
            0.1]
```

이 코드를 보고, 앞서 다룬 '누적 계산하기'를 떠올렸을 수도 있습니다. 비교해 보면 두 코드가 거의 유사하다는 사실을 알 수 있습니다. 단지 값을 누적시키는(+=) 대신, 리스트에 값을 추가하는 (append) 점이 다를 뿐입니다.

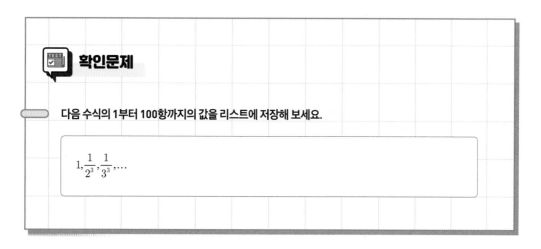

확인문제

다음 수식의 1부터 100항까지의 값을 리스트에 저장해 보세요.

$$1, \frac{1}{2^3}, \frac{1}{3^3}, \dots$$

◉ 저장된 값을 연산에 재활용하기

이렇게 저장된 데이터는 다른 연산에 다시 활용할 수 있습니다. 다음은 리스트 L에 저장된 값들의 합을 계산하는 코드입니다.

```
In [3]:  acc = 0.0
         for ele in L:
             acc += ele      # acc = acc + ele
         acc

         2.9289682539682538
```

for 문에 리스트 L이 사용되었습니다. L에 저장된 데이터가 하나씩 변수 ele에 전달되고, acc += ele 문이 수행됩니다.

사실 합연산 등의 기본 연산은 쉽게 할 수 있도록 sum()과 같은 함수가 이미 준비되어 있기는 합니다.

```
In [4]:  sum(L)

         2.9289682539682538
```

그렇지만 리스트 L에 저장된 값들을 이용하는 방법을 이해하기 위해서 그 알고리즘을 풀어서 설명해 보았습니다.

마지막으로 다음 급수 연산의 중간 값들을 모두 기억하는 코드를 작성해 보겠습니다.

$$1 + \frac{1}{2} + \frac{1}{3} \ldots + \frac{1}{1000}$$

```
In [5]:   acc = 0.0
          L = []
          for i in range(1, 11):     # 지면 관계상, 10까지만 반복
              acc += 1/i
              L.append(acc)          # 중간 누적 결과를 리스트에 추가
          L

          [1.0,
           1.5,
           1.8333333333333333,
           2.083333333333333,
           2.283333333333333,
           2.4499999999999997,
           2.5928571428571425,
           2.7178571428571425,
           2.8289682539682537,
           2.9289682539682538]
```

앞에서 다룬 값 누적 코드에, 리스트 요소 추가 메서드 append()를 추가했습니다. 이는 숫자 하나
가 더해질 때마다 누적값이 어떻게 변하는지를 추적하기 위함입니다.

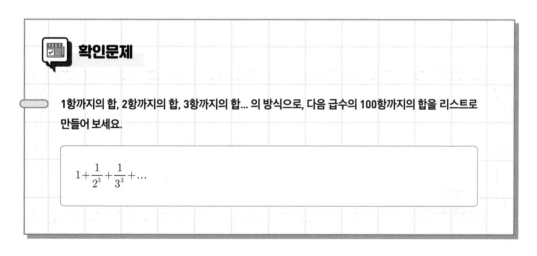

확인문제

1항까지의 합, 2항까지의 합, 3항까지의 합... 의 방식으로, 다음 급수의 100항까지의 합을 리스트로
만들어 보세요.

$$1 + \frac{1}{2^3} + \frac{1}{3^3} + \ldots$$

● 더 효과적인 결과 저장: 리스트 내장(list comprehension)

`for` 문을 이용해서 어떤 결과물의 리스트를 만들 때, 지금까지 우리는 다음과 같은 식을 써왔습니다.

```
In [6]:  L = []
         for i in range(10):      # 1~9의 i에 대해 다음 반복 수행
             L.append(i*i)        # i*i 값 리스트 L에 추가
         L

         [0, 1, 4, 9, 16, 25, 36, 49, 64, 81]
```

그런데 이렇게 결괏값들을 리스트에 모으는 경우에, 보다 효과적인 표현 방법이 있습니다. **리스트 내장(list comprehension)**이라고 하는 한 줄짜리 표현식입니다. 다음과 같은 형태로 사용합니다.

> [식 for 변수 in 시퀀스자료] ──────▶ 시퀀스 자료에는 리스트, 튜플, 문자열 및
> 반복 가능한 자료들이 모두 포함됩니다.

전반적인 사용법은 `for` 문과 유사하나, `for` 다음 줄에 구문(statement)이 오는 것이 아니라, `for` 앞에 표현식(expression)이 온다는 점이 다릅니다. 실행하면 '식의 결괏값'이 모인 리스트가 만들어집니다(다음 그림 참고).

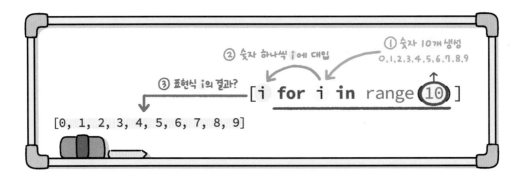

다음은 앞의 `for` 문 리스트 식을, 리스트 내장을 사용해 표현한 것입니다. 출력값이 동일한 것을 확인할 수 있습니다.

```
[i*i for i in range(10)]
```

```
[0, 1, 4, 9, 16, 25, 36, 49, 64, 81]
```

이 숫자 리스트를 활용한 연산도 한꺼번에 할 수 있습니다. 다음은 0~99까지의 정수를 제곱한 리스트를 만든 뒤, 모든 항목의 총합을 구하는 식입니다.

In [8]:

```
sum([i**2 for i in range(100)])
```

```
328350
```

급수 연산도 한번 해 볼까요? $1+\dfrac{1}{2^2}+\dfrac{1}{3^2}+\ldots=\dfrac{\pi^2}{6}$ 를 계산해 보겠습니다. 100항까지만 지정합니다.

In [9]:

```
sum([1/(i*i) for i in range(1, 101)])
```

```
1.6349839001848923
```

복잡해 보이는 식인데도, 이렇게 한 줄로 간단하게 표현되었습니다. 이처럼 리스트 내장은 for 문보다 더 고급식이지만, 한층 간결하고 읽기 좋다는 장점이 있습니다.

단순 수식뿐 아니라 메서드도 사용할 수 있습니다. 다음 예는 upper() 메서드를 활용해서 소문자로 된 리스트 항목들을 한 번에 모두 대문자로 만드는 식입니다.

In [10]:

```
L = ['Alice', 'was', 'beginning', 'to', 'get', '...']
[w.upper() for w in L]
```

upper() 메서드는 소문자를 대문자로 변환하는 메서드입니다.
(↔ lower() 메서드는 대문자를 소문자로 변환)

```
['ALICE', 'WAS', 'BEGINNING', 'TO', 'GET', '...']
```

● 조건에 따른 결과 수집: 리스트 내장 + `if` 조건식

또한 리스트 내장은 `if` 조건식과 함께 쓰임으로써 필터 기능을 겸할 수 있습니다. 다음처럼 사용합니다.

> [표현식 **for** 변수 **in** 시퀀스자료 **if** 조건식]

몇몇 데이터를 다뤄 보며 실제로 어떻게 사용되는지 살펴보겠습니다. 다음은 16일간의 최고 기온이 저장되어 있는 리스트 자료입니다.

```
In [11]:
temp = [28.7, 29.0, 27.8, 28.0, 28.6, 30.3, 28.2, 27.6, 24.4, 23.5,
26.2, 29.0, 31.5, 33.2, 33.5, 32.2]
```

이 중에서 최고 기온이 30도를 넘는 날이 며칠이나 되는지 세 보겠습니다. `temp` 리스트의 요소 중, 조건(`t >= 30`)을 만족하는 `t`로 리스트를 만든 뒤, 그 숫자를 세는 식으로 표현했습니다.

```
In [12]:
len([t for t in temp if t >= 30])

5
```

30도 이상인 날은 총 5일이네요. 그럼 우리가 파이썬에 어떤 일을 부탁한 것인지, 그림으로 좀더 자세히 알아보겠습니다.

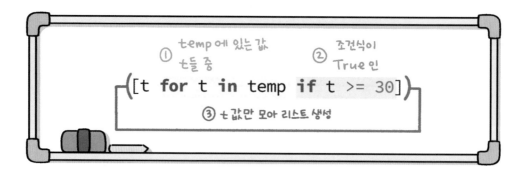

다른 예도 더 살펴볼까요? 다음 코드는 'data' 경로의 'sample.log'라는 로그 파일로부터, 'gslee'라는 문자열을 포함한 라인만 읽어 내는 코드입니다.

조건식 `'gslee' in line`으로 원하는 조건을 표현했습니다. (sample.log는 예제 파일에 포함되어 있습니다.)

> string.strip(): 문자열의 왼쪽과 오른쪽에서 줄바꾸기 코드를 포함한 공백을 제거합니다.

```
In [13]:   [line.strip() for line in open('data/sample.log') if 'gslee' in line]

           ['2019-07-17 15:12:09,156  INFO  3396  views.py  index  365  index gslee',
            '2019-07-17 15:13:10,766  INFO  2112  views.py  index  365  gslee',
            '2019-07-17 15:24:19,113  INFO  5648  views.py  save_settings  469  gslee']
```

다음은 길이가 0인 문자열 혹은 공백만 있는 문자열을 제외한 리스트를 만드는 예입니다.

```
In [14]:   L = ['Alice', '', 'was', '', 'beginning', 'to', 'get', '']
           [w for w in L if w.strip()]

           ['Alice', 'was', 'beginning', 'to', 'get']
```

> 빈 문자열은 거짓의 진릿값을 갖습니다.
> 즉, 공백으로만 된 문자열은 제외하라는 뜻입니다.

다음 예는 문자열에서 한글 문자만 뽑아내는 코드입니다.

```
In [15]:   s = '기온(°C)'
           [c for c in s if '가' <= c <= '힣']

           ['기', '온']
```

> 한글 유니코드의 첫 문자는 '가'이고 마지막 문자는 '힣'입니다.
> 문자가 이 범위 안에 있다면 한글임을 알 수 있습니다.

문자열의 `join()` 메서드를 이용하면 연결된 문자열을 만들 수 있습니다.

```
In [16]:   s = '기온(°C)'
           ''.join([c for c in s if '가' <= c <= '힣'])

           '기온'
```

> `':'.join(['a', 'b', 'c'])`는 a:b:c 문자열을 만듭니다.
> `':'`은 '문자열을 붙이는 문자열(paste string)'이라고 부릅니다.
> `''.join(['a', 'b', 'c'])`는 붙이는 문자열이 공문자열이므로,
> abc를 만들어 내게 됩니다.

이것을 함수로 만들어, 여러 이름에서 한글만 추출하는 코드를 작성해 보겠습니다. 압축적인 코드이지만 더 읽기 쉽고, 사용하기도 쉽습니다.

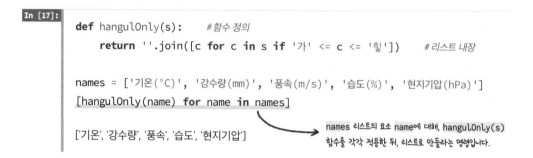

```
In [17]:
def hangulOnly(s):        #함수 정의
    return ''.join([c for c in s if '가' <= c <= '힣'])        #리스트 내장

names = ['기온(°C)', '강수량(mm)', '풍속(m/s)', '습도(%)', '현지기압(hPa)']
[hangulOnly(name) for name in names]

['기온', '강수량', '풍속', '습도', '현지기압']
```

names 리스트의 요소 name에 대해, hangulOnly(s) 함수를 각각 적용한 뒤, 리스트로 만들라는 명령입니다.

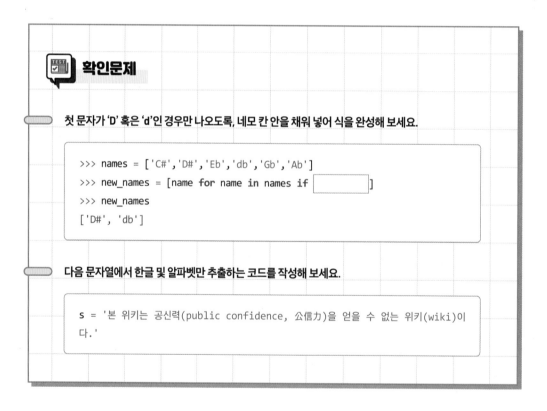

확인문제

첫 문자가 'D' 혹은 'd'인 경우만 나오도록, 네모 칸 안을 채워 넣어 식을 완성해 보세요.

```
>>> names = ['C#','D#','Eb','db','Gb','Ab']
>>> new_names = [name for name in names if ⬜        ]
>>> new_names
['D#', 'db']
```

다음 문자열에서 한글 및 알파벳만 추출하는 코드를 작성해 보세요.

```
s = '본 위키는 공신력(public confidence, 公信力)을 얻을 수 없는 위키(wiki)이
다.'
```

폴더 VII

노트북_23

연산 결과 시각화_
Matplotlib (그래프 그리기)

프로그램에는 수치 데이터의 비중이 높습니다. 수치 데이터는, 주가 변동이나 부동산 거래가 추이처럼 어떤 값의 변동이나 추세를 표현하는 경우가 많지요. 이럴 때 Matplotlib(맷플롯립) 라이브러리를 활용하여 그래프로 표현하면 한눈에 이해하기 쉽습니다.

matplotlib은 MATLAB 언어의 그래프 기능과 호환성 있게 작성한 라이브러리입니다. 먼저 명령 프롬프트에서 설치부터 해줍시다.

> pip install matplotlib

matplotlib은 방대한 패키지이기에, 그래프 그리기에 전체를 다 사용하지는 않습니다. 그 하위에 있는 pyplot 라이브러리를 한정적으로 이용합니다. 보통 다음 형식으로 가져옵니다.

In [1]:
```
import matplotlib.pyplot as plt
```

이 형식은 matplotlib.pyplot이란 이름으로 사용해야 할 것을, 간단히 줄여서 plt란 이름으로 사용할 수 있게 해줍니다. 이 중 plt.plot() 함수를 이용하면 여러 가지 그래프를 그릴 수 있습니다.

○ XY 그래프

그렇다면 기본적인 선 그래프부터 한번 그려 보겠습니다. 우선 plt.plot([x축_데이터], [y축_데이터]) 형식으로 함수를 호출합니다. [x축_데이터]에는 x좌푯값들을, [y축_데이터]에는 y좌푯값들을 넣습니다.

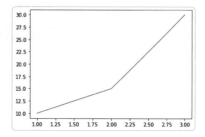

```
In [2]:     plt.plot([1,2,3], [10,15,30])
```

이때 x, y좌푯값은 각각 x좌푯값 리스트와 y좌푯값 리스트가 됩니다.
각 리스트의 앞부터 차례로 매칭되어 그래프로 작성됩니다.
예: (1,10), (2,15), (3,30)

코드를 실행하면 이 리스트에 포함된 각 x좌표의 y지점에 점을 찍은 뒤, 이를 연결한 그래프가 그려집니다. 기본적으로 오른쪽과 같은 '선 그래프'로 나타납니다.

평면 내의 좌표를 쉽게 확인하기 위해, 격자를 그려서 값을 보다 쉽게 읽을 수 있게 만들겠습니다. 이때 `plt.grid()` 함수를 활용합니다. `import` 문은 한 번만 실행하면 되지만, 코드를 중간에서 보면 혼동을 일으킬 수 있으므로 다시 한번 써주겠습니다.

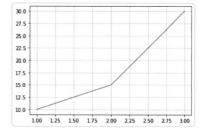

```
In [3]:     import matplotlib.pyplot as plt

            plt.plot([1,2,3], [10,15,30])
            plt.grid()
```

plt.grid() 함수: 그래프에 격자를 생성합니다.

어떤가요? 한결 값을 알아보기 쉬워졌지요?

함수 그래프 그리기

자, 그래프를 그리려면 먼저 x좌푯값들과 y좌푯값들을 리스트로 모아 두어야 한다는 것을 알았습니다. 실제 함수를 사용해 여러 가지로 연습해 보겠습니다.

2차 함수 그래프

다음 2차 함수에 대한 x축 값들과 y축 값들을 모아 봅시다. x축 값은 −10~10으로 잡겠습니다.

$$y = 2x^2 - 5x + 8$$

In [4]:
```
xs = []
ys = []
for x in range(-10, 11):    # -10부터 10까지의 x에 대해
    y = 2*x*x - 5*x + 8     # 2차 함수 연산 수행
    xs.append(x)            # xs 리스트 오른쪽 끝에 x값 추가
    ys.append(y)            # ys 리스트 오른쪽 끝에 y값 추가
```

혹은 다음과 같이 표현할 수도 있습니다.

In [5]:
```
xs = list(range(-10, 11))    # -10부터 10까지의 x
ys = []
for x in xs:
    y = 2*x*x - 5*x + 8      # x를 대입해 함수 연산
    ys.append(y)             # 각 연산 결과를 리스트 ys 끝에 추가
```

list() 함수는 range() 값을 리스트로 변환해 줍니다.

In [6]:
```
list(range(-10, 11))
```

[-10, -9, -8, -7, -6, -5, -4, -3, -2, -1, 0, 1, 2, 3, 4, 5, 6, 7, 8, 9, 10]

x축 값들과 y축 값들이 모였으니, 이제 그래프를 그릴 수 있겠습니다.

In [7]:
```
import matplotlib.pyplot as plt

plt.plot(xs, ys)
plt.grid()
```

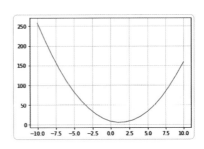

x축 간격을 1보다 더 좁히고 싶으면 numpy 모듈을 이용해야 합니다. numpy 모듈을 이용하면 한 번에 연산(벡터 연산)까지 가능합니다.

다음 코드는 x축을 0.1 간격으로 잡고 그래프를 그립니다.

> numpy(numerical python):
> 고성능의 수치 계산을 위해
> 만들어진 라이브러리
> 파이썬에서 대규모 다차원
> 배열을 다룰 수 있게 도와줌!

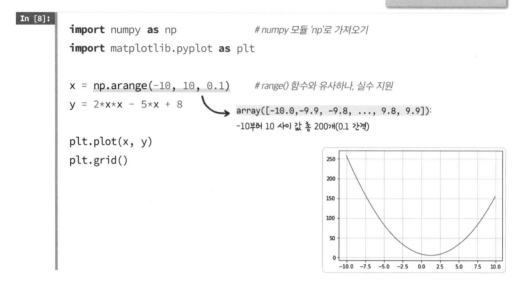

```
In [8]:    import numpy as np          # numpy 모듈 'np'로 가져오기
           import matplotlib.pyplot as plt

           x = np.arange(-10, 10, 0.1)    # range() 함수와 유사하나, 실수 지원
           y = 2*x*x - 5*x + 8
                                          array([-10.0,-9.9, -9.8, ..., 9.8, 9.9]):
                                          -10부터 10 사이 값 총 200개(0.1 간격)
           plt.plot(x, y)
           plt.grid()
```

삼각함수 그래프

이번에는 sin() 함수 그래프를 그려 보겠습니다. 삼각함수는 math 모듈 내에 math.sin()으로 정의되어 있습니다. 사용법은 다음과 같습니다.

```
In [9]:    import math      # math 모듈 가져오기

           math.sin(math.pi / 2)

           1.0
```

파이썬 삼각함수는 라디안(radian) 단위를 사용합니다. 각도(degree)가 친숙하다면 한 단계를 추가하여 math.radians() 함수를 통해 각도 값을 라디안으로 변환할 수 있습니다.

```
In [10]:   degree = 90
           rad = math.radians(degree)
           rad

           1.5707963267948966
```

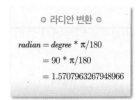

◎ 라디안 변환 ◎

$$radian = degree * \pi/180$$
$$= 90 * \pi/180$$
$$= 1.5707963267948966$$

다음 두 코드는 10도 간격으로 **sin()** 함수를 그리는 과정입니다. 먼저 도(degree)를 라디안(radian) 으로 바꾼 뒤, 각 라디안의 **sin** 함수 값을 구합니다.

```
In [11]:   import math

           xs = []
           ys = []

           for degree in range(0, 360+1, 10):
               rad = math.radians(degree)
               y = math.sin(rad)
               xs.append(degree)
               ys.append(y)
```

각도 값을 모은 리스트 **xs**와 **sin** 함수 값을 모은 리스트 **ys**를 가지고 격자가 있는 선 그래프를 그 리겠습니다. 그래프 제목도 추가해 줍니다.

```
In [12]:   import matplotlib.pyplot as plt

           plt.plot(xs, ys)        # xs = 0~360도의 리스트 / xy = xs에 대한 sin 함수 값
           plt.grid()
           plt.title('Sine graph')


           plt.title() 함수: 그래프에 제목을 삽입해 줍니다.
```

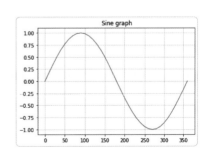

벡터 연산을 지원하는 numpy 모듈을 이용하면 더 간단해집니다. numpy를 통해 0에서 2π 구간을 100개로 나누어서 그려 보겠습니다.

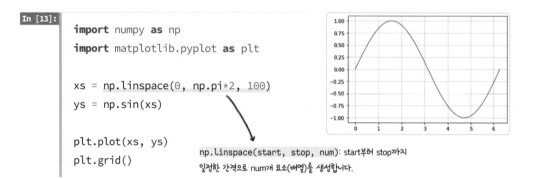

```
import numpy as np
import matplotlib.pyplot as plt

xs = np.linspace(0, np.pi*2, 100)
ys = np.sin(xs)

plt.plot(xs, ys)
plt.grid()
```

np.linspace(start, stop, num): start부터 stop까지
일정한 간격으로 num개 요소(배열)를 생성합니다.

2개 삼각함수 그래프

이번에는 sin 함수와 cos 함수 그래프를 함께 나타내 볼까요? x축은 동일하게 적용할 수 있으니, y축에서 구분해 줍시다. 변수 ys1, ys2에 각각 sin과 cos 값을 저장하면 됩니다.

```
import math

xs = []
ys1 = []
ys2 = []

for degree in range(0, 360, 10):
    rad = math.radians(degree)
    xs.append(degree)
    ys1.append(math.sin(rad))
    ys2.append(math.cos(rad))
```

데이터가 준비되었다면 그래프 2개를 그리는 법은 아주 간단합니다. plt.plot() 함수를 두 번 호출해 주기만 하면 됩니다. 두 그래프를 구분하기 쉽도록, 옵션 c=를 사용해 색상 정보를 추가로 지정했습니다.

```
import matplotlib.pyplot as plt

plt.plot(xs, ys1, c='green')
plt.plot(xs, ys2, c='red')
plt.grid()
```

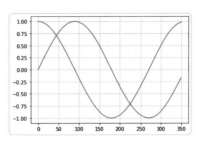

동일한 작업을 numpy 모듈을 이용해 수행하는 연산+그래프 그리기 코드도 작성해 봅니다.

In [16]:

```
import numpy as np
import matplotlib.pyplot as plt

xs = np.linspace(0, np.pi*2, 100)    # 0~2π까지 100개의 x에 대하여
ys1 = np.sin(xs)
ys2 = np.cos(xs)

plt.plot(xs, ys1, c='green')    # sin 그래프, 초록색
plt.plot(xs, ys2, c='red')      # cos 그래프, 붉은색
plt.grid()
```

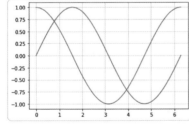

삼각함수 연산식 그래프

이번에는 좀더 복잡한 함수 그래프를 그려 보겠습니다. $sin(x) + 0.9sin(2x)$ 식의 결괏값 그래프를 $0 \leq x \leq 6\pi$ 구간에서 그린 예입니다. 나머지는 다른 그래프 그리기 코드와 동일하며, y축에 연산식 결과를 바로 대입해 준다는 점만 다릅니다.

```python
import math
import matplotlib.pyplot as plt

xs = []
ys = []

for deg in range(0, 360*3, 10):            # x값 10개
    x = math.radians(deg)
    y = math.sin(x) + 0.9*math.sin(2*x)     # sin(x) + 0.9sin(2x)연산
    xs.append(x)
    ys.append(y)

plt.plot(xs, ys)
plt.grid()
```

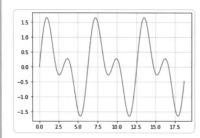

 확인문제

$sin(x) + 0.9sin(2x)$ 식의 그래프를 numpy 모듈을 이용해서 그려 보세요.

2차 함수 $y = ax^2 + bx + c$의 그래프를 $a = 1, b = -3, c = -10$에 대해서 $-10 \leq x \leq 10$ 구간에서 그려 보세요. x축 간격은 0.1로 합니다.

삼각함수 $sin(x) + 0.7sin(2x) + 0.3sin(3x)$의 그래프를 $0 \leq x \leq 6\pi$ 구간에서 그려 보세요. x축 구간은 100개로 합니다. (힌트: np.linspace()를 이용하세요.)

급수 그래프 그리기

급수 연산식도 그래프화할 수 있습니다. 다음 수식의 누적값이 1.6449340668482264에 어떻게 접근하는지 그래프로 확인해 봅시다.

$$1 + \frac{1}{2^2} + \frac{1}{3^2} + \ldots = \frac{\pi^2}{6} = 1.6449340668482264$$

각 단계의 누적값을 ys2 리스트에 추가해 주겠습니다. 앞의 코드와 살짝 다른 방식으로 작성해 보았습니다. xs와 ys1를 우선 계산하고, 누적 리스트 ys2를 만드는 순서입니다. 100항까지만 계산해 봅니다.

In [18]:
```python
xs = [i for i in range(1, 101)]
ys1 = [1/(x*x) for x in xs]

ys2 = []
acc = 0.0
for y in ys1:
    acc += y
    ys2.append(acc)
```

x축 값과 y축 값이 준비되었으니 선 그래프를 그려 봅시다. 그래프가 목푯값에 근사하는 것을 알 수 있습니다.

In [19]:
```python
import matplotlib.pyplot as plt

plt.plot(xs, ys2)
plt.grid()
```

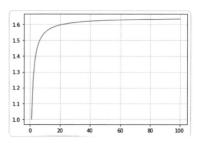

● [실습] 급수 그래프 그리기_numpy 모듈

이번에는 In [18], [19]와 같은 코드를, numpy 모듈을 이용해서 작성해 보겠습니다. 연산을 편리하게 하는 다른 모듈들도 가져와 사용합니다.

```
In [20]:    import numpy as np
            from itertools import accumulate
            import operator
            import matplotlib.pyplot as plt

            xs = np.arange(1, 101)
            ys1 = 1 / (xs*xs)
            ys2 = list(accumulate(ys1, operator.add))

            plt.plot(xs, ys2)
            plt.grid()
```

accumulate 함수: ys1 값들을 모두 더하는(operator.add) 과정을 기억합니다.

예: list(accumulate([1,2,3,4], operator.add))는 1+2+3+4의 과정을 기억([1,3,6,10])

list(accumulate([1,2,3,4], operator.mul))은 1*2*3*4의 과정을 기억([1, 2, 6, 24])

itertools 모듈은 고급 프로그래밍에 관련된 재미있는 함수를 많이 제공합니다. operator 모듈은 여러 가지 연산 함수를 제공해 줍니다. 이 모듈의 add() 함수 대신, 다음처럼 사용자가 직접 만든 함수를 이용해도 됩니다.

itertools 모듈을 더 알고 싶다면?
다음 참고:
https://docs.python.org/ko/3/library/itertools.html

```
def add(a,b):
    return a+b

ys2 = list(accumulate(ys1, add))
```

지금은 다소 이해하기 어려운 부분이 있을 수 있으나 numpy를 이용하면 for 문 없이 이렇게 간단히 작성 가능하다는 것을 보이고 싶었습니다.

확인문제

다음 수식의 누적 과정을 그래프로 그려 직접 확인해 보세요(100항까지).

$$\zeta(3) = 1 + \frac{1}{2^3} + \frac{1}{3^3} + ... = 1.202...$$

 실행과제

다음 리스트 x, y에 대하여 선 그래프를 그려 보세요. 이때 선의 색상은 녹색으로 지정하세요.

$$x = [0, 1, 2, 3, 4, 5]$$
$$y = [0, 1, 4, 9, 16, 25]$$

다음 3차 함수에 대한 그래프를 $-10 \leq x < 10$ 구간에서 그려 보세요.

$$y = x^3 - 5x^2 + 8$$

다음 수식의 누적 과정을 그래프로 그려 직접 확인해 보세요(100항까지).

$$1 + \frac{1}{2^4} + \frac{1}{3^4} + ... = 1.082...$$

https://matplotlib.org/stable/gallery/index에 방문하면 matplotlib으로 그릴 수 있는 다양한 차트 샘플을 볼 수 있습니다. 수정 없이 실행되는 소스코드들이 공개되어 있으니, 직접 예제 코드를 실행해 보시기 바랍니다.

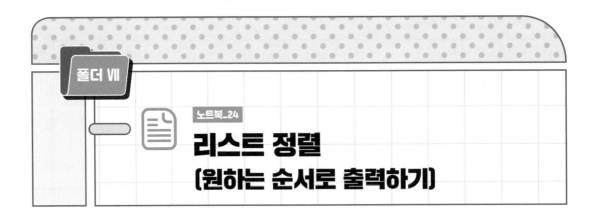

노트북_24
리스트 정렬
(원하는 순서로 출력하기)

우리는 흔히 다음과 같은 자료를 얻게 됩니다. 여러 속성을 갖는 항목(요소)들의 목록입니다. 이 자료의 각 요소에는 3가지 속성, '파일 이름', '파일 생성 시각', '파일 크기'가 있습니다.

파일 이름과 생성 시각, 크기는 튜플이며, 리스트의 요소에 해당됩니다. 파일 생성 시각은 기준시각(1970년 1월 1일 0시, UTC 시)부터 경과한 시간(초)이고, 파일 크기는 바이트 단위입니다.

```
In [1]:    data = [('a1.pdf', 1604371920.0, 142488661),
                   ('a2.pdf', 1597387946.0, 20365352),
                   ('a3.pdf', 1619502356.0, 121225390),
                   ('a4.pdf', 1602193158.0, 35801775),
                   ('a5.pdf', 1455978788.0, 94522324),
                   ('a6.pdf', 1329119770.0, 166388969),
                   ('a7.pdf', 1639215016.0, 24283843),
                   ('a8.pdf', 1347616254.0, 84165004),
                   ('a9.pdf', 1348489154.0, 82744960),
                   ('a10.pdf', 1348489160.0, 136499377)]
```

> 파일 생성 (수정) 시각을 얻는 함수: os.path. getmtime(file_path)
>
> 파일 크기를 얻는 함수: os.path.getsize(file_ path)

이와 같은 리스트 내 자료들을 정렬할 필요가 종종 있습니다. 파일 이름으로 정렬할 필요도 있겠지만, 파일 생성 시각을 기준으로, 혹은 파일 크기를 기준으로 정렬해야 할 때도 있을 겁니다.

또, 파일 이름으로 정렬하더라도 문자열이 기준이라면 `a10.pdf`는 `a1.pdf`와 `a2.pdf` 사이에 오게 됩니다. 아마 여러분이 원하는 정렬 순서가 아닐 겁니다. 어떻게 파일 이름의 숫자를 기준으로 오름차순으로 정렬할 수 있을까요? 지금부터 알아보겠습니다.

◎ 방법 1: sort() 메서드를 이용한 정렬

리스트에 저장된 자료들의 순서를 정리할 때에는 sort() 메서드를 사용합니다. 기본적으로 오름차순으로 순서가 정렬됩니다. sort() 메서드로 임의의 숫자들을 정렬해 보겠습니다.

```
In [2]:
L = [123, 54, 36, 2, 9, 8, 4]
L.sort()        # 오름차순으로 정렬
L

[2, 4, 8, 9, 36, 54, 123]
```

sort() 메서드 자체는 아무것도 반환하지 않음에 주의해야 합니다. 리스트 내 요소들의 순서가 바뀔 뿐, 반환되는 값은 없습니다.

```
In [3]:
L.sort()
```

내림차순 정렬을 원할 경우, reverse=True로 반대 순서를 지정하면 됩니다.

```
In [4]:
L = [123, 54, 36, 2, 9, 8, 4]
L.sort(reverse=True)       # 오름차순 반대(=내림차순)로 정렬
L

[123, 54, 36, 9, 8, 4, 2]
```

문자열을 정렬한 예는 다음과 같습니다. 문자열의 기본 순서는 사전 순서입니다.

```
In [5]:
L = ['123', '54', '36', '2', '9', '8', '4']
L.sort()
L

['123', '2', '36', '4', '54', '8', '9']
```

● 방법 2: key 인수를 이용한 정렬

만일 앞 리스트의 문자열을 숫자로 가정하고 정렬하려면 어떻게 해야 할까요? 정렬 기준을 별도
함수로써 제공해야 합니다. 인수 key로 전달되는 함수로 지정됩니다.

```python
In [6]:
def mykey(ele):        # 정수 변환 함수 mykey
    return int(ele)

L = ['123', '54', '36', '2', '9', '8', '4']
L.sort(key=mykey)        # 정렬 기준(key) = mykey(함수)
L

['2', '4', '8', '9', '36', '54', '123']
```

여기서 key로 전달되는 함수 mykey(ele)는 하나의 인수를 받습니다. 이 함수는 리스트 L의 요소
들을 정렬하기 위한 기준을 만들어 내는 데 사용됩니다.

첫 번째 요소 '123'은 mykey('123')을 통해 숫자 123을 얻는데, 이 수가 '123'을 정렬하는 기준
으로 사용됩니다. 데이터는 ['123', '54', '36', '2', '9', '8', '4']이지만, mykey 함수의 결
과인 [123, 54, 36, 2, 9, 8, 4]를 기준으로 정렬되는 것입니다.

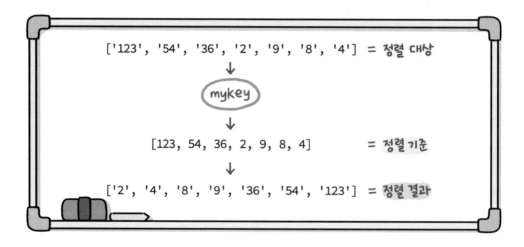

여기서는 **key** 인수의 기능을 설명하기 위해서 별도의 함수를 만들었지만, 사실은 **int()**를 호출하는 것이 전부이므로 다음과 같이 사용하는 것이 더 좋습니다.

```
In [7]:    L = ['123', '54', '36', '2', '9', '8', '4']
           L.sort(key=int)      # key=정수형
           L

           ['2', '4', '8', '9', '36', '54', '123']
```

역순, 즉 내림차순으로 정렬하려면 **sort()** 메서드 인수에 **reverse=True**를 추가하면 됩니다.

```
In [8]:    L = ['123', '54', '36', '2', '9', '8', '4']
           L.sort(key=int, reverse=True)      # 내림차순 정렬
           L

           ['123', '54', '36', '9', '8', '4', '2']
```

● 방법 3: 람다(lambda) 함수를 이용한 정렬

간단한 함수는 **lambda**라고 불리는 다음 형식의 한 줄짜리 함수로 표현되곤 합니다.

> **lambda** 가인수: 식

람다 함수는 구문(statement)이 아니라 식(expression)입니다. 따라서 **return** 문을 사용할 수 없습니다. 또한 콜론(:) 다음에 위치한 식의 결과가 람다 함수의 반환값이 됩니다.

다음은 람다 함수를 이용하여 덧셈 함수를 정의한 예입니다. 람다 함수는 별도의 이름을 가지지 않습니다. 여기서 **add**는 람다 함수 객체를 참조하는 이름입니다.

```
In [9]:    add = lambda a, b: a+b
           add(2, 3)
```

```
5
```

앞에서 사용했던 문자열을 정수로 변환하는 함수도, mykey 함수도 모두 람다 함수로 구현할 수 있습니다. 다음은 가인수를 정수형으로 형변환하는 함수의 실행 예입니다.

```
In [10]:   f = lambda e: int(e)
           f('123')

           123
```

이 람다 함수를 이용하여 다음 리스트 L을 숫자를 기준으로 정렬해 보겠습니다. mykey 함수가 람다 함수로 대체될 뿐, 나머지는 동일하게 동작합니다.

```
In [11]:   L = ['123', '54', '36', '2', '9', '8', '4']
           L.sort(key=lambda e: int(e))      # 정수로 변환한 e를 오름차순 정렬
           L

           ['2', '4', '8', '9', '36', '54', '123']
```

예를 하나 더 들어 보겠습니다. 다음에 제시한 시각(時刻) 형식의 문자열 리스트를 어떻게 정렬할 수 있을까요? ':'으로 분리된 두 숫자를 기준으로 빠른 시각부터 정렬하고 싶습니다.

```
In [12]:   L = ['7:27', '14:22', '6:9', '6:11', '2:19']
```

그냥 정렬할 경우 다음과 같이 나옵니다. 원하는 시각 순서가 아닙니다.

```
In [13]:   L.sort()
           L

           ['14:22', '2:19', '6:11', '6:9', '7:27']
```

문자열을 ':'을 기준으로 분리하고, 시와 분을 정수 처리해서 튜플로 묶는 함수 f를 정의합니다.

```
In [14]:    def f(e):
                return int(e.split(':')[0]), int(e.split(':')[1])


            f('14:22')

            (14, 22)
```

이제 key 인수에 이 f 함수를 적용해 다시 정렬해 보겠습니다.

```
In [15]:    L.sort(key=f)
            L

            ['2:19', '6:9', '6:11', '7:27', '14:22']
```

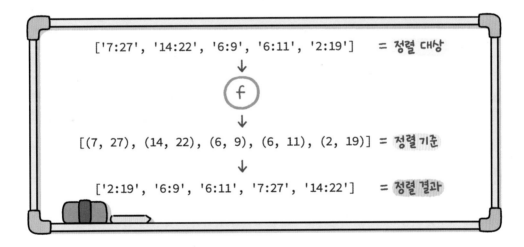

시각순으로 잘 정렬되었습니다. 이 정렬은 lambda 함수를 이용하여 한 줄로도 표현 가능합니다.

```
In [16]:    L = ['7:27', '14:22', '6:9', '6:11', '2:19']
            L.sort(key=lambda e: (int(e.split(':')[0]), int(e.split(':')[1])))
            L

            ['2:19', '6:9', '6:11', '7:27', '14:22']
```

다음 날짜 문자열을 어떻게 정렬할 수 있을까요? 람다 함수를 이용해 보세요.

```
L = ['25/May/2015', '27/May/2014', '27/Apr/2015', '27/Jan/2015', '07/
May/2015', '22/May/2015', '16/Jan/2015']
```

힌트: 영문 달(month) 이름은 다음과 같이 정의할 수 있습니다.

```
month_lookup = ['', 'Jan', 'Feb', 'Mar', 'Apr', 'May', 'Jun', 'Jul',
'Aug', 'Sep', 'Oct', 'Nov', 'Dec']
```

'May'를 숫자로 바꾸려면 리스트의 index() 메서드를 활용하면 됩니다.

```
>>> month_lookup.index('May')
5
```

방법 4: sorted() 함수를 이용한 정렬

sorted() 함수를 이용하면 오름차순으로 정렬된 결과를 얻어낼 수 있습니다.

```
In [17]:
L = ['123', '54', '36', '2', '9', '8', '4']
sorted(L)

['123', '2', '36', '4', '54', '8', '9']
```

그런데 이 함수는 리스트의 내부 순서를 변경하지 않습니다. 리스트 자체가 아니라, 리스트의 복사본을 정렬하기 때문입니다.

```
In [18]:    L

            ['123', '54', '36', '2', '9', '8', '4']
```

- sort() 메서드는 리스트 내부의 요소들을 정렬
- sorted() 함수는 리스트를 복사해서 정렬한 리스트를 반환

sorted() 함수도 sort() 메서드와 마찬가지로 key 인수를 지정할 수 있습니다.

```
In [19]:    L = ['123', '54', '36', '2', '9', '8', '4']
            sorted(L, key=int)    # 문자열을 정수로 변환해 오름차순 정렬

            ['2', '4', '8', '9', '36', '54', '123']
```

내림차순 정렬 방법도 같습니다.

```
In [20]:    L = ['123', '54', '36', '2', '9', '8', '4']
            sorted(L, key=int, reverse=True)    # 문자열을 정수로 변환해 내림차순 정렬

            ['123', '54', '36', '9', '8', '4', '2']
```

확인문제

sorted() **함수를 이용하여 다음 시각 리스트를 정렬한 새로운 리스트를 생성해 보세요.**

```
L = ['7:27', '14:22', '6:9', '6:11', '2:19']
```

● [실습] 파일 이름 정렬

파일 리스트 정렬하기

본격적으로 리스트 정렬을 실습해 보고자 합니다. 다음 `flist`는 5개의 문자열을 가진 리스트입니다. 모두 파일 이름입니다. 이 리스트를 `sort()` 메서드를 이용해 정렬해 보겠습니다.

```
In [21]:   flist = ['py_123.txt', 'py_54.txt', 'py_36.txt', 'py_2.txt', 'py_9.txt']
           flist.sort()
           flist

           ['py_123.txt', 'py_2.txt', 'py_36.txt', 'py_54.txt', 'py_9.txt']
```

이런, 원하는 순서가 아닙니다. 자릿수는 다르지만, 숫자 크기에 따라 정렬하고 싶습니다. 파일 이름에서 기준으로 삼을 숫자를 추출해야 합니다. 일단 데이터 하나로 테스트해 보지요. 'py_123. txt'를 가져옵시다.

코드 내에서 직접 파일을 다룰 때는 `os.path` 모듈을 사용합니다. 이 모듈은 파일 이름을 다룰 몇 가지 메서드를 제공합니다. 상위 모듈인 `os` 모듈을 가져오면 사용할 수 있습니다. 그중 파일명을 이름과 확장자로 분리해서 반환하는 `splitext()` 메서드를 이용해 확장자를 분리합니다.

```
In [22]:   import os

           fname = 'py_123.txt'
           os.path.splitext(fname)        # fname에 담긴 파일 이름과 확장자 분리

           ('py_123', '.txt')
```

파일 이름과 확장자를 구분했으니, 이제 파일 이름에서 숫자를 분리할 수 있습니다(`split()`).

```
In [23]:   fname = 'py_123.txt'
           os.path.splitext(fname)[0].split('_')[1]        # '_'를 기준으로 문자열 분리
```

```
['py', '123']
```

다음으로, 두 번째 요소를 정수로 변환합니다(int()).

```
In [24]:   fname = 'py_123.txt'
           int(os.path.splitext(fname)[0].split('_')[1])        # int() : 정수로 변환

           123
```

이제 앞의 코드들을 사용해, 정렬 기준이 될 **mykey** 함수를 정의합니다.

```
In [25]:   def mykey(fname):
               return int(os.path.splitext(fname)[0].split('_')[1])
```

준비가 다 되었으니 **sort()** 메서드의 정렬 기준(key)을 **mykey**로 하여 다시 정렬하면 끝입니다.

```
In [26]:   flist = ['py_123.txt', 'py_54.txt', 'py_36.txt', 'py_2.txt', 'py_9.txt']
           flist.sort(key=mykey)        # 정렬 기준(key)=mykey 함수
           flist

           ['py_2.txt', 'py_9.txt', 'py_36.txt', 'py_54.txt', 'py_123.txt']
```

실제 파일 정렬하기

실제 파일로 시도해 보겠습니다. 파일 목록 추출에는 모듈 **glob**를 이용합니다. 'data' 폴더에서 py를 포함한 txt 파일을 가져옵니다. 와일드카드를 이용해 **'py*.txt'**로 지정합니다.

```
glob.glob('파일_경로/원하는_조건')
```

```
import glob

glob.glob('data/py*.txt')
```

```
['data\\py_123.txt',
 'data\\py_2.txt',
 'data\\py_36.txt',
 'data\\py_54.txt',
 'data\\py_9.txt']
```

경로도 포함되어 있네요. 똑같이 **mykey** 함수를 기준으로 정렬해 보겠습니다.

```
flist = glob.glob('data/py*.txt')
flist.sort(key=mykey)
flist
```

```
['data\\py_2.txt',
 'data\\py_9.txt',
 'data\\py_36.txt',
 'data\\py_54.txt',
 'data\\py_123.txt']
```

잘 정렬되었습니다. 만일 경로와 파일 이름의 분리가 필요하다면 **os** 모듈의 **os.path.split()** 메서드를 이용할 수 있습니다.

```
fpath = 'data\\py_123.txt'
os.path.split(fpath)
```

```
('data', 'py_123.txt')
```

이상의 코드를 종합해 정리해 보았습니다. 파일 이름만 가지고 정렬할 수 있습니다.

```python
def mykey(fpath):
    fname = os.path.split(fpath)[1]     # 경로를 분리한 파일명 fname에 저장
    return int(os.path.splitext(fname)[0].split('_')[1])     # 숫자만 분리


flist = glob.glob('data/py*.txt')
flist.sort(key=mykey)
flist
```

```
['data\\py_2.txt',
 'data\\py_9.txt',
 'data\\py_36.txt',
 'data\\py_54.txt',
 'data\\py_123.txt']
```

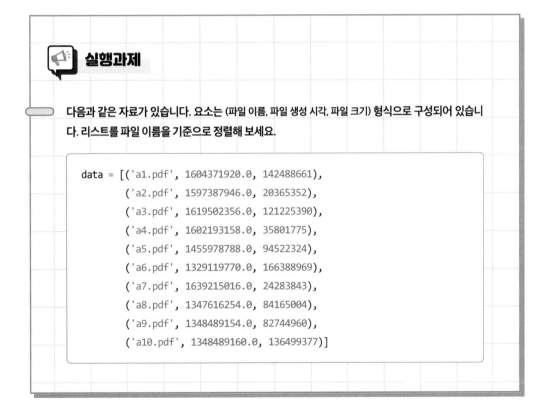

실행과제

다음과 같은 자료가 있습니다. 요소는 (파일 이름, 파일 생성 시각, 파일 크기) 형식으로 구성되어 있습니다. 리스트를 파일 이름을 기준으로 정렬해 보세요.

```python
data = [('a1.pdf', 1604371920.0, 142488661),
        ('a2.pdf', 1597387946.0, 20365352),
        ('a3.pdf', 1619502356.0, 121225390),
        ('a4.pdf', 1602193158.0, 35801775),
        ('a5.pdf', 1455978788.0, 94522324),
        ('a6.pdf', 1329119770.0, 166388969),
        ('a7.pdf', 1639215016.0, 24283843),
        ('a8.pdf', 1347616254.0, 84165004),
        ('a9.pdf', 1348489154.0, 82744960),
        ('a10.pdf', 1348489160.0, 136499377)]
```

폴더 VIII

파이썬으로
자료 관리하기

이 폴더에서 열어 볼 노트북

컴퓨터의 모든 자료는 파일이나 데이터베이스 형태로 저장되며, 이 파일들은 다시 폴더(디렉토리)라는 구조로 분류되어 저장됩니다. 따라서 파일과 폴더를 다루는 기술은 프로그래밍에 있어서 필수적인 요소입니다. 앞에서 파일 이름을 조금 다뤄 보았으니, 이 폴더에서는 본격적으로 이미 존재하는 파일을 다루는 방법들을 알아보겠습니다. 여기서 다루는 파일에는 텍스트, 이미지, 오디오 등 다양한 형식의 파일이 포함됩니다. 이 폴더를 꼼꼼히 몸에 익히면, 재미있게 가지고 놀 파이썬 친구들이 더 많아질 것입니다.

폴더 VIII

노트북_25

파이썬으로 파일과 폴더 다루기

바탕화면에 늘어선 폴더와 파일은 컴퓨터 사용자라면 익숙한 풍경입니다. 마우스로 위치를 옮기거나 우클릭 메뉴에서 이름을 바꿀 수 있지요. 그런데 이것이 수십, 수백 개가 되면 어떨까요?

이럴 때 우리를 끝없는 반복 작업에서 해방시켜 줄 특급 도우미가 있으니, 바로 파이썬입니다. 파이썬에서 직접 파일을 변경하는 것은 물론, 심지어 폴더까지 생성하고 삭제할 수 있습니다. 지금부터 파이썬으로 컴퓨터 작업 능률을 개선하는 방법을 알아보겠습니다.

◉ 파일 목록 얻기: glob 모듈

파이썬에서 파일을 다루려면 대상 파일의 목록을 가지고 있어야 합니다. 어떤 폴더(디렉토리) 안에 있는 파일 목록을 얻는 데는 여러 방법이 있지만, 여기서는 glob 모듈의 glob(pathname) 함수를 소개하겠습니다. 이 함수의 pathname 인수에 대상 폴더와 찾을 파일의 조건을 전달해 주면, 해당되는 파일들의 경로를 리스트로 반환해 줍니다.

인수 pathname에 와일드카드 문자를 사용할 수도 있습니다. **와일드카드 문자**(wildcard character)는 문자의 원래 뜻을 가지지 않고, 컴퓨터에서 미리 약속된 특정한 기능을 수행하는 메타 문자입니다. glob() 함수에 사용 가능한 와일드카드 문자는 다음과 같습니다.

- ?는 임의의 문자 1개와 일치합니다.
- *는 임의 개수(0개 포함)의 모든 문자와 일치합니다.
- [...]는 괄호 안에 있는 임의의 1개 문자와 일치합니다.

직접 사용해 볼까요? `C:\Windows` 폴더에서 확장자가 `.exe`인 파일의 목록을 얻어 봅시다.

```
In [1]:  import glob          # glob 모듈 가져오기

         glob.glob("C:\\Windows\\*.exe")      #.exe(실행 파일)인 파일 전체 출력

         ['C:\\Windows\\bfsvc.exe',
          'C:\\Windows\\devcon.exe',
          'C:\\Windows\\explorer.exe',
          'C:\\Windows\\HelpPane.exe',
          'C:\\Windows\\hh.exe',
          'C:\\Windows\\notepad.exe',
          'C:\\Windows\\py.exe',
          'C:\\Windows\\pyw.exe',
          'C:\\Windows\\regedit.exe',
          'C:\\Windows\\RMREG.exe',
          'C:\\Windows\\Run_x64.exe']
```

이스케이프(escape) 문자를 기억하시나요?
\\는 실제로는 \ 하나를 나타내는 문자입니다.

실제 C:\Windows 폴더 내 파일을 추출하는 것이므로 여러분의 결과는 이와 다를 수 있습니다. 이 책에 제시된 것은 모두 필자의 컴퓨터에서 실행한 결과입니다.

이번에는 'b' 혹은 'c'로 시작하는 파일을 출력해 봅시다. 다음 코드에서 [bc]는 b 혹은 c를 의미합니다. 윈도우에서는 대소문자를 구별하지 않습니다.

```
In [2]:  glob.glob("C:\\Windows\\[bc]*.*")      # b, c로 시작하는 파일 전체 출력

         ['C:\\Windows\\bfsvc.exe',
          'C:\\Windows\\bootstat.dat',
          'C:\\Windows\\comsetup.log']
```

다음 코드는 파일 이름이 두 글자(??)이고 확장자가 `.exe`인 파일들을 추출합니다.

```
In [3]:  glob.glob("C:\\Windows\\??.exe")      #.exe 앞 파일 이름이 두 글자인 것만 출력

         ['C:\\Windows\\hh.exe']
```

이외에도 와일드카드의 다양한 조합이 가능합니다.

● 파일 이름 변경: os 모듈

파일과 폴더를 다루는 데 필수적인 것이 바로 os 모듈입니다. 이름에서 짐작되듯이, 운영체제에서
제공하는 여러 가지 기능을 파이썬으로 구현하기 위한 것입니다.

미리 예제 폴더에 필요한 파일을 준비해 두었습니다. py_숫자.txt 형식의 파일 5개입니다.

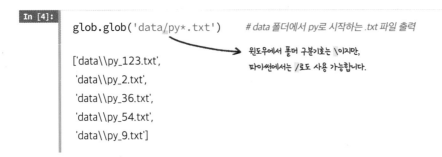

```
In [4]:    glob.glob('data/py*.txt')    # data 폴더에서 py로 시작하는 .txt 파일 출력

           ['data\\py_123.txt',
            'data\\py_2.txt',
            'data\\py_36.txt',
            'data\\py_54.txt',
            'data\\py_9.txt']
```

원도우에서 폴더 구분기호는 \이지만,
파이썬에서는 /로도 사용 가능합니다.

이 파일 이름들을 숫자 3자리에 맞추어 변경하고 싶습니다. 예를 들면 py_2.txt는 py_002.txt로
변경하는 식입니다. 그러자면 파일 이름에서 숫자를 분리해서 숫자를 3자리로 변경한 후 다시 조
합해야 합니다.

'data\\py_2.txt'만 샘플로 삼아 테스트해 보고, 잘되면 전체 파일에 적용하겠습니다. os 모듈을
가져와, 임의의 변수 fpath에 작업할 파일 이름을 대입해 줍시다.

```
In [5]:    import os

           fpath = 'data\\py_2.txt'
```

우선 파일 이름만 추출하겠습니다. os.path.split() 함수로 경로와 파일 이름을 분리합니다.

```
In [6]:    path, fname = os.path.split(fpath)    # 경로(path)와 파일 이름(fname) 분리
           path, fname

           ('data', 'py_2.txt')
```

다음으로 파일 이름에서 확장자를 분리합니다. os.path.splitext() 함수가 이 작업을 해줍니다. 확장자를 제외한 파일 이름을 head에, 확장자를 tail에 저장합니다.

```
In [7]:   head, tail = os.path.splitext(fname)   # 파일 이름과 확장자 분리
          head, tail

          ('py_2', '.txt')
```

이제 숫자만 분리합니다. split() 메서드를 이용해 '_'를 기준으로 문자열을 나눕니다.

```
In [8]:   heads = head.split('_')
          heads[1]

          '2'
```

변수 heads를 출력해 보면 리스트 ['py', '2']가 담겨 있음을 알 수 있습니다. 따라서 heads[1]은 리스트의 두 번째 요소인 '2'를 반환하는 것입니다.

일단 함수 int()를 사용해 정수로 바꾼 뒤, 다시 format() 메서드로 3자리 문자열로 맞추겠습니다.

```
In [9]:   n = int(heads[1])          # 정수로 변환
          '{:03d}'.format(n)         # 3자리를 표현하되, 빈자리는 0으로 채우라는 포맷 문자열

          '002'
```

이제 format() 메서드를 이용해 조립합니다. '{}_{}{}' 형식의 첫 번째 자리에 heads[0]의 값 'py'를, 두 번째 자리에 3자리 문자열이 된 숫자(heads[1])를 넣고, 마지막 자리에 tail 변수의 값(확장자, 여기서는 .txt)을 넣으면 됩니다.

되짚어보기
문자열 형식화 방법 중 format() 메서드 사용 형식: '{대입할_자리}'.format("대입할_값")

```
In [10]:  fname2 = '{}_{}{}'.format(heads[0], '{:03d}'.format(n), tail)
          fname2

          'py_002.txt'
```

디렉토리 경로도 추가합니다. **os.path.join()** 메서드를 사용합니다. 괄호 안에 열거된 변수에 담긴 문자열을 순서대로 결합해 하나의 경로로 반환하는 메서드입니다.

```
In [11]:  fpath2 = os.path.join(path, fname2)
          fpath2

          'data\\py_002.txt'
```

변수 **fpath**와 **fpath2**에 담긴 파일 목록을 화살표 **==>**와 함께 출력하여 전후를 비교해 보지요.

```
In [12]:  print(fpath, '==>', fpath2)

          data\py_2.txt ==> data\py_002.txt
```

이상이 없나요? 그럼 실제 파일에 적용합시다. 파일 이름 변경은 **os.rename(src, dst)** 메서드로 가능합니다.

```
In [13]:  os.rename(fpath, fpath2)
```
앞자리에 기존 파일 목록 변수인 fpath를, 뒷자리에 형식에 맞춰 바꾼 파일 목록 변수인 fpath2를 넣었습니다.

지금까지의 코드를 종합한, 폴더(디렉토리) 내의 모든 'py_*.txt' 파일 이름을 변경하기 위한 **for** 반복문을 보여드립니다.

○ 폴더? 디렉토리? ○
폴더와 디렉토리는 같은 개념!
두 용어를 혼용하는 경우가
있지만, 우리는 혼동하지 말자!

```
In [14]:  import os
          import glob

          for fpath in glob.glob('data/py_*.txt'):     # data 폴더의 py*.txt 파일에 대해
              path, fname = os.path.split(fpath)        # 경로와 파일 이름 분리
              head, tail = os.path.splitext(fname)      # 확장자 분리
              heads = head.split('_')                   # 구분자 '_' 기준으로 분리
              n = int(heads[1])                         # 자료형 변환: 문자열 -> 정수형
              fname2 = '{}_{}{}'.format(heads[0], '{:03d}'.format(n), tail)
              fpath2 = os.path.join(path, fname2)       # 전체 재조립
```

```
        print(fpath, '==>', fpath2)        # 전후 비교 출력
        os.rename(fpath, fpath2)           # 지정된 대로 실제 파일 이름 변경

data\py_123.txt ==> data\py_123.txt
data\py_2.txt ==> data\py_002.txt
data\py_36.txt ==> data\py_036.txt
data\py_54.txt ==> data\py_054.txt
data\py_9.txt ==> data\py_009.txt
```

해당 디렉토리에서 파일 목록을 다시 한번 가져와 잘되었는지 확인해 볼까요?

In [15]:

```
glob.glob('data/py*.txt')

['data\\py_002.txt',
 'data\\py_009.txt',
 'data\\py_036.txt',
 'data\\py_054.txt',
 'data\\py_123.txt']
```

● 파일 옮기기: shutil 모듈 & os 모듈

1. 파일 복사

여러 파일을 복사하는 경우 for 문을 이용하여 하나씩 해야 합니다. 우선 파일 하나를 복사하는 방법을 알아본 뒤, 이를 적용해 파일 여러 개를 한 번에 복사해 보겠습니다.

shutil 모듈은 파일에 대한 여러 가지 연산을 지원하는데, 이 중 파일 복사는 shutil.copyfile (src, dst) 메서드를 이용합니다.

(src, dst)는 이렇게 사용합니다.

인수 src = '원본 파일의 경로/파일 이름'

인수 dst = '복사할 대상 경로/복사본 파일 이름'

In [16]:

```
import shutil          # shutil 모듈 가져오기

shutil.copyfile('data/py_002.txt', 'data/data_002.txt')
```

'data/data_002.txt'

파일 이름 변경 없이 복사할 대상 경로(디렉토리)만 지정하고 싶을 때는 `shutil.copy()` 메서드를 사용하면 됩니다.

```
In [17]:    shutil.copy('data/py_002.txt', 'd:/')

            'd:/py_002.txt'
```

shutil.copy('원본파일이름', '복사할대상경로')입니다.
여기서는 'data' 디렉토리의 py_002.txt 파일을 D드라이브 루트(d:/)에 복사했습니다.

디렉토리까지 통째로 복사하고 싶다면 `shutil.copytree()` 메서드를 이용합니다.

```
In [18]:    shutil.copytree('data', 'backup')

            'backup'
```

shutil.copytree('원본디렉토리이름', '대상디렉토리이름')입니다.
'data' 디렉토리 내 모든 파일을 그대로 'backup' 디렉토리에 복사합니다.

이번에는 `for` 문을 이용, 일부 파일만 backup2 디렉토리에 복사해 봅니다. 디렉토리가 있어야 복사가 가능하니, 미리 검사해 없는 경우 만들어 주겠습니다.

```
In [19]:    import os
            import glob
```
- os.path.exists(): 해당 경로가 존재하는지 확인
- os.makedirs(): 디렉토리 생성

```
            if not os.path.exists('backup2'):      # 'backup2' 디렉토리 확인
                os.makedirs('backup2')             # 없으면 생성

            for fpath in glob.glob('data/py*.txt'):    # data 디렉토리의 py.txt 파일 전체를
                shutil.copy(fpath, 'backup2')          # backup2 디렉토리에 복사
```

backup2 디렉토리를 살펴보면, 이름이 'py'로 시작하는 txt 파일들이 잘 복사돼 있습니다.

```
In [20]:    glob.glob('backup2\\*.txt')
```

```
['backup2\\py_002.txt',
 'backup2\\py_009.txt',
 'backup2\\py_036.txt',
 'backup2\\py_054.txt',
 'backup2\\py_123.txt']
```

2. 파일 삭제

파일을 삭제하고 싶을 때는 os 모듈의 os.remove(fpath) 메서드를 이용합니다. 시험 삼아 backup 디렉토리의 py_002.txt 파일을 삭제해 보겠습니다.

In [21]:
```
os.remove('backup/py_002.txt')
```
→ os.remove(fpath): 인수 fpath로 디렉토리를 포함하는 파일 이름을 지정합니다.

3. 파일 이동

파일의 이동에는 shutil.move(src, dst) 메서드를 이용합니다.

In [22]:
```
shutil.move('data/py_002.txt', 'backup')
```

'backup\\py_002.txt'

shutil.move(src, dst): 인수 src는 이동시킬 파일 경로, 인수 dst는 파일이 이동할 대상 경로 혹은 디렉토리입니다.

확인문제

glob.glob()로 얻은 파일 목록에서 확장자가 .bak인 파일은 모두 삭제하는 코드를 작성해 보세요.

디렉토리(폴더) 다루기: `shutil` 모듈 & `os` 모듈

1. 디렉토리 생성

파일을 분류해 저장하는 곳인 디렉토리(폴더)도 파이썬으로 자유롭게 만들거나 없앨 수 있습니다.

직접 해보겠습니다. 다음은 `backup2` 디렉토리가 있는지 확인해서(`os.path.exists()`), 없다면 바로 만들어 주는 코드입니다(`os.makedirs()`).

```
In [23]:   import os

           if not os.path.exists('backup2'):      # 'backup2'이란 디렉토리가 있는지 확인
               os.makedirs('backup2')             # 없으면 'backup2' 디렉토리 생성
```

2. 디렉토리 삭제

디렉토리를 통째로 삭제하려면 메서드 `shutil.rmtree(dirpath)`를 이용합니다. 해당 디렉토리의 파일은 물론 하위 디렉토리까지 한꺼번에 전부 삭제하므로, 매우 신중히 사용해야 합니다.

```
In [24]:   shutil.rmtree('backup2')      # 'backup2' 디렉토리 전체 삭제
```

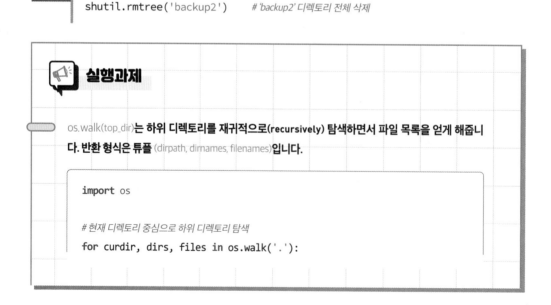

📢 **실행과제**

`os.walk(top_dir)`는 하위 디렉토리를 재귀적으로(recursively) 탐색하면서 파일 목록을 얻게 해줍니다. 반환 형식은 튜플 (dirpath, dirnames, filenames)입니다.

```
import os

# 현재 디렉토리 중심으로 하위 디렉토리 탐색
for curdir, dirs, files in os.walk('.'):
```

```
    print('curdir=', curdir)             # 현재 디렉토리
    print('dirs=', dirs)                 # 하위 디렉토리 목록
    print('files=', files)               # 하위 파일 목록
    print('-'*60)
```

이를 이용해, 하위 디렉토리의 모든 파일을 검색해서 현재 시간으로부터 24시간 이내에 수정된 파일 목록을 출력해 보세요. (힌트: 현재 시각은 time **모듈의** time.time()**, 파일 수정 시각은** os.path.getmtime(fpath)**로 얻으면 됩니다.)**

🎙 참고   재귀적으로 탐색하기

디렉토리 탐색에서 재귀(再歸)적 알고리즘이란, 디렉토리를 탐색하는 간단한 규칙을 하위 디렉토리에 반복적으로 적용하는 것을 말합니다.

예를 들어, 다음과 같은 규칙이 있다고 합시다.

1   현재 디렉토리에서 파일 목록 얻기

2   각 하위 디렉토리에 대해서 1번부터 규칙 다시 적용하기

그러면 이러한 구조에서 1번 디렉토리에서 시작해 목록 얻기를 합니다.

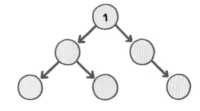

규칙에 따라 1 → 6번 디렉토리 순서로 탐색을 진행하게 됩니다.

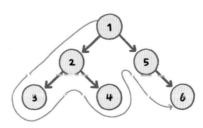

파이썬에서 다룰 수 있는 파일의 종류는 생각보다 다양합니다. 텍스트는 물론 이미지나 실행 파일, 음악 파일, 심지어 동영상 파일도 파이썬에서 변경하거나 저장할 수 있습니다. 리스트나 사전과 같은 파이썬 자료형들도, 하나의 파일처럼 취급하여 수정하고 변경하는 것이 가능합니다.

이 파일 및 파이썬 자료형들에는 각각 읽고 저장하는 고유의 방법이 있습니다. 이 노트북에서는 여러 종류의 데이터를 파일로 저장하거나, 읽고 수정하는 방법들을 살펴보겠습니다.

파이썬은 내장 함수 open()을 통해서 파일을 읽어 냅니다. 주로 다음 형식으로 사용합니다. 모드는 파일을 어떤 상태로 열어 볼지를 결정하는 옵션입니다. 기본값인 'r'은 파일 내용의 변경 없이 읽기만 하겠다는 것입니다.

```
open('경로/파일이름', '모드')
```

@ 개념더보기 **open() 함수**

open() 함수에 주로 사용되는 옵션은 다음과 같습니다.

```
open(file, mode='r', encoding=None)
```

여기서 file은 열려는 파일의 경로입니다. mode=' '는 읽기('r'), 쓰기('w'), 추가하기('a') 등 파일이 열리는 모드를 지정합니다.

encoding은 텍스트 파일인 경우에 문자를 어떻게 인코딩해서 저장할지/읽어낼지를 지정합니다. 한글인 경우 'utf-8' 혹은 'cp949' 로 대부분 해결됩니다. 'utf-8'은 유니코드 인코딩 기법으로 가장 많이 사용됩니다.

'cp949'는 윈도우 계열의 한글 통합 완성형 코드입니다. 가능하다면 'utf-8'을 사용하는 것을 추천해 드립니다.

그럼 지금부터 가장 기본형인 텍스트(.txt) 파일을 통해 파일 입출력 과정을 구체적으로 알아보도록 하겠습니다.

텍스트 파일로 알아보는 파일 입출력

1. 파일 읽고 쓰기: open() 함수

텍스트(문자열)는 사람이 읽을 수 있는 문자로 구성된 자료형입니다. open() 함수로 텍스트 파일을 만들고 수정해 봅시다.

원하는 변수 이름을 정하고, 치환 연산자 오른쪽 항에 open('경로/파일이름', '모드')를 입력합니다. '경로/파일이름'은 지정된 경로에서 이름이 일치하는 파일을 찾습니다. 없다면 주어진 이름을 사용해 새 파일을 만듭니다.

'모드'는 파일을 어떻게 열지를 정합니다. 텍스트 파일인 경우 쓰기는 'w', 읽기는 'r'입니다. 기본값은 'r'입니다.

```
In [1]:   f = open('test.txt', 'w')    # 'test.txt' 파일을 쓰기(편집) 모드로 열기
```

파일 객체를 f 변수에 빌었습니다. 지금부터의 작업은 파일 객체 f를 통해서 이루어집니다.

파일에 문자열을 쓰는 작업에는 write() 함수를 사용합니다. '파일 입출력 시험 중입니다.' 문자열을 써 봅니다.

In [2]:
```
f.write('파일 입출력 시험 중입니다.\n')

16
```

다른 문자열도 더 추가해 볼까요?

In [3]:
```
f.write('몇 번이고 호출 가능합니다.')

15
```
→ 주피터 노트북에서 write() 함수를 사용하면 출력되는 숫자는, 입력한 문자열의 문자 수입니다. 정상적으로 문자열이 파일에 추가되었다고 생각하면 됩니다.

수정이 다 끝났으면 파일을 닫아야(close) 합니다. 그러지 않으면 메모리 버퍼에 남아 있는 데이터가 하드디스크에 기록되지 않을 수도 있고, 파일 삭제 등의 다른 작업이 거부될 수 있습니다. close() 함수로 닫아 줍시다.

In [4]:
```
f.close()
```

test.txt 파일이 만들어졌습니다. 윈도우 탐색기 등을 통해서 이 파일을 직접 찾아볼 수도 있지만, 파이썬에서 바로 확인하는 것도 가능합니다.

파이썬으로 파일 목록을 얻는 방법은 이미 배웠습니다. 기억을 되살려 glob 모듈의 glob() 메서드를 이용해 보겠습니다.

In [5]:
```
import glob          # glob 모듈 가져오기

glob.glob('*.txt')   # .txt 파일 모두 출력

['test.txt']
```

이번에는 test.txt 파일을 다시 읽어 보겠습니다. 모드는 읽기('r')이며, read() 함수를 사용하여 파일 내용을 읽어냅니다.

In [6]:

```
f = open('test.txt', 'r')      # 'test.txt' 파일을 읽기 모드로 열기
txt = f.read()       # 읽어낸 내용을 txt 변수에 저장
f.close()            # 파일을 닫고
print(txt)           # txt 변수 내용 출력 = 'test.txt' 파일 내용 출력
```

파일 입출력 시험 중입니다.
몇 번이고 호출 가능합니다.

사실 텍스트 파일에서는 읽기 모드가 기본값이기 때문에, 'r'을 꼭 지정해 줄 필요는 없습니다. 다음처럼만 입력해도 이상 없이 파일을 읽을 수 있습니다.

```
f = open('test.txt')
```

또한 앞의 코드는 줄여서 다음과 같이 한 줄에 쓸 수도 있습니다.

In [7]:

```
txt = open('test.txt').read()
```

이 경우 파일 객체가 변수에 의해 참조되는 것이 아니므로, close() 함수를 호출하지 않아도 자동으로 파일을 닫아(close) 주고, 파일 객체도 메모리에서 정리됩니다.

🎙 참고 ┃ close() 함수 없이도 자동으로 파일이 닫히는 이유

파이썬에서는 어떤 객체에 대한 참조가 없어지는 경우 자동으로 해당 객체를 메모리에서 제거(해제)합니다. 객체가 제거될 때 마무리해야 할 작업이 있다면 그 작업이 완료된 후 제거됩니다. 오픈된 파일 객체가 변수 등에 할당되어 참조되는 것이 아니기 때문에 자동적으로 close()되고 객체가 정리되는 것입니다.

이런 기능을 쓰레기 수집(garbage collection)이라고 합니다. 이 기능 덕분에 메모리 관리가 자동으로 이루어져 편리해집니다.

2. with 문으로 파일 읽고 쓰기

앞서 파일을 열고 수정했으면 반드시 닫아야 한다고 했습니다. 그런데 종종 닫는 것을 잊거나 생각지 못한 예외 상황이 발생하면, 파일 객체는 닫히지 않은 상태로 있게 됩니다.

이런 경우에 with 문이 유용하게 사용됩니다. with 문은 어떠한 경우든 내부 코드 블록을 벗어날 때 파일이 최종적으로 닫히도록 설계된 구조입니다.

파일 입출력이 with 문을 사용하는 대표적인 예입니다. 파일 쓰기와 읽기를 with 문으로 정리한 구조는 다음과 같습니다. 열린 파일 객체를 변수에 받은 뒤, with 문에 딸린 <코드 블록> 작업을 수행하게 됩니다.

```
with open('경로/파일이름', '모드') as 변수:
    <코드 블록>
```

이제 앞서 진행한 파일 입출력 작업을 with 문을 사용해 구현해 보겠습니다. test.txt 파일을 만들어 두 줄의 문장을 작성합니다.

```
In [8]:
with open('test.txt', 'w') as f:
    f.write('파일 입출력 시험 중입니다.\n')      # f 변수 파일에 문자열 쓰기
    f.write('몇 번이고 호출 가능합니다.\n')
```

이제 파일 객체 f는 with 블록을 벗어나면서 자동으로 닫힐 것입니다. 작성한 test.txt 파일을 열어 읽어 봅니다. 작성한 문장이 잘 출력됩니다.

```
In [9]:
with open('test.txt') as f:
    txt = f.read()      # f 변수에 담긴 'test.txt' 파일 내용을 txt 변수에 저장
    print(txt)          # txt 변수 내용 출력

파일 입출력 시험 중입니다.
몇 번이고 호출 가능합니다.
```

with 문을 이용하면 여러 장점이 있습니다. 첫째는 파일 입출력 작업이 블록화되어 코드를 읽기 좋다는 것이고, 둘째는 with 문을 빠져나오면서 항상 파일이 자동으로 닫힌다는(close()) 것입니다. 그러니 파일 입출력에는 가능하면 with 문을 이용할 것을 권해드립니다.

3. 파일에 내용 추가하기

파일을 새로 만들지 않고 기존 파일에 데이터를 추가하려고 한다면, 모드 'w' 대신 'a'(append)가 필요합니다. 이런 경우는 로그(log) 파일과 마찬가지로 한 번에 파일을 만드는 것이 아니라, 수시로 내용을 파일 끝에 추가하면서 파일을 갱신할 수 있습니다.

```
In [10]:
with open('test.txt', 'a') as f:
    f.write('한 줄 더 추가해 봅니다.')
```

이 코드에서, write() 함수는 기존 파일 제일 끝에 내용을 추가합니다. (물론, test.txt 파일이 없다면, 새로 만들어서 거기에 추가합니다.) 그럼 갱신된 test.txt 파일을 읽어 볼까요? 코드가 길어지지 않도록 read() 함수와 open() 함수, print() 함수까지 한 줄로 표현했습니다.

```
In [11]:
print(open('test.txt').read())

파일 입출력 시험 중입니다.
몇 번이고 호출 가능합니다.
한 줄 더 추가해 봅니다.
```

기존 텍스트 파일(파일 입출력~가능합니다.) 뒤에 문자열 '한 줄 더 추가해 봅니다.'가 추가된 것을 확인할 수 있습니다.

지금까지 살펴본 파일 입출력 과정을 간략히 그림으로 나타내 보면 다음과 같습니다.

4. 줄(라인) 단위로 읽기

앞에서 소개한 `read()` 함수는 파일 전체의 내용을 한꺼번에 읽습니다. 그런데 큰 파일에서 일부 내용만 읽으면 되는 경우에도 매번 전체를 다 읽는 것은 비효율적이겠지요. 그래서 파이썬은 일부 내용만 읽는 방법을 제공합니다.

먼저 원하는 글자만을 읽는 방법이 있습니다. `read()` 함수의 괄호 안에 원하는 글자 수(공백 포함)를 정수로 입력하면 됩니다. 다음 코드는 `test.txt` 파일에서 공백(띄어쓰기)을 포함해 처음부터 6글자에 해당하는 '파일 입출력' 텍스트를 출력합니다.

```
In [12]:
with open('test.txt') as f:
    txt = f.read(6)
    print(txt)

파일 입출력
```

여러 문장으로 된 텍스트 파일에서 한 줄만 읽고 싶습니다. 이럴 때는 `realine()` 함수를 사용합니다. 첫 줄(\n 문자 전까지)의 내용을 읽어 반환해 줍니다.

```
In [13]:
with open('test.txt') as f:
    line = f.readline()
    print(line.rstrip())

파일 입출력 시험 중입니다.
```

텍스트 파일 각 줄의 끝에는 줄바꿈 문자 \n이 있습니다. 줄바꿈 문자를 제거하고자 rstrip() 함수를 호출한 것입니다.

모든 줄을 한꺼번에 읽고 싶다면, `readlines()` 함수를 이용하면 됩니다.

```
In [14]:
with open('test.txt') as f:
    lines = f.readlines()        # txt 파일을 라인 단위로 읽어 lines에 저장
    for l in lines:              # lines의 l에 대해 아래 출력 작업을 반복
        print(l.rstrip())
```

파일 입출력 시험 중입니다.
몇 번이고 호출 가능합니다.

사실 파일 객체를 for 문에 직접 사용하면 파일에서 줄 단위로 문자열을 읽을 수 있습니다. 출력
결과는 readlines()를 이용한 것과 같아 보이지만 한 줄씩 읽어 작업을 수행한 것입니다.

```python
with open('test.txt') as f:
    for line in f:        # 파일의 각 라인에 대하여 반복
        print(line.rstrip())
```

파일 입출력 시험 중입니다.
몇 번이고 호출 가능합니다.

이 방법으로 파일을 읽으면, 매번 전체 내용을 가져오지 않아 메모리가 절약되며, 컴퓨터의 처리
속도 유지에도 도움이 됩니다. 특히 웹 로그 파일 등 라인 단위로 정보가 저장된 경우에는 이러한
형태로 활용하면 좋습니다.

5. encoding 옵션 이해하기

간혹 파일을 열 때 UnicodeDecodeError 오류가 발생할 때가 있습니다. 예제 폴더의 '대한민국헌
법.txt' 파일로 시험해 보겠습니다.

```python
txt = open('data/대한민국헌법.txt').read()
```

```
---------------------------------------------------------------------------
UnicodeDecodeError                        Traceback (most recent call last)
Input In [16], in <cell line: 1>()
----> 1 txt = open('data/대한민국헌법.txt').read()

UnicodeDecodeError: 'cp949' codec can't decode byte 0xeb in position 2: illegal multibyte
sequence
```

그 원인은 파일의 인코딩 정보가 다르기 때문입니다. **인코딩(encoding)**은 정보를 다른 형식으로 변환해서 저장하는 것을 의미합니다. **디코딩(decoding)**은 인코딩의 반대로, 변환되어 저장된 정보를 다시 원래 상태로 복구하는 것입니다.

인코더는 인코딩을 해주는 프로그램, 디코더는 디코딩을 해주는 프로그램이며, 인코더와 디코더를 합쳐서 코덱(codec)이라고도 합니다.

파일을 저장할 때는, 유니코드가 그대로 저장되는 것이 아니라 인코딩된 결과가 저장됩니다. 한글 인코딩 형식은 'utf-8' 아니면 'cp949'가 주로 사용됩니다. 여기서는 'utf-8' 형식으로 저장된 파일을 'cp949' 형식으로 디코딩(해석)할 수 없기 때문에 오류가 발생한 것입니다.

다음과 같이 'utf-8' 형식으로 파일을 디코딩하라고 지정해 주면 이 문제는 없어집니다.

```
In [17]:
txt = open('data/대한민국헌법.txt', encoding='utf-8').read()
```

정리하자면, 파일을 쓸 때 `encoding='utf-8'`이었다면, 읽을 때도 같은 형식으로 읽어야 한다는 이야기입니다.

그림 인코딩 & 디코딩 원리

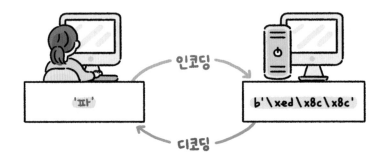

파일을 하나 만들어 검증해 보겠습니다.

```
In [18]:
open('hanguel.txt', 'w', encoding='utf-8').write('한글')
```

2

주피터 노트북에서 출력된 숫자 2는, write() 함수로
두 글자(인덱스)인 문자열 한글이 잘 입력되었다는 표시입니다.

이제 파일을 읽어 보겠습니다. 다음 코드는 utf-8 형식으로 읽으라고 지정했으므로, 문제없이 실행되었습니다.

```
In [19]:
open('hanguel.txt', encoding='utf-8').read()

'한글'
```

반면 일치하지 않는 다른 형식(cp949)으로 읽으라고 지시했더니, 오류가 발생했습니다.

```
In [20]:
open('hanguel.txt', encoding='cp949').read()

---------------------------------------------------------------
UnicodeDecodeError                       Traceback (most recent call last)
Input In [20], in <cell line: 1>()
----> 1 open('hanguel.txt', encoding='cp949').read()

UnicodeDecodeError: 'cp949' codec can't decode byte 0xed in position 0: illegal multibyte
sequence
```

한글 텍스트 파일이라면 대부분 utf-8 아니면 cp949로 인코딩되어 있습니다. 미처 인코딩 정보를 모르더라도, 대개 둘 중 하나로 해결될 것입니다.

🎤 **참고** ▷ 컴퓨터의 한글 인코딩/디코딩 방식

컴퓨터의 한글 저장 방식에는 크게 두 가지가 있습니다. 유니코드가 나오기 전의 코드 형식이, 앞서 오류 메시지에 나타난 'cp949' 입니다. 'cp949'는 코드 페이지 949라는 의미로, 윈도우에서 한글을 지원하고자 마이크로소프트시기 미련한 한글 통합 안선현 코드인 IT.

윈도우는 기본적으로 'cp949' 형식으로 한글 파일을 저장하지만, 최근에는 유니코드를 인코딩한 'utf-8' 형식으로 저장된 파일도 많이 늘었습니다. 'utf-8'은 유니코드를 바이트 단위의 가변바이트로 저장할 수 있습니다. 따라서 기존의 아스키 코드와도 호환성이 그대로 유지될 뿐 아니라, 메모리도 절약되므로 현재 가장 많이 쓰이고 있습니다.

이진 파일 만들고 저장하기

이진 파일이란?

텍스트 파일이 아닌 파일은 모두 **이진(binary)** 파일입니다. 텍스트 파일에 저장되는 파이썬 자료형은 문자열(**str**)이지만, 이진 파일에 저장되는 자료형은 **바이트(bytes)형**입니다.

바이트형은 사람이 읽는 문자를 표현하기 위한 것이 아닌, 영상, 음성 등과 같은 정보를 표현하기 위한 자료형입니다. **b''**와 같이 표현됩니다.

```
In [21]:    type(b'binary data')

            bytes
```

문자열(**str**) 자료형도 바이트(**bytes**) 자료형으로 변환할 수 있습니다. 그러기 위해서는 **encode(인코딩방식)**라는 함수를 호출해야 합니다.

예를 보겠습니다. 다음 코드는 문자열을 'utf-8' 형식의 바이트 자료형으로 변환하고 있습니다.

```
In [22]:    s = '좋은 하루입니다'
            s.encode('utf-8')

            b'\xec\xa2\x8b\xec\x9d\x80 \xed\x95\x98\xeb\xa3\xa8\xec\x9e\x85\xeb\x8b\x88\xeb\x8b\xa4'
```

이번에는 'utf-8' 형식의 바이트 자료형을, 'cp949' 형식으로 변환해 인코딩해 보겠습니다.

```
In [23]:    s.encode('cp949')        # 's' 문자열을 'cp949' 형식으로 인코딩

            b'\xc1\xc1\xc0\xba \xc7\xcf\xb7\xe7\xc0\xd4\xb4\xcf\xb4\xd9'
```

같은 텍스트('좋은 하루입니다')인데, 결과가 다른 것을 알 수 있습니다. \xc1은 1바이트의 16진수 코드(0xc1)를 의미합니다. 인쇄 가능한 아스키(ascii) 코드 문자 범위를 넘어서는 코드는 16진수로 표기됩니다.

그럼 반대로 바이트 자료형을 문자열로 변환해 보겠습니다. decode() 함수를 이용합니다.

```
In [24]:    b = s.encode('utf-8')
            b.decode('utf-8')

            '좋은 하루입니다'
```

- encode() 함수: 문자열 자료형→바이트 자료형
- decode() 함수: 바이트 자료형→문자열 자료형

이미지 파일

바이트 자료형을 이해했으니, 이제 이미지 파일을 읽어 보겠습니다. 예제 파일에 있는 파이썬 로고 파일 python.png를 불러와 봅시다. 이미지 파일을 열 때, 모드는 'rb'여야 합니다. 'b'는 이진 (binary)을 의미합니다. 이진 파일을 읽기 모드로 불러온다는 뜻입니다.

```
In [25]:    with open('data/python.png', 'rb') as f:
                im = f.read()
```

이미지 파일 정보를 읽어(f.read()), 변수 im에 저장했습니다. 앞 20바이트까지 보겠습니다. png 파일 형식의 이진 데이터가 저장되어 있는 것이 확인됩니다.

```
In [26]:    im[:20]
```

```
b'\x89PNG\r\n\x1a\n\x00\x00\x00\rIHDR\x00\x00\x02Y'
```

이미지를 화면에 표시해 보겠습니다. 파이썬에서 이미지를 다룰 때 주로 많이 사용하는 패키지는 PIL/Pillow과 OpenCV입니다만, 여기서는 PIL만 사용하겠습니다.

이 중 Pillow(이하 PIL) 패키지의 Image.open() 메서드가 파일에서 이진 데이터를 읽는 작업을 알아서 해줍니다.

○ PIL과 OpenCV 패키지 ○

외부 패키지로,
명령 프롬프트로 설치 필요

- PIL: pip install Pillow
- OpenCV: pip install opencv-python

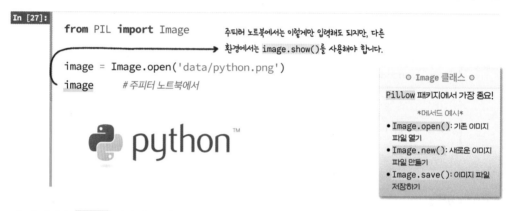

```
In [27]:
from PIL import Image

image = Image.open('data/python.png')
image      # 주피터 노트북에서
```

주피터 노트북에서는 이렇게만 입력해도 되지만, 다른 환경에서는 image.show()를 사용해야 합니다.

○ Image 클래스 ○

Pillow 패키지에서 가장 중요!

메서드 예시
- Image.open(): 기존 이미지 파일 열기
- Image.new(): 새로운 이미지 파일 만들기
- Image.save(): 이미지 파일 저장하기

이 이미지와 Pillow 패키지를 이용하면 다양한 작업이 가능합니다. 인터넷에서 PIL 관련 문서를 찾아보시면 많은 정보를 얻을 수 있습니다.

여기서는 간단히 이미지 크기를 조정하는 예 하나만 보여드리겠습니다. 먼저 image.size 속성으로 현재 이미지의 크기를 확인합니다.

```
In [28]:
image.size      # 이미지 크기 확인

(601, 203)
```

(601, 203) 크기의 이미지를 (300, 100) 크기로 줄이겠습니다. image.resize() 메서드를 사용합니다.

In [29]:
```python
small_img = image.resize((300, 100))    # 이미지를 (300, 100) 크기로 조정
small_img                                # small_img 변수에 저장한 조정 이미지 출력
```

크기를 조정한 이미지(변수 **small_img**)를 파일(python_small.png)로 저장합시다.

In [30]:
```python
small_img.save('python_small.png')
```

 개념더보기 파일 열기 모드 정리

파일 열기 작업에서는 앞서 설명한 `'r'`, `'w'`, `'a'` 등이 주된 모드로 사용됩니다. 하지만 그 밖에도 다양한 모드가 존재합니다. 필요에 따라 적절하게 사용할 수 있도록 다음 표에 정리합니다.

표 파일 열기 모드의 종류와 기능

모드	기능	모드	기능
r	읽기	rb+	이진 모드 읽기, 쓰기
r+	읽기, 쓰기 (파일 내용을 지울 수는 없다)	wb+	이진 모드 읽기, 쓰기 (파일 생성, 파일 내용을 지울 수도 있다)
w	쓰기	a+	추가, 읽기
w+	읽기, 쓰기 (파일 생성, 파일 내용을 지울 수도 있다)	ab+	이진 모드 추가, 읽기
rb	이진 모드 읽기	x	배타적 파일 생성 (이미 파일이 존재한다면 실패한다)

오디오 파일

오디오 파일도 전형적인 이진 파일입니다. mp3 파일의 음성 파형을 그려 보면서 오디오 파일 다루기를 연습해 보겠습니다.

오디오 파일에는 다양한 포맷이 존재합니다만, 가장 기본이 되는 포맷은 wav 파일입니다. IBM과 마이크로소프트사가 개발한 오디오 파일 포맷으로, 오디오 신호를 압축하지 않고 저장하기 때문에 파일 크기는 크지만 음질은 보존됩니다.

한편 mp3(MPEG-1 Audio Layer-3)는 오디오 신호를 압축해서 저장하는 표준 기술입니다. 음질에 비해 압축률이 좋은 편이어서 가장 많이 사용되는 포맷 가운데 하나입니다. mp3와 같은 압축 파일들은 wav로 변환해야 파형을 제대로 읽을 수 있습니다.

오디오 파일 변환은 pydub이라는 패키지를 이용하면 됩니다. mp3 파일을 wav 파일로 변환하거나, 스테레오 음원을 모노 음원으로 변환하는 등, 오디오 파일에 관련된 다양한 기능을 지원합니다. pydub 패키지를 사용하기 위해 명령 프롬프트에서 다음과 같이 설치해 줍니다.

```
> pip install pydub
```

> 🎙 **참고** 　오디오 파일을 다루기 위한 준비
>
> 만일 pydub 패키지를 설치 완료했는데도 이후 진행에서 오류가 발생한다면, 'ffmpeg'란 프로그램을 설치해 보길 바랍니다. 설치 방법은 다음과 같습니다.
>
> 먼저 웹 브라우저에서 https://www.ffmpeg.org에 접속합니다. 다음과 같은 화면이 나타납니다. 연두색 [Download] 버튼을 눌러 내려받기 페이지에 진입하세요.
>
>

윈도우 기준으로 설명하겠습니다. 화면 왼쪽 아래 [More downloading options] 블록을 살펴보면, 세 가지 운영 체제 로고가 보입니다. 두 번째 파란 버튼이 윈도우입니다. 클릭하세요. 나타난 실행 파일(Windows EXE Files) 목록에서 [Windows builds from gyan.dev]를 클릭합니다.

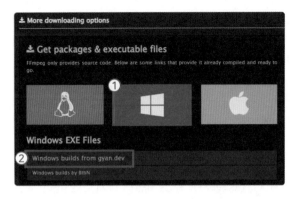

새 탭에서 윈도우 버전 ffmpeg 프로그램 파일을 제공하는 페이지가 열립니다. 스크롤을 내려 정식 버전인 [release builds]로 갑니다. (용량이 부족하지 않다면) 되도록 풀 버전인 'ffmpeg-release-full.7z'를 내려받습니다.

버전명이 포함된 압축파일이 내려받아집니다. 압축을 풀고, [bin] 폴더 안에 있는 세 개 실행 파일(.exe)을 전부 복사합니다.

현재 주피터 노트북(파이썬)이 실행되고 있는 정확한 디렉토리 위치(사용자마다 다름)를 찾아, 다음처럼 복사한 파일을 그대로 붙여 넣으면 끝입니다.

◁◁ 되짚어보기

작업 중인 디렉토리 위치 확인 방법: os 모듈의 os.getcwd() 함수 반드시 가져와서(import 문) 사용해야 합니다.

드디어 오디오 파일을 다루기 위한 준비가 끝났습니다! 이제 예제로 준비된 standbyme.mp3 파일을 standbyme.wav 파일로 변환해 봅시다.

pydub 패키지의 AudioSegment 모듈을 사용합니다. from… import…를 이용해 전체 패키지 중 필요한 모듈이나 함수만을 가져올 수 있습니다.

```
In [31]:
from pydub import AudioSegment
```

이어서 AudioSegment.from_mp3() 메서드로 mp3 파일을 읽어 들여 변수 sound에 저장한 뒤, sound.export("파일이름", format=" ")을 사용해 내보내면 됩니다. format=" "에 원하는 파일 형식을 입력하면, 자동으로 해당 형식으로 변환되어 저장됩니다.

```
In [32]:
sound = AudioSegment.from_mp3('data/standbyme.mp3')    # 파일 읽기
sound.export("standbyme.wav", format="wav")            # 파일 쓰기

<_io.BufferedRandom name='standbyme.wav'>
```

앞 코드와 같은 출력 결과가 확인되면 정상 변환된 것입니다. 변환된 standbyme.wav 파일의 정보를 읽어 보겠습니다.

과학적 컴퓨팅 작업을 구현해 주는 SciPy(사이파이)라는 라이브러리를 이용합니다. 설치되어 있지 않다면 명령 프롬프트에서 다음 명령으로 설치해 줍시다.

```
> pip install scipy
```

SciPy에 포함된 하위 패키지 scipy.io의 wavfile 모듈로 wav 파일을 다룰 수 있습니다. from… import…로 원하는 모듈만 불러옵니다. wavfile.read() 메서드는 오디오 파일의 샘플링 주파수와 오디오 샘플을 읽어 냅니다.

```
In [33]:     from scipy.io import wavfile

             samplerate, data = wavfile.read('standbyme.wav')
```

정보를 확인해 보겠습니다. 먼저 샘플링 주파수는 44100Hz이군요.

```
In [34]:     samplerate

             44100
```

> 샘플링 주파수(sampling frequency): 1초당 샘플 수. 44100라고 하면, 1초에 소리 샘플을 44100개 채집한 것!

파형은 data 변수에 저장되는데, NumPy(넘파이)의 array(배열)형입니다. 이렇게 출력됩니다.

```
In [35]:     data

             array([[0, 0],
                    [0, 0],
                    [0, 0],
                    ...,
                    [0, 0],
                    [0, 0],
                    [0, 0]], dtype=int16)
```

2차원 배열이네요.

개념더보기   **NumPy 모듈과 array**

NumPy란, 파이썬에서 대규모 수치 데이터를 해석하기 위해 주로 이용되는 라이브러리입니다. 이 라이브러리는 array(배열) 객체를 중심으로 연산을 합니다. array 객체는 다차원의 데이터를 저장하는 자료형입니다.

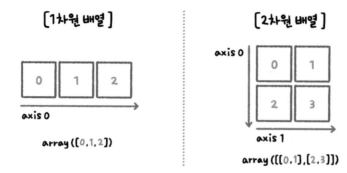

그림 1차원 배열과 2차원 배열 비교

[1차원 배열]

array ([0,1,2])

[2차원 배열]

array ([[0,1],[2,3]])

array형은 리스트와 달리 한 배열에 한 가지 자료형만 저장할 수 있으며, 리스트에 비해 더 적은 데이터로 더 빠르게 숫자 데이터를 처리할 수 있다는 특징이 있습니다. 파이썬 자체에서는 효율적인 수치 연산을 위한 배열형을 지원하지 않기 때문에, 외부 라이브러리인 NumPy를 많이 사용합니다.

`shape()` 메서드를 이용해 배열의 크기를 확인해 봅니다. 튜플 형태로 해당 자료의 크기가 출력됩니다.

In [36]:
```
data.shape
```
```
(7832576, 2)
```

2차원 배열로 샘플 수가 7832576개이고, 2채널 스테레오라는 의미입니다. 앞서 보았듯 초당 샘플 수가 44100개이므로, 이 음악의 길이(초)는 다음과 같이 계산됩니다.

In [37]:
```
7832576 / 44100
```
```
177.60943310657598
```

약 177.6초(약 3분)의 음악입니다. 이 중에서 첫 번째 채널(왼쪽 스피커) 정보만 가져오겠습니다.

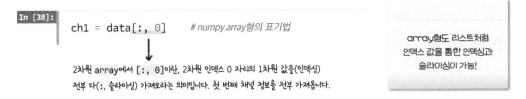

```
In [38]:   ch1 = data[:, 0]          # numpy.array형의 표기법
```

2차원 array에서 [:, 0]이란, 2차원 인덱스 0 자리의 1차원 값을(인덱싱)
전부 다(:, 슬라이싱) 가져오라는 의미입니다. 첫 번째 채널 정보를 전부 가져옵니다.

array형도 리스트처럼
인덱스 값을 통한 인덱싱과
슬라이싱이 가능!

중간(100000부터 100010까지 10개)의 샘플 값을 확인해 봅니다. 16비트 정숫값 배열입니다.

```
In [39]:   ch1[100000:100010]

           array([ 700,  354,   11, -259, -504, -714, -857, -957, -1005,
               -1016], dtype=int16)
```

숫자로는 어떤 느낌인지 알기 어려우니, 파형 그래프로 나타내 봅시다. [노트북_23]에서 배웠던
matplotlib 모듈을 활용하여 그립니다. 데이터가 많으니 일부만(20000 샘플 위치부터 약 0.5초) 그려
보겠습니다.

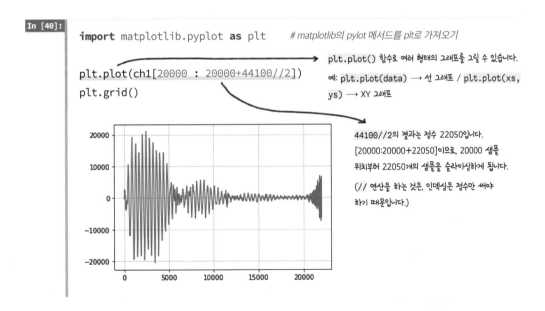

```
In [40]:   import matplotlib.pyplot as plt     # matplotlib의 pylot 메서드를 plt로 가져오기

           plt.plot(ch1[20000 : 20000+44100//2])
           plt.grid()
```

plt.plot() 함수로 여러 형태의 그래프를 그릴 수 있습니다.
예: plt.plot(data) → 선 그래프 / plt.plot(xs,
ys) → XY 그래프

44100//2의 결과는 정수 22050입니다.
[20000:20000+22050]이므로, 20000 샘플
위치부터 22050개의 샘플을 슬라이싱하게 됩니다.
(// 연산을 하는 것은, 인덱싱은 정수만 써야
하기 때문입니다.)

이제 여러분이 원한다면 이 데이터를 가지고 다양한 음악 신호 처리를 할 수도 있습니다만, 이 책
의 범위를 벗어나므로 다루지는 않겠습니다.

만일 오디오 샘플 데이터 **data**가 준비되어 있다면, 다음과 같이 **wavfile.write()** 메서드를 사용해 파일로 저장할 수 있습니다. (이때 **data**는 정수 혹은 부동소수점으로 구성된 1차원 또는 2차원의 **NumPy** 배열입니다.)

```
In [41]:
sampling_rate = 44100
wavfile.write('test.wav', sampling_rate, data)
```

◯ 파이썬 자료 다루기

파이썬의 여러 복합 자료를 파일에 저장해야 할 때도 있습니다. 이는 데이터 분석에서 필수적인 과정입니다. 예를 들면, 다음과 같이 책의 서지정보를 저장한 사전 자료가 있을 수 있습니다. 그 밖에도 리스트, 튜플, 집합 등의 자료들이 대표적입니다.

```
In [42]:
book1 = {'제목': '한 번 배운 파이썬, 나만의 활용 스킬', '저자': '이강성', '출판사': '프리렉', 'ISBN13': '9788965402770'}
book2 = {'제목': '미적분으로 바라본 하루', '저자': '오스카 E. 페르난데스', '출판사': '프리렉', 'ISBN13': '9788965401438'}
books = [book1, book2]
```

book1 사전과 **book2** 사전으로 만든 리스트 **books**를 이용하여, 이런 복합 자료들을 어떻게 파일에 저장하고 읽어내는지 알아보겠습니다.

1. **pickle** 모듈

pickle은 파이썬 객체를 그대로 파일에 저장하고, 또 그대로 읽어올 수 있게 하는 모듈입니다.

```
In [43]:
import pickle        # pickle 모듈 가져오기
```

pickle 모듈은 두 가지 대표적인 인터페이스를 가지는데, 바로 객체를 파일로 저장할 때 쓰는

`pickle.dump()` 메서드와 파일에서 객체를 읽어올 때 쓰는 `pickle.load()` 메서드입니다.

우리는 사전 리스트 `books`를 파일로 저장할 것이니, `pickle.dump(객체, open('파일이름', 'wb'))` 형식으로 호출하겠습니다.

In [44]:

```
pickle.dump(books, open('books.pickle', 'wb'))
```

변수 `books`에 담긴 사전 자료가 '`books.pickle`'이란 파일로 저장됩니다.

반대로, 파일에서 사전 자료를 다시 읽어와 보겠습니다. `pickle.load(open('파일이름', 'rb')` 형식을 사용합니다. 꼭 `'rb'`로 모드를 지정해 파일 읽기 모드로 열리게 해야 합니다.

In [45]:

```
pickle.load(open('books.pickle', 'rb'))

[{'제목': '한 번 배운 파이썬, 나만의 활용 스킬',
  '저자': '이강성',
  '출판사': '프리렉',
  'ISBN13': '9788965402770'},
 {'제목': '미적분으로 바라본 하루',
  '저자': '오스카 E. 페르난데스',
  '출판사': '프리렉',
'ISBN13': '9788965401438'}]
```

○ pickle 모듈 ○

- 데이터를 저장할 때는
 '`wb`' 모드
- 데이터를 읽을 때는
 '`rb`' 모드

2. json 모듈

JSON(JavaScript Object Notation)은 자바스크립트에서 정의된 데이터 교환용 텍스트 파일 포맷으로, 인터넷 환경에서 데이터를 교환할 때 보편적으로 사용되고 있습니다.

파이썬에서도 이런 작업을 지원하기 위해 `json` 모듈을 마련해 두고 있는데, 이것을 이용해도 파이썬 자료를 파일에 저장하거나 문자열로 변환할 수 있습니다.

사용법은 `pickle` 모듈과 거의 같습니다. 단지 파일을 열 때 텍스트 모드로 연다는 차이가 있습니다.

```
import json      # json 모듈 가져오기

json.dump(books, open('books.json', 'w'))
```

앞선 사전 리스트 books를, json.dump() 메서드를 이용해 파일로 저장했습니다. json은 텍스트 파일로 객체를 저장하므로 'w'를 이용했습니다.

```
json.load(open('books.json'))
```

```
[{'제목': '한 번 배운 파이썬, 나만의 활용 스킬',
  '저자': '이강성',
  '출판사': '프리렉',
  'ISBN13': '9788965402770'},
 {'제목': '미적분으로 바라본 하루',
  '저자': '오스카 E. 페르난데스',
  '출판사': '프리렉',
  'ISBN13': '9788965401438'}]
```

마찬가지로 json.load() 메서드로 사전의 정보를 읽어왔습니다. 다만 JSON 포맷은 자바스크립트를 위한 것이어서, 파이썬 자료를 온전하게 표현해 내지는 못합니다.

예를 들어 튜플은 파이썬에만 있는 자료형입니다. 한편 사전은 자바스크립트에도 있지만, 파이썬과 달리 자바스크립트에서는 숫자가 사전의 키로 사용될 수 없습니다.

```
data = {1: ('one', '하나'), 2: ('two', '둘'), 3: ('three', '셋')}
json.dump(data, open('test.json', 'w'))
json.load(open('test.json'))
```

```
{'1': ['one', '하나'], '2': ['two', '둘'], '3': ['three', '셋']}
```

json 출력 결과를 잘 보면, 숫자였던 키(key) 값들이 모두 따옴표가 붙은 문자열로 바뀌었습니다.

또한 값(value)으로 들어간 튜플도 리스트로 변환 저장되었는데, 역시 JSON에는 튜플 자료형이 없기에 유사하다고 간주되는 것으로 대체되었습니다.

따라서 JSON 포맷은 데이터 교환용으로만 사용하고, 온전한 파이썬 자료를 저장하기 위해서는 `pickle` 모듈을 사용하는 것이 좋습니다. 참고로 효율 면(속도 및 파일 크기)에서도 `pickle` 모듈 쪽이 한결 낫기도 합니다.

3. shelve 모듈

데이터가 많아서 메모리에 다 올려놓기는 부담스럽고, 그렇다고 규모로 보나 기능 활용도로 보나 전문적인 DBMS(데이터베이스 관리 시스템)를 사용하기도 부담스럽다면, `shelve` 모듈을 사용하는 것도 고려할 만합니다.

`shelve` 모듈은 데이터를 키 값과 매칭해 저장합니다. 사전 형식으로 데이터에 접근하고 저장하지만, 파일을 기반으로 하는 관리 시스템입니다. 코드를 통해 실행 과정을 따라가 보겠습니다. 먼저 `shelve` 모듈을 가져옵니다.

In [49]:
```python
import shelve
```

사전 리스트 `books`에서, `isbn13`을 키로 삼아 해당 도서의 표지 이미지 정보를 저장하고 싶다고 합시다. 저장할 데이터 `isbn13`과 `im`은 다음과 같습니다. (표지 이미지 파일 `bookcover.png`는 예제 폴더에 포함되어 있습니다.)

In [50]:
```python
isbn13 = '9788965402770'
with open('data/bookcover.png', 'rb') as f:    # with 문으로 표지 파일 f에 열기
    im = f.read()          # 변수 im에 읽어낸 'data/bookcover.png' 파일 저장
```

등록된 책 정보가 많은 경우, 이 데이터를 사전 그대로 저장해서 메모리에 두는 부담스러울 겁니다. 그렇다고 이미지들을 별도의 파일로 관리하는 것도 좋아 보이지는 않습니다. 이들을 효과적

으로 관리할 수 있는 방법은 바로 `shelve` 모듈을 이용하는 것입니다.

어떻게 하는지 보겠습니다. `shelve.open(파일이름)`으로 시작합니다. 그리고 기준이 될 키를 지정하고, 정보를 추가하면 됩니다. 다음 예는 `'bookimage.shelve'` 파일을 생성한 뒤, 앞서 변수 `im`에 담아 뒀던 표지 이미지 파일을 `isbn13` 키를 사용해 저장하고 있습니다.

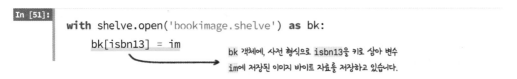

In [51]:
```python
with shelve.open('bookimage.shelve') as bk:
    bk[isbn13] = im
```
bk 객체에, 사전 형식으로 isbn13을 키로 삼아 변수
im에 저장된 이미지 바이트 자료를 저장하고 있습니다.

그러면 `isbn13` 정보만으로 이미지를 꺼낼 수 있습니다. 파일을 열어 이미지를 호출해 봅시다.

In [52]:
```python
with shelve.open('bookimage.shelve') as bk:
    im2 = bk['9788965402770']
```
키인 '9788965402770'으로 'bookimage.
shelve' 파일에 접근해, 이미지를 꺼내어 변수
im2에 저장합니다.

같은 이미지인지는 `im`과 `im2`를 비교해 보면 알 수 있습니다.

In [53]:
```python
im == im2

True
```

결과 이미지를 확인해 볼까요?

Image.open(파일경로)뿐 아니라 Image.
open(파일객체) 형식으로도 사용 가능합니다.

In [54]:
```python
import io
from PIL import Image


image = Image.open(io.BytesIO(im2))
image          # 주피터 노트북이 아니라면 image.show()
```

io.BytesIO(im2)는 메모리상의
바이트 변수 im2를 파일 객체처럼
다룰 수 있도록 변환해 줍니다.

이처럼 `shelve` 모듈은 사전 형식으로 사용되면서도, 파일 시스템으로 관리되기에 메모리 부담 없

이 필요한 정보만 뽑아낼 수 있다는 장점이 있습니다. 복잡한 DBMS를 필요로 하지 않는다면 말입니다.

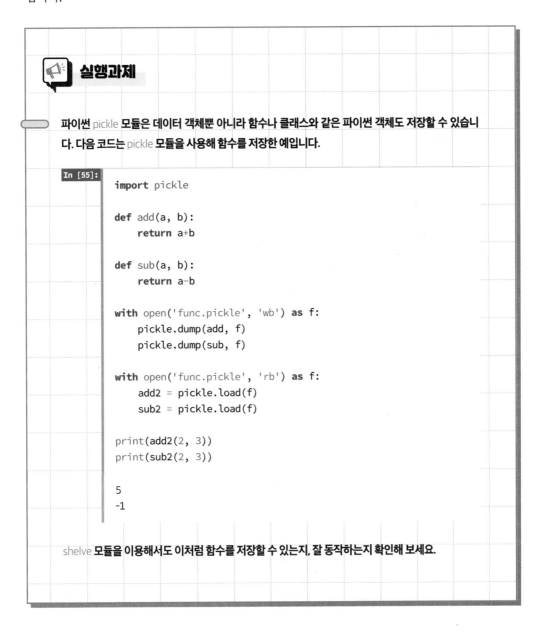

실행과제

파이썬 pickle 모듈은 데이터 객체뿐 아니라 함수나 클래스와 같은 파이썬 객체도 저장할 수 있습니다. 다음 코드는 pickle 모듈을 사용해 함수를 저장한 예입니다.

```
In [55]:
import pickle

def add(a, b):
    return a+b

def sub(a, b):
    return a-b

with open('func.pickle', 'wb') as f:
    pickle.dump(add, f)
    pickle.dump(sub, f)

with open('func.pickle', 'rb') as f:
    add2 = pickle.load(f)
    sub2 = pickle.load(f)

print(add2(2, 3))
print(sub2(2, 3))

5
-1
```

shelve 모듈을 이용해서도 이처럼 함수를 저장할 수 있는지, 잘 동작하는지 확인해 보세요.

폴더 IX

파이썬으로 문자와 놀아 보자

프로그래밍 언어라면 문자열을 잘 다룰 수 있어야 합니다. 앞서 다양한 자료형을 파이썬으로 다뤄 보았지만, 그중에서도 문자열 데이터 처리는 일상 생활에서 가장 많이 사용되는 분야일 것입니다. 이 폴더에서는 문자열을 다루는 데 있어 아주 유용한 '정규식'을 소개합니다. 정규식 없이도 문자열을 다룰 순 있지만, 정규식이 절약해 주는 시간과 노력은 상상을 초월합니다. 처음에는 조금 어려울지도 모르지만, 일단 한번 터득하고 나면 손으로 찢던 종이를 칼로 자를 때와 같은 큰 차이를 느낄 것입니다. 흥미진진한 문자열 처리 실습도 준비해 두었으니, 힘내서 함께 달려가 봅시다!

노트북_27
정규식

정규식(regular expression)은 **문자열 패턴 매칭(pattern matching)**을 위한 식입니다. 문자열의 패턴을 식으로 표현하고, 그 식에 맞는 문자열을 찾거나 바꾸거나 삭제할 수 있습니다.

정규식은 문자열을 다루는 데 있어 필수입니다. 처음에는 다소 부담스럽고 어색하겠지만, 한번 익혀 두면 다양하게 활용할 수 있는 강력한 기능입니다.

많은 편집기(개발환경)나 프로그래밍 언어에서 정규식을 지원하고 있습니다. MS 워드와 같은 워드프로세서에서도 정규식을 이용한 문자열 검색이나 대치가 가능하답니다.

그럼 정규식이 왜 필요한지부터 살펴보고, 정규식을 이용한 문제 해결로 진행해 나가겠습니다.

정규식이 왜 필요할까?

몇 가지 문제를 함께 생각해 봅시다. 첫 번째 문제입니다. 아파트의 면적을 나타내는 문자열이 주어져 있습니다.

```
'공급137.58㎡/전용115.26㎡'
```

여기서 '공급'/'전용' 항목의 숫자(137.58, 115.26)만을 추출하고 싶습니다. 어떻게 해야 할까요? `for`나 `while` 문으로 문제 해결이 가능하긴 합니다만, 코드가 그렇게 간단할 것 같지는 않습니다.

두 번째 문제입니다. 다음 텍스트에서 영어 알파벳만 남기고 나머지 문장 부호는 모두 공백으로 바꾸고 싶습니다. 어떻게 해야 할까요? 상대적으로 쉬운 문제이긴 합니다만, 그래도 정규식을 이용하면 더 쉽게 해결됩니다.

```
Alice was beginning to get very tired of sitting by her sister on the bank,
and of having nothing to do: once or twice she had peeped into the book her
sister was reading, but it had no pictures or conversations in it, "and what
is the use of a book," thought Alice "without pictures or conversation?"
```

세 번째 문제입니다. 다음처럼 한글과 한자가 섞여 있는 텍스트를, 한자 부분에 'hanja'라는 태그를 적용해 변환하고 싶습니다.

```
'학력(學力)과 학력(學歷)은 한자를 병기하지 않으면 오해하기 십상이다.'
⇒ '학력(<hanja>學力</hanja>)과 학력(<hanja>學歷</hanja>)은 한자를 병기하지 않으면 오
해하기 십상이다.'
```

어떤 방법이 있을까요? 한두 개라면 모를까 500페이지쯤 되는 문서라면, 수작업으로 수정하기는 어렵습니다. for나 while 문으로도 좀 복잡할 것 같군요. 그렇지만 정규식을 이용하면 단 몇 줄이면 해결될 간단한 문제입니다.

정규식은 문자열의 패턴(집합)을 정의하는 식입니다. 숫자들의 패턴을 표현할 수 있고, 어떤 그룹의 문자들을 나타낼 수도 있습니다. 이렇게 패턴이 매칭된 결과의 문자들을 추출하거나, 제거하거나, 혹은 다른 문자열로 대치할 수 있습니다.

앞서 소개한 3가지 문제는 정규식이 없어도 해결할 수 있겠지만, 정규식을 사용한다면 훨씬 더 쉽고 간결하게 풀립니다. 지금부터 파이썬 정규식을 이용해서 이 문제들을 하나씩 풀어보도록 하겠습니다.

문제 1: 문자열에서 숫자만 추출하기

1. `re.findall()`과 메타 문자 사용하기

첫 번째 문제는 메타 문자를 설명하면서 해결하겠습니다. 정규식에서 문자의 패턴을 매칭하기 위해서 사용되는 특별한 문자를 **메타 문자**(meta characters)라고 합니다. 예를 들어 \d는 10진수 숫자 하나(0~9)를 의미합니다. 그리고 \d+는 숫자들이 한 번 이상 나타난다는 것을 의미합니다(예: 3, 123, ...).

○ 메타 문자의 수량자 ○
- + = 1회 이상 발생
- * = 0회 이상 발생
- ? = 0 또는 1회 발생

숫자를 추출하는 문제를 살펴보면서 관련 설명을 이어가겠습니다. 파이썬 정규식에 사용하는 모듈은 `re`입니다. 이 모듈에 포함된 `re.findall(패턴, 문자열)` 메서드는, '문자열'에서 '패턴'에 맞는 문자열을 모두 찾아서 리스트 자료형으로 돌려줍니다.

```
In [1]:
import re      # re 모듈 가져오기

s = '공급137.58㎡/전용115.26㎡'
re.findall('\d+', s)      # s 문자열에서 한 자리 이상의 연속 숫자를 찾아 리스트로 반환

['137', '58', '115', '26']
```

숫자를 모두 찾기는 했는데, 그만 소수점도 숫자를 분리하는 기준으로 사용되어 버렸습니다. 제대로 된 결과를 얻으려면 점(.)을 포함한 실수를 찾아야 합니다. 메타 문자들은 \를 함께 사용하면, 본래의 일반 문자를 표현할 수 있습니다.

```
In [2]:
re.findall('\d+\.\d+', s)

['137.58', '115.26']
```

> **주의** 정규식에서 온점(.)은 임의의 한 문자를 의미하는 메타 문자입니다. 진짜 온점을 표현하기 위해서는 앞에 \를 추가해 \. 형태로 써 주어야 합니다.

성공한 것 같습니다. 그런데 다음과 같은 경우를 테스트해 보니 추출되지 않습니다.

```
In [3]:   s = '공급137㎡/전용115㎡'
          re.findall('\d+\.\d+', s)

          []   # 빈 리스트
```

정규식에는 소수점이 있는 패턴이 명시되어 있는 반면, 입력 문자열 s에는 소수점이 없기 때문에 패턴이 매칭되지 않은 것입니다. 그렇다면 소수점이 있을 수도 있고, 없을 수도 있는 숫자들을 모두 매칭하는 식을 표현해야 합니다.

이 문제는 소수점과 메타 문자 ?를 함께 써서 표현하면 해결 가능합니다. 메타 문자 ?는 어떤 문자가 0회 혹은 1회 나타난다는 것을 의미하므로, \.?는 점(.)이 나올 수도 있고 나오지 않을 수도 있다는 표현입니다.

```
In [4]:   s = '공급137㎡/전용115㎡'
          re.findall('\d+\.?\d+', s)

          ['137', '115']
```

이제 소수점이 있어도, 없어도 잘 매칭됩니다.

```
In [5]:   s = '공급137.58㎡/전용115.26㎡'
          re.findall('\d+\.?\d+', s)

          ['137.58', '115.26']
```

그렇지만 다음 경우에 9는 찾아지지 않습니다.

```
In [6]:   s = '공급9㎡/전용115.26㎡'
          re.findall('\d+\.?\d+', s)
```

> ['115.26']

정규식에 \d+가 두 번 기술되었으니, 매칭되려면 숫자가 소수점 .을 기준으로 최소한 앞에 하나, 뒤에 하나로 두 개 이상 나와야 하기 때문입니다. 한 자리 정수도 매칭 가능하도록 조치를 취해야 하겠습니다. 뒤쪽 \d+(숫자 1회 이상)에서 +를 *로 바꿔, \d*(숫자 0회 이상)로 써 줍시다. *는 0회 이상이란 뜻입니다.

```
In [7]:   s = '공급9㎡/전용115.26㎡'
          re.findall('\d+\.?\d*', s)

          ['9', '115.26']
```

. 뒤에 숫자가 없더라도 매칭하도록 정규식을 변경했으므로, 9가 누락 없이 잘 매칭되었습니다. 면적 단위인 ㎡를 포함하여 패턴을 매칭하게 하면 더 완전한 정규식이 될 것 같습니다.

```
In [8]:   s = '공급137.58㎡/전용115.26㎡'
          re.findall('\d+\.?\d*㎡', s)

          ['137.58㎡', '115.26㎡']
```

확인문제

다음 주어진 문자열에서 금액(숫자)만 추출해 보세요.

'금액:150,000만원 금액:2,600만원, 금액:45,000만원, 금액:500만원'

2. 메타 문자의 종류

자, 정규식이 무엇인지 감을 잡았으니, 이제 메타 문자에 대해서 정리하고 넘어가겠습니다. 메타 문자에는 몇 가지 종류가 있습니다. \d와 같이 문자 그룹(숫자, 문자)을 나타내는 메타 문자가 있고, +와 같이 반복을 지시하기 위한 메타 문자(수량자)들이 있습니다. 또한 문자의 위치를 나타내기 위한 메타 문자들도 있습니다.

여러 종류의 메타 문자를 유형별로 구분해 표로 정리합니다.

표 반복을 위한 메타 문자

메타 문자	의미	예
*	0회 이상 반복	ca*t는 ct, cat, caat, caaaat와 매칭된다.
+	최소 1회 이상 반복	ca+t는 cat, caat, caaaat와 매칭된다.
?	0회 혹은 1회	ca?t는 ct, cat와 매칭된다.
{m}	m회 반복	ca{2}t는 caat와 매칭된다.
{m,n}	m회부터 n회까지 반복	ca{2,3}t는 caat, caaat와 매칭된다.

표 문자 그룹을 위한 메타 문자

메타 문자	의미	자세한 설명
.	임의의 한 문자	줄바꿈 문자를 제외한 모든 문자와 매칭된다. re.DOTALL 모드를 사용하면 줄바꿈 문자도 매칭된다.
[]	문자 집합	[abc]는 'a', 'b', 'c'중 한 문자와 매칭된다. [0-9]와 같이 범위를 지정하는 것도 가능하다.
[^]	반대 문자 집합	[^abc]는 'a', 'b', 'c'를 제외한 한 문자와 매칭된다.
\d	숫자 [0-9]	1, 2, 9와 같은 십진수 숫자와 매칭된다.
\D	문자	숫자가 아닌 문자와 매칭된다. a, b, c, 가, 나 등. [^\d]와 같다.
\s	공백	모든 공백 문자와 매칭된다. \t \n \r \f에 해당한다.
\S	공백이 아닌 문자	공백이 아닌 문자와 매칭된다. [^\s]와 같다.
\w	숫자 또는 문자	숫자 혹은 문자와 매칭된다. a, A, 가, 顧, 2, み, ﾒ 등. 언어와 무관하다.
\W	특수 문자	숫자, 문자가 아닌 것, 즉 특수 문자들과 매칭된다. . ,	\? 등.

표 문자의 위치를 지정하기 위한 메타 문자

메타 문자	의미	자세한 설명
^	문자열의 시작	문자열의 맨 처음과 매칭된다.
$	문자열의 끝	문자열의 끝과 매칭된다.
\b	단어 경계	빈 문자열과 일치하나 단어의 시작 또는 끝에서만 매칭된다.
\B	단어 경계가 아님	빈 문자열과 일치하나 단어의 시작이나 끝에는 매칭되지 않는다.

표 기타 메타 문자

메타 문자	의미	자세한 설명
|	또는(or) 관계	a|b는 a 또는 b라는 의미이다.
()	그룹 지정	정규식 내의 그룹을 지정하는 데 사용한다(본문 예 참조).

3. 그룹(group) 활용하기

문자열 매칭 자체는 '주어진 문자열이 정규식의 패턴과 일치하느냐'만을 검사하는 것입니다. 패턴과 맞아떨어졌다고 해서, 곧바로 다른 작업(추출, 삭제, 대치 등)을 수행하지는 않습니다. 그런데 문자열의 패턴에 맞는 것이 확인되었을 때, 매칭된 문자열 중 특정한 부분의 문자열을 추출해야 하는 경우가 꽤 있습니다.

이럴 때 **그루핑**(grouping)을 사용합니다. 정규식 내에 소괄호 ()를 이용하여 원하는 만큼 그룹으로 묶으면, 이 부분만을 추출할 수 있습니다. 시험 삼아 문자열 s의 숫자에만 소괄호를 이용해 그루핑해 봅시다. ㎡를 포함하여 패턴 매칭을 하되, 숫자만 추출하려는 것입니다.

```
In [9]:   s = '공급137.58㎡/전용115.26㎡'
          re.findall('(\d+\.?\d*)㎡', s)

          ['137.58', '115.26']
```

그룹이 여러 개 있는 경우에는, 추출한 그룹의 값들이 튜플에 담겨집니다. 같은 정규식을 소수점 기준으로 두 그룹으로 묶어 보았습니다.

```
In [10]:
    s = '공급137.58㎡/전용115.26㎡'
    re.findall('(\d+)(\.?\d*)㎡', s)

    [('137', '.58'), ('115', '.26')]    # [(정수부), (소수점 이하)] 형식
```

4. `re.match()`로 문자열 매칭하기

방식은 조금씩 달랐지만, 지금까지는 단순히 숫자 두 개만을 추출했습니다. 그리고 첫 숫자는 공급 면적으로, 그 다음 숫자는 전용 면적으로 가정했습니다.

그런데 공급/전용 면적의 순서가 바뀌어 나올 가능성이 있다고 한다면 어떻게 해야 할까요? 그런 상황까지 고려한다면, '공급', '전용' 문자열을 포함해서 매칭하는 것이 좋겠습니다. `re.match()` 함수를 이용하면 됩니다.

`re.match(패턴, 문자열)` 함수의 사용 방법은 `re.findall()`과 유사하니, 바로 실전에 들어가 보겠습니다. 우선 공급 면적을 찾아봅시

> ○ re.match()와
> re.findall()의 차이
> ● re.match() 함수: 입력 문자열 맨 앞부터 정규식의 패턴과 일치하는지 확인!
> ● re.findall() 함수: 주어진 패턴과 일치하는 모든 문자열을 추출!
> 예> 변수명.메서드명()

다. 숫자를 추출하는 패턴은 앞서 완성했으니, 그걸 그대로 가져와 문자열 **'공급'**만 추가해 주면 될 것 같습니다.

```
In [11]:
    s = '공급137.58㎡/전용115.26㎡'
    re.match('공급(\d+\.?\d*)㎡', s)

    <re.Match object; span=(0, 9), match='공급137.58㎡'>
```

잘 매칭되었습니다. 그런데 반환된 결과가 지금까지와는 좀 다르군요. **re.Match object**라 하여, 매칭된 객체를 반환하고 있습니다. 이것을 **match 객체**라 부릅니다. 좀더 자세히 살펴보겠습니다.

```
In [12]:
    s = '공급137.58㎡/전용115.26㎡'
    m = re.match('공급(\d+\.?\d*)㎡', s)
```

match 객체를 이와 같이 m에 저장하면, 몇 가지 메서드를 사용할 수 있습니다. 가령 group() 메서드는 매칭된 문자열 전체를 넘겨줍니다.

```
In [13]:   m.group()

           '공급137.58㎡'
```

이 중에서 그룹으로 지정된 문자열만을 취하려면, groups() 메서드를 이용합니다.

```
In [14]:   m.groups()

           ('137.58',)
```

정규식 패턴은 하나이더라도 그룹은 하나 이상이 있을 수 있으므로, groups() 메서드의 값은 무조건 튜플에 넣어서 반환됩니다. 따라서 원하는 그룹을 선택하려면, 추가로 인덱싱을 사용해야 합니다. groups() 메서드 뒤에 **[인덱스번호]**를 붙여 줍시다.

```
In [15]:   m.groups()[0]      # 인덱스 0번째 값 반환

           '137.58'
```

또는 다음과 같이 group() 메서드 자체에 그룹 인덱스를 사용할 수도 있습니다. 인덱스가 0일 경우, 매칭된 문자열 전체를 반환합니다.

```
In [16]:   m.group(0)        # m.group()과 동일, 매칭된 문자열 전체 반환

           '공급137.58㎡'
```

그룹 인덱스는 1부터 시작합니다. 리스트와 달리 0부터 시작하지 않으니 주의하세요.

```
In [17]:   m.group(1)        # m.groups()[0]과 동일, 첫 번째 그룹에 매칭된 문자열 반환
```

```
'137.58'
```

문자열이 매칭된 범위를 알려면 span() 메서드를 이용합니다. span() 메서드는 다음처럼 현재 문자열 s에서 [0:9] 범위가 매칭되어 있다고 알려 줍니다.

```
In [18]:    m.span()

            (0, 9)
```

> span() 메서드:
> 매칭된 문자열의
> (시작인덱스, 끝인덱스)에
> 해당하는 튜플 값 반환

이번에는 전용 면적을 찾아보겠습니다. 그런데 반환값이 없습니다. 매칭에 실패한 것입니다.

```
In [19]:    s = '공급137.58㎡/전용115.26㎡'
            re.match('전용(\d+\.?\d*)㎡', s)
```

이전 공급 면적 때처럼 m에 re.match() 식의 결괏값을 저장해서 무슨 일이 일어났는지 확인해 보지요.

```
In [20]:    s = '공급137.58㎡/전용115.26㎡'
            m = re.match('전용(\d+\.?\d*)㎡', s)
            print(m)

            None
```

None이군요. 매칭에 실패했을 때, re.match() 함수는 이렇게 None을 반환합니다. 전용 면적 정규식 매칭이 실패한 까닭은, re.match() 함수는 문자열 s의 시작부터 패턴이 맞아떨어져야 매칭이 이루어지는데, 그러지 못했기 때문입니다. 따라서 다음과 같이 식을 수정해 주어야 합니다.

```
In [21]:    s = '공급137.58㎡/전용115.26㎡'
            re.match('.*전용(\d+\.?\d*)㎡', s)
```

> .* 메타 문자: 임의의 한 문자가 0회 이상 반복되는 패턴입니다.
> 그래서 입력 문자열의 '공급137.58㎡/의 부분과 매치됩니다.

```
<re.Match object; span=(0, 19), match='공급137.58㎡/전용115.26㎡'>
```

이제 전체 문자열의 매칭이 완료되었습니다. 그룹이 지정되어 있으니 곧장 전용 면적의 숫자를 얻어낼 수 있습니다.

```
In [22]:    re.match('.*전용(\d+\.?\d*)㎡', s).group(1)      # 매칭 결과의 첫 번째 그룹 반환

            '115.26'
```

정리하는 차원에서 공급 면적 숫자를 추출하는 코드도 다시 작성해 봅니다.

```
In [23]:    re.match('.*공급(\d+\.?\d*)㎡', s).group(1)      # 매칭된 첫 번째 그룹 반환

            '137.58'
```

 확인문제

re.match() 함수를 이용해서 주어진 전화번호가 010-1234-5678 형식에 맞는지 검사하는 코드를 작성해 보세요. (힌트: {} 메타 문자를 이용해 보세요.)

입력한 주민등록번호가 형식에 맞는지 검사하는 코드를 작성해 보세요. (힌트: xxxxxx-xxxxxxx 형식의 숫자로 구성되면 됩니다. {} 메타 문자를 이용해 보세요.)

5. `re.search()`로 문자열 찾기

`re.match()` 함수가 문자열의 처음부터 시작해 매칭 여부를 판단하는 반면, `re.search()` 함수는 문자열 중간부터라도 패턴에 매칭되는 문자열이 존재하는지를 찾습니다. 나머지 기능은 `re.match()`와 동일합니다.

> re.search() 함수:
> 문자열을 검색하여 정규식의 패턴과 매칭되는지 확인한 뒤, 첫 번째 매칭 결과의 매치 객체를 반환

```
In [24]:    s = '공급137.58㎡/전용115.26㎡'
            re.search('전용(\d+\.?\d*)㎡', s).group(1)

            '115.26'
```

그러므로 `re.search()` 함수를 사용하면, 앞서 `re.match()` 함수에서 사용했던 패턴 처음의 메타 문자 `.*`가 없더라도, 전용 면적과 공급 면적을 실패 없이 다 찾을 수 있습니다.

```
In [25]:    re.search('공급(\d+\.?\d*)㎡', s).group(1)

            '137.58'
```

표 | re 모듈의 함수 3가지 비교

함수	기능
re.findall()	정규식 패턴에 매칭되는 모든 부분 문자열을 찾아 리스트로 반환
re.match()	문자열의 처음부터 패턴과 매칭된 결과 반환
re.search()	정규식 패턴과 매칭되는 부분 문자열을 찾으면 바로 반환

문제 2: 문자열 대치하기

이번에는 두 번째 문제를 풀어 보겠습니다. 주어진 문자열에서 알파벳만 제외하고, 나머지는 모두 공백으로 바꾸는 식입니다.

```
In [26]:    s = '''Alice was beginning to get very tired of sitting by her sister
            on the bank, and of having nothing to do:  once or twice she had
            peeped into the book her sister was reading, but it had no
            pictures or conversations in it, "and what is the use of a book,"
            thought Alice "without pictures or conversation?"'''
```

이럴 때 우리는 `re.sub()` 함수를 사용합니다.

1. `re.sub()`: 단순 문자열 대치

`sub()`는 대치(substitute)하는 함수입니다. 말 그대로 패턴에 맞는 문자열을 찾아서 다른 문자열로 대치해 줍니다. '공급문자열' 중에 '패턴'과 매칭되는 것이 있는지를 검사하고, 있는 경우 '대치할_ 문자열'로 대치하게 됩니다. 구체적으로 어떻게 작동하는지 직접 시도해 보겠습니다.

> re.sub(패턴, 대치할_문자열, 공급문자열)

일단 알파벳 몇 자(a, b, c, d, e, f, g, h, i)를 공백으로 바꾸어 봅니다. 다음 정규식 패턴 `[abcdefghi]`는, 주어진 문자(a~i) 중 하나를 의미합니다.

```
In [27]:    print(re.sub('[abcdefghi]', ' ', s))

            Al  ws  nnn to tvrytr o sttn y rsstr
            ont  nk, n o  vn not n to o: on ortw  s
            p p  ntot ook rsstrwsr n, ut t  no
            p turs or onv rst ons n t," n w t st us o  ook,"
            t ou t Al  "w t out p turs or onv rst on?"
```

`[abcdefghi]`를 `[a-i]`와 같이 줄여서 사용해도 됩니다. 같은 원리로, 알파벳 전체를 공백으로 바꾸는 코드는 다음과 같이 기술됩니다. `[a-zA-Z]`는 영어 알파벳 소문자(a~z)와 대문자(A~Z)를 모두 지정하는 패턴입니다.

```
In [28]:    print(re.sub('[a-zA-Z]', ' ', s))


                      ,                  :
                                    ,
                             ,                 ,"
                      "                  ?"
```

우리의 목적은 반대입니다. 알파벳만 남기고 나머지를 공백으로 바꾸는 것입니다. 메타 문자 ^를 앞에 추가함으로써 지정 패턴을 반전시킬 수 있습니다. \n을 추가해 줄바꾸기 코드는 그대로 남기겠습니다.

```
In [29]:   print(re.sub('[^a-zA-Z\n]', ' ', s))

Alice was beginning to get very tired of sitting by her sister
on the bank  and of having nothing to do   once or twice she had
peeped into the book her sister was reading  but it had no
pictures or conversations in it   and what is the use of a book
thought Alice  without pictures or conversation
```

완벽하네요!

문제 3: 문자에 태그 붙이기

세 번째 문제를 풀어 보겠습니다. 국한문 혼용인 어떤 문장이 있을 때, 한자 표기 옆에 다음과 같이 <hanja></hanja> 태그를 붙이고 싶습니다.

> '학력(學力)과 학력(學歷)은 한자를 병기하지 않으면 오해하기 십상이다.'
> ⇒ '학력(<hanja>學力</hanja>)과 학력(<hanja>學歷</hanja>)은 한자를 병기하지 않으면 오해하기 십상이다.'

1. re.sub(): 유니코드를 이용한 문자열 대치

한자를 분리해야 하니 우선 한자의 유니코드 범위를 알아야겠습니다. 한자의 유니코드는 0x4e00~0x9fa5 안에 있습니다 시작과 끝 문자는 다음과 같습니다,

```
In [30]:    chr(0x4e00)      # 시작 문자 == '一'
            chr(0x9fa5)      # 끝 문자 == '龥'
```

≪ 되짚어보기

chr() 함수: 코드값(유니
코드)을 입력하면 해당 값
에 해당하는 문자를 반환합
니다.

- 한자(漢字) 한 글자의 범위 :
  [一-龥]
- 한글 한 글자의 범위 : [가-힣]
  - 자음 : [ㄱ-ㅎ]
  - 모음 : [ㅏ-ㅣ]
- 한글 전체의 범위 :
  [가-힣ㄱ-ㅎㅏ-ㅣ]

이 문자들을 복사해서 정규식에 **[一-龥]**와 같이 표기해 주면, 한자 한
글자를 나타낼 수 있습니다. 이것을 활용해 일단 한자를 공백으로 바
꾸는 테스트를 해보겠습니다. 앞서와 마찬가지로 re.sub() 함수를 활
용합니다.

```
In [31]:    s = '학력(學力)과 학력(學歷)은 한자를 병기하지 않으면 오해하기 십상이다. '
            re.sub('[一-龥]+', ' ', s)

            '학력( )과 학력( )은 한자를 병기하지 않으면 오해하기 십상이다.'
```

[一-龥]+는 수량자 +를 조합함으로써,
한 글자 이상의 한자와 매칭되게 됩니다.

한자는 잘 찾았습니다. 이제는 찾은 한자를 **<hanja>** 태그 안에 묶어
주어야 합니다. 첫 번째 방법은 소괄호 ()를 이용하여 그룹을 지정하
고, 첫 번째 그룹의 매칭 결과를 나타내는 번호 \\1을 이용하는 것입
니다. 이때 \\1은 group(1)과 동일합니다.

\1은 첫 번째 매칭된 그룹에
접근하는 메타 문자
문자열에서는 \\1로 사용!

```
In [32]:    re.sub('([一-龥]+)', '<hanja>\\1</hanja>', s)

            '학력(<hanja>學力</hanja>)과 학력(<hanja>學歷</hanja>)은 한자를 병기하지 않으면 오해하기
            십상이다.'
```

2. re.sub(): 함수를 이용한 문자열 대치

두 번째 방법은 대치 함수를 이용하는 것입니다. 단순히 매칭 결과를 대치하는 것이 아니라 대치
할 문자열을 만들어내야 하는 경우에는, 함수를 사용하는 편이 더 적절합니다.

re.sub() 함수의 두 번째 인수는 문자열이 아닌 함수로 대치될 수 있습니다. 우선 함수가 어떻게 동
작하는지 확인하기 위해 간단한 함수 f를 정의해 봅니다. 함수가 받는 인수 m은 매치 객체입니다.

```
In [33]:    def f(m):
                print(m.group())      # 매칭된 문자열 전체 출력, 확인 차원
                return '.'            # 매칭된 문자열을 점(.)으로 대치해 반환

            re.sub('[一-顧]+', f, s)   # 문자열 s에 패턴이 매칭되면 함수 f 호출

            學力
            學歷
            '학력(.)과 학력(.)은 한자를 병기하지 않으면 오해하기 십상이다.'
```

한자가 있던 자리에 점(.)이 자리 잡았습니다. 함수 **f**만 잘 정의해 주면 얼마든지 원하는 형태로 문자열을 변경할 수 있겠군요. `<hanja>` 태그 안에 `format()` 메서드로 문자열을 넣어서 반환해 보 겠습니다.

```
In [34]:    def f(m):
                return '<hanja>{}</hanja>'.format(m.group())

            re.sub('[一-顧]+', f, s)

            '학력(<hanja>學力</hanja>)과 학력(<hanja>學歷</hanja>)은 한자를 병기하지 않으면 오해하기 십
            상이다.'
```

성공했습니다!

3. 그룹(group) 활용하기

그러면 조금 더 발전시켜서 하나가 아니라, 두 종류의 태그를 붙여 봅시다. 한자와 알파벳을 각각 `<hanja>`와 `<eng>` 태그 안에 넣는 것입니다. 연습할 예문은 다음과 같습니다.

> 'HIV는 단순히 cDNA를 transfection해서는 감염이 되지 않는다, 이에 따라 逆相遺傳學的으로 설계된 vector가 필요하다.'

순서는 이렇습니다. 먼저 `'[一-龥]+|[a-zA-Z]+'`와 같이 메타 문자 `|`
연산을 이용하여, 한자 문자열과 알파벳 문자열을 분리해야 합니다.

그런 다음 `'([一-龥]+)|([a-zA-Z]+)'` 형태로 그루핑을 하겠습니다.
이렇게 그루핑을 하면 `groups()` 메서드로써 한자 패턴으로 매칭되었
는지, 알파벳 패턴으로 매칭되었는지 확인할 수 있기 때문입니다.

> `|`: or 연산,
> 두 패턴 중 한쪽을 선택

예시 문자열을 **s**에 저장하고, 완성된 정규식 패턴으로 매칭하면 다음과 같습니다. 매칭이 잘되는
지 `findall()` 함수로 확인해 봅니다.

In [35]:
```
s = 'HIV는 단순히 cDNA를 transfection해서는 감염이 되지 않는다.  이에 따라 逆相遺傳學的으로
설계된 vector가 필요하다.'
re.findall('([一-龥]+)|([a-zA-Z]+)', s)
```

[('', 'HIV'),
 ('', 'cDNA'),
 ('', 'transfection'),
 ('逆相遺傳學的', ''),
 ('', 'vector')]

원하는 대로 전부 매칭되었습니다. 이제 매칭된 문자열을 문자 '?'로 바꾸는 함수 **f**를 추가하여
`sub()` 함수로 대치를 진행해 보겠습니다.

In [36]:
```
def f(m):
    print(m.groups())      # 매칭된 문자열 전체 출력(확인 차원)
    return '?'             # 매칭된 문자열을 ?로 대치해 반환

re.sub('([一-龥]+)|([a-zA-Z]+)', f, s)
```

(None, 'HIV')
(None, 'cDNA')
(None, 'transfection')
('逆相遺傳學的', None)
(None, 'vector')   # print() 함수의 출력들

'?는 단순히 ?를 ?해서는 감염이 되지 않는다. 이에 따라 ?으로 설계된 ?가 필요하다.'

`m.groups()`는 두 그룹의 매칭된 문자열을 튜플에 담아 반환해 줍니다. 한자라면 첫째 항목에, 알파벳이라면 둘째 항목에 매칭 결과가 담겨 있습니다. `sub()` 함수인 경우 매칭되지 않으면 `None`으로 채워지네요.

한 번에 전부 매칭되어 편리하군요. 이 함수 **f**를 이용하면 한자와 영어의 태그를 별도로 붙일 수 있겠습니다.

```
In [37]:
def f(m):
    t = m.groups()        # 매칭된 문자열 튜플 t에 대하여
    if t[0]:              # 첫 번째 항목(인덱스 0)이 존재하면 한자
        return '<hanja>{}</hanja>'.format(t[0])
    else:                 # 첫 번째 항목이 존재하지 않으면(=None) 영어
        return '<eng>{}</eng>'.format(t[1])
    return t

s = 'HIV는 단순히 cDNA를 transfection해서는 감염이 되지 않는다.  이에 따라 逆相遺傳學的으로 설
계된 vector가 필요하다.'
re.sub('([—-頿]+)|([a-zA-Z]+)', f, s)
```

'<eng>HIV</eng>는 단순히 <eng>cDNA</eng>를 <eng>transfection</eng>해서는 감염이 되지 않는다. 이에 따라 <hanja>逆相遺傳學的</hanja>으로 설계된 <eng>vector</eng>가 필요하다.'

4. 단어 경계 찾기

이번에는 동일한 문자로 구성된 문자열의 경우를 살펴보고자 합니다. 한글로 된 다음 문장에서 사람 이름을 구별하고, 거기에 <person></person>이라는 태그를 붙여 보겠습니다.

'야곱과 에서는 집에서 나와 들로 나갔습니다.'
⇒ '<person>야곱</person>과 <person>에서</person>는 집에서 나와 들로 나갔습니다.'

사람 이름은 변수 `people`에 저장해 둘 것입니다.

```
In [38]:   people = ['야곱', '에서']
           s = '야곱과 에서는 집에서 나와 들로 나갔습니다.'
```

정규식은 '야곱' 혹은 '에서'인 경우 처리해야 하므로 '또는' 관계로 표현해야 합니다. 이것은 `|` 메타 문자를 사용하면 됩니다.

```
In [39]:   re.sub('야곱|에서', 'person', s)

           'person과 person는 집person 나와 들로 나갔습니다.'
```

이런, 문제가 생겼습니다. '집에서'의 조사 '–에서'가 우연치 않게 이름 '에서'와 형태가 같아 혼동된 바람에, 사람 이름으로 잘못 처리된 것입니다. 이를 고치려면 조사와 사람 이름을 별도 처리하게 해줘야 합니다.

조사를 구분할 기준으로 '조사 앞에는 다른 문자열이 온다'는 점을 이용하겠습니다. 단어 경계를 표현하는 메타 기호는 `\b`(boundary)입니다. 사람 이름 앞에는 단어 경계가 오겠지만, 조사는 그렇지 않을 것입니다.

```
In [40]:   re.sub('\b야곱|\b에서', 'person', s)

           '야곱과 에서는 집에서 나와 들로 나갔습니다.'
```

그런데 아무런 적용이 되지 않았습니다. 문제는 `\b`에 있습니다. 이것이 이스케이프 문자에서 백스페이스 문자에 해당하기 때문입니다. 따라서 다음처럼 `\`를 한 번만 쓰면, 이스케이프 문자와 충돌해서 출력 결과에 백스페이스(지우기)가 적용되게 됩니다.

```
In [41]:   print('abc\b')      # abc 출력 후 백스페이스 적용

           ab
```

그래서 이 경우 백슬래시를 두 번(\\) 써 주어야만 백슬래시를 한 번 입력한 것으로 처리되어, 원하는 결과를 얻을 수 있습니다.

```
In [42]:   print('abc\\b')

           abc\b
```

실제 출력 결과에는 ₩ 모양으로 나타납니다.
이 책에서는 문법 설명을 위하여 본래 기호로 표시합니다.

다시 '야곱'과 '에서'의 정규식에 적용해 보겠습니다.

```
In [43]:   re.sub('\\b야곱|\\b에서', 'person', s)

           'person과 person는 집에서 나와 들로 나갔습니다.'
```

드디어 패턴 매칭에 성공했습니다. 이름들은 people 리스트에 담아 두었으므로, 정규식은 다음과 같이 한 번에 만들어낼 수 있습니다.

```
In [44]:   '|'.join(['\\b' + e for e in people])

           '\\b야곱|\\b에서'
```

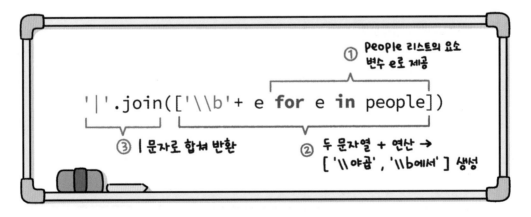

그림과 같이, people에 담겨 있던 이름 '야곱'과 '에서'가 person이 매칭된 자리에 대치되어 늘어갔습니다. 태그를 붙여줄 format() 메서드 함수 f도 작성해서 전체 코드를 정리해 보겠습니다.

```
def f(m):
    return '<person>{}</person>'.format(m.group())

pat = '|'.join(['\\b'+ e for e in people])
re.sub(pat, f, s)
```

'<person>야곱</person>과 <person>에서</person>는 집에서 나와 들로 나갔습니다.'

 확인문제

re.sub() 함수를 이용하여 다음 문장 중 '**metaverse**' 단어에만 <bold>metaverse</bold>**와 같이 태그를 붙여 보세요.**

> In futurism and science fiction, the metaverse is a hypothetical iteration of the Internet as a single, universal and immersive virtual world that is facilitated by the use of virtual reality (VR) and augmented reality (AR) headsets.

{'야곱': 'Jacob', '에서': 'Esau'} **사전을 이용하여, 다음 문장에서 '야곱'은 '야곱(Jacob)'으로, '에서'는 '에서(Esau)'로 변경해 보세요.**

> '야곱과 에서는 집에서 나와 들로 나갔습니다.'

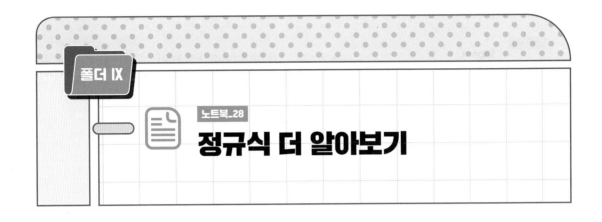

노트북_28
정규식 더 알아보기

이제 정규식이 왜 필요한지, 얼마나 강력한지 충분히 알았으리라 생각합니다. 그러면 더 깊이 들어가, 정규식을 더 잘 활용하기 위해 막강한 정규식의 심화 기능들을 익혀 보도록 하겠습니다.

기능 1. `re.split()`: 문자열 분리하기

종종 주어진 문자열을 분리하고 싶을 때가 있습니다. 단순히 특정 문자를 기준으로 분리하면 될 때도 있지만, 더 복잡한 기준으로 분리해야 할 경우도 있습니다. 다음 문자열을 보겠습니다.

```
In [1]:
    s = 'HIV는 단순히 cDNA를 transfection해서는 감염이 되지 않는다.  이에 따라 逆相遺傳學的으로
    설계된 vector가 필요하다.'
```

위 문자열을 다음과 같이 분리해 보고 싶습니다.

```
['HIV', '는', '단순히', 'cDNA', '를', 'transfection', '해서는', '감염이', '되지',
'않는다', '.', '이에', '따라', '逆相遺傳學的', '으로', '설계된', 'vector', '가', '필
요하다', '.']
```

정규식 모듈 `re`의 `split()` 함수는 `re.split(패턴, 문자열)` 형식으로 사용됩니다. 분리할 기준은 정규식 패턴이 제시합니다. 예를 들어 문장 부호인 마침표(.), 물음표(?), 느낌표(!)를 기준으로 분리하는 코드는 다음과 같습니다.

In [2]:

```
import re
```

문장 부호 **. ! ?** 는 각각의 역할이 있는 메타 문자입니다.
****를 붙여야만 원래 문자로 인식합니다.

```
re.split('[\.\?\!]', s)
```

```
['HIV는 단순히 cDNA를 transfection해서는 감염이 되지 않는다',
 ' 이에 따라 逆相遺傳學的으로 설계된 vector가 필요하다',
 '']
```

단순히 문장 부호로만 구분하니, 문장 앞에 공백이 생겨 버렸습니다. 나중에 문자열의 **strip()** 함수로 공백을 없애기로 합니다. 그런데 구분에 사용된 문장 부호들이 덩달아 사라졌네요. 이것을 살리려면 소괄호를 사용해 그루핑을 하면 됩니다.

In [3]:

```
re.split('([\.\?\!])', s)
```

```
['HIV는 단순히 cDNA를 transfection해서는 감염이 되지 않는다',
 '.',
 ' 이에 따라 逆相遺傳學的으로 설계된 vector가 필요하다',
 '.',
 '']
```

re.split()의 기능을 이해했으니, 이제 영어 단어를 문자열 구분 기준인 구분자로 삼아 보겠습니다. **'([a-zA-Z]+)'** 패턴을 사용해 알파벳 단어만을 매칭하여 구분할 수 있습니다.

In [4]:

```
print(re.split('([a-zA-Z]+)', s))
```

```
['', 'HIV', '는 단순히 ', 'cDNA', '를 ', 'transfection', '해서는 감염이 되지 않는다. 이에 따라 逆相遺傳學的
으로 설계된 ', 'vector', '가 필요하다.']
```

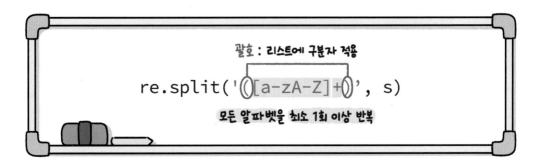

한자도 구분자로 함께 적용해 봅니다. 한자 전체의 패턴은 [一-龥]입니다. 마찬가지로 그루핑을 활용합니다. 두 패턴은 | 메타 문자로 연결해 줍니다.

```
In [5]:
print(re.split('([a-zA-Z]+|[一-龥]+)', s))

['', 'HIV', '는 단순히 ', 'cDNA', '를 ', 'transfection', '해서는 감염이 되지 않는다. 이에 따라 ', '逆相遺傳學
的', '으로 설계된 ', 'vector', '가 필요하다.']
```

이어서 한글까지 추가해 보겠습니다. 한글 전체는 **[가-힣]** 패턴에 매칭됩니다.

```
In [6]:
print(re.split('([a-zA-Z]+|[一-龥]+|[가-힣]+)', s))

['', 'HIV', '', '는', ' ', '단순히', ' ', 'cDNA', '', '를', ' ', 'transfection', '', '해서는', ' ', '감염이', ' ', '되지', ' ', '않
는다', '. ', '이에', ' ', '따라', ' ', '逆相遺傳學的', '', '으로', ' ', '설계된', ' ', 'vector', '', '가', ' ', '필요하다', '.']
```

여기에서 빈 문자열과 공백만 있는 문자열을 제거하여 리스트를 다시 정리해 줍니다. strip() 메서드를 사용합니다. 리스트 내장을 활용해 간략히 표현해 보았습니다.

```
In [7]:
print([e for e in re.split('([a-zA-z]+|[一-龥]+|[가-힣]+)', s) if
e.strip()])

['HIV', '는', '단순히', 'cDNA', '를', 'transfection', '해서는', '감염이', '되
지', '않는다', '.', '이에', '따라', '逆相遺傳學的', '으로', '설계된', 'vector',
'가', '필요하다', '.']
```

되짚어보기

리스트 내장: [식 for 변수
in 리스트 if 조건식]

기능 2. 최소 매칭

메타 문자 *, +, ? 등은 수량자로서, 항상 가능하면 많은 문자를 포함시키려고 시도합니다. 그런데 가끔 이 특성이 문제를 일으킬 때가 있습니다. 설명을 위해 다음 문자열 예에서 span 태그 안의 텍스트만 추출해 보겠습니다.

```
In [8]:  s = '<span strong="3568">νῦν</span><span strong="2631">κατάκριμα</span>'
```

지금까지 배운 대로 findall() 함수를 사용하고, 정규식을 '<span.*>(.*)</span>'과 같이 작성했는데, 왠지 출력 결과가 이상합니다.

```
In [9]:  re.findall('<span.*>(.*)</span>', s)

         ['κατάκριμα']
```

왜냐하면 처음의 '<span.*>'에서 '<span strong="3568">νῦν</span><span strong="2631">'까지 과도하게 매칭되었기 때문입니다. 문자열 νῦν까지 태그와 한 덩어리로 취급되는 바람에 매칭 결과에서 누락되어 버렸습니다. 이처럼 매칭을 가급적 최대한으로 하는 것을 '**탐욕적인 매칭(greedy matching)**'이라고 합니다. 기본적으로 정규식은 탐욕적인 매칭을 시도합니다.

탐욕적인 매칭을 방지하는 메타 문자가 바로 ?입니다. ?는 0회 혹은 1회를 나타내는 메타 문자이지만, *?, +?와 같이 반복을 나타내는 다른 메타 문자와 함께 사용되었을 때는 탐욕적인 매칭을 금지합니다. 이를 활용해 다시 span 태그 안의 텍스트를 추출해 봅니다.

> 탐욕적인 매칭(greedy matching): 가능한 많은 부분이 매칭되도록 함!

```
In [10]:  re.findall('<span.*?>(.*?)</span>', s)

          ['νῦν', 'κατάκριμα']
```

누락 없이 잘 추출되었습니다. 이렇게 의도적으로 매칭 범위를 제한하는 것을 **최소 매칭**이라고 합니다.

◉ 기능 3. 플래그의 활용

정규식이 기본으로 동작하는 방식과 다르게 일하게끔 지시하려면, **플래그**라는 것을 추가로 사용해야 합니다.

예를 들어, 정규식은 기본적으로 라인(줄) 단위로 동작합니다. 그런 까닭에 줄바꾸기 코드([Enter] 키)를 통해 줄이 바뀐 다음 문자열에서는, 아랫줄인 **지금, 이제, 현재">vūv</span>'''** 부분은 매칭이 이루어지지 않았습니다.

```
In [11]:
s = '''<span data-toggle="tooltip" strong="3568" title="[nyn] 명사
지금, 이제, 현재">vūv</span>'''
re.findall('<span.*?>(.*?)</span>', s)

[]
```

그 원인은 줄바꾸기 문자 `\n`이 `<span.*>`의 메타 문자 `.`에 인식되지 않기 때문입니다. 이 경우, `re.DOTALL` 플래그를 `findall()` 함수의 옵션에 추가하면 됩니다. `re.DOTALL`은 점(.) 메타 문자가 줄바꾸기 문자와 매칭되도록 해 줍니다.

```
In [12]:
re.findall('<span.*?>(.*?)</span>', s, re.DOTALL)

['vūv']
```

그런가 하면, 대소문자를 구분하지 않아야 할 때도 있습니다. 예를 들어 `SPAN` 태그와 `span` 태그를 동일하게 처리하고 싶은 경우입니다. 이때는 알파벳의 대소문자를 구분하지 않게 해주는 `re.IGNORECASE` 플래그를 이용합니다. `re.DOTALL` 플래그와 함께 사용해야 하므로, 연산자 `|`로 연

결해 줍시다.

In [13]:
```
re.findall('<SPAN.*?>(.*?)</SPAN>', s, re.IGNORECASE | re.DOTALL)
```

['vῦv']

이외에도 몇 가지 플래그가 더 있지만 간략히 표로 정리하고, 연습은 독자 여러분께 맡기겠습니다.

표 플래그의 종류와 의미

플래그	짧은 이름	의미
re.ASCII	re.A	메타 문자 \w, \W, \b, \B, \d, \D, \s, \S가 아스키 문자만 처리합니다.
re.IGNORECASE	re.I	대소문자 구분 없이 처리합니다.
re.MULTILINE	re.M	^와 $ 메타 문자가 전체 문자열이 아닌 각 라인에 대해서 적용됩니다.
re.DOTALL	re.S	.이 줄바꾸기 코드도 인식하게 합니다.

 확인문제

다음 문자열에서 title 속성에 해당하는 값들만 추출해 보세요. (힌트: 최소 매칭과 플래그를 활용하세요.)

```
s = '''<span strong="3568" title="[nyn] 명사
지금">vῦv</span><span strong="2631" title="[katakrima] 명사
형벌">κατάκριμα</span>'''
```

기능 4. `re.compile()`로 시간 절약하기

정규식은 파이썬 내부에서 문자열을 처리하기 위한 코드로 변환됩니다. 그러므로 식을 자주 사용할 경우 한번 변환해 둔 것을 함수처럼 반복해서 이용하면, 매번 새로 입력할 필요가 없어 시간을 조금 절약할 수 있습니다.

정규식을 처리할 코드로서 변환 객체를 얻는 데, `re.compile()` 함수를 사용합니다. 앞서 만든 `<span>` 태그 문자열 매칭 정규식을 추후 재사용할 수 있는 형태로 만들어 보겠습니다.

```
In [14]:   p = re.compile('<span.*?>(.*?)</span>', re.DOTALL)
           p

           re.compile(r'<span.*?>(.*?)</span>', re.DOTALL|re.UNICODE)
```

re.UNICODE 옵션은 기본입니다.
re.ASCII 옵션을 사용하면
re.UNICODE 옵션은 사라집니다.
영어만 처리할 것이 아니라면
re.UNICODE 옵션이 맞습니다.

이렇게 얻어낸 객체 p의 메서드를 이용해서, 정규식에서 사용하는 `match()`, `search()`, `findall()`, `sub()` 등의 함수들과 같은 기능을 수행할 수 있습니다.

```
In [15]:   p.match

           <function Pattern.match(string, pos=0, endpos=9223372036854775807)>
```

출력 메시지를 읽어 보면 `p.match`가 `Pattern.match`라는 메서드로 지정되었음을 알 수 있습니다. 괄호 안의 옵션은 꼭 이해하지 않아도 괜찮습니다.

다른 메서드들도 확인해 볼까요? 먼저 `p.search`입니다.

```
In [16]:   p.search

           <function Pattern.search(string, pos=0, endpos=9223372036854775807)>
```

이번에는 `p.findall`인데, `p.search`와 인수가 일치하네요.

```
p.findall
```

<function Pattern.findall(string, pos=0, endpos=9223372036854775807)>

마지막 **p.sub** 메서드도 사용 가능합니다.

```
p.sub
```

<function Pattern.sub(repl, string, count=0)>

이제 만들어진 정규식 패턴 컴파일 객체 **p**를 이용하여 다양한 기능을 수행할 수 있습니다. 이 중 **p.findall()** 메서드의 실행 예제를 하나만 보여드리겠습니다. 나머지도 같은 방식으로 사용 가능합니다.

```
s = '''<span data-toggle="tooltip" strong="3568" title="[nyn] 명사
지금, 이제, 현재">vŭv</span>'''
p.findall(s)
```

['vŭv']

확인문제

앞서 compile() 없이 진행했던 예제들을, compile() 함수를 적용해서 다시 풀어 보세요.

⬤ [도전] 줄임말에 주석 달기

인터넷이 보편화되면서 많은 줄임말이 사용되고 있습니다. 그러나 줄임말은 은어와 비슷하여, 미리 알고 있지 않으면 무슨 뜻인지 얼른 이해하기 어렵습니다. 인터넷 문화에 친숙하지 않은 사람이 줄임말을 잘 모르더라도 문장을 이해할 수 있도록, 사전 자료형에 저장된 표를 이용하여 사용된 줄임말의 원래 의미를 첨부하는 코드를 작성해 보려고 합니다.

일단 뜻풀이를 준비해 두어야겠지요. **abbr**이란 사전 변수에 줄임말에 대한 정보를 넣었습니다.

```
In [20]:
abbr = {'TMI': 'too much information', 'ASAP': 'as soon as possible',
        'TGIF': 'Thank God it\'s Friday', 'FYI': 'For your information',
        'MSG': 'Message', 'YW': "You're welcome", 'ADN': 'any day now',
        '갑툭튀': '갑자기 툭 튀어나옴', '깜놀': '깜짝 놀람',
        '근왜주': '근데 왜 주작?', '근자감': '근거 없는 자신감',
        '겜알못': '게임 알지도 못하는 놈들아'}

abbr['ASAP']

'as soon as possible'
```

이 표를 활용해 다음처럼, 문장에 있는 줄임말 단어마다 그 뜻이 담긴 주석을 달아 주고 싶습니다.

```
'I need those dresses ASAP.'
⇒ 'I need those dresses ASAP(as soon as possible).'
```

이 도전 과제는 문자열의 `replace()` 메서드를 이용해서 해결할 수도 있습니다. 먼저 한 줄에 대한 테스트를 해봅니다.

```
In [21]:
line = 'I need those dresses ASAP.'
line.replace('ASAP', 'ASAP(as soon as possible)')

'I need those dresses ASAP(as soon as possible).'
```

> replace(원문자열, 대치문자열) 메서드:
> 문자열에서 앞쪽 인수의 문자열과 일치하는 부분을
> 찾아, 뒤쪽 인수의 문자열로 대치해 줍니다.

하지만 정규식을 이용하는 편이 훨씬 더 효과적입니다. 정규식을 이용해서 사전 abbr에 등록된 모든 단어에 대해서 같은 처리를 해보겠습니다.

```
In [22]:    import re       #정규식 모듈 re 가져오기

            abbr = {'TMI': 'too much information', 'ASAP': 'as soon as possible',
                    'TGIF': 'Thank God it\'s Friday', 'FYI': 'For your information',
                    'MSG': 'Message', 'YW': "You're welcome", 'ADN': 'any day now',
                    '갑툭튀': '갑자기 툭 튀어나옴', '깜놀': '깜짝 놀람',
                    '근왜주': '근데 왜 주작?', '근자감': '근거 없는 자신감',
                    '겜알못': '게임 알지도 못하는 놈들아'}

            def expandAbbr(s):                  함수 안에 새로운 함수를 정의하는 것도 가능합니다. 물론 이 repl()
                def repl(m):                    함수는 expandAbbr() 함수 내에서만 사용 가능합니다.
                    return '{}({})'.format(m.group(), abbr[m.group()])

                pat = '|'.join(['\\b' + e for e in abbr.keys()])
                return re.sub(pat, repl, s)
```

코드를 찬찬히 살펴보겠습니다. 사전 abbr의 키 값들을 모아서 정규식을 만들었군요. pat 변수에 담긴 정규식을 확인해 볼까요?

```
In [23]:    pat = '|'.join(['\\b' + e for e in abbr.keys()])
            pat                                              이렇게 쓰지 않고, 그냥 abbr만
                                                             사용해도 됩니다.
            '\\bTMI|\\bASAP|\\bTGIF|\\bFYI|\\bMSG|\\bYW|\\bADN|\\b갑툭튀|\\b깜놀|\\b근왜주|\\b근자
            감|\\b겜알못'
```

메타 문자 \\b는 단어 경계(boundary)를 의미합니다. for 반복문과 abbr.keys()를 통해 사전 abbr에 있는 키들이 빠짐없이 다 매칭되게 됩니다.

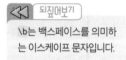

되짚어보기

\b는 백스페이스를 의미하는 이스케이프 문자입니다.

이제 상위 함수 expandAbbr(s)를 호출하면, 가장 먼저 인수 pat를 이용해 문자열 매칭을 시도할 것입니다. 이 작업이 끝나면 re.sub() 함수를 통해 두 번째 인수로 전달된 하위 함수 repl()을 호출합니다. 이 함수는 format() 메서드를 사용해 매칭된 본단어(m.group())와 풀이(abbr[m.group()])를 본단어(풀이) 구조로 합칩니다. 그런 다음, 매칭된 원래 단어(문자열)를 대치합니다.

그림으로 표현하면 다음의 흐름입니다.

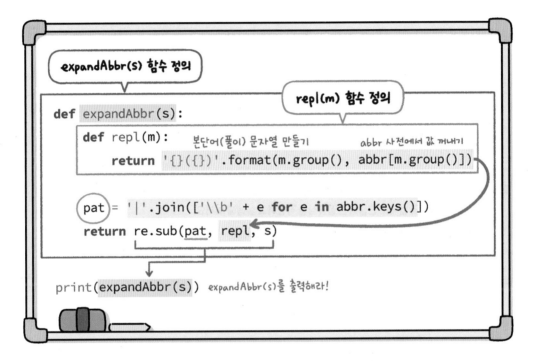

자, 모든 준비가 끝났습니다. 그럼 expandAbbr(s)를 이용해 실제 문장 s에 줄임말 주석을 달아 보겠습니다.

```
In [24]:  s = '''I need those dresses ASAP. FYI, I already emailed you.
          대개 근자감의 원인은 지나친 자기중심적 사고와 독선이지만, 정신승리가 원인인 경우도 있다.
          그는 오히려 겜알못 사건 이후 경기력이 급상승했다.
          '''
          print(expandAbbr(s))
```

> I need those dresses ASAP(as soon as possible). FYI(For your information), I already emailed you.
> 대개 근자감(근거 없는 자신감)의 원인은 지나친 자기중심적 사고와 독선이지만, 정신승리가 원인인 경우도 있다.
> 그는 오히려 겜알못(게임 알지도 못하는 놈들아) 사건 이후 경기력이 급상승했다.

함수 내용을 출력하라는 한 줄 명령만으로 복잡해 보이던 작업이 단번에 해결되네요. 아주 편리합니다. 지금은 기본적인 틀만 제시했습니다만, **abbr** 사전에 담긴 줄임말 정보만 갱신해 나간다면 충분히 활용할 만한 도구를 만들 수도 있을 것 같습니다.

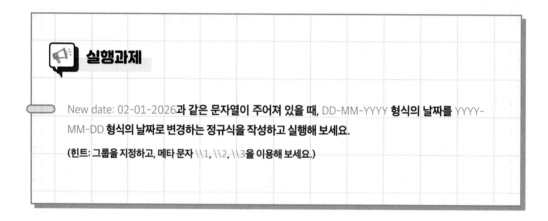

실행과제

New date: 02-01-2026과 같은 문자열이 주어져 있을 때, DD-MM-YYYY 형식의 날짜를 YYYY-MM-DD 형식의 날짜로 변경하는 정규식을 작성하고 실행해 보세요.

(힌트: 그룹을 지정하고, 메타 문자 \\1, \\2, \\3을 이용해 보세요.)

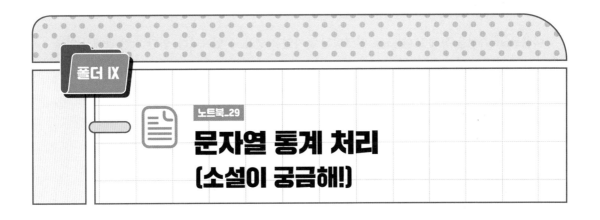

폴더 IX

노트북_29
문자열 통계 처리
(소설이 궁금해!)

◯ 문서 가져오기

소설을 읽다 보면, 도대체 이 책에는 몇 글자가 있는지, 몇 개의 단어로 쓰였는지 궁금하던 때가
있었습니다. 이 문제를 풀어 가면서 문자열 다루는 기법을 살펴보도록 하겠습니다. 좋은 소설이
아주 많지만, 여기서는 《이상한 나라의 앨리스(Alice in Wonderland)》를 골라 봤습니다.

이 소설은 저작권이 만료되었기 때문에, 웹상에 전문이 공개되어 있습니다. 이를 문자열로 가져오
는 것부터 시작합시다. 웹 문서를 가져오기 위해서 requests 외부 패키지를 이용합니다. requests
는 파이썬으로 HTTP를 호출하는 프로그램을 작성할 때 가장 많이 사용되는 라이브러리입니다.
인터넷에 접속하기 전에 명령 프롬프트에서 다음과 같이 미리 설치해야 합니다.

```
> pip install requests
```

그리고 나서 구글 검색창에서 'alice in wonderland text file'을 검색합니다. 검색 결과 중에서 순
수한 텍스트로만 이루어진 페이지를 찾아보시기 바랍니다. 예시로 http://www.umich.edu/~um-
fandsf/other/ebooks/alice30.txt를 선택하겠습니다.

이 문서를 읽어오는 일은 간단합니다. 먼저 원하는 페이지의 주소(url)를 복사해 붙여 넣습니다.
requests 모듈의 get() 함수로 이 url에 요청을 보내면 서버가 응답을 보내옵니다. 그 응답에서
text 속성값을 받으면 됩니다.

이제 **text** 속성을 통해 UTF-8로 인코딩된 문자열을 얻을 수 있습니다. 일단 지면 관계상 일부 (100글자)만 출력해 봅니다.

```
In [1]:
import requests        # requests 모듈 가져오기

url = 'http://www.umich.edu/~umfandsf/other/ebooks/alice30.txt'
r = requests.get(url)        # url에서 받은 응답을 r에 저장
text = r.text        # r의 text 속성값만 추려 text에 저장
print(text[:100])        # text 출력: 처음부터 100번째 글자

ALICE'S ADVENTURES IN WONDERLAND

        Lewis Carroll
```

● 문서 분석하기: 문자편

1. 이 소설은 총 몇 자로 되어 있을까?

첫 번째 질문입니다. 전체 문자열의 크기를 확인하면 알 수 있을 것 같습니다. len()을 이용해서 전체 문자열의 크기를 알아봅니다.

```
In [2]:
len(text)

148545
```

그런데 이것은 공백과 문장 부호 등을 모두 포함한 글자수입니다. 지금 궁금한 건 순수한 글자수이기 때문에, 알파벳만 추려 내야겠습니다(숫자까지 포함시키는 것은 여러분이 직접 해보세요). 알파벳을 구분해 변수 s에 모으겠습니다. 그 뒤 함수 len()을 사용해 변수 s의 길이를 확인합니다.

```
In [3]:    import re

           s = re.sub('[^a-zA-Z]', ' ', text)
           print(s[:30], len(s))

           ALICESADVENTURESINWONDERLANDLe 107717
```

되짚어보기

정규식에서 문자열 대치는
re.sub(패턴, 대치할_문
자열, 공급문자열) 형식으
로 씁니다. '공급문자열' 중
에 '패턴'과 매칭되는 것이
있으면, '대치할 문자열'로
대치됩니다.

사용된 알파벳 글자수는 107,717, 10만 개가 조금 넘습니다.

2. 어떤 글자가 가장 많이 쓰였을까?

이번에는 각 알파벳의 사용 빈도수를 계산해 봅니다. 우선 전체 문자열을 대문자로 통합해 새 변수 text1에 저장합니다.

```
In [4]:    text1 = text.upper()      # text를 대문자로 변환해 text1 생성
           print(text1[:100])

               ALICE'S ADVENTURES IN WONDERLAND

                   LEWIS CARROLL
```

알파벳 빈도수 문제는 문자열의 count() 메서드로 간단히 해결됩니다. A가 몇 번 쓰였는지 세 보지요.

```
In [5]:    text1.count('A')

           8791
```

이것을 전체 알파벳에 적용해 보겠습니다.

```
In [6]:    for c in 'ABCDEFGHIJKLMNOPQRSTUVWXYZ':     # 각 알파벳에 대해 다음 반복
               print(c, text1.count(c))               # 알파벳 문자와 그 수를 짝지어 출력
```

A 8791	J 146	S 6500
B 1475	K 1158	T 10689
C 2399	L 4716	U 3468
D 4931	M 2107	V 846
E 13574	N 7016	W 2675
F 2001	O 8146	X 148
G 2531	P 1524	Y 2264
H 7374	Q 209	Z 78
I 7514	R 5437	

그런데 'ABCDEFGHIJKLMNOPQRSTUVWXYZ'처럼 24글자를 일일이 다 입력하자니 다소 번거롭습니다. 다행히 파이썬은 사용자 편의를 위해 이런 기본 문자열을 미리 마련해 두었습니다. 바로 내장 모듈 string입니다. 다음 string.ascii_uppercase 메서드는 알파벳 대문자 전체(A~Z)를 바로 출력해 줍니다.

```
In [7]:    import string

           string.ascii_uppercase      # 알파벳 24자를 대문자로 출력

           'ABCDEFGHIJKLMNOPQRSTUVWXYZ'
```

그 밖의 string 모듈 메서드 일부를 표로 정리해 보았습니다.

표 string 모듈의 메서드들

메서드명	의미	출력
string.ascii_lowercase	알파벳 소문자 전체	'abcdefghijklmnopqrstuvwxyz'
string.ascii_uppercase	알파벳 대문자 전체	'ABCDEFGHIJKLMNOPQRSTUVWXYZ'
string.ascii_letters	알파벳 대소문자 전체	'abcdefghijklmnopqrstuvwxyz ABCDEFGHIJKLMNOPQRSTUVWXYZ'
string.digits	한 자리 10진수 전체	'0123456789'

이 방법으로 다시 알파벳 빈도수를 세 보겠습니다.

In [8]:

```
for c in string.ascii_uppercase:
    print(c, text1.count(c))
```

A 8791	J 146	S 6500
B 1475	K 1158	T 10689
C 2399	L 4716	U 3468
D 4931	M 2107	V 846
E 13574	N 7016	W 2675
F 2001	O 8146	X 148
G 2531	P 1524	Y 2264
H 7374	Q 209	Z 78
I 7514	R 5437	

알파벳 E가 총 13,574회 쓰여 가장 많이 쓰인 것을 알 수 있습니다. 빈도수를 기준으로 정렬하면 더 좋겠지만, 이 문제는 뒤에서 다시 다루겠습니다.

문서 분석하기: 단어편

3. 단어는 총 몇 개일까?

세 번째 질문으로 넘어갑니다. 만일 단어를 '공백으로 구분된 문자열'이라고 정의한다면 다음과 같이 간단히 처리됩니다. 문자열의 split() 메서드는 하나의 문자열을 (기본적으로는) 공백을 기준으로 분리해서 리스트에 저장합니다. 앞 여섯 단어만 보이겠습니다.

In [9]:

```
ws = text.split()
ws[:6]

[ 'ALICE'S', 'ADVENTURES', 'IN', 'WONDERLAND', 'Lewis', 'Carroll']
```

공백 기준으로 분리된 《이상한 나라의 앨리스》 소설이 담긴 리스트 ws의 크기를 구하면 단어가 몇 개인지 알 수 있습니다. len() 함수를 이용합시다.

```
In [10]:    len(ws)

            26468
```

총 26,468개 단어로 이루어진 소설이네요. 물론 이는 중복된 단어도 각각 센 개수입니다.

4. 몇 종류의 단어로 소설을 썼을까?

그렇다면 소설에 쓰인 단어가 총 몇 종류인지도 궁금합니다. 중복 단어는 하나로 취급해 세야 할 것입니다. 즉, 이 문제는 '각 단어의 사용 빈도수 구하기'와 동일합니다.

일단 혼동을 방지하기 위해 text에 저장된 문자열을 대문자로 모두 통일하겠습니다. 대문자로만 쓰인 《이상한 나라의 앨리스》 소설을 text_upper로 새로 저장합니다. 'the'와 'The'는 같은 단어로 취급할 것입니다.

```
In [11]:    text_upper = text.upper()        # 대문자로 변환
            print(text_upper[:100])

                ALICE'S ADVENTURES IN WONDERLAND

                        LEWIS CARROLL
```

> upper() 메서드: 주어진 문자열에서 모든 알파벳을 대문자로 변환

그런데 구분자로 공백 단위만 사용해서는 정확한 단어를 추정하기가 어렵습니다. "Oh dear! Oh dear! I shall be late!" 식으로, 다양한 문장 부호가 섞여 쓰이고 있기 때문입니다. 따라서 이러한 기호를 모두 제거하고 공백으로 변경하겠습니다.

알파벳이 아닌 것을 모두 공백으로 바꾸는 방법은 여러 가지를 생각해 볼 수 있습니다만, 앞의 코드를 조금만 변경해서 사용해 보겠습니다. 다음은 text_upper에서 알파벳을 제외한 모든 문자를

삭제한 문자열을 text_alpha라는 이름으로 저장하는 코드입니다.

```
In [12]:
text_alpha = re.sub('[^a-zA-Z]', ' ', text_upper)
print(text_alpha[:100])

ALICE S ADVENTURES IN WONDERLAND                    LEWIS CARROLL
```

정규식에서 [a-zA-Z]은 모든 알파벳에 대응합니다. ^ 메타 문자는 패턴을
뒤집습니다. 따라서 [^a-zA-Z]은 '알파벳이 아닌 모든 것'을 가리키게 됩니다.

확인해 보니, 문장 부호 없이 대문자로만 되어 있네요. 이 text_alpha를 split() 메서드로 분리해서 단어 단위 리스트 wl에 넣어 두겠습니다.

```
In [13]:
wl = text_alpha.split()          # text_alpha를 단어 단위로 분리
wl[:6]

['ALICE', 'S', 'ADVENTURES', 'IN', 'WONDERLAND', 'LEWIS']
```

이제 중복된 단어를 모두 제거하면 단어 종류의 개수를 알 수 있습니다. 중복된 단어는 어떻게 제거할 수 있을까요? 파이썬에는 **집합(set)** 자료형이 있습니다. 집합 자료형에 리스트를 넣으면 중복 요소를 자동으로 제거해 줍니다.

```
>>> set(['A', 'B', 'A', 'C'])
{'B', 'A', 'C'}      # A 2개 중 하나만 들어감
```

따라서 이 집합의 길이를 구하면 4가 아니라, 중복 요소를 뺀 3입니다.

```
>>> len(set(['A', 'B', 'A', 'C']))
3
```

그렇다면 집합 변수에 있는 단어 수만 세면 되겠습니다. wl 리스트를 set() 메서드를 통해 집합으로 바꾼 뒤, len()으로 전체 크기를 구해 봅시다.

```
In [14]:
len(set(wl))

2576
```

총 2,576개 단어가 사용된 것으로 나타납니다. 물론 정확한 수치는 아닙니다. 명사의 복수형, 동사의 어미 변화 등을 모두 다른 단어로 취급했기 때문입니다. 그러나 대략적인 수치를 알아보기에 큰 문제는 없으므로, 이 정도로 만족하겠습니다.

◉ 문서 분석하기: 빈도수편

5. 가장 많이 쓰인 단어는 무엇일까?

이번에는 가장 사용 빈도가 높은 단어 20개만 추려 보겠습니다. 사용 빈도수 계산은 파이썬에서 이미 제공하는 기능이기 때문에 구태여 구현하려고 하지 않겠습니다. `collections` 모듈의 `Counter` 클래스가 주어진 데이터의 빈도수를 알아서 계산해 줍니다. 어떻게 동작하는지 코드로 확인해 보겠습니다.

```
In [15]:
from collections import Counter      # collections 모듈에서 Counter 클래스 가져오기


Counter([1,2,3,1,2,2,2,3,4])

Counter({1: 2, 2: 4, 3: 2, 4: 1})
```

이 결과는 1이 2회, 2가 4회, 3이 2회, 4가 1회 나타났다는 뜻입니다. 사전 자료형과 유사한 인터페이스를 가집니다. 이것을 그대로 이용하겠습니다. 아까 만들어 두었던, 단어 단위로 나뉜 《이상한 나라의 앨리스》 소설 리스트 `wl`에 `Counter` 클래스를 적용합니다.

`most_common(숫자)` 메서드는 가장 등장 빈도가 높은 단어를 인수 수만큼 알려 줍니다. 여기서는 20개만 보겠습니다.

```
In [16]:   from collections import Counter

           cnt = Counter(wl)
           cnt.most_common(20)

           [('THE', 1642),        ('OF', 514),        ('AS', 263),
            ('AND', 872),         ('SAID', 462),      ('HER', 248),
            ('TO', 729),          ('YOU', 411),       ('T', 218),
            ('A', 632),           ('ALICE', 398),     ('AT', 212),
            ('IT', 595),          ('IN', 369),        ('S', 202),
            ('SHE', 553),         ('WAS', 357),       ('ON', 193)]
            ('I', 545)            ('THAT', 315),
```

튜플로 구성된 리스트가 출력되었습니다. 숫자를 비교해 보니, 가장 많이 사용된 단어는 'the' 네요.

다만 약간의 문제도 발견되었습니다. `('T', 218)`, `('S', 202)`,에서 확인되듯, 단순 알파벳인 'T' 와 'S'가 독립적인 단어로 취급된 것입니다. 이는 영어의 문장 부호인 아포스트로피(')가 원인입니다. ALICE'S에서 S가, WOULDN'T에서 T가 각각 추출된 결과입니다.

`wl`에서 'S와 'T를 제거한 후 통계를 재확인해 보겠습니다. 리스트에서 요소를 제거하려면 `remove()` 메서드를 사용합니다. 먼저 알파벳 'S'를 제거합니다. 비교를 위해 전후 개수를 각각 셌 습니다.

```
In [17]:   print(wl.count('S'))       # 제거 전 개수
           wl.remove('S')
           print(wl.count('S'))       # 제거 후 개수

           202
           201
```

하지만 `remove()` 메서드는 한 번에 하나씩밖에 제거하지 못하는 한계가 있습니다. 따라서 이 작업을 전체 S 문자의 개수만큼 반복해 줘야 합니다.

```
In [18]:
while 'S' in wl:
    wl.remove('S')
wl.count('S')

0
```

이보다는 정규식을 이용해 S와 T 단어 전부를 단번에 제거하는 편이 훨씬 간단합니다. S와 T를 매칭하여 공백으로 바꾸는, 즉 제거하는 정규식을 다음처럼 작성합니다.

```
In [19]:
wr = re.sub('(\\bS\\b)|(\\bT\\b)', ' ', text_alpha).split()
```

S와 T가 제거된 새 단어 단위 소설 리스트 wr을 만들었습니다. 이제 빈도수를 다시 계산해 보겠습니다.

```
In [20]:
cnt = Counter(wr)
cnt.most_common(20)

[('THE', 1642),      ('OF', 514),        ('AS', 263),
 ('AND', 872),       ('SAID', 462),      ('HER', 248),
 ('TO', 729),        ('YOU', 411),       ('AT', 212),
 ('A', 632),         ('ALICE', 398),     ('ON', 193),
 ('IT', 595),        ('IN', 369),        ('ALL', 182),
 ('SHE', 553),       ('WAS', 357),       ('WITH', 180)]
 ('I', 545),         ('THAT', 315),
```

보기에 좀 복잡합니다. 그래프를 그려 보면 더 직관적으로 알 수 있을 것 같습니다. matplotlib을 사용해서 그래프를 그려 봅시다. 먼저 matplotlib 그래픽 라이브러리가 요구하는 대로, x축과 y축을 만들기 위해 단어(레이블)와 빈도수를 분리하겠습니다. 이때 zip() 함수가 이용됩니다.

zip(a, b) 함수는 두 개의 시퀀스를 순서에 따라 하나씩 짝지어 줍니다. 즉, a의 첫째 요소와 b의 첫째 요소를 튜플로 묶고, a의 둘째 요소와 b의 둘째 요소를 튜플로 묶는 식입니다.

```
In [21]:    a = [1, 2, 3]
            b = ['one', 'two', 'three']
            z1 = list(zip(a, b))
            print(z1)

            [(1, 'one'), (2, 'two'), (3, 'three')]
```

같은 방식으로 zip(a, b, c) 함수는 세 개의 시퀀스를 순서에 따라 하나씩 짝을 지어 줍니다.

```
In [22]:    c = ['하나', '둘', '셋']
            z2 = list(zip(a, b, c))
            print(z2)

            [(1, 'one', '하나'), (2, 'two', '둘'), (3, 'three', '셋')]
```

그런데 우리가 원하는 작업은 짝지어져 있는 리스트에서 두 개를 따로 분리해 내는 역작업입니다. 이것 역시 zip() 함수로 구현 가능합니다. 단, 인수에 *를 사용해야 합니다.

```
In [23]:    z3 = [(1, 'one'), (2, 'two'), (3, 'three')]
            a1, b1 = zip(*z3)
            print(a1)
            print(b1)

            (1, 2, 3)
            ('one', 'two', 'three')
```

함수 호출 시에 앞에 붙은 *는 이 리스트 인수를 풀어서 전달하겠다는 뜻입니다. 즉, zip(*z3)은 zip((1, 'one'), (2, 'two'), (3, 'three'))와 동일합니다. 이 방법으로 레이블과 빈도수를 분리해 내겠습니다.

```
In [24]:   labels, cnts = zip(*cnt.most_common(20))
```

함수 인수 전달에서 *
시퀀스 자료의 각 요소를
풀어서 함수의 인수로
각각 전달

지면 관계상 레이블 값만 확인해 보겠습니다.

```
In [25]:   labels

           ('THE',          'OF',          'AS',
           'AND',           'SAID',        'HER',
           'TO',            'YOU',         'AT',
           'A',             'ALICE',       'ON',
           'IT',            'IN',          'ALL',
           'SHE',           'WAS',         'WITH')
           'I',             'THAT',
```

이제 이 정보를 이용하여 빈도수 막대 그래프를 그릴 수 있습니다. 앞
에서 선 그래프를 그렸던 `matplotlib` 모듈은 막대 그래프 역시 손
쉽게 그리도록 해줍니다.

<< 되짚어보기

`matplotlib` 설치법: 명령
프롬프트에 `pip install`
`matplotlib` 입력

전에 했던 것과 같이, `matplotlib.pyplot` 모듈을 `plt` 이름으로 가져옵니다.

```
In [26]:   import matplotlib.pyplot as plt
```

막대 그래프를 그리는 함수는 **plt.bar(레이블, 값)**입니다. 다음 코드에서는 *x*축 레이블 텍스트를
90도 회전시켜, 단어가 서로 겹치지 않도록 했습니다.

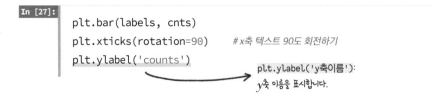

```
In [27]:   plt.bar(labels, cnts)
           plt.xticks(rotation=90)      # x축 텍스트 90도 회전하기
           plt.ylabel('counts')
```
plt.ylabel('y축이름'):
y축 이름을 표시합니다.

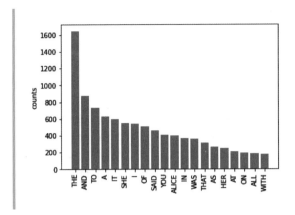

6. 어떤 글자가 가장 많이 쓰였을까? 다르게 풀기

두 번째 질문이었던 '어떤 글자가 가장 많이 쓰였을까?'에서, 사용 빈도수대로 결과를 정렬하는 문제를 남겨둔 것을 기억하실 겁니다. 이 문제도 Counter 클래스를 이용하면 쉽게 해결됩니다. 앞서 소설 전체 텍스트를 대문자로 변환하고 문장 부호를 삭제해 저장했던 text_alpha를, Counter 클래스로 다시 처리해 보겠습니다.

```
In [28]:  Counter(text_alpha)

          Counter({' ': 40828,      'N': 7016,       'P': 1524,
                   'A': 8791,        'T': 10689,      'B': 1475,
                   'L': 4716,        'U': 3468,       'G': 2531,
                   'I': 7514,        'R': 5437,       'Y': 2264,
                   'C': 2399,        'W': 2675,       'K': 1158,
                   'E': 13574,       'O': 8146,       'Q': 209,
                   'S': 6500,        'H': 7374,       'J': 146,
                   'D': 4931,        'M': 2107,       'X': 148,
                   'V': 846,         'F': 2001,       'Z': 78})
```

첫 줄의 ' ': 40828이 보이시지요? 공백까지 센 결과가 출력되고 말았습니다. replace() 메서드를 이용해 공백을 없앤 cnt_alpha를 사용해 다시 계산해 보겠습니다. most_common() 메서드의 괄호 안을 비워 두면, 개수 제한 없이 전체 결과를 빈도수가 높은 순서대로 정렬해 줍니다.

```
In [29]:  cnt_alpha = Counter(text_alpha.replace(' ', ''))
          cnt_alpha.most_common()

          [('E', 13574),      ('D', 4931),       ('P', 1524),
           ('T', 10689),      ('L', 4716),       ('B', 1475),
           ('A', 8791),       ('U', 3468),       ('K', 1158),
           ('O', 8146),       ('W', 2675),       ('`', 1109),
           ('I', 7514),       ('G', 2531),       ('V', 846),
           ('H', 7374),       ('C', 2399),       ('Q', 209),
           ('N', 7016),       ('Y', 2264),       ('X', 148),
           ('S', 6500),       ('M', 2107),       ('J', 146),
           ('R', 5437),       ('F', 2001),       ('Z', 78)]
```

알파벳 E, T, A, O, I순으로 많이 사용되었고, 가장 적게 쓰인 알파벳은 Z로 확인되네요. 이 결과를 앞서와 같은 방법으로 막대 그래프로도 나타내 보겠습니다.

```
In [30]:  import matplotlib.pyplot as plt

          labels, cnts = zip(*cnt_alpha.most_common())    # x값, y값 모으기
          plt.bar(labels, cnts)        # 막대 그래프 그리기
          plt.ylabel('counts')         # y축 이름 삽입하기
```

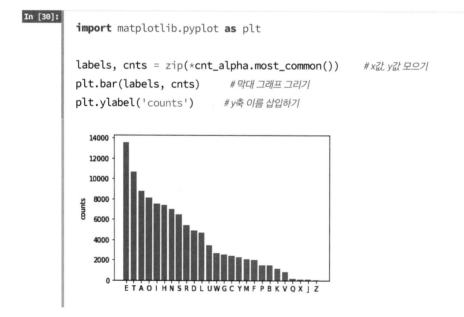

실행과제

《이상한 나라의 앨리스》로 몇 가지 문제를 더 풀어 봅시다.

○ 소설에서 알파벳 A 다음에 B가 올 수 있는 조건부 확률을 계산해 보세요. 영문자 'AB'가 나타난 횟수를 'A'가 나타난 횟수로 나누어 주면 됩니다.

○ 이와 같이 A 다음에 올 수 있는 모든 알파벳에 대해서 확률을 계산해 보세요.

○ 결과를 막대 그래프로 그려 보세요.

폴더 X

파이썬으로
표 데이터를
다뤄 보자

이 폴더에서 열어 볼 노트북

문자열 데이터를 정복했습니다! 하지만 끝이 아닙니다. 더 다양한 형태의 데이터들이 있지요. 이 폴더에서는 죽 이어지는 문자가 아닌, 이미 더 체계적으로 정리되어 있는 표 데이터의 형태를 깨트리지 않고 파이썬으로 분석하고 활용하는 방법을 알아보겠습니다. 쉽게 '표'를 다룬다고 생각해도 됩니다. 우리는 표를 참 많이 사용합니다. 정보의 바다 인터넷에도 온갖 표가 있고, 사무용으로 막강한 성능을 자랑하는 스프레드시트도 표라는 틀을 기본으로 제공합니다. 주피터 노트북과 파이썬으로 각종 표 다루기에 도전해 봅시다. 부동산 매물 정보부터 기상청 자료까지, 흥미진진한 재료를 준비했으니 많이 지루하진 않을 겁니다.

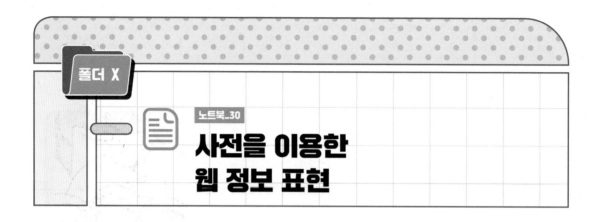

사전을 이용한 웹 정보 표현

더 다양한 문서와 데이터의 세계를 만나 보기 앞서, 데이터 처리에 반드시 필요한 사전 자료형의 기본 개념을 점검하도록 하겠습니다. 시험 차원에서 웹 페이지 정보를 사전(dic, dictionary) 자료형에 담는 과정을 살펴보겠습니다. 사전 사용법에 익숙하다면 이 노트북을 접고 다음 노트북으로 넘어가셔도 됩니다.

⬤ 사전이 필요해요

이것은 인터넷 사이트에 올라온 한 부동산의 매물정보입니다. 이 HTML 문서를 웹에서 직접 가져왔다고 가정하고, 문서 내용을 파이썬 자료로 저장하려고 합니다. (HTML 문서에서의 정보 추출은 이 책의 범위를 벗어나므로, 일단 정보를 추출했다고 가정하겠습니다.) 어떻게 저장할 수 있을까요?

리스트에 ['AA7328082', '공급137.58㎡/전용115.26㎡', '84%', ...] 형식으로 값을 순서대로 모아 놓을 수도 있겠습니다만, 불행하게도 부동산 매물 종류에 따라서 매물정보의 형식이 제각각이기 때문에, 표에서 공급되는 정보가 그때그때 다릅니다. 오른쪽의 두 매물정보 표를 살펴보세요.

그림 부동산 1의 매물정보

그림 부동산 2의 매물정보

두 표를 서로 비교할 때, 표의 항목이 일치하지 않는 것이 보이시지요? 요소를 그대로 가져갈 수 없으니, 활용하는 데 애로사항이 많을 터입니다. 그러므로 이 같은 정보는 표의 형식 그대로 사전 자료형에 저장하는 것이 좋습니다. 그 이유는, 사전이 키와 값을 **별도**로 관리할 수 있는 매핑형 자료이기 때문입니다.

그림 사전의 구조

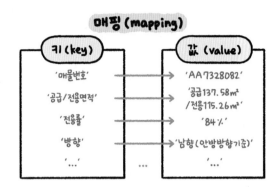

이 매물정보 표를 사전으로 저장한다고 하면, 아마 다음과 같은 형태가 될 것입니다.

```
In [1]:
매물1 = {'매물번호': 'AA7328082',
 '공급/전용면적': '공급137.58㎡/전용115.26㎡',
 '전용율': '84%',
 '방향': '남향(안방방향기준)',
 '해당층/총층': '14층/총14층',
 '방수/욕실수': '4개/2개',
 '현관구조': '계단식',
 '실구입자금': '150,000만원'
}
매물2 = {'매물번호': 'EA1490360',
 '계약면적': '공급154.75㎡(계약면적 기준)/전용80.96㎡',
 '방향': '서향(거실방향기준)',
 '해당층/총층': '고층/총13층',
 '방수/욕실수': '3개/2개',
 '복층여부': '단층',
 '현관구조': '계단식',
 '실구입자금': '65,000만원'
}
```

○ 사전의 계층 구조

앞서 하나의 사전은 하나의 표 정보를 갖는다는 걸 배웠습니다. 그런데 하나의 사전은 하나의 문서 정보라고 말하기도 합니다. 즉, 한 문서는 하나의 사전으로 표현될 수 있다는 의미입니다. 이러한 문서가 다수 모이면, 하나의 관련된 데이터베이스가 됩니다. 이럴 때 리스트를 이용합니다.

매물1과 매물2는 모두 서울시 중계동에 위치한 매물입니다. 다음처럼 두 사전을 중계동매물이라는 리스트로 만들었습니다.

```
In [2]:     중계동매물 = [매물1, 매물2]
```

중계동은 노원구에 있습니다. 그러므로 이 중계동매물은 '중계동'이라는 키 값으로 다시 노원구매물에 등록됩니다. 노원구에는 상계동, 하계동 등 다른 동들도 있기 때문에, 이곳의 매물들도 등록될 수 있습니다. 노원구매물은 각 동의 매물 리스트가 모인 사전이 됩니다.

```
In [3]:     노원구매물 = {'중계동': 중계동매물, '상계동': [], '하계동': []}
```

최종적으로는 모든 구의 매물 사전이 다시 서울시매물 사전에 등록됩니다.

```
In [4]:     서울시매물 = {'노원구': 노원구매물, '종로구': {}, '강북구': {}}
```

역산하면 서울시매물 사전에 '노원구', '종로구', '강북구' 사전이, 노원구매물 사전에 '중계동', '상계동', '하계동' 사전이, 중계동매물 리스트에 '매물1', '매물2' 사전이 속한 구조가 됩니다.

```
In [5]:     서울시매물

            {'노원구': {'중계동': [{'매물번호': 'AA7328082',
               '공급/전용면적': '공급137.58㎡/전용115.26㎡',
               '전용율': '84%',
```

```
 '방향': '남향',
 '해당층/총층': '14층/총14층',
 '방수/욕실수': '4개/2개',
 '현관구조': '계단식',
 '실구입자금': '150,000만원'},
{'매물번호': 'EA1490360',
 '계약면적': '공급154.75㎡(계약면적 기준)/전용80.96㎡',
 '방향': '서향(거실방향기준)',
 '해당층/총층': '고층/총13층',
 '방수/욕실수': '3개/2개',
 '복층여부': '단층',
 '현관구조': '계단식',
 '실구입자금': '65,000만원'}],
 '상계동': [],
 '하계동': []},
 '종로구': {},
 '강북구': {}}
```

사전은 이렇게 계층적으로 분류되는 구조에 적합한 자료형입니다(다음 그림 참조).

그림 서울시매물 사전의 계층구조

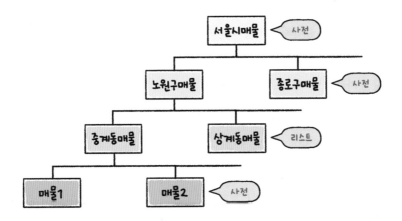

서울시매물에서 중계동매물까지 찾아가려면 다음과 같이 연쇄적으로 키 값을 참조하면 됩니다.

```
In [6]:     서울시매물['노원구']['중계동']

            [{'매물번호': 'AA7328082',
              '공급/전용면적': '공급137.58㎡/전용115.26㎡',
              '전용율': '84%',
              '방향': '남향',
              '해당층/총층': '14층/총14층',
              '방수/욕실수': '4개/2개',
              '현관구조': '계단식',
              '실구입자금': '150,000만원'},
             {'매물번호': 'EA1490360',
              '계약면적': '공급154.75㎡(계약면적 기준)/전용80.96㎡',
              '방향': '서향(거실방향기준)',
              '해당층/총층': '고층/총13층',
              '방수/욕실수': '3개/2개',
              '복층여부': '단층',
              '현관구조': '계단식',
              '실구입자금': '65,000만원'}]
```

○ 사전 출력하기: for 문

이번에는 중계동매물 전체를 출력해 보겠습니다. 사전을 for 문에 직접 사용하면, 키에 대한 반복이 이루어집니다. 첫 번째 for 문에서 **중계동매물** 리스트에 접근하고, 두 번째 for 문에서 리스트 전체 키(**매물**)의 값을 차례로 출력하도록 요청합니다.

정보가 많으니 알아보기 편하도록 f'' 포맷 문자열을 사용해 출력 형식을 지정하고, 매물정보 간에 - 문자 여러 개로 가로줄을 넣어 구분되게 했습니다.

```
In [7]:     for 매물 in 서울시매물['노원구']['중계동']:
                for key in 매물:
                    print(f'{key:14}\t{매물[key]}')
                print('-'*40)
```

f'{key:14}\t{매물[key]}': 키 이름을 최소자릿수 14로 출력하고({key:14}), 사이를 탭한 번으로 구분한 뒤(\t), 키에 저장된 값을 공백 등 없이 그대로 출력{매물[key]}하라는 뜻입니다.

매물번호	AA7328082
공급/전용면적	공급137.58㎡/전용115.26㎡
전용율	84%
방향	남향
해당층/총층	14층/총14층
방수/욕실수	4개/2개
현관구조	계단식
실구입자금	150,000만원

매물번호	EA1490360
계약면적	공급154.75㎡(계약면적 기준)/전용80.96㎡
방향	서향(거실방향기준)
해당층/총층	고층/총13층
방수/욕실수	3개/2개
복층여부	단층
현관구조	계단식
실구입자금	65,000만원

이상의 사전 출력 순서를 그림으로 나타내면 다음과 같습니다.

그림 서울시매물 사전에서 매물 값 출력하기

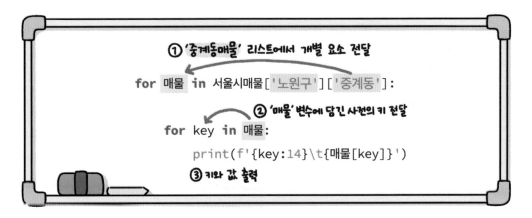

① '중계동매물' 리스트에서 개별 요소 전달

`for 매물 in 서울시매물['노원구']['중계동']:`

② '매물' 변수에 담긴 사전의 키 전달

`for key in 매물:`

`    print(f'{key:14}\t{매물[key]}')`

③ 키와 값 출력

사전 항목 통일하기

그런데 정리하다 보니 매물정보에 사용되는 용어에 문제가 있습니다. 같은 크기(㎡) 관련 항목인데 '공급/전용면적'이라고 되어 있기도 하고, '계약면적'이라고 되어 있기도 합니다.

매물정보에 약간의 보완이 필요합니다. 기존 항목은 그대로 두되, '공급면적', '전용면적' 두 항목을 사전에 추가해 통일시켜 보겠습니다. 우선 '공급/전용면적' 혹은 '계약면적'에서 정보를 추출합시다. if 문을 이용해 키 값이 있는지 테스트해 보고 값을 가져올 수 있습니다.

```
In [8]:
for 매물 in 서울시매물['노원구']['중계동']:
    if '공급/전용면적' in 매물:          # 사전에 '공급/전용면적' 키가 있다면
        s = 매물['공급/전용면적']        # 그 값을 s에 저장
    elif '계약면적' in 매물:            # 사전에 '계약면적' 키가 있다면
        s = 매물['계약면적']            # 그 값을 s에 저장
    print(매물['매물번호'], s)          # 매물번호 값과 s 함께 출력

AA7328082 공급137.58㎡/전용115.26㎡
EA1490360 공급154.75㎡(계약면적 기준)/전용80.96㎡
```

또한 다음처럼 try...except 구조를 이용할 수도 있습니다. 사전에 없는 키에 접근하는 경우 발생하는 keyError 오류를 적용했습니다. 두 경우가 구분되므로, 한층 더 깔끔합니다.

```
In [9]:
for 매물 in 서울시매물['노원구']['중계동']:
    try:
        s = 매물['공급/전용면적']
    except KeyError:                  # '공급/전용면적' 키가 없어 키 에러 발생 시
        s = 매물['계약면적']           # '계약면적' 키로 접근
    print(매물['매물번호'], s)

AA7328082 공급137.58㎡/전용115.26㎡
EA1490360 공급154.75㎡(계약면적 기준)/전용80.96㎡
```

혹은 사전의 get(key) 메서드를 활용하여 if 문을 없애고 짧게 표현할 수도 있습니다.

```
In [10]:   for 매물 in 서울시매물['노원구']['중계동']:
               s = 매물.get('공급/전용면적', 매물.get('계약면적'))
               print(매물['매물번호'], s)


           AA7328082 공급137.58㎡/전용115.26㎡
           EA1490360 공급154.75㎡(계약면적 기준)/전용80.96㎡
```

사전의 get(key, 기본값) 메서드는 사전에 키가 있는 경우에는 대응하는 값을 넘겨주지만,

```
In [11]:   매물.get('매물번호', 'No info')

           'EA1490360'
```

사전에 키가 없다면 기본값을 넘겨줍니다.

```
In [12]:   매물.get('없는키', 'No info')

           'No info'
```

따라서 '공급/전용면적' 키가 없을 경우에는 '계약면적' 키로 대치하라는 명령을 다음과 같이 표현할 수 있는 것입니다.

```
In [13]:   매물.get('공급/전용면적', 매물.get('계약면적'))

           '공급154.75㎡(계약면적 기준)/전용80.96㎡'
```

이 문자열에서 공급면적과 계약면적에 해당하는 숫자 두 개를 추출해 봅시다. 패턴과 매칭되는 문자열을 찾는 정규식(regular expression)을 이용하면 간단히 해결됩니다. (자세한 내용은 앞선 [노트북_27]을 다시 참고해 주세요.)

숫자만 추출하는 정규식을 작성해서, `re.search()` 함수로 패턴에 맞는 문자열을 찾아보겠습니다.

```
In [14]:

import re        # 정규식 모듈 re 가져오기

s = '공급154.75㎡(계약면적 기준)/전용80.96㎡'
전용면적 = re.search('전용(\d+\.?\d*)㎡', s).group(1)
공급면적 = re.search('공급(\d+\.?\d*)㎡', s).group(1)

print(전용면적, 공급면적)

80.96 154.75
```

<< 되짚어보기

정규식의 패턴
- \d는 숫자
- \.은 점(.) 문자 하나
- ?는 0회 혹은 1회
- +는 1회 이상
- *는 0회 이상

두 개의 숫자 문자열이 잘 추출되었습니다. 이렇게 추출된 숫자 문자열들을 실수로 변환해서 사전에 다시 등록합니다.

```
In [15]:

매물['공급면적'] = float(공급면적)     # 실수로 변환 후 키(항목) 추가
매물['전용면적'] = float(전용면적)
```

float() 함수: 숫자나 문자열을
실수형(부동소수점형)으로 변환합니다.

이상의 코드를 다시 종합해서 정리합니다. 매물2의 매물정보에 공급면적과 전용면적 항목이 추가된 것을 확인해 보세요.

```
In [16]:

for 매물 in 서울시매물['노원구']['중계동']:
    s = 매물.get('공급/전용면적', 매물.get('계약면적'))
    전용면적 = re.search('전용(\d+\.?\d*)㎡', s).group(1)
    공급면적 = re.search('공급(\d+\.?\d*)㎡', s).group(1)
    매물['공급면적'] = float(공급면적)
    매물['전용면적'] = float(전용면적)
    print(매물)
```

{'매물번호': 'AA7328082', '공급/전용면적': '공급137.58㎡/전용115.26㎡', '전용율': '84%', '방향': '남향(안방방향기준)', '해당층/총층': '14층/총14층', '방수/욕실수': '4개/2개', '현관구조': '계단식', '실구입자금': '150,000만원', '공급면적': 137.58, '전용면적': 115.26}

{'매물번호': 'EA1490360', '계약면적': '공급154.75㎡(계약면적 기준)/전용80.96㎡', '방향': '서향(거실방향기준)', '해당층/총층': '고층/총13층', '방수/욕실수': '3개/2개', '복층여부': '단층', '현관구조': '계단식', '실구입자금': '65,000만원', '공급면적': 154.75, '전용면적': 80.96}

같은 방식으로 실구입자금도 문자열에서 숫자로 변환해서 수정/저장하겠습니다. 어떻게 하면 될지, 우선 **'실구입자금' : '65,000만원'** 하나만 가지고 테스트해 보겠습니다.

이 문자열 전체에 숫자만 추출하는 정규식 패턴을 매칭하는 식은 다음과 같습니다. 괄호 안의 패턴에서 [\d,]는 10진수 숫자 혹은 콤마를 의미합니다.

```
In [17]:  re.search('([\d,]+)만원', '65,000만원').group()

          '65,000만원'
```

group() 메서드: 매칭된 문자열 전체를 반환해 줍니다.

매칭이 되었으면 괄호로 지정되어 있는 그룹인 숫자 부분만을 추출합니다. **group(인덱스)** 메서드를 이용해, 매칭된 문자열로 이루어진 그룹에서 첫 번째 그룹에 해당하는 문자열만 출력하면 됩니다.

```
In [18]:  re.search('([\d,]+)만원', '65,000만원').group(1)    # 첫 그룹='([\d,]+)만원'

          '65,000'
```

이 숫자 문자열을 정수로 변환합니다. 먼저 **replace()** 메서드를 통해 콤마(,)를 제거한 뒤, 그룹 전체에 **int()** 함수를 적용하면 됩니다.

```
In [19]:  int(re.search('([\d,]+)만원', '65,000만원').group(1).replace(',', ''))

          65000
```

replace(',', '') = 앞 문자열을 뒤 문자열로 바꾸는 메서드입니다. 이 경우 콤마(',')를 공백('')으로 바꾸게 되므로, 삭제하는 것과 마찬가지입니다.

정확히 어떻게 진행되는 것인지, 그림으로 다시 한번 살펴보겠습니다.

그림 정규식 패턴 매칭 연산 과정

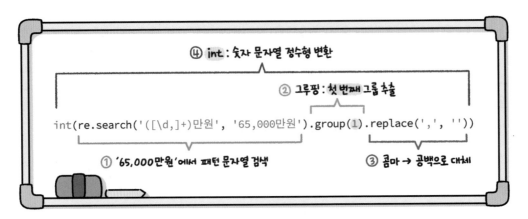

방법을 알았으니, 이 작업을 for 문을 통해 중계동매물 전체에 적용합시다. 그리고 도출된 정수들에 생략된 '만원' 대신 숫자 10000을 곱해서, 매물 사전의 '실구입자금' 키(**매물['실구입자금']**)에 저장하면 끝입니다. 그러면 사전에서 해당 항목의 값이 문자열에서 정수로 갱신됩니다.

마지막 출력까지 포함한 전체 과정을 다음 코드에 정리했습니다. 1500000000, 650000000이 콤마가 제거된 채로 각각 잘 들어가 있네요.

```
In [20]:
for 매물 in 서울시매물['노원구']['중계동']:
    price = int(re.search('([\d,]+)만원', 매물['실구입자금']).group(1).
replace(',', ''))
    매물['실구입자금'] = price * 10000
    print(매물)
```

{'매물번호': 'AA7328082', '공급/전용면적': '공급137.58㎡/전용115.26㎡', '전용율': '84%', '방향': '남향', '해당층/총층': '14층/총14층', '방수/욕실수': '4개/2개', '현관구조': '계단식', '실구입자금': 1500000000, '공급면적': 137.58, '전용면적': 115.26}
{'매물번호': 'EA1490360', '계약면적': '공급154.75㎡(계약면적 기준)/전용80.96㎡', '방향': '서향(거실방향기준)', '해당층/총층': '고층/총13층', '방수/욕실수': '3개/2개', '복층여부': '단층', '현관구조': '계단식', '실구입자금': 650000000, '공급면적': 154.75, '전용면적': 80.96}

양식 문자열에 사전 이용하기

이제 사전에 있는 정보를 양식에 맞게 출력하는 법을 알아보겠습니다. 앞서 [노트북_21]에서 소개했던 '이름으로 양식 채우기'의 응용입니다.

`format()` 메서드에는 사전에 등록된 이름들과 값들을 그대로 활용할 수 있는 방법이 있습니다. 먼저 사전 정보가 들어갈 칸을 비워 둔 양식 문자열을 준비합니다. 여기서는 `template`이라 했습니다. 정보 칸은 키 이름을 중괄호로 감싼 모양입니다.

```
In [21]:    template = '''
            매물번호 {매물번호}  물건에 대한 정보입니다.
            공급면적은 {공급면적}㎡이고 전용면적은 {전용면적}㎡입니다.
            실구입자금은 {실구입자금:,}원입니다.
            '''
```

> 큰 숫자에 콤마(,)를 추가해 가독성을 높이고자
> {실구입자금:,} 형식을 사용했습니다.

`template`에 `format()` 메서드로 값을 넣어 줍니다. 빈칸에 들어갈 값(정보)은 **사전이름** 형식으로 제공합니다. **사전이름**은 '이 사전에 있는 데이터를 풀어서 넣어 준다' 정도로 이해하시면 되겠습니다.

```
In [22]:    msg = template.format(**매물)
```

> **사전은 (키워드=특정값) 형태의 함수 호출과 동일
> format(매물번호='EA1490360', 공급면적=154.75,
> 전용면적=80.96, 실구입자금=650000000)

완성된 메시지 `msg`를 출력해서 확인해 봅시다.

```
In [23]:    print(msg)

            매물번호 EA1490360 물건에 대한 정보입니다.
            공급면적은 154.75㎡이고 전용면적은 80.96㎡입니다.
            실구입자금은 650,000,000원입니다.
```

중계동 모든 매물에 대해 같은 형식으로 데이터를 출력하겠습니다. 반복을 위해 `for` 문을 사용합니다.

```
In [24]:  for 매물 in 서울시매물['노원구']['중계동']:
              msg = template.format(**매물)
              print(msg)
              print('-----------')


          매물번호 AA7328082 물건에 대한 정보입니다.
          공급면적은 137.58㎡이고 전용면적은 115.26㎡입니다.
          실구입자금은 1,500,000,000원입니다.
          -----------
          매물번호 EA1490360 물건에 대한 정보입니다.
          공급면적은 154.75㎡이고 전용면적은 80.96㎡입니다.
          실구입자금은 650,000,000원입니다.
          -----------
```

사전을 파일로 저장하기

이렇게 만들어진 사전은 `pickle` 모듈을 이용하여 파일로 저장할 수 있습니다. [노트북_26]에도 설명되어 있으니 간단히만 소개합니다.

```
In [25]:  import pickle        # pickle 모듈 가져오기

          pickle.dump(서울시매물, open('서울시매물.pickle', 'wb'))
          # 파이썬 자료구조 그대로 파일 저장
```

`dump()` 메서드가 쓰기(저장), `load()` 메서드가 읽기 역할입니다.

```
In [26]:
```
```python
서울전체매물 = pickle.load(open('서울시매물.pickle', 'rb'))
서울전체매물
```

```
{'노원구': {'중계동': [{'매물번호': 'AA7328082',
   '공급/전용면적': '공급137.58㎡/전용115.26㎡',
   '전용율': '84%',
   '방향': '남향',
   '해당층/총층': '14층/총14층',
   '방수/욕실수': '4개/2개',
   '현관구조': '계단식',
   '실구입자금': 1500000000,
   '공급면적': 137.58,
   '전용면적': 115.26},
  {'매물번호': 'EA1490360',
   '계약면적': '공급154.75㎡/전용80.96㎡',
   '방향': '서향(거실방향기준)',
   '해당층/총층': '고층/총13층',
   '방수/욕실수': '3개/2개',
   '복층여부': '단층',
   '현관구조': '계단식',
   '실구입자금': 650000000,
   '공급면적': 154.75,
   '전용면적': 80.96}],
  '상계동': [],
  '하계동': []},
 '종로구': {},
 '강북구': {}}
```

실행과제

이 매물 사전에 대해, 다음 문제들을 풀어 보세요.

```
[{'매물번호': 'AA7328082',
  '공급/전용면적': '공급137.58㎡/전용115.26㎡',
  '전용율': '84%',
  '방향': '남향',
  '해당층/총층': '14층/총14층',
  '방수/욕실수': '4개/2개',
  '현관구조': '계단식',
  '실구입자금': '150,000만원'},
 {'매물번호': 'EA1490360',
  '계약면적': '공급154.75㎡(계약면적 기준)/전용80.96㎡',
  '방향': '서향(거실방향기준)',
  '해당층/총층': '고층/총13층',
  '방수/욕실수': '3개/2개',
  '복층여부': '단층',
  '현관구조': '계단식',
  '실구입자금': '65,000만원'}]
```

◉ '방수'와 '욕실수' 정보를 분리해서 사전에 재저장해 보세요.

◉ 해당층과 총층 정보를 분리해서 사전에 재저장해 보세요.

◉ 실구입자금을 정수화해서 저장해 보세요.

노트북_31

엑셀 문서 활용

스프레드시트 프로그램 엑셀(Excel)은 업무용으로 가장 많이 사용되는 프로그램입니다. 지금도 무수한 자료가 엑셀에 입력되고 있고, 처리되고 있습니다. 만일 여러분이 파이썬으로 엑셀을 다룬다면 생산성은 크게 높아질 것입니다.

이 노트북에서는 엑셀에서 정보를 읽어오는 법을 간단히 소개하고, 엑셀에 저장된 정보를 이용해서 파이썬만이 할 수 있는 자동 정보 생산 및 처리를 해보도록 하겠습니다. 도전할 과제는 주어진 엑셀 파일에 있는 고객 정보를 읽고, 그들의 이름이 들어간 편지를 docx(워드) 파일로 자동 작성하는 것입니다.

엑셀 파일에서 정보 읽기

어떤 통신회사의 가입 고객 정보가 다음 `customers.xlsx` 엑셀 파일에 저장되어 있다고 합니다. (customers.xlsx 파일은 예제 파일에 있습니다.)

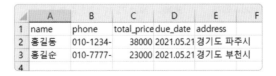

	A	B	C	D	E	F
1	name	phone	total_price	due_date	address	
2	홍길동	010-1234-	38000	2021.05.21	경기도 파주시	
3	홍길순	010-7777-	23000	2021.05.21	경기도 부천시	
4						

이 고객 정보를 이용해서 월 요금을 안내하는 문자 메시지가 자동으로 작성되게 하려고 합니다. 이러한 표 정보를 파이썬에 표현하는 것은 배열이나 리스트로도 가능합니다만, 여기서는 pandas

패키지를 활용하겠습니다.

원래 pandas 패키지는 데이터 분석용이지만, 여기서는 엑셀 파일의 데이터를 읽는 용도로만 사용하겠습니다. pandas 패키지로 엑셀 파일을 읽는 방법, 읽은 데이터를 사전으로 변환해 처리하는 방법을 차례로 알아봅니다.

pandas 패키지는 pip를 통해 설치해 주어야 합니다. 명령 프롬프트에서 다음 명령으로 설치해 줍시다. 엑셀 파일을 읽을 것이므로, pandas에서 엑셀 파일을 읽기 위해 필요한 모듈인 openpyxl도 함께 설치합니다.

> pandas 패키지: pickle 파일, csv, 클립보드, json, html, xslx, xml, latex, hdf5, feather, parquet, orc, sas, spss, sql 등 다양한 파일 형식을 읽어 냄!

참고: https://pandas.pydata.org/pandas-docs/stable/reference/io.html

```
> pip install pandas
> pip install openpyxl
```

설치가 되었으면 pandas 패키지를 pd란 이름으로 가져옵니다(pd는 관례적으로 사용하는 이름).

In [1]:
```python
import pandas as pd
```

pd.read_excel(**파일명**) 메서드로 엑셀 파일의 첫 번째 시트를 직접 읽을 수 있습니다.

In [2]:
```python
df = pd.read_excel('data/customers.xlsx')
df
```

	name	phone	total_price	due_date	address
0	홍길동	010-1234-5678	38000	2021.05.21	경기도 파주시
1	홍길순	010-7777-8888	23000	2021.05.21	경기도 부천시

read_excel() 함수

read_excel() 함수에는 sheet_name이란 옵션이 있습니다. 이것은 엑셀 파일의 시트를 지정하는 인수인데, 숫자와 문자 모두 인식합니다.

숫자인 경우 시트의 인덱스 번호로, 문자인 경우는 이름으로 시트를 선택합니다. 기본값은 0입니다.

```
pd.read_excel('data/customers.xlsx', sheet_name=1)      # 두 번째 시트
pd.read_excel('data/customers.xlsx', sheet_name="주소록")
# 주소록 이름의 시트
```

복잡한 절차 없이도 곧바로 워크시트의 데이터를 한 번에 읽어냅니다. 여기서 반환된 객체 df는 pandas의 기본 자료형인 DataFrame입니다. 이 자료형에 대해서는 다음 절에서 살펴보도록 하겠습니다.

◎ DataFrame 탐색해 보기

반환된 객체 df에 저장된 데이터를 조금 더 탐색해 보겠습니다. df는 데이터프레임(DataFrame)이라고 부릅니다. 자료형을 확인해 봅니다.

```
In [3]:
type(df)

pandas.core.frame.DataFrame
```

DataFrame은 pandas 모듈에서 정의한 자료형이며, pandas의 기본 자료형이라고 할 수 있습니다. 이 자료형의 구소는 나음 그림과 같습니다.

	name	phone	total_price	due_date	address
0	홍길동	010-1234-5678	38000	2021.05.21	경기도 파주시
1	홍길순	010-7777-8888	23000	2021.05.21	경기도 부천시

(Index) (Series) (Label) (Data)

시리즈(Series)라고 불리는 열의 결합이 DataFrame입니다. 열을 읽어 보겠습니다. 사전 자료형처럼 또는 객체 멤버에 접근하듯이 쉽게 읽을 수 있습니다.

```
In [4]:    df['name']      # df.name과 동일

           0   홍길동
           1   홍길순
           Name: name, dtype: object
```

이렇게 읽은 열 자료형은 시리즈(Series)형입니다.

```
In [5]:    type(df['name'])

           pandas.core.series.Series
```

name 시리즈(Series)의 구조는 다음과 같습니다. 이런 열들이 모여 df 자료형을 구성하고 있는 것 입니다.

그림 시리즈와 데이터프레임 자료형

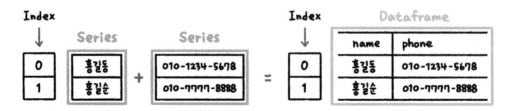

행의 정보도 종종 읽을 필요가 있습니다. 행의 정보는 인덱스 이름으로 읽어낼 수 있습니다. `loc()` 메서드는 인덱스 이름으로 한 행의 정보를 읽어냅니다. 이 행 정보 역시 시리즈(Series)형입니다.

```
In [6]:   row = df.loc[0] ──────▶ 정수 인덱스입니다.
          row

          name          홍길동
          phone         010-1234-5678
          total_price   38000
          due_date      2021.05.21
          address       경기도 파주시
          Name: 0, dtype: object
```

시리즈 자료의 값 역시 인덱스 이름을 통해 읽을 수 있습니다.

```
In [7]:   row.loc['name'] ──────▶ 문자열의 인덱스입니다.

          '홍길동'
```

DataFrame에서 `loc()` 메서드가 불형의 시퀀스를 인수로 받는 경우에는 행 필터링 결과가 만들어집니다. 자료형은 `DataFrame`입니다.

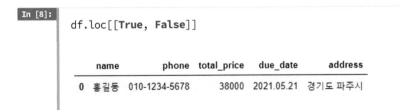

```
In [8]:   df.loc[[True, False]]
```

	name	phone	total_price	due_date	address
0	홍길동	010-1234-5678	38000	2021.05.21	경기도 파주시

그래서 어떤 조건식으로 불형의 시퀀스, 혹은 시리즈 자료를 만들 수 있다면,

```
In [9]:    (df.name == '홍길동') & (df.total_price > 30000)

           0    True
           1    False
           dtype: bool
```

`loc()` 메서드를 통해서 행 필터링 효과를 얻을 수 있습니다.

```
In [10]:   df.loc[(df.name == '홍길동') & (df.total_price > 30000)]
```

	name	phone	total_price	due_date	address
0	홍길동	010-1234-5678	38000	2021.05.21	경기도 파주시

`DataFrame`의 데이터(data) 영역은 `Numpy`의 array형으로 꺼낼 수 있습니다.

```
In [11]:   df.to_numpy()        # numpy array형으로의 변환 메서드

           array([['홍길동', '010-1234-5678', 38000, '2021.05.21', '경기도 파주시'],
                  ['홍길순', '010-7777-8888', 23000, '2021.05.21', '경기도 부천시']],
                 dtype=object)
```

`DataFrame`의 데이터(data) 영역을 사전 자료형으로 꺼낼 수도 있습니다만, 열 중심으로 꺼내집니다.

```
In [12]:   df.to_dict()         # dict(사전)으로의 변환 메서드

           {'name': {0: '홍길동', 1: '홍길순'},
            'phone': {0: '010-1234-5678', 1: '010-7777-8888'},
            'total_price': {0: 38000, 1: 23000},
            'due_date': {0: '2021.05.21', 1: '2021.05.21'},
            'address': {0: '경기도 파주시', 1: '경기도 부천시'}}
```

이외에도 굉장히 다양한 형식으로의
변환 메서드를 지원합니다. 이들 이름은
모두 to_*() 형식을 갖습니다.

따라서 행 중심으로 꺼내고 싶다면 `transpose()` 메서드로 `DataFrame`의 행과 열을 맞바꾼 후에,

```
df.transpose()
```

	0	1
name	홍길동	홍길순
phone	010-1234-5678	010-7777-8888
total_price	38000	23000
due_date	2021.05.21	2021.05.21
address	경기도 파주시	경기도 부천시

사전으로 변환할 수 있습니다.

```
df.transpose().to_dict()
```

```
{0: {'name': '홍길동',
  'phone': '010-1234-5678',
  'total_price': 38000,
  'due_date': '2021.05.21',
  'address': '경기도 파주시'},
 1: {'name': '홍길순',
  'phone': '010-7777-8888',
  'total_price': 23000,
  'due_date': '2021.05.21',
  'address': '경기도 부천시'}}
```

사전으로 표현된 고객의 정보를 리스트에 담고 싶다면, 앞에서 추출된 사전에서 값의 목록만 취하면 됩니다.

```
list(df.transpose().to_dict().values())
```

```
[{'name': '홍길동',
  'phone': '010-1234-5678',
  'total_price': 38000,
  'due_date': '2021.05.21',
  'address': '경기도 파주시'},
 {'name': '홍길순',
  'phone': '010-7777-8888',
  'total_price': 23000,
  'due_date': '2021.05.21',
  'address': '경기도 부천시'}]
```

더 구체적인 설명은 이 책의 범위를 벗어나므로 DataFrame이란 자료를 이해하는 수준에서만 기술했습니다. 더 자세한 내용이 궁금하다면 다른 도서나 인터넷 검색을 참고해 주시면 좋겠습니다.

읽어온 정보로 양식 채우기

엑셀 파일의 워크시트의 데이터를 사전의 리스트로 변환할 수 있었습니다. 고객 정보를 다 가져왔으니 원하는 작업을 할 수 있겠습니다. 앞서 [노트북_30]에서 했던 대로, **format()** 메서드를 통해 양식을 자동 완성시키겠습니다(자세한 내용은 '양식 문자열에 사전 이용하기'를 다시 참조하세요).

```
In [16]:
import pandas as pd          # pandas 모듈 가져오기

template = ''' '''           # 양식 문자열 작성
안녕하세요 {phone} {name} 고객님,

이번 달 납부하실 금액은 총 {total_price}원입니다.
납기일은 {due_date} 입니다.

주소: {address}
연락처: {phone}

고객센터: 080-000-0000
```

```
'''

df = pd.read_excel('data/customers.xlsx')          # 엑셀 파일 읽어오기
customers = df.transpose().to_dict().values()      # 시트 가공해 값 추출

for customer in customers:
    print(template.format(**customer))          # 양식에 사전(customer) 넣기
    print('----------')
```

안녕하세요 010-1234-5678 홍길동 고객님,

이번 달 납부하실 금액은 총 38000원입니다.
납기일은 2021.05.21 입니다.

주소: 경기도 파주시
연락처: 010-1234-5678

고객센터: 080-000-0000

안녕하세요 010-7777-8888 홍길순 고객님,

이번 달 납부하실 금액은 총 23000원입니다.
납기일은 2021.05.21 입니다.

주소: 경기도 부천시
연락처: 010-7777-8888

고객센터: 080-000-0000

◉ 인쇄물 자동 출력하기

이제는 파이썬에 정의된 template이 아니라, 다른 응용 프로그램에 마련된 template을 이용해서
더 확장된 작업을 시도해 보겠습니다.

어느 출판사에서 새로운 책이 출간되었습니다. 홍보를 위해 몇몇 분에게 증정본을 보내려고 합니다. 수신자의 이름을 넣어서 보내야 하는데, 아무래도 양이 많다 보니 번거롭습니다. 이분들에게 보낼 편지를 작성하고 출력하는 업무를 자동화해 보겠습니다.

1. 워드 프로세서 템플릿 준비하기

이 작업의 준비물은 두 가지입니다. 하나는 마이크로소프트 워드(.docx) 프로그램으로 작성한 샘플 편지이고, 또 하나는 수신자 명단이 있는 엑셀 파일입니다.

먼저 워드 문서를 손보겠습니다. 우선 정성을 담아 편지 내용을 완성합니다. 그러고 나서 이름이 들어갈 부분을 메일 병합 필드(mail-merge field)로 추가하면 됩니다. 병합 필드를 추가하려면 먼저 원하는 위치에 커서를 둔 후, [삽입] 메뉴 탭에서 [빠른 문서요소] → [필드(F)]를 선택합니다.

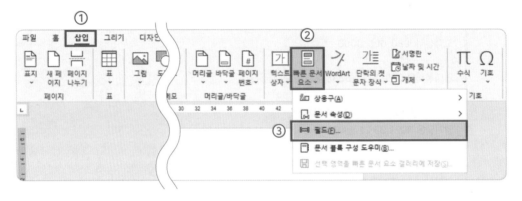

그러면 [필드] 대화상자가 나타납니다. [필드 이름] 영역을 스크롤해 [MergeField]를 선택한 후, [필드 이름]란에 사용할 고유 필드 이름을 정해서 입력해 줍니다. 여기서는 'name'을 사용하겠습니다. 'name'은 엑셀 파일에 있는 수신자 명단 열의 이름입니다.

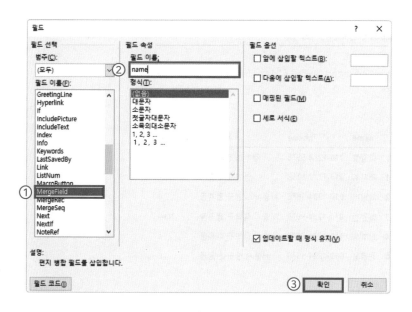

필드 이름이 삽입된 워드 문서는 다음과 같습니다. (독자 여러분의 편의를 위해, 여기까지 준비된 편지틀1.docx를 예제 파일에 준비해 두었습니다.)

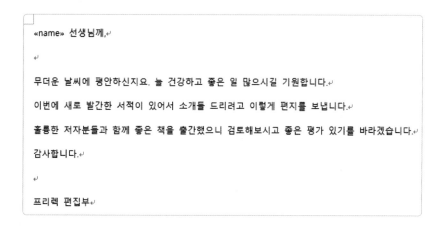

2. 엑셀에서 수신자 명단 추출하기

이제 엑셀 파일을 읽어 보겠습니다. 수신자 명단은 마찬가지로 예제 파일 `address_book.xlsx`에 준비되어 있습니다. `pandas` 모듈을 이용하여 엑셀 파일을 읽습니다.

```python
import pandas as pd

df = pd.read_excel('data/address_book.xlsx')
df
```

	name	phone	address	우편발송
0	이강성	010-1234-5678	경기도 동두천시	o
1	곽대위	010-7777-8888	경기도 부천시	NaN
2	와달리	010-1234-5678	서울시 노원구 월계동	o
3	해안선	010-1234-5678	서울시 성북구 월곡동	NaN
4	신화성	010-1234-5678	서울시 강북구 수유동	o
5	권영일	010-1234-5678	서울시 중구 신당동	o

여기서 '우편발송' 필드에 'o'가 표시되어 있는 사람에게만 편지를 보낼 것입니다. 각 사람이 대상자가 맞는지 차례로 확인해 보겠습니다.

```python
df['우편발송'] == 'o'
```

> 파이썬에서 '같음'을 표현하고 싶을 땐
> 반드시 등호 두 개(==)를 써야 합니다.

```
0    True
1    False
2    True
3    False
4    True
5    True
Name: 우편발송, dtype: bool
```

불 자료로 간주되어 True/False가 반환되었습니다. 이 진릿값을 리스트에 전달하면 True인 행에 대해서만 필터링됩니다.

```python
df[[True, False, True, False, True, True]]
```

	name	phone	address	우편발송
0	이강성	010-1234-5678	경기도 동두천시	o
2	와달리	010-1234-5678	서울시 노원구 월계동	o
4	신화성	010-1234-5678	서울시 강북구 수유동	o
5	권영일	010-1234-5678	서울시 중구 신당동	o

이 두 코드를 합치면 다음과 같이 작성할 수 있습니다. '우편발송' 필드에 'o'가 표시되어 있는 대 상자만 골라냅니다.

```
In [20]:  df[df['우편발송'] == 'o']
```

	name	phone	address	우편발송
0	이강성	010-1234-5678	경기도 동두천시	o
2	와달리	010-1234-5678	서울시 노원구 월계동	o
4	신화성	010-1234-5678	서울시 강북구 수유동	o
5	권영일	010-1234-5678	서울시 중구 신당동	o

이 결과를 df2에 저장하고, 앞서 설명한 방법으로 사전형의 리스트 doc_list로 변환하겠습니다.

```
In [21]:  df2 = df[df['우편발송'] == 'o']
          doc_list = list(df2.transpose().to_dict().values())
          doc_list

          [{'name': '이강성', 'phone': '010-1234-5678', 'address': '경기도 동두천시', '우편발송': 'o'},
           {'name': '와달리',
            'phone': '010-1234-5678',
            'address': '서울시 노원구 월계동',
            '우편발송': 'o'},
           {'name': '신화성',
            'phone': '010-1234-5678',
            'address': '서울시 강북구 수유동',
            '우편발송': 'o'},
           {'name': '권영일',
            'phone': '010-1234-5678',
            'address': '서울시 중구 신당동',
            '우편발송': 'o'}]
```

3. 이름 삽입한 문서 파일 만들고 인쇄하기

이제 이 편지 양식을 이용해서 각 대상자에게 발송할 편지 파일을 각각 만들겠습니다. `mailmerge` 패키지가 필요합니다. 바로 설치해 줍시다. 명령 프롬프트에서의 설치 명령은 다음과 같습니다.

```
> pip install docx-mailmerge
```

편지 양식의 워드 문서에 등록되어 있는 병합 필드의 값을 채워서 문서를 만듭시다. 가장 먼저 `mailmerge` 패키지의 `MailMerge` 메서드를 가져옵니다. `MailMerge(양식파일)`로 문서 파일을 새로 만든 후, `merge()` 메서드로 `name` 필드에 값을 지정해 줍니다. `<<name>>` 자리에 대상자 이름이 삽입된 문서들이 만들어집니다.

인쇄하기 전에, 만든 파일을 저장해야 합니다. `format()` 메서드를 사용해 `letter_to_{대상자}.docx` 형식으로 파일 이름을 지정합니다. 이 파일들을 `outpath`에 담아 `write()` 메서드로 내보내면, 이름 필드만 다른 4개의 워드 파일이 자동 저장됩니다. 여기까지의 코드를 정리하면 다음과 같습니다.

```
In [22]:
from mailmerge import MailMerge          # MailMerge 메서드 가져오기
template = 'data/편지틀1.docx'

for doc in doc_list:
    document = MailMerge(template)         # 워드 문서 파일 새로 생성
    document.merge(name=doc['name'])       # 워드 문서의 name 필드 값 채우기
    outpath = 'letter_to_{}.docx'.format(doc['name'])      # 파일 이름 지정
    document.write(outpath)                # outpath의 파일들 각각 저장
```

탐색기를 이용해 현재 작업 디렉토리로 이동해 보면, 다음처럼 4개의 워드 문서가 만들어져 있을 것입니다.

 letter_to_권영일.docx
Microsoft Word 문서
9.86KB

 letter_to_와달리.docx
Microsoft Word 문서
9.86KB

 letter_to_신화성.docx
Microsoft Word 문서
9.86KB

 letter_to_이강성.docx
Microsoft Word 문서
9.86KB

 되짚어보기

현재 작업 디렉토리 위치:
os 모듈의 os.getcwd()
메서드로 확인 가능합니다.

문서가 만들어졌으니 프린터로 출력합니다. 기본 프린터가 설정되어 있다면, 다음 코드로 바로 출력될 것입니다.

In [23]:

```python
import os, glob        # 파일을 다루기 위한 os 모듈, glob 모듈 가져오기

for fname in glob.glob('letter_to_*.docx'):  # letter_to인 docx 파일 모으기
    fpath = os.path.abspath(fname)     # 출력을 위해 디렉토리 절대 경로 얻기
    os.startfile(fpath, "print")      # 프린터로 파일 출력
```

성공입니다. 엑셀 파일을 읽어서 대상자에게 발송할 편지를 인쇄하기까지의 코드를 종합하여 다시 정리해 봅니다. 한 번 실행으로 모든 문서를 출력하기 위해, `time` 모듈의 `sleep()` 메서드로 약간의 대기 시간을 부여했습니다.

In [24]:

```python
import os
import time

import pandas as pd
from mailmerge import MailMerge

df = pd.read_excel('data/address_book.xlsx')
df2 = df[df['우편발송'] == 'o']
doc_list = list(df2.transpose().to_dict().values())
template = 'data/편지틀1.docx'

for doc in doc_list:
    document = MailMerge(template)
    document.merge(name=doc['name'])   # name을 채워서 새로운 분서 생성
```

```
outpath = 'letter_to_{}.docx'.format(doc['name'])
print(outpath)
document.write(outpath)          # 파일 저장
os.startfile(outpath, "print")   # 워드 파일 자동으로 열어 출력 진행
time.sleep(5)                    # 원활한 출력을 위하여 약간의 대기시간 부여
```

letter_to_이강성.docx
letter_to_와달리.docx
letter_to_신화성.docx
letter_to_권영일.docx

순서대로 워드 문서가 열리고, 자동으로 출력됩니다.

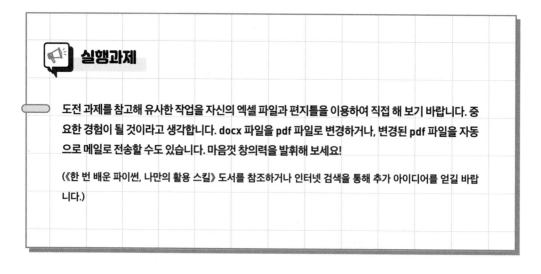

실행과제

도전 과제를 참고해 유사한 작업을 자신의 엑셀 파일과 편지틀을 이용하여 직접 해 보기 바랍니다. 중요한 경험이 될 것이라고 생각합니다. docx 파일을 pdf 파일로 변경하거나, 변경된 pdf 파일을 자동으로 메일로 전송할 수도 있습니다. 마음껏 창의력을 발휘해 보세요!

(《한 번 배운 파이썬, 나만의 활용 스킬》 도서를 참조하거나 인터넷 검색을 통해 추가 아이디어를 얻길 바랍니다.)

다양한 종류의 자료형으로 구성된 엑셀 시트를 읽는 방법이나, 행 단위 정보를 처리하기 위해 사전을 이용하는 방법은 이미 살펴보았습니다. 지금부터는 열 단위로 정보를 처리하는 방법을 설명하겠습니다. 앞에서도 다뤄 보았지만, 열 단위의 정보 처리에는 pandas 만한 패키지가 없습니다. 다시 pandas로 데이터를 처리해 봅시다. 이번에 다뤄 볼 데이터는 날씨입니다.

⬤ 데이터 살펴보기

기후 변화로 여름 날씨가 많이 더워졌습니다. 서울과 지방 도시 몇 곳의 연간 열대야 일수를 좀 알고 싶습니다. 기상청에 따르면, 열대야란 "오후 6시부터 다음 날 오전 9시 사이의 최저 기온이 25℃ 이상인 날"입니다.

하지만 여기에서는 기준을 좀 좁히겠습니다. 왜냐하면 우리가 보통 잠을 자는 시간의 날씨가 얼마나 더운지 알고 싶기 때문입니다. 밤 12시부터 새벽 3시 사이의 최저 기온이 25℃ 이상인 날의 수를 계산해 보려고 합니다. 변경된 용어의 정의에 대해 혼동이 없길 바랍니다. 정리하자면 알고 싶은 정보는 다음과 같습니다.

> 오전 00시(자정)~03시 사이의 최저 기온이 25℃ 이상인 날의 수

사용할 자료(기상정보2019.xlsx)는 기상청 기상자료개방포털(data.kma.go.kr)에서 내려 받은 것으로,

2019년 1월 1일부터 12월 31

일까지 1시간 단위로 측정된

기상 자료입니다. (예제 파일에

도 준비해 두었습니다.)

그럼 준비된 자료를 읽어 보겠습니다. `pd.read_excel()` 메서드를 이용합니다.

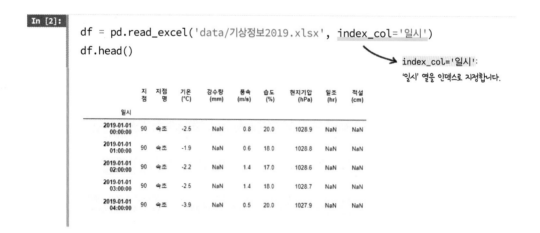

```
In [1]:
import pandas as pd
pd.read_excel('data/기상정보2019.xlsx').head()
```

> head() 함수는 불러온 데이터의 상위 5개의 행을 출력합니다. 반대로 tail() 함수는 하위 5개의 행을 출력합니다.
>
> 괄호 () 안에 원하는 숫자를 넣으면 그 숫자만큼 행을 출력합니다.

	지점	지점명	일시	기온 (°C)	강수량 (mm)	풍속 (m/s)	습도 (%)	현지기압 (hPa)	일조 (hr)	적설 (cm)
0	90	속초	2019-01-01 00:00:00	-2.5	NaN	0.8	20.0	1028.9	NaN	NaN
1	90	속초	2019-01-01 01:00:00	-1.9	NaN	0.6	18.0	1028.8	NaN	NaN
2	90	속초	2019-01-01 02:00:00	-2.2	NaN	1.4	17.0	1028.6	NaN	NaN
3	90	속초	2019-01-01 03:00:00	-2.5	NaN	1.4	18.0	1028.7	NaN	NaN
4	90	속초	2019-01-01 04:00:00	-3.9	NaN	0.5	20.0	1027.9	NaN	NaN

여기서 인덱스 값을 '일시' 열로 변경하고 싶습니다. 왜냐하면 우리는 날짜 정보를 기준으로 정보를 처리해야 하기 때문입니다. `index_col` 옵션으로 인덱스로 사용할 열을 지정할 수 있습니다.

```
In [2]:
df = pd.read_excel('data/기상정보2019.xlsx', index_col='일시')
df.head()
```

> index_col='일시':
> '일시' 열을 인덱스로 지정합니다.

	지점	지점명	기온 (°C)	강수량 (mm)	풍속 (m/s)	습도 (%)	현지기압 (hPa)	일조 (hr)	적설 (cm)
일시									
2019-01-01 00:00:00	90	속초	-2.5	NaN	0.8	20.0	1028.9	NaN	NaN
2019-01-01 01:00:00	90	속초	-1.9	NaN	0.6	18.0	1028.8	NaN	NaN
2019-01-01 02:00:00	90	속초	-2.2	NaN	1.4	17.0	1028.6	NaN	NaN
2019-01-01 03:00:00	90	속초	-2.5	NaN	1.4	18.0	1028.7	NaN	NaN
2019-01-01 04:00:00	90	속초	-3.9	NaN	0.5	20.0	1027.9	NaN	NaN

인덱스가 유용한 예로, 일시 `'2019-01-01 01:00:00'`의 데이터를 확인해 보겠습니다. `loc[]` 인덱서를 이용하여, 같은 인덱스를 가진 여러 지점의 기온 정보를 얻어냅니다.

다음과 같이 하루의 데이터도 확인이 가능합니다. 우리는 일별 처리를 할 것이기 때문에 이렇게 '일시'를 인덱스로 설정하는 것이 도움이 됩니다.

In [4]:
```
df.loc['2019-01-01']
```

일시	지점	지점명	기온(°C)	강수량(mm)	풍속(m/s)	습도(%)	현지기압(hPa)	일조(hr)	적설(cm)
2019-01-01 00:00:00	90	속초	-2.5	NaN	0.8	20.0	1028.9	NaN	NaN
2019-01-01 01:00:00	90	속초	-1.9	NaN	0.6	18.0	1028.8	NaN	NaN
2019-01-01 02:00:00	90	속초	-2.2	NaN	1.4	17.0	1028.6	NaN	NaN
2019-01-01 03:00:00	90	속초	-2.5	NaN	1.4	18.0	1028.7	NaN	NaN
2019-01-01 04:00:00	90	속초	-3.9	NaN	0.5	20.0	1027.9	NaN	NaN
...	...	...	...	...	...	...	...	...	...
2019-01-01 19:00:00	165	목포	1.5	NaN	8.3	62.0	1029.7	NaN	NaN
2019-01-01 20:00:00	165	목포	1.6	NaN	9.2	57.0	1029.6	NaN	NaN
2019-01-01 21:00:00	165	목포	1.5	NaN	8.0	55.0	1029.1	NaN	NaN
2019-01-01 22:00:00	165	목포	1.6	NaN	8.3	59.0	1029.2	NaN	NaN
2019-01-01 23:00:00	165	목포	1.6	NaN	6.6	59.0	1029.4	NaN	NaN

144 rows × 9 columns

본격적으로 데이터를 확인해 보겠습니다. 이 자료는 6지점의 관측 자료인데, 2019년의 일수가 365일이고, 매시간(24시간)마다 관측되었으니 총 데이터는 52,560개가 되어야 합니다.

```
In [5]:
6 * 365 * 24

52560
```

`len()` 함수로 `df`의 행을 세 보니 52,560개가 맞습니다.

```
In [6]:
len(df) ─────────────→ len() 함수는 보통 전체 크기를 측정하는 데 쓰이지만,
                        Dataframe형에서는 테이블의 행 개수를 세어 돌려줍니다.
52560
```

`DataFrame` 자료형은 열 단위로 정보를 저장합니다. 그 덕분에 열 이름으로 데이터를 쉽게 호출할 수 있습니다.

```
In [7]:
df['기온(°C)'] ─────────────→ df[열이름]: 해당 열 데이터를 참조합니다.

일시
2019-01-01 00:00:00  -2.5
2019-01-01 01:00:00  -1.9
2019-01-01 02:00:00  -2.2
2019-01-01 03:00:00  -2.5
2019-01-01 04:00:00  -3.9
            ...
2019-12-31 19:00:00  -2.0
2019-12-31 20:00:00  -2.8
2019-12-31 21:00:00  -2.8
2019-12-31 22:00:00  -2.6
2019-12-31 23:00:00  -2.4
Name: 기온(°C), Length: 52560, dtype: float64
```

열 이름 변경하기

그런데 아무래도 °C와 같은 특수문자가 포함된 열 이름을 그대로 사용하기는 좀 불편합니다. 현재의 열 이름들은 `columns()` 메서드로 확인됩니다.

```
In [8]:
    df.columns

    Index(['지점', '지점명', '기온(°C)', '강수량(mm)', '풍속(m/s)', '습도(%)', '현지기압(hPa)',
        '일조(hr)', '적설(cm)'],
    dtype='object')
```

이 이름들을 더 간단히 정리하겠습니다. 한글만 남기고 영문과 특수 기호 등은 모두 없애 보지요.

◁◁ 되짚어보기

re.sub(패턴, 대치할문자열, 공급문자열): '공급문자열' 중에 '패턴'과 매칭되는 것이 있으면 '대치할 문자열'로 대치됩니다.

```
In [9]:
    import re        # 정규식 모듈 re 가져오기

    names = [re.sub('[^가-힣]', '', name) for name in df.columns]
    names

    ['지점', '지점명', '기온', '강수량', '풍속', '습도', '현지기압', '일조', '적설']
```

'가' <= c <= '힣'에서 '가'는 한글 음절 중 가장 처음에 오는 음절이고, '힣'은 가장 마지막에 오는 음절입니다.
따라서 이 식은 한글 음절 범위 안에 속하는지를 판단하는 것입니다.

이렇게 만들어진 이름들을 `df.columns`에 등록하면, 열 이름이 변경됩니다.

```
In [10]:
    df.columns = names
    df
```

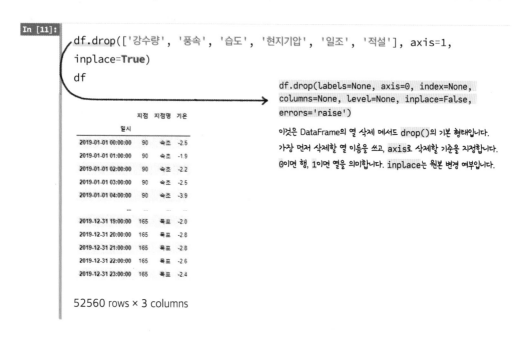

일시	지점	지점명	기온	강수량	풍속	습도	현지기압	일조	적설
2019-01-01 00:00:00	90	속초	-2.5	NaN	0.8	20.0	1028.9	NaN	NaN
2019-01-01 01:00:00	90	속초	-1.9	NaN	0.6	18.0	1028.8	NaN	NaN
2019-01-01 02:00:00	90	속초	-2.2	NaN	1.4	17.0	1028.6	NaN	NaN
2019-01-01 03:00:00	90	속초	-2.5	NaN	1.4	18.0	1028.7	NaN	NaN
2019-01-01 04:00:00	90	속초	-3.9	NaN	0.5	20.0	1027.9	NaN	NaN
...	...	...	...	...	...	...	...	...	...
2019-12-31 19:00:00	165	목포	-2.0	NaN	8.2	61.0	1029.1	NaN	NaN
2019-12-31 20:00:00	165	목포	-2.8	NaN	4.6	65.0	1029.0	NaN	NaN
2019-12-31 21:00:00	165	목포	-2.8	NaN	3.3	65.0	1029.0	NaN	NaN
2019-12-31 22:00:00	165	목포	-2.6	NaN	4.7	63.0	1028.6	NaN	NaN
2019-12-31 23:00:00	165	목포	-2.4	NaN	3.8	62.0	1028.5	NaN	NaN

52560 rows × 9 columns

⬤ 열 제거하기

자, 여기서 우리에게 필요한 '지점', '지점명', '일시', '기온'만 남기고 나머지는 제외시키겠습니다.

```
In [11]:
df.drop(['강수량', '풍속', '습도', '현지기압', '일조', '적설'], axis=1,
inplace=True)
df
```

df.drop(labels=None, axis=0, index=None, columns=None, level=None, inplace=False, errors='raise')

이것은 DataFrame의 열 삭제 메서드 drop()의 기본 형태입니다. 가장 먼저 삭제할 열 이름을 쓰고, axis로 삭제할 기준을 지정합니다. 0이면 행, 1이면 열을 의미합니다. inplace는 원본 변경 여부입니다.

일시	지점	지점명	기온
2019-01-01 00:00:00	90	속초	-2.5
2019-01-01 01:00:00	90	속초	-1.9
2019-01-01 02:00:00	90	속초	-2.2
2019-01-01 03:00:00	90	속초	-2.5
2019-01-01 04:00:00	90	속초	-3.9
...	...	...	...
2019-12-31 19:00:00	165	목포	-2.0
2019-12-31 20:00:00	165	목포	-2.8
2019-12-31 21:00:00	165	목포	-2.8
2019-12-31 22:00:00	165	목포	-2.6
2019-12-31 23:00:00	165	목포	-2.4

52560 rows × 3 columns

◉ NaN 처리하기

DataFrame에서 정보가 비어 있는 부분은 NaN(Not a Number)으로 표시됩니다. 여러 가지 이유로 측정 데이터가 빠지는 경우가 있습니다. 각 열마다 어떤 데이터가 얼마나 빠져 있는지 확인해 보겠습니다.

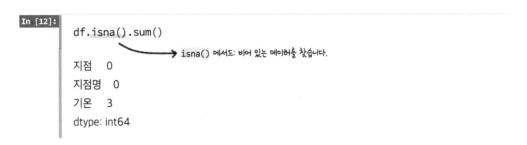

'기온' 정보의 경우 3개가 빠져 있습니다. 빠진 정보가 어디에 있는지 확인해 봅니다.

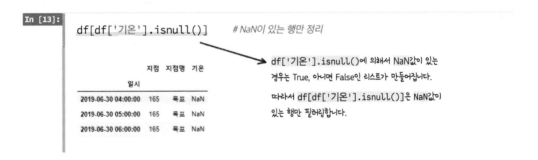

모두 6월 30일 목포 데이터네요. 아무래도 데이터 수집하는 쪽에 문제가 있었던 모양입니다. '목포' 데이터 중에서 6월 30일 03시부터 07시 사이의 데이터만 **df1**을 사용해 체크해 보겠습니다.

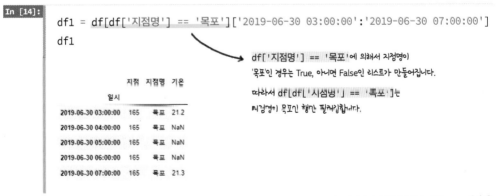

본격적인 연산을 하기 전에 이렇게 빠진 데이터를 채우거나, 아예 빼 버려야 합니다. `fillna()` 메서드를 이용해 NaN을 숫자로 채우겠습니다.

fillna(대체할 값):
NaN이 '대체할 값'으로!

어떻게 채울까요? NaN을 채우는 방법에는 3가지가 있습니다. `method=`로 처리 방법을 지정해 줍니다.

첫째로, '이전 값'으로 채우는 방법(`ffill`)입니다. 여기서는 21.2 가 복사되어 NaN을 대체합니다.

```
In [15]:    df1.fillna(method='ffill')
```

일시	지점	지점명	기온
2019-06-30 03:00:00	165	목표	21.2
2019-06-30 04:00:00	165	목표	21.2
2019-06-30 05:00:00	165	목표	21.2
2019-06-30 06:00:00	165	목표	21.2
2019-06-30 07:00:00	165	목표	21.3

둘째, '이후 값'으로 채우는 방법(`bfill`)입니다. 21.3으로 전부 채워졌네요.

```
In [16]:    df1.fillna(method='bfill')
```

일시	지점	지점명	기온
2019-06-30 03:00:00	165	목표	21.2
2019-06-30 04:00:00	165	목표	21.3
2019-06-30 05:00:00	165	목표	21.3
2019-06-30 06:00:00	165	목표	21.3
2019-06-30 07:00:00	165	목표	21.3

마지막으로 '지정된 값'으로 채우기가 있습니다. 원하는 값만 괄 호 안에 넣어주면 됩니다. 0.0으로 채워 보겠습니다.

```
In [17]:    df1.fillna(0.0)
```

일시	지점	지점명	기온
2019-06-30 03:00:00	165	목표	21.2
2019-06-30 04:00:00	165	목표	0.0
2019-06-30 05:00:00	165	목표	0.0
2019-06-30 06:00:00	165	목표	0.0
2019-06-30 07:00:00	165	목표	21.3

여기서는 이전 값으로 데이터를 채우겠습니다. `inplace` 옵션은 데이터 원본을 변경할지 여부를 결정합니다. True면 원본을 덮어씌우고, False면(기본값) 원본을 복사한 뒤 변경한 `DataFrame`을 반환합니다.

```
In [18]:    df['기온'].fillna(method='ffill', inplace=True)
```

df 내부를 변경해 NaN을 다 채웠습니다.

🔘 시간 기준으로 데이터 필터링하기

우리는 00시부터 03시까지의 데이터만 필요합니다. `between_time()` 함수를 이용해 지정된 시각 사이의 데이터만 정리해서 `df2`를 새로 만듭니다.

> between_time(시작시각, 끝시각):
> 시작시각과 끝시각을 반환

```
In [19]:   df2 = df.between_time('00:00', '03:00')
           df2
```

일시	지점	지점명	기온
2019-01-01 00:00:00	90	속초	-2.5
2019-01-01 01:00:00	90	속초	-1.9
2019-01-01 02:00:00	90	속초	-2.2
2019-01-01 03:00:00	90	속초	-2.5
2019-01-02 00:00:00	90	속초	-3.0
...	...	...	...
2019-12-30 03:00:00	165	목포	7.2
2019-12-31 00:00:00	165	목포	0.9
2019-12-31 01:00:00	165	목포	-0.1
2019-12-31 02:00:00	165	목포	-0.8
2019-12-31 03:00:00	165	목포	-0.8

8760 rows × 3 columns

이제 하루 중 최저 기온만 대푯값으로 남겨야 합니다. 열대야 여부는 최저 기온을 기준으로 판단되기 때문입니다.

`resample()` 메서드는 주어진 시간 간격의 데이터를 압축합니다. 예를 들어 시각마다 측정된 데이터에서 `'D'`는 일별, `'M'`은 월별, `'7D'`는 주별, `'6H'`는 6시간별, `'20min'`은 20분별로 데이터를 다시 정리하는 식입니다. 이때 어떤 방식(최댓값, 최솟값, 평균 등)으로 압축할지도 함께 기술해 줍니다.

우리는 최저 기온에 관심이 있으므로, 데이터를 일별로 정리하고 `min()` 필터를 적용하겠습니다.

```
df2.resample('D').min()
```

일시	지점	지점명	기온
2019-01-01	90	대전	-14.6
2019-01-02	90	대전	-14.2
2019-01-03	90	대전	-14.7
2019-01-04	90	대전	-12.6
2019-01-05	90	대전	-3.4
...	...	...	...
2019-12-27	90	대전	-4.7
2019-12-28	90	대전	-6.6
2019-12-29	90	대전	-1.8
2019-12-30	90	대전	-1.4
2019-12-31	90	대전	-9.9

365 rows × 3 columns

조금 더 세분해서 '지점명'이 '서울'인 경우만 필터링한다면 다음과 같이 쓸 수 있습니다.

```
df2[df2.지점명 == '서울'].resample('D').min()
```

일시	지점	지점명	기온
2019-01-01	108	서울	-6.9
2019-01-02	108	서울	-8.0
2019-01-03	108	서울	-7.5
2019-01-04	108	서울	-4.9
2019-01-05	108	서울	-2.2
...	...	...	...
2019-12-27	108	서울	-3.4
2019-12-28	108	서울	-3.4
2019-12-29	108	서울	1.2
2019-12-30	108	서울	4.1
2019-12-31	108	서울	-8.5

365 rows × 3 columns

이렇게 정리된 결과에서 '기온'이 25℃ 이상인 행만 골라내고 싶습니다. 비교 연산자를 이용합니다. 다음 코드는 결괏값이 True면 해당 행의 최저 기온이 25℃ 이상, False면 25℃ 미만이란 뜻입니다.

```
In [22]:  df2[df2.지점명 == '서울'].resample('D').min()['기온'] >= 25.0

          일시
          2019-01-01    False
          2019-01-02    False
          2019-01-03    False
          2019-01-04    False
          2019-01-05    False
                         ...
          2019-12-27    False
          2019-12-28    False
          2019-12-29    False
          2019-12-30    False
          2019-12-31    False
          Freq: D, Name: 기온, Length: 365, dtype: bool
```

True는 숫자 1, False는 숫자 0이므로 이 값들을 전부 합하면(sum()), True(최저 기온이 25℃ 이상)의 개수를 알 수 있습니다.

```
In [23]:  (df2[df2.지점명 == '서울'].resample('D').min()['기온'] >= 25.0).sum()

          26
```

그러면 각 지점별로 최저 기온이 25℃ 이상인 일수를 세어 보겠습니다. 우선 지점명 목록은 다음과 같이 얻을 수 있습니다. set() 메서드로 지점명의 집합을 만들면 됩니다.

```
In [24]:  set(df2.지점명)

          {'대전', '목포', '부산', '서울', '속초', '철원'}
```

이제 `for` 반복문을 이용하여 각 지점명별로 자정부터 새벽 3시까지의 최저 기온이 25°C 이상인 날이 며칠인지 계산해 볼 수 있습니다.

In [25]:
```python
for name in set(df2.지점명):
    c = (df2[df2.지점명 == name].resample('D').min()['기온'] >= 25.0).sum()
    print(name, c)
```

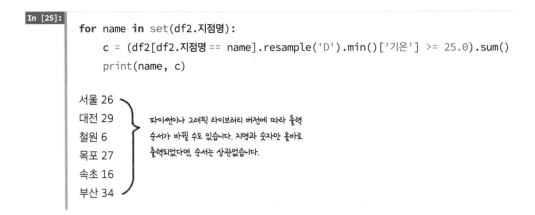

```
서울 26
대전 29
철원 6
목포 27
속초 16
부산 34
```

파이썬이나 그래픽 라이브러리 버전에 따라 출력 순서가 바뀔 수도 있습니다. 지명과 숫자만 올바로 출력되었다면, 순서는 상관없습니다.

부산이 가장 덥고, 철원이 가장 시원하네요.

데이터 그래프화하기

마지막으로 00시부터 03시까지의 최저 기온 그래프를 참고로 그려 본 뒤 정리하겠습니다. 앞서 여러 번 다룬 `matplotlib` 모듈을 이용합니다. `for` 문을 이용해 지점별로 최저 기온 그래프를 그립니다. 알아보기 쉽도록 격자도 추가해 주었습니다.

In [26]:
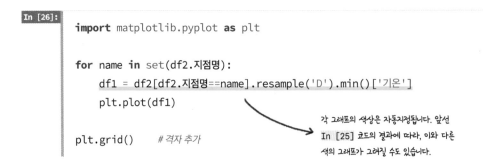

```python
import matplotlib.pyplot as plt

for name in set(df2.지점명):
    df1 = df2[df2.지점명==name].resample('D').min()['기온']
    plt.plot(df1)

plt.grid()          # 격자 추가
```

각 그래프의 색상은 자동지정됩니다. 앞선 In [25] 코드의 결과에 따라, 이와 다른 색의 그래프가 그려질 수도 있습니다.

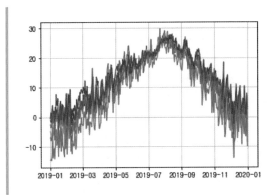

그런데 격자가 무색하게 일별 그래프를 여러 개 그리니 도저히 알아볼 수가 없습니다. 일단은 어떤 색이 어느 지역을 나타내는지 구분해야 합니다. `plt.legend()` 메서드를 이용해 범례를 추가하겠습니다. 한글을 `matplotlib`에서 표시하려면, 약간의 모듈과 코드도 추가되어야 합니다.

```python
import matplotlib.pyplot as plt
import matplotlib as mpl          # 한글 폰트를 위한 모듈1
import matplotlib.font_manager as fm   # 한글 폰트를 위한 모듈2

# 한글 폰트를 위한 코드 블록
mpl.rcParams['axes.unicode_minus'] = False
path = r'C:/Windows/Fonts/gulim.ttc'   # r'폰트 파일 경로 / 굴림
font_name = fm.FontProperties(fname=path).get_name()
plt.rc('font', family=font_name)
```

> C:\Windows\Fonts에서 원하는 한글 글꼴을 마우스 오른쪽 버튼으로 선택한 후 '정보'를 클릭하면, 해당 글꼴의 파일명을 확인할 수 있습니다.

```python
# 그래프 그리기
for name in set(df2.지점명):
    df1 = df2[df2.지점명==name].resample('D').min()['기온']
    plt.plot(df1, label=name)      # name으로 각 그래프에 이름 붙이기

# 그래프에 식별 요소 추가하기
plt.title('00-03시 사이의 최저기온(일별)')   # 그래프 제목 입력하기
plt,grid()
plt.legend(loc='lower center', shadow=True, fontsize='x-large')
```

> loc=위치, shadow=음영 여부, fontsize=글씨크기

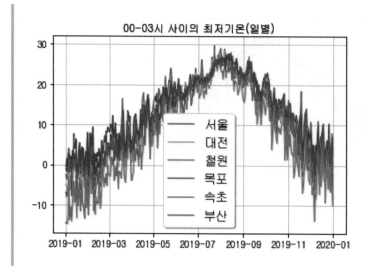

이제 어느 지역의 그래프인지는 알겠는데, 아직도 알아보기 어렵습니다. 데이터 값이 너무 많기 때문입니다. 간단하게 각 지점의 일별 최소 기온의 월평균을 구해서, 이 수치만 그래프로 그려 보겠습니다.

In [28]:

```python
# 한글 폰트를 위한 코드 블록
mpl.rcParams['axes.unicode_minus'] = False
mpl.rcParams['axes.titlesize'] = 20        # 제목 크기 설정
path = r'C:/Windows/Fonts/gulim.ttc'       # r'폰트 파일 경로/굴림
font_name = fm.FontProperties(fname=path).get_name()
plt.rc('font', family=font_name)


plt.figure(figsize=(12, 6))        # 전체 크기 변경
for name in set(df2.지점명):
    df1 = df2[df2.지점명==name].resample('D').min().resample('M').mean()['기온']
    plt.plot(df1, label=name)

plt.title('00-03시 사이의 최저기온(월평균)')
plt.grid()
plt.legend(loc='lower center', shadow=True, fontsize='x-large')
```

resample('M'): 월 단위로 데이터를 모읍니다.
mean(): 데이터의 평균값을 구합니다.

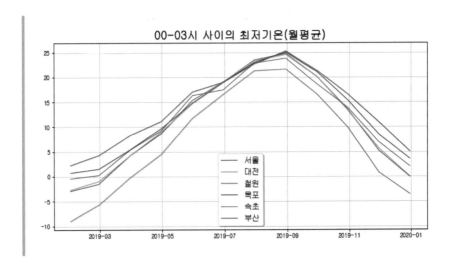

전체적으로 철원의 밤 기온이 다른 지역보다 몇 도 낮은 것이 확인됩니다. 여름에는 철원이 살기 좋을 것 같습니다. 하지만 겨울에는 많이 춥네요.

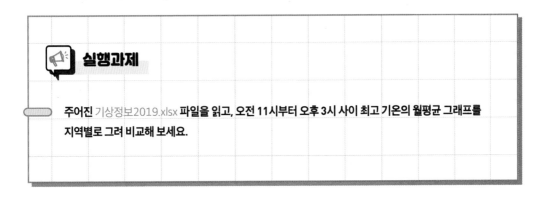

실행과제

주어진 기상정보2019.xlsx 파일을 읽고, 오전 11시부터 오후 3시 사이 최고 기온의 월평균 그래프를 지역별로 그려 비교해 보세요.

폴더 XI

프로그래밍 언어의 이해(1)_

공간과 참조 구조

이 폴더에서 열어 볼 노트북

지금까지 파이썬 프로그래밍의 기본적인 개념과 그 활용에 대해서 살펴보았습니다. 그런데 프로그래밍을 본격적으로 하기 위해서는, 언어에 대한 이해를 조금 더 깊이 있게 할 필요가 있습니다. 따라서 다음 두 폴더에서는, 파이썬 프로그래밍 언어를 조금 더 깊이 이해할 수 있는 주제를 몇 가지 다루겠습니다. 먼저 살펴볼 것은, 이름 공간입니다. 파이썬은 값을 어떻게 찾는 걸까요? 변수나 함수, 모듈의 작동 원리는 무엇일까요? 더 깊은 프로그래밍 언어 세계로 떠나 봅시다!

이름 공간과 이름의 선언

변수나 함수 등, 지금까지 참 많은 대목에서 '이름'에 관해 이야기해 왔습니다. 파이썬에서 이름은 아주 중요합니다. 모든 자료에 직접적이든 간접적이든 이름을 통해서 접근하게 되어 있기 때문이지요. 이때 이름이 담겨 있는 (메모리상의) 공간을, **이름 공간(namespace)**이라고 부릅니다.

이 공간들은 계층적으로 구분되어 있는 동시에 유기적으로도 연결되어 있습니다. 따라서 '이름을 어느 공간에서 찾을 것이냐'는 프로그램 실행에 있어 중요한 문제가 됩니다. 이 노트북에서는 이러한 이름과 공간의 관계를 파고들어 보고자 합니다.

파이썬의 공간들

파이썬에는 크게 4개의 공간이 있습니다. 이 공간들이 포함 관계를 이루면서 프로그램을 움직이는 것입니다.

공간의 이름은 안쪽 공간부터 차례로 지역(local) 영역, 포함(enclosing) 영역, 전역(global) 영역, 내장(built-in) 영역입니다. 각 영역의 포함 관계를 한눈에 볼 수 있도록, 오른쪽에 간단한 벤 다이어그램으로 나타내 보았습니다.

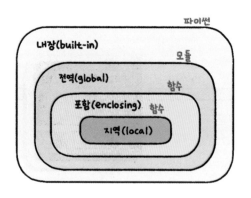

지역(Local) 영역

지역(local) 영역은 함수 내의 공간을 말합니다. 함수의 가인수(parameters)나 함수 내에 정의(또는 치환)된 이름들(변수들)은 지역 영역에 속합니다. 이를 **지역 변수**라고 합니다. 지역 변수는 함수 호출이 일어날 때 만들어졌다가, 함수를 벗어날 때 사라집니다. 따라서, 함수 외부에서는 지역 변수를 사용할 수 없습니다.

무슨 말인지 실제 코드로 살펴보겠습니다. 다음 코드에서 **a**, **b**, **c**는 모두 지역 영역에 저장된 지역 변수입니다. 따라서 함수 외부에서 볼 때 **c**는 존재하지 않는 변수입니다. **c**는 **add()** 함수 내에서만 쓸 수 있는 지역 변수이기 때문입니다.

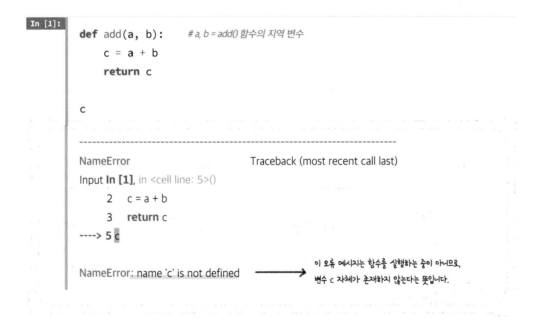

```
In [1]:    def add(a, b):      # a, b = add() 함수의 지역 변수
               c = a + b
               return c


           c


           ----------------------------------------------------------------
           NameError                          Traceback (most recent call last)
           Input In [1], in <cell line: 5>()
                 2   c = a + b
                 3       return c
           ----> 5 c

           NameError: name 'c' is not defined    ➔  이 오류 메시지는 함수를 실행하는 중이 아니므로,
                                                     변수 c 자체가 존재하지 않는다는 뜻입니다.
```

포함(Enclosing) 영역

포함(enclosing) 영역은 함수를 내포하는 또 다른 함수 영역입니다. 함수가 중첩 정의된 경우에만 생기는 영역으로 전역 영역과 내부 함수의 지역 영역 사이 공간입니다. 실제 코드로 예를 들어 보겠습니다.

```
def foo():
    x = 20
    def bar():
        print(x)
    bar()


foo()

20
```

bar() 함수 안에서 볼 때, bar() 함수에서 참조하는 x는 foo() 함수 영역의 변수입니다. 이 변수 x
는 포함 영역(Enclosing Scope)에 해당합니다(다음 그림 왼쪽 참조). 하지만 현재 실행 위치가 foo()
함수 안이라면, 변수 x는 foo() 함수의 지역 변수입니다(다음 그림 오른쪽 참조).

그림 bar() 함수의 x vs. foo() 함수의 x

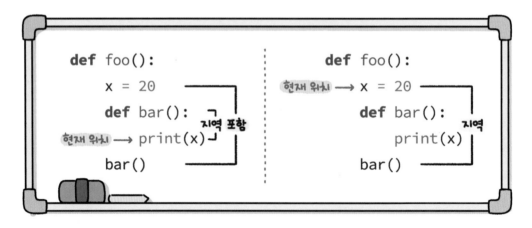

전역(Global) 영역

전역(global) 영역은 파일 혹은 모듈 공간입니다. 함수 바깥에서 정의(또는 치환)된 이름들(변수들)은
전역 영역에 저장됩니다. 이를 **전역 변수**라 합니다. 다음 코드는 x와 y를 f() 함수 밖에서 정의합니
다. 곧 전역 변수입니다.

```
In [3]:    x = 1      # 전역 변수
           y = 2      # 전역 변수

           def f():
               return x
```

전역변수는 함수 내부에서도 자유롭게 참조할 수 있습니다. 다음 f() 함수는 전역 변수 x값을 참조합니다.

```
In [4]:    f()

           1
```

다른 예로 math 모듈의 pi, e 등도 모두 모듈 math의 전역 변수입니다.

```
In [5]:    import math

           math.pi      # 모듈 math의 전역 변수
           math.e;      # 모듈 math의 전역 변수
```

내장(Built-in) 영역

가장 큰 내장(built-in) 영역 공간에는, 파이썬 언어에서 미리 정의한 이름들이 있습니다. 이 공간을 __builtins__라는 이름으로 참조할 수 있습니다.

```
In [6]:    __builtins__

           <module 'builtins' (built-in)>
```

> 파이썬이 특별한 의도를 가지고
> 정의한 이름들은 앞뒤로
> 언더라인이 두 개씩 붙어 있다!
> 예> __이름__

셀에 __builtins__를 입력해 보면 <module 'builtins' (built-in)>, 즉 "내장된(built-in) 모듈

(module) 'builtins'"라고 안내해 줍니다. 이 모듈에 등록된 이름들은 내장 영역의 이름입니다. 몇 개만 확인해 보겠습니다.

In [7]:
```
dir(__builtins__)[85:90]
```
dir() 함수: 이름 공간에서 이름의 리스트를 넘겨줍니다.

['anext', 'any', 'ascii', 'bin', 'bool']

내장 이름들은 특별한 절차 없이 그냥 사용 가능합니다. 우리가 사용했던 많은 이름이 내장 이름이었습니다.

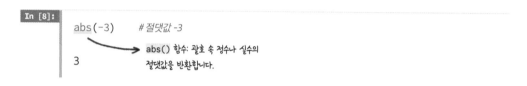

In [8]:
```
abs(-3)      # 절댓값 -3
```
abs() 함수: 괄호 속 정수나 실수의 절댓값을 반환합니다.

3

● 스코핑 규칙(scoping rule)

스코프(scope)는 변수의 유효 범위, 즉 변수가 접근할 수 있는 적정 범위를 가리킵니다. 이 범위를 영역이라고 할 때, 그에 따른 참조 순서를 규칙화한 것이 바로 **스코핑 규칙(scoping rule)**입니다. 스코핑 규칙은 이름을 참조할 때 어느 공간에서 시작하며, 찾지 못했을 때 다시 어느 공간으로 이동해 갈지를 결정해 줍니다.

파이썬에서는 스코핑 규칙으로 LEGB(Local, En-closing function call, Global, Built-in) 규칙을 적용합니다. 이는 다시 말해, L → E → G → B 순서로 이름을 찾아서 결정한다는 뜻입니다(오른쪽 그림 참조).

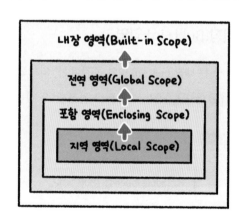

실제 코드로 예를 들어 보겠습니다.

```
In [9]:  x = 10
         def foo():
             x = 20
             def bar():
                 print(x)
             bar()

         foo()

         20
```

print(x)에서 x는 bar() 함수 내부(L) → foo() 함수 내부(E) → 전역(G) → 내장(B) 순으로 검색됩니다. 변수를 포함하는 가장 안쪽 공간에서 바깥쪽으로 나가면서, 먼저 이름이 발견되는 공간의 변수를 사용합니다. 그렇다면 다음 경우에 abs는 어느 영역에 속한 변수일까요?

```
In [10]:  abs = 10
          print(abs)

          10
```

abs가 원래는 내장 함수인데도, 함수 바깥 모듈 영역에서 정의(치환)되었으므로 전역 변수 abs가 추가로 생긴 것입니다. 그렇다고 내장 함수 abs가 사라진 것은 아닙니다. 전역 영역의 변수 abs를 제거한다면 내장 함수 abs에 문제없이 접근 가능해집니다.

```
In [11]:  del abs

          abs(-3)

          3
```

다음 코드의 출력 값은 얼마일까요?

```python
a = 10
def function(a, b):
    print(a + b)


a = 12
b = 38
function(a, b)
```

다음 코드의 출력 값은 얼마일까요?

```python
def outer_fun(a, b):
    def inner_fun(c, d):
        return c + d
    return inner_fun(a, b)


result = outer_fun(5, 10)
print(result)
```

변수와 이름 공간

한 가지 기억해야 할 것이 있습니다. 함수 내부에서 정의 또는 치환한 변수는 내부 변수로 취급된다는 것입니다. 다음 코드는 함수 `incr()`에서 전역 변수 `x`의 값을 증가시키고자 합니다. 가능할까요?

```
In [12]:   x = 1

           def incr():
               x = x + 1     # 전역? 지역!!!

           incr()

           --------------------------------------------------------------------
           UnboundLocalError                Traceback (most recent call last)
           Input In [12], in <cell line: 6>()
                 3 def incr()
                 4   x = x + 1
           ----> 6 incr()

           Input In [12], in incr()
                 3 def incr():
           ----> 4   x = x + 1

           UnboundLocalError: local variable 'x' referenced before assignment
```

문제가 생겼습니다. 오류 메시지에서도 알 수 있듯이, 함수 내부에서 x는 치환식을 가지므로 지역 변수가 됩니다. 그런데 지역 변수 x가 만들어지기도 전(좌변)에 x가 사용(참조)되고 있기 때문에(우변) 오류가 발생한 것입니다.

global 선언

확인했듯이, 앞의 코드에서는 변수 x가 전역 변수임을 알리지 않으면 의도대로 코딩이 어렵습니다. 그래서 변수 x가 전역 변수임을 선언해야 합니다. 다음 형식으로 global 구문을 사용해 x를 전역 변수로 선언합시다.

```
global 변수_이름
```

```
In [13]:    x = 1

            def incr():        ──→  함수 내에서 x는 전역 변수가 됩니다.
                global x          # 전역 변수로 선언!
                x = x + 1

            incr()
            x

            2
```

함수 `incr()`을 통해 전역 변수 x의 값을 증가시킬 수 있게 되었습니다.

nonlocal 선언

그런데 만일 함수 내부에서 참조해야 할 변수가 전역 변수가 아닌 포함 영역의 변수라면 어떻게
해야 할까요? 예를 보겠습니다. 다음 코드는 `inner()` 함수 내부에서 `outer()` 함수의 지역 변수 x
의 값을 변경하려고 시도하고 있습니다.

```
In [14]:    x = 10                  # x = 10: 전역 영역(G)
            def outer():
                x = 1               # x = 1: 내포 영역(E)
                def inner():
                    global x        # x를 전역 변수로 선언
                    x = x + 1       # 전역 영역(G)의 x에 대해 연산 수행
                    print(x)
                inner()

            outer()     # outer()의 x값은?
            print(x)    # x값은?

            11
            11
```

그런데 global 선언으로는 포함 영역의 변수 x가 아니라, 전역 영역의 x를 참조하게 됩니다. 이럴 때는 대신 nonlocal 선언을 하여, inner() 함수 내부의 x는 outer() 함수의 x임을 지정해야 합니다.

```
In [15]:   x = 10              # x = 10 = 전역 영역(G)
           def outer():
               x = 1           # x = 1 = 내포 영역(E)
               def inner():
                   nonlocal x   # x가 지역 변수가 아님을 선언
                   x = x + 1    # 내포 영역(E)의 x에 대해 연산 수행
                   print(x)
               inner()

           outer()             # outer()의 x 값은?
           print(x)            # x값은?

           2
           10
```

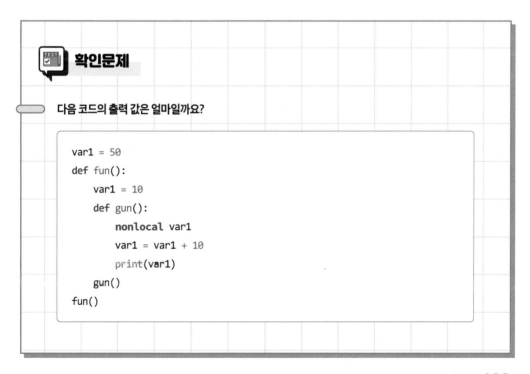

확인문제

다음 코드의 출력 값은 얼마일까요?

```
var1 = 50
def fun():
    var1 = 10
    def gun():
        nonlocal var1
        var1 = var1 + 10
        print(var1)
    gun()
fun()
```

◎ 이름 공간에 등록된 이름 목록 얻기

각 영역에 등록된 이름을 안다면, 더 원활한 코딩이 가능할 것입니다. `dir()` 함수의 인수로 이름을 전달하면 해당 공간에 등록된 이름 목록을 얻을 수 있습니다. 다음은 `math` 모듈이란 영역에 있는 이름들을 확인해 본 예입니다.

```
In [16]:    import math

            dir(math)[:5]      # math 모듈의 이름, 지면 관계상 일부만 출력

            ['_doc_', '_loader_', '_name_', '_package_', '_spec_']
```

이렇게 얻어진 이름에 `getattr()` 함수를 사용하면, 그 모듈에서의 속성값을 얻어낼 수 있습니다. 메시지에 따르면, `'cos'`는 `math` 모듈의 함수로군요.

```
In [17]:    getattr(math, 'cos')

            <function math.cos(x, /)>
```

물론 이렇게 얻어진 함수를 호출하는 것도 가능합니다.

```
In [18]:    getattr(math, 'cos')(0)    # math.cos(0)과 동일

            1.0
```

한편 현재 모듈에 등록된 이름들을 알아내려면, 인수 없이 `dir()` 함수를 호출하면 됩니다. 리스트가 반환됩니다.

```
dir()
```

[... '_oh', 'exit', 'get_ipython', 'math', 'quit']   # 지면 관계상 일부만 표시

함수 외부나 특정 모듈 내 전역 이름 공간은 **globals()** 함수로 확인 가능합니다. 현재 전역 변수들을 **{이름:객체}** 쌍으로 이루어진 사전 형태로 반환해 줍니다.

In [20]:

```
globals()     # 지면 관계상 일부만 이미지로 제시·
```

```
Out[20]: {'__name__': '__main__',
          '__doc__': 'Automatically created module for IPython interactive environment',
          '__package__': None,
          '__loader__': None,
          '__spec__': None,
          '__builtin__': <module 'builtins' (built-in)>,
          '__builtins__': <module 'builtins' (built-in)>,
          '_ih': ['',
```

현재 위치에서의 지역 이름 공간은 **locals()** 함수로 확인 가능합니다. 지역 변수들을 **globals()** 와 마찬가지로 사전 형태로 반환해 줍니다.

In [21]:

```
def f(a, b):
    print('LOCALS =', locals())     # f(a, b) 함수 지역 영역의 이름 출력
    return a + b

f(2, 3)

LOCALS = {'a': 2, 'b': 3}
5
```

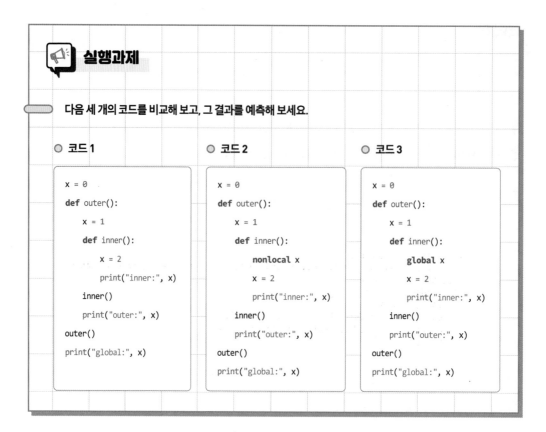

실행과제

다음 세 개의 코드를 비교해 보고, 그 결과를 예측해 보세요.

◎ 코드 1

```
x = 0
def outer():
    x = 1
    def inner():
        x = 2
        print("inner:", x)
    inner()
    print("outer:", x)
outer()
print("global:", x)
```

◎ 코드 2

```
x = 0
def outer():
    x = 1
    def inner():
        nonlocal x
        x = 2
        print("inner:", x)
    inner()
    print("outer:", x)
outer()
print("global:", x)
```

◎ 코드 3

```
x = 0
def outer():
    x = 1
    def inner():
        global x
        x = 2
        print("inner:", x)
    inner()
    print("outer:", x)
outer()
print("global:", x)
```

노트북_34
이름과 객체의 참조 구조

파이썬은 객체 지향 언어로서, 이름이 객체를 참조하는 구조로 되어 있습니다. 여기서는 이름과 객체 간의 관계를 정리해 보겠습니다.

변수의 참조 구조

파이썬은 변수의 이름과 객체 개념을 분리합니다. 예를 들어 a = 1이라고 합시다. 얼른 보면 숫자 1이 변수 a에 저장되는 것으로 생각됩니다. 그러나 사실은 이름 a가 객체 1을 참조하는(가리키는) 구조입니다.

따라서 이후에 a = 1이 a = 100으로 바뀌게 된다면, 실제 참조 구조는 오른쪽 그림과 같이 변합니다.

a는 더 이상 객체 1을 참조하지 않고, 객체 100을 참조하게 됩니다. 값이 변경되는 것이 아니라 새로운 객체를 참조하는 것입니다. 이러한 이유로 파이썬에서 숫자는 변경 불가능한 자료로 분류됩니다.

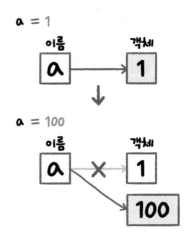

그림 변수의 참조 구조와 변경 과정

id() 함수

id(**변수**)는 '변수가 참조하는 객체의 주소'를 의미합니다. 다음 두 코드에서, a의 참조 주소가 바뀌는 것을 확인할 수 있습니다.

```
>>> a = 1
>>> id(a)
1813702601008
```

```
>>> a = 100
>>> id(a)
1813702792656
```

확인문제

다음 코드에서 최종 y 값의 출력이 어떨지 예상해 보세요.

```
x = {'hello': 'world'}
y = x
x = None
y
```

◯ 복합 자료형의 참조 구조

리스트나 튜플, 사전과 같은 복합 자료형의 참조 구조는 어떤 모습일까요? 같이 알아보겠습니다.
다음 리스트 X는 1, 2, 3이라는 세 개의 요소를 가진 것으로 보입니다.

```
In [1]:   X = [1, 2, 3]
```

그런데 실은 정확히 말해 이 리스트는 요소 자체를 가지
고 있는 것이 아니라, 이를 참조만 하는 구조입니다.

```
In [2]:   L = [1, "Hello", 3.4]      # 정수형, 문자열, 실수형
```

그러다 보니, 이렇게 크기가 다른 자료형을 담고 있더라
도 리스트 각 요소의 크기는 동일합니다. 마찬가지로 리
스트가 그 요소를 가져오기 위한 참조 주소만 가지고 있
기 때문입니다.

그렇다면 중간 요소가 하나 변경될 경우에는 어떻게 될까요?

```
In [3]:   L[0] = 100      # 리스트 L의 첫 번째 요소를 100으로 변경
          L

          [100, 'Hello', 3.4]
```

이 같은 구조로 바뀝니다. 리스트의 첫 번째 자리가 1 대
신 100을 가져옵니다. 객체에 대한 참조 주소만 바뀌는 것
입니다.

그림 리스트 X = [1, 2, 3]과
L = [1, "Hello", 3.4]의 참조 구조

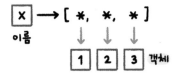

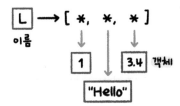

그림 중간 요소가 변경될 때의 참조 구조

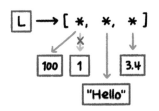

리스트 안에 리스트를 넣는, 중첩 리스트의 참조 구조는 오른쪽 그림과 같습니다.

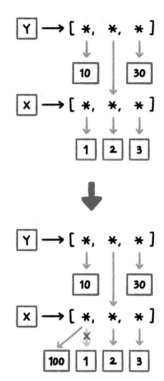

```
In [4]:    X = [1, 2, 3]
           Y = [10, X, 30]
           Y

           [10, [1, 2, 3], 30]
```

따라서 리스트 X의 변경은 Y에도 반영됩니다.

```
In [5]:    X[0] = 100
           Y

           [10, [100, 2, 3], 30]
```

즉 단순히 변수를 새로 생성하는 것은, 요소를 복사하는 것이 아니라 그 요소의 참조 구조를 복사하는 것에 불과합니다. 참조 이름(Z)만 하나 더 추가될 뿐, 모든 요소는 그대로 공유되는 것입니다.

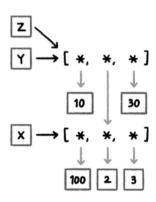

```
In [6]:    Z = Y
```

리스트 Z가 곧 Y가 되었으므로, is 연산자에 의해 둘은 동일한 것으로 판정됩니다.

```
In [7]:    Z is Y

           True
```

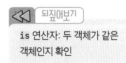
되짚어보기
is 연산자: 두 객체가 같은 객체인지 확인

두 리스트가 동일하다는 것은, 같은 **id**를 갖는다는 것과 동일한 의미입니다.

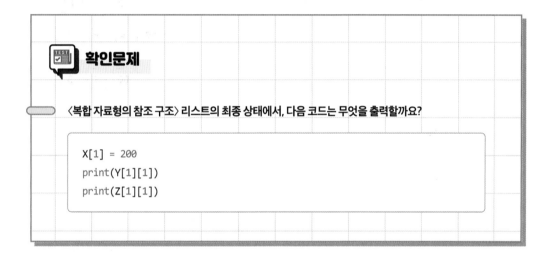

```
In [8]:    print(id(Z), id(Y))

           1676542565632 1676542565632
```

이 id 값은 매 노트북마다 달라집니다. id(Z)와
id(Y)가 서로 같은 숫자인지만 확인하면 됩니다.

확인문제

〈복합 자료형의 참조 구조〉 리스트의 최종 상태에서, 다음 코드는 무엇을 출력할까요?

```
X[1] = 200
print(Y[1][1])
print(Z[1][1])
```

객체의 복사

프로그래밍을 하다 보면, 변수나 자료형을 복사하고 싶은 때가 있습니다. 이럴 때 복사 작업의 뒤편에서는 어떤 일이 벌어지는지 알아봅시다.

파이썬에서 복사는 copy() 메서드를 이용할 수 있습니다. 다음 복사는 중첩 리스트 Y를 복사하여 Z라는 리스트를 하나 더 만드는 것입니다.

```
In [9]:    X = [1, 2, 3]
           Y = [10, X, 30]
           Z = Y.copy()
```

생성된 Z의 구조는 오른쪽 그림과 같습니다. 리스트 Z와 Y 를 비교해 보면, 두 리스트가 서로 다른 객체임을 확인할 수 있습니다.

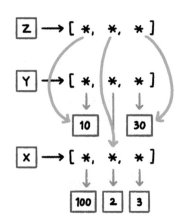

그림 리스트 Z의 참조 구조

```
In [10]:
        Z is Y

        False
```

그런데 리스트의 요소끼리 비교했더니, 반대로 동일한 것 으로 판정되었습니다. 어떻게 된 일일까요?

```
In [11]:
        Y[0] is Z[0]

        True
```

구조를 살펴보면, 두 리스트가 사용하는 참조 주소 자체는 같지만, 참조 주소에의 접근 경로는 각 각 별도로 가지고 있음을 알 수 있습니다. 따라서 연동 없이 독립적으로 값을 출력하게 됩니다. 즉, 다음과 같이 리스트 Y의 값을 바꾸더라도, 리스트 Z는 기존 값을 유지하는 것입니다.

```
In [12]:
        Y[0] = 300
        Z[0]

        10
```

이런 복사를 '**얕은 복사(shallow copy)**'라 합니다. 지금까지 알아본 것처럼, 얕은 복사는 원래 있던 데이터를 그대로 단순히 다른 변수에 추가로 할당해 주는 것으로, 같은 참조 주소를 공유합니다. 한 사물함을 함께 쓰기 위해 열쇠를 2개로 복사하는 일과도 같습니다.

copy() 메서드로 수행하는 복사는 '얕은 복사'입니다. 리스트, 사전, 집합 등의 자료형들은 기본적 으로 copy() 메서드를 가지고 있습니다. 얕은 복사는 다음 형식으로 진행됩니다.

```
복사할_대상.copy()
```

이 메서드를 지원하지 않는 자료형에서 얕은 복사를 하고 싶은 경우, copy 모듈을 이용하면 됩니다.

```
copy.copy(복사할_대상)
```

In [13]:
```python
import copy          # copy 모듈 가져오기

copy.copy(Y)

[300, [100, 2, 3], 30]
```

얕게 복사할 수 있다면, 반대로 깊게 복사할 수도 있을까요? 네, 정말 그렇습니다. 이번에는 '**깊은 복사(deep copy)**'를 해볼 겁니다. 이 복사는 대상의 참조 구조 전체를 통째로 복사하는 것입니다. copy 모듈의 deepcopy() 메서드를 사용해 구현합니다.

```
copy.deepcopy(복사할_대상)
```

'깊은 복사'를 하면, 복사할 대상 객체와 똑같은 구조로 객체의 복사본이 만들어집니다. 실제 리스트에서 깊은 복사를 한 뒤, 참조 구조가 어떻게 되는지 알아봅시다.

In [14]:
```python
X = [1, 2, 3]            # 리스트 X
Y = [10, X, 30]         # 리스트 X를 포함하는 중첩 리스트 Y
Z = copy.deepcopy(Y)    # 리스트 Y를 깊은 복사한 리스트 Z 생성
```

리스트 Y를 깊은 복사한 새 리스트 Z를 생성했습니다. is 연산자를 이용해 두 리스트를 서로 비교해 보겠습니다.

```
In [15]:    Y is Z

            False
```

분명 두 리스트는 서로 다른 객체입니다. 그러
나 다음처럼 요소끼리 비교해 보면, 리스트 Z
는 복사 대상인 리스트 Y와 같은 구조를 만들
었음을 확인할 수 있습니다.

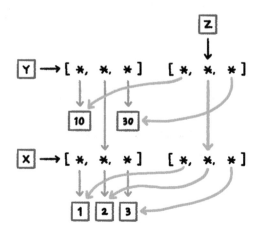

```
In [16]:    Z[1] == Y[1], Z[1] is Y[1]

            (True, False)
```

 확인문제

다음 코드에서 사용된 복사는 어떤 종류의 복사일까요(얕은 복사/깊은 복사)?

```
>>> a1 = [[10, 20], [30, 40], [50, 60]]
>>> a2 = list(a1)
>>> a2
[[10, 20], [30, 40], [50, 60]]
```

다음 코드를 실행한 결과 생성되는 old_list와 new_list의 참조 구조를 각각 그려 보세요.

```
import copy
old_list = [[1, 1, 1], [2, 2, 2], [3, 3, 3]]
new_list = copy.deepcopy(old_list)
```

함수 전달에서의 참조 구조_참조에 의한 호출

이상의 개념을 가지고 함수의 인수가 전달되는 과정을 조금 더 자세히 살펴보겠습니다. 우선 함수 addUpdate()를 정의합니다.

```
In [17]:    def addUpdate(a):
                a += 10    # a = a + 10
                return a
```

다음과 같이 호출했습니다.

```
In [18]:    x = 10
            addUpdate(x)

            20
```

변수 x의 값이 변경되었을까요?

```
In [19]:    x

            10
```

웬걸, 그대로군요. 왜 그런지 호출 과정을 통해 내부 구조를 보겠습니다.

1   실인수 x의 참조 주소가 함수의 가인수 a로 전달됩니다.

2   함수 내의 변수 a는 a = a + 10에 의해서 새로운 참조 주소를 갖게 됩니다. 여전히 x가 참조하는 10은 변함이 없습니다.

3   따라서 함수 호출 후에도 x는 변화가 없습니다. 함수 내부에서의 치환에 의한 참조 변화는, 실인수에 영향을 미치지 않습니다.

연산 실행 전후의 참조 구조를 다시 한번 비교해 보면, 더 확실히 알 수 있습니다.

그림 연산 실행 전후의 참조 구조 변화

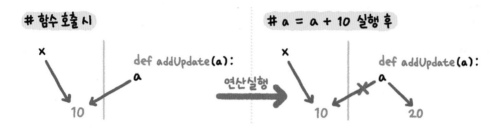

이번에는 다른 경우를 보겠습니다. 리스트 오른쪽 끝에 요소를 추가하는 함수 append2List(a)를 정의하고, 리스트 [1, 2, 3]에 적용해 본 것입니다.

```
In [20]:
def append2List(a):
    a.append(10)
    return a

L = [1, 2, 3]
append2List(L)

[1, 2, 3, 10]
```

반환값에 10이 추가되었군요. 리스트 L을 다시 확인해 보겠습니다.

```
In [21]:
L

[1, 2, 3, 10]
```

이때 가인수 a는 실인수 L과 같은 참조 주소를 갖습니다. 단, 값은 변경되어 있습니다. 함수 호출 구조를 풀어 보면 다음과 같습니다.

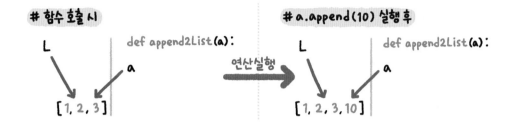

그림 함수 호출 구조의 변화

이와 같은 함수 호출 방식을 프로그래밍 언어에서는 '**참조에 의한 호출**(call by reference)'이라고 부릅니다.

🎙 **참고** **값에 의한 호출(call by value)과 참조에 의한 호출(call by reference)**

프로그래밍 언어에서 함수를 호출할 때 자료(객체)를 전달하는 방식은 두 가지입니다.

값에 의한 호출은 객체의 값 그 자체를 전달합니다. 그러므로 가인수의 값이 변해도 호출하는 객체(실인수)의 값은 변하지 않습니다.

참조에 의한 호출은 객체의 참조 주소를 전달합니다. 따라서 리스트나 사전과 같은 자료의 참조 주소가 전달된 경우라면, 가인수는 이 참조 값을 이용하여 객체의 내부 값을 변경하는 것이 가능합니다.

파이썬은 값에 의한 호출은 지원하지 않습니다. 파이썬의 함수 호출 방식은 참조에 의한 호출입니다.

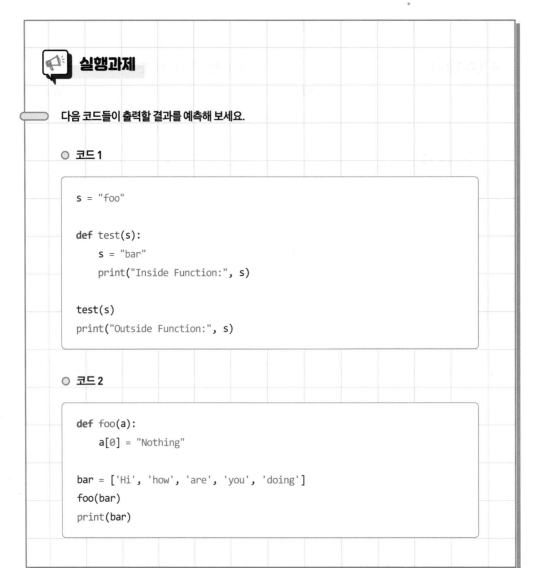

다음 코드들이 출력할 결과를 예측해 보세요.

○ **코드 1**

```python
s = "foo"

def test(s):
    s = "bar"
    print("Inside Function:", s)

test(s)
print("Outside Function:", s)
```

○ **코드 2**

```python
def foo(a):
    a[0] = "Nothing"

bar = ['Hi', 'how', 'are', 'you', 'doing']
foo(bar)
print(bar)
```

메인 모듈과 모듈 임포트

파이썬은 메인 모듈(프로그램을 실행하는 최상위 모듈)이 특별히 지정되어 있지 않습니다. 즉, 어느 모듈이나 다 메인 모듈이 될 수 있는 한편으로, 어느 모듈이나 다른 모듈에 임포트 되어 사용될 수도 있습니다. 이번 노트북에서는 메인 모듈과 임포트 되는 모듈이 어떻게 구분되며, 임포트 (import)는 어떻게 동작하는지에 관해 조금 더 자세히 살펴보겠습니다.

● 모듈 검색 경로

우선 임포트 되는 모듈을 찾는 경로에 대해 살펴보겠습니다. 우리가 가져오기(import)를 요청하면, 파이썬은 등록된 폴더를 순서대로 방문하면서 해당 모듈을 찾습니다. 그 폴더 목록은 sys. path 변수에서 확인할 수 있습니다.

```
>>> import sys
>>> sys.path
['방문폴더1', '방문폴더2', ...]
```

이때 어느 폴더에서도 임포트 할 모듈을 찾을 수 없는 경우, ModuleNotFoundError 오류가 발생합니다.

```
>>> import no_module
Traceback (most recent call last):
  File "<pyshell#2>", line 1, in <module>
    import no_module
ModuleNotFoundError: No module named 'no_module'
```

모듈이 임포트 되면 모듈의 **__file__** 속성으로 해당 모듈의 파일 위치를 확인할 수도 있습니다. (**__file__** 속성이 지정되지 않은 경우도 있긴 합니다.)

```
>>> import os
>>> os.__file__
'C:\\Users\\user\\AppData\\Local\\Programs\\Python\\Python310\\lib\\os.
py'
```

특정 폴더를 임시로 모듈 검색 경로에 포함시키려면, 다음과 같이 **sys.path.append()** 메서드로 직접 추가할 수도 있습니다.

```
>>> sys.path.append('D:\Projects\MyLibrary')
```

영구적으로 이 경로가 모듈 검색 경로에 포함되어야 한다면 환경 변수 **PYTHONPATH**를 이용할 수 있습니다. 먼저 윈도우 작업 표시줄 검색창에서 '시스템 환경 변수 편집'을 검색 후 실행합니다.

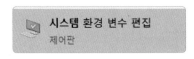

[환경 변수] → [새로 만들기]를 차례로 선택한 후, [변수 이름(N)]에 **PYTHONPATH**, [변수 값(V)]에 **D:\Projects\MyLibrary**를 등록해 주면 됩니다. 윈도우에 다시 로그인해야 환경 변경이 적용됩니다.

import 문의 실행

임포트를 하면 어떤 일이 일어나는지 간단한 예를 통해 살펴보겠습니다. 다음은 mymath.py라는 파일의 소스코드입니다(예제 파일에도 준비되어 있습니다).

```python
mypi = 3.14

def add(a, b):
    return a + b

def area(r):
    return mypi * r * r

print(__name__)
```

이 mymath 파일을 모듈로서 임포트 합니다. 모듈을 임포트 하는 것은 모듈을 실행하는 것입니다. mymath.py 스크립트 파일의 마지막 print() 명령이 실행되어, mymath라는 출력이 나왔습니다.

```
>>> import mymath
mymath
```

모듈 실행에는 변수와 함수의 정의 작업도 포함됩니다. 그러므로 이런 이름들이 모듈 mymath의 전역(global) 영역에 남아 있게 됩니다. 그럼 이 모듈에 남아 있는 이름은 어떨까요?

```
>>> dir(mymath)
['__builtins__', '__cached__', '__doc__', '__file__', __loader__', '__
name__', '__package__', '__spec__', 'add', 'area', 'mypi']
```

앞뒤에 언더라인(_) 두 개씩이 붙은 이런 이름들은, 모듈 작성 시 시스템에서 자동으로 등록해 주는 이름들입니다. 각각 특별한 의미를 가지고 있습니다.

파일에 정의된 세 이름들, add, area, mypi가 보이네요. 이 값들을 확인해 보겠습니다.

```
>>> mymath.mypi          # 이름 mypi의 값?
3.14
```

```
>>> mymath.area(5)       # 함수 area() 호출
78.5
```

이처럼 모듈 임포트는 모듈에 정의된 코드의 실행을 통해 이루어지며, 이 과정에서 변수, 함수, 클래스 등을 모듈 이름 공간에 등록합니다.

○ 모듈의 이름: __name__ 변수

앞서 모듈에 등록된 이름 중에는 __name__이 있었습니다. 이 __name__은 모듈의 이름을 알려 줍니다. 가령 모듈 mymath의 이름은, 그대로 'mymath'입니다.

```
>>> mymath.__name__      # mymath 모듈의 이름은?
'mymath'
```

다른 모듈도 마찬가지입니다. 모듈 이름은 파일 이름과 동일합니다.

```
>>> import math
>>> math.__name__          # math 모듈의 이름은?
'math'
```

그런데 mymath.py라는 스크립트 파일을 가져오지 않고, 직접 실행하면 상황이 달라집니다. 다음은 명령 프롬프트에서 이 스크립트 파일을 실행한 결과입니다.

```
> python mymath.py
__main__
```

흥미롭게도 같은 print(__name__) 명령의 출력인데, 결과는 다릅니다. 왜냐하면 임포트 될 때 __name__은 파일 이름과 동일한 모듈 이름을 갖는 데 비해, 스크립트 파일로 직접 실행될 때는 항상 '__main__'이란 이름을 갖기 때문입니다.

그러므로 __name__ 변수를 이용하면 지금 사용하는 모듈이 (최상위) 메인 모듈인지, 아니면 가져온 (import) 모듈인지를 구분할 수 있습니다. 다음과 같이 if __name__ == '__main__': 이하 부분이 메인 모듈로 사용될 경우에만 실행되고, 임포트 된 상태라면 실행되지 않는 스크립트 파일을 작성해 보았습니다.

```
mypi = 3.14


def add(a, b):
    return a + b


def area(r):
    return mypi * r * r


if __name__ == '__main__':
    print(__name__)
```

많은 `.py` 모듈은 다음처럼 코드 맨 마지막에 `if __name__== "__main__":` 블록을 추가하여, 모듈의 정상 작동을 검증하기 위한 테스트 코드(여기서는 `_test()` 함수)를 넣기도 합니다. (코드의 내용은 신경 쓰지 마시고, 이런 구조로 사용한다 정도로 참고해 주시면 되겠습니다.)

그림 표준 모듈 `difflib.py`의 테스트 코드

```
2051    def _test():
2052        import doctest, difflib
2053        return doctest.testmod(difflib)
2054
2055    if __name__ == "__main__":
2056        _test()
```

이 패턴은 모든 모듈이 독립적으로 실행 가능하면서도 동시에 임포트 되어 사용되도록 해줍니다.

확인문제

__name__ 변수의 역할은 무엇입니까? 이 변수는 어떤 용도로 활용할 수 있나요?

 실행과제

여러분이 지금까지 개발한 함수들을 모아서 하나의 모듈을 만들고 등록해서 사용해 보세요. 모듈 검색 경로에 별도로 지정한 폴더를 추가해서 모듈을 저장할 수도 있지만, 일반적으로 저장되는 외부 패키지 저장 경로를 사용하는 것도 좋은 방법입니다.

외부에서 개발된 패키지나 모듈들이 저장되는 공간은 파이썬_설치_폴더\Lib\site-packages입니다. 기존에 pip로 설치된 대부분의 모듈과 패키지가 이 공간 안에 있을 겁니다. 이 폴더를 한번 살펴보시기 바랍니다.

임포트 한 모듈의 파일 경로는 __file__ 속성으로 확인할 수 있습니다. 표준 모듈 re의 경로를 확인해 보겠습니다.

```
>>> import re
>>> re.__file__
'C:\\Users\\user\\AppData\\Local\\Programs\\Python\\Python310\\lib\\
re.py'
```

pip로 설치된 numpy 패키지도 살펴보지요. 두 경우의 저장 경로의 차이를 확인해 보시기 바랍니다.

```
>>> import numpy
>>> numpy.__file__
'C:\\Users\\user\\AppData\\Local\\Programs\\Python\\Python310\\lib\\
site-packages\\numpy\\__init__.py'
```

폴더 XII

프로그래밍 언어의 이해(2)_

클래스의 이해

이 폴더에서 열어 볼 노트북

지난 폴더에서 파이썬 프로그램이 어떻게 공간을 탐험하는지를 배웠습니다. 이번에는 파이썬 프로그래밍 언어를 진정으로 파이썬으로 만들어 주는, 파이썬의 꽃을 만나 보고자 합니다. 바로 객체와 클래스(class)입니다. 수많은 프로그래밍 언어 사이 파이썬의 차별화된 강점으로 기능하는 클래스! 마지막 모험이 다소 어렵더라도, 목적지에 도달하면 기쁨은 배가 될 것입니다.

객체와 클래스

객체(object)란?

파이썬은 **객체 지향 언어**(object-oriented language)입니다. 그런데 이제야 객체라는 개념을 정리하게 됩니다. 이 책은 입문자 서적으로 익힐 게 많다 보니 지금까지 미뤄지게 되었습니다.

사실 객체에 대한 설명을 충분하게 하지는 않았지만, 이미 우리는 객체를 수도 없이 다루어 왔습니다. 왜냐하면 파이썬의 모든 자료는 객체이기 때문입니다. 숫자, 문자열, 리스트, 사전, 튜플, 집합…… 전부 다 객체입니다. 객체는 도대체 무엇일까요?

객체(object)는 두 종류의 값을 갖는 존재입니다. 하나는 자료 값이고, 또 다른 하나는 그 값을 이용하는 동작(함수)들입니다. 예를 들어 다음 리스트 객체 L을 보겠습니다.

```
L = [5, 3, 4, 2, 1]
```

객체 L에는 `[5, 3, 4, 2, 1]`이라는 자료 값과 이 자료를 이용하는 동작들이 정의되어 있습니다. 동작은 예를 들어 `L.sort()` 메서드가 될 수 있습니다. 이 메서드는 리스트 객체 L에 저장된 값들의 순서를 바꿉니다.

이와 같이 객체 L에 저장된 값을 '속성(attributes)' 혹은 '멤버(member)'라 하며, `sort()`와 같은 동작을 '메서드(method)'라 합니다. 조금 더 추상적으로, 속성값을 '상태(state)', 메서드를 '행동(behavior)'이라고 부르기도 합니다.

더 이해하기 쉽도록 자동차의 예를 들어 보겠습니다. 자동차라는 객체가 있다고 하겠습니다. 이 객체는 속성으로서 현재 위치(x, y)와 속력(speed)이라는 값을 갖고 있습니다. 이것이 이 차의 현재 상태입니다.

또한 이 차는 행동으로, 자신의 속력을 변화시킬 `accelerate(duration)` 메서드를 가집니다. `duration` 시간 동안 가속했을 때, 현재 위치(x, y)와 속력(speed)이 변경됩니다. 행동이 객체의 상태를 변화시킬 수 있는 것입니다. 이렇게 "속성(멤버)과 메서드로 구성된 단위"를 객체라고 합니다.

파이썬은 객체 지향 언어

이제 객체가 무엇인지는 대략 알았습니다. 그렇지만 아직 궁금증은 남아 있습니다. 앞서 "파이썬은 객체 지향 언어"라고 했습니다. '객체를 지향한다'란 도대체 무슨 의미일까요?

객체 지향 언어는 어떤 문제 해결을 위해서 필요한 객체들을 설계하는 것으로 시작합니다. 이렇게 설계된 객체들이 상호 유기적인 관계 속에서 동작하도록 프로그래밍하는 것을 객체 지향 프로그래밍(object-oriented programming)이라고 합니다. 이런 객체 지향 프로그래밍을 지원하는 언어가 바로 객체 지향 언어(object-oriented language)입니다.

하지만 객체를 직접 설계하지 않고 프로그래밍할 수도 있습니다. 지금까지 우리가 해온 방식이 그렇습니다. 파이썬이 제공하는 객체를 이용하긴 했지만, 우리가 객체를 설계한 적은 없습니다. 객체를 새로 설계하지 않고 하는 이런 프로그래밍 방식을 **절차적 프로그래밍**(procedural programming)이라고 합니다. 파이썬이 객체 지향 언어라고 해서 파이썬을 이용한 프로그래밍이 모두 객체 지향 프로그래밍은 아닌 것입니다.

◉ 클래스(class)와 인스턴스

객체 지향 언어의 핵심인 객체를 사용하기 위해서 꼭 필요한 것이 바로 클래스입니다. 왜냐하면 이 "객체들을 생성하는 설계도 혹은 틀(템플릿)"이 곧 **클래스**(class)이기 때문입니다. 객체를 설계한다는 것은 클래스를 정의한다는 말과 동일합니다.

용어를 정리해 보겠습니다. 클래스는 설계도에 해당합니다. 객체는 설계도에 따라서 만들어진 실제 자료입니다. 다른 말로 **인스턴스 객체(instance object)**라고 하기도 하고, 줄여서 **인스턴스(in-stance)**라고 부르기도 합니다. 인스턴스란 '~의 실체'라는 뜻입니다. 즉 객체(object), 인스턴스(in-stance), 인스턴스 객체(instance object)는 모두 같은 말입니다.

예를 들어 일반 명사인 '자동차'는 클래스에, '내 소유의 실제 차'는 인스턴스 객체에 해당됩니다. '집'은 클래스지만, '내가 살고 있는 진짜 집'은 인스턴스 객체가 되는 것입니다.

그림 자동차 클래스와 자동차 객체

파이썬에서 숫자 123은 '정수(int)의 인스턴스'입니다. 'abc'는 '문자열(str)의 인스턴스'입니다. 따라서 'abc'는 '문자열(str)의 실체 객체'를 의미합니다.

그림 정수(int) 클래스의 인스턴스 123과 문자열(str) 클래스의 인스턴스 'abc'

이제 클래스와 인스턴스의 관계를 좀더 자세히 파고들어 보겠습니다.

보편자와 개별자

'is-a' 관계라는 개념이 있습니다. 가령 "A is-a B"라고 하면, "A는 B이다"와 동일합니다. 포함 관계의 속성/동작들 간의 관계를 나타내는데, 철학으로 이야기하면 '개별자-보편자'의 관계입니다.

예를 들어 "나는 사람이다"라고 할 때, '나'라고 하는 개별자(the individual)는, '사람'이라고 하는 보편자(the universal)의 '실체'입니다. 즉, 보편자 '사람'이 가지고 있는 속성 및 동작은 개별자 '나'도 그대로 가지고 있습니다.

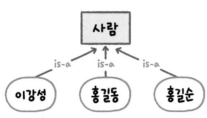

그림 보편자 '사람'과 개별자 '이강성'의 관계

파이썬에서는 이러한 'A is-a B' 관계를 함수 `isinstance(A, B)`로 확인합니다. 다음 코드에서 문자열 `'abc'`는 실체(객체)입니다. `str`은 보편자입니다. `str`은 문자열 보편자를 의미하지만, 실제 문자열은 아닌 것입니다.

```
In [1]:   isinstance('abc', str)   # 'abc'는 문자열(str)인가?

          True
```

모든 객체는 이처럼 'A is-a B' 관계를 갖고 있습니다. "123은 정수(int)이다", "[1,2,3]은 리스트(list)이다" 등도 그 예입니다. 예시로 "123은 정수(int)이다"의 참/거짓을 판단해 보겠습니다.

```
In [2]:   isinstance(123, int)

          True
```

참이군요. 이처럼 'A is-a B' 관계에서 A가 인스턴스 객체일 경우, B는 클래스입니다. 즉, 개별자는 객체, 보편자는 클래스에 각각 해당되는 셈입니다.

그럼 인스턴스 객체 'A'의 보편자는 어떻게 확인할까요? 함수 `type()`을 이용하면 됩니다. 정수 123에 대해 확인해 보니, 그 자료형이자 클래스인 `int`가 출력되었습니다.

```
In [3]:   type(123)

          int   # 개별자(객체) 123, 보편자(클래스) 정수
```

앞선 'is-a 관계' 예시에서, '나'의 보편사는 '사람'이었습니다. 그런데 생각해 보면, '사람'보다 넓은 범주가 있습니다. '포유류'나 '동물'을 이 관계로 가져오면, '사람'은 이들의 개별지가 될 것입니다. 그렇다면 이처럼 `int`에도 더 상위인 보편자가 존재할까요? `type()` 함수로 확인해 보면 됩니다.

```
type(int)

type
```

네, **type**이 **int**의 보편자이군요. 즉, **int**는 **type**의 인스턴스입니다(**int** is-a **type**). **int**가 클래스이므로, **type**은 클래스를 생성하는 클래스 즉, **메타 클래스(meta class)**라고 합니다.

In [5]:

```
isinstance(int, type)

True
```

- 개별자=인스턴스 객체
- 보편자=클래스
- 객체를 만들어 내는 것은 클래스
- 클래스를 만들어 내는 것은 메타 클래스

뭔가 좀 복잡한 것 같은가요? 복잡할 것 없습니다. 객체와 클래스의 관계를 개별자와 보편자의 관계로 이해하시면 됩니다. 그 이상 없습니다.

🎙️ **참고** ─ **중세 시대의 보편논쟁**

중세 시대 유럽에서는 "인간이라는 보편자가 실재로 존재하느냐 존재하지 않느냐"를 두고 철학자들 간 논쟁이 벌어졌습니다. 이것을 보편논쟁(普遍論爭)이라고 합니다.

당시 실재론자들은 인간이라는 보편자가 존재한다는 입장이었고(9세기 에리우게나, 11세기 안셀무스, 샹포의 기욤 등), 유명론자들은 존재하지 않는다는 입장이었습니다(로스켈리누스, 스코투스, 오컴의 윌리엄). 온건 실재론자들은 중간 입장을 취했습니다. 보편자는 개별적인 인간들 안에 존재하기에, 모든 인간이 사라지면 보편자도 사라진다고 봤습니다. 대표적인 인물이 토마스 아퀴나스였습니다.

프로그래밍 언어에서 보편자는 확실히 존재합니다. 컴퓨터 세계에서는 '실재론'이 맞다고 할 수 있겠습니다. 객체(object)의 보편자는 클래스(class)이고, 클래스(class)의 보편자는 메타 클래스(meta class)입니다.

 **확인문제**

자료형과 객체는 어떻게 다른가요? 두 객체가 is-a 관계를 갖고 있는지 어떻게 확인할 수 있을까요?

클래스에서의 보편자와 개별자

주피터 노트북에서 실제로 클래스와 객체를 만들어 보면서 다시 설명하겠습니다. 클래스 정의 방법은 간단합니다. 영문 class 옆에 원하는 클래스 이름을 적고, 콜론(:)을 붙여 주면 끝입니다.

```
class 클래스이름:
    <클래스_코드블록>
```

그럼 이 세상에서 가장 간단한 클래스 'A'를 생성해 봅시다.

```
In [6]:  class A:
             pass  ──→  pass 문: 아무것도 수행하지 말고 건너뛰라는 뜻,
                        임시로 코드를 작성할 때 주로 사용됩니다.
```

클래스 A가 만들어졌습니다. 값을 확인해 볼까요?

```
In [7]:  A

         __main__.A
```

출력된 __main__.A는, 모듈 __main__ 내에 정의된 클래스 A라는 뜻입니다. 이 클래스로부터 객체를 두 개 만들어 보겠습니다. 함수를 호출할 때처럼, 괄호를 사용하면 됩니다.

```
In [8]:  a1 = A()
         a2 = A()
```

클래스 A와 인스턴스 a1, a2의 구조는 오른쪽 그림과 같습니다. isinstance() 함수로 확인해 보니, a1과 a2 모두 클래스 A의 객체입니다.

```
In [9]:    isinstance(a1, A)

           True
```

```
In [10]:   isinstance(a2, A)

           True
```

A가 보편자(클래스)이고, a1, a2는 개별자(인스턴스 객체)임을 이해하겠지요? 이처럼 하나의 보편자를 통해 수많은 개별자가 만들어질 수 있습니다. 이 개별자들은 모두 인스턴스 객체입니다. type() 함수로 두 객체의 보편자가 같은지 확인해 보겠습니다.

```
In [11]:   type(a1) == type(a2)

           True
```

같은 것으로 확인되네요. 그럼 객체 a1의 보편자는 A와 같을까요?

```
In [12]:   type(a1) == A

           True
```

개별자(객체) a1과 a2의 보편자가 클래스 A라면, 객체 a1, a2와 클래스 A 사이에 무슨 연관이 있어야 할 것 같습니다. 맞습니다. 개별자는 보편자의 속성을 공유합니다. 마치 인간의 모든 기본 속성을 우리 각자가 가지고 있듯이 말입니다. 이 내용은 다음 절에서 살펴보겠습니다.

클래스와 이름 공간

클래스는 '이름 공간(namespace)'이기도 합니다. 시험
삼아 A에 이름 속성을 하나 등록시켜 보겠습니다.

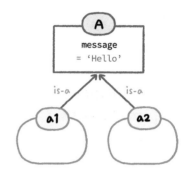

```
In [13]:
        A.message = 'Hello'
```

message 속성을 등록했습니다. 오른쪽 그림과 같이
message는 클래스 공간 A에 등록됩니다.

이렇게 보편자가 가지고 있는 message와 같은 속성값은, 개별자들(a1, a2)이 함께 이용할 수 있는
공통 속성입니다. 한번 개별자 a1로 확인해 보지요.

```
In [14]:
        a1.message

        'Hello'
```

a1에는 message란 속성이 없었지만, a1의 보편자인 클래스 A가 가진 속성이 자연스럽게 개별자
a1에도 부여되어 있음을 알 수 있습니다.

```
In [15]:
        a2.message

        'Hello'
```

이것은 다른 개별자 a2도 마찬가지입니다. 이것을 이름 공간 개념으로 이해해 보도록 하겠습니다.

1   a1.message에 의해서 message란 이름을 a1에서 찾습니다. 그러나 a1에는 message가 없습니다.

2   그러면 그 다음으로 보편자 A에서 그 속성을 찾습니다.

3   속성이 발견되면 그 속성값을 취합니다. 속성이 발견되지 않으면, 또 그 위에 연결된 클래스가 있는지
    확인합니다. 있으면 계속 찾아 나갑니다.

4   끝까지 발견되지 않으면 AttributeError 오류를 발생시킵니다.

없는 속성에 접근해 `AttributeError` 오류가 발생하는 예를 보여드립니다.

```
In [16]:   a1.no_attr      # 없는 속성에 접근하면...

           ----------------------------------------------------------------

           AttributeError                    Traceback (most recent call last)
           Input In [16], in <cell line: 1>()
           ----> 1 a1.no_attr

           AttributeError: 'A' object has no attribute 'no_attr'
```

클래스 이름 공간 말고, 인스턴스의 이름 공간에 속성을 저장할 수도 있습니다. 다음 코드에서는 a1 이름 공간에 `message` 속성이 저장됩니다(오른쪽 그림 참조).

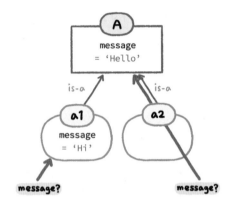

```
In [17]:   a1.message = 'Hi'
           a1.message

           'Hi'
```

하지만 a2는 여전히 A의 `message`를 참조합니다.

```
In [18]:   a2.message

           'Hello'
```

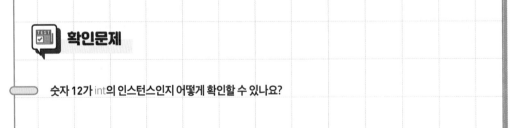

확인문제

숫자 12가 int**의 인스턴스인지 어떻게 확인할 수 있나요?**

클래스 알아보기

클래스와 객체에 저장되는 것

클래스와 객체의 연결 관계는 이해했습니다. 이제는 '클래스와 객체 안에는 무엇이 담기는가(저장되는가)'를 생각해 보겠습니다.

파이썬에서 클래스와 객체는 모두 이름 공간입니다. 어떤 객체라도 저장할 수 있지만, 데이터 객체와 함수 객체 두 종류를 저장하는 것으로 이해하면 좋습니다. 클래스 공간에는 함수와 클래스 데이터(변수)가 저장되고, 객체 공간에는 객체 데이터(변수)가 저장되는 것이 일반적입니다.

이때 클래스가 갖는(클래스 공간 안에 정의된) 함수를 **메서드**(method)라고 하고, 클래스 공간 안에 정의된 변수를 **클래스 멤버**(member)라고 합니다. 한편 객체 공간 안에 정의된 변수는 **객체 멤버** 혹은 **인스턴스 멤버**라고 합니다.

그림   클래스와 객체에 저장되는 함수와 변수들

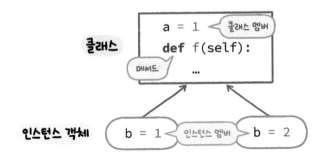

그럼 앞서 배운 '터틀 그래픽'을 이용하여 간단한 거북이(Turtle) 클래스를 정의해 봅시다.

In [19]:
```python
class Turtle:
    pi = 3.141592      # 클래스 멤버
    def forward(self, steps):      # 메서드
        self.x += steps      # self.x 인스턴스 멤버

t1 = Turtle()
t2 = Turtle()
```

pi 값과 forward 메서드, 객체 t1, t2가 정의되었습니다. 객체가 생성된 시점의 구조는 다음 그림과 같습니다.

그림 객체가 생성된 Turtle 클래스의 구조

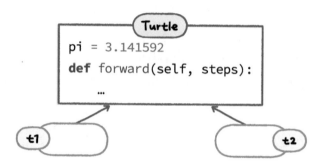

먼저 클래스 멤버를 봅니다. 클래스 멤버 Turtle.pi가 t1.pi와 같은 객체인지 확인해 보겠습니다. 결과가 True이므로 t1.pi는 Turtle 클래스의 멤버가 맞습니다.

```
In [20]:    Turtle.pi is t1.pi        # 클래스 멤버

            True
```

다음으로 클래스 메서드를 보겠습니다. 거북이를 앞으로 움직이는 forward 메서드를 확인합니다.

```
In [21]:    Turtle.forward

            <function _main_.Turtle.forward(self, steps)>
```

Turtle.forward는 함수(function)네요. 그럼 t1.forward 메서드를 확인해 봅니다.

```
In [22]:    t1.forward

            <bound method Turtle.forward of <_main_.Turtle object at 0x000001F09B15A8B0>>
```

바운드 메서드(bound method)라고 나옵니다. 같은 함수를 참조하는 두 결과가 조금 다릅니다만, 그 이유는 다음에 자세히 설명하겠습니다. 아무튼 `forward`라는 메서드가 정의되어 있는 것은 확인할 수 있었습니다.

클래스 멤버와 메서드

그렇다면 이 시점에서 객체 `t1`, `t2` 안에 정의된 멤버가 있을까요? 아직은 아무것도 없습니다. 정의한 적이 없기 때문입니다. 보통 인스턴스 멤버를 이런 식으로 외부에서 정의하지는 않습니다만, 설명을 위해서 일단 x 멤버를 정의하겠습니다.

```
In [23]:   t1.x = 10
           t2.x = 0
```

그럼 `Turtle` 클래스는 다음 구조를 갖게 됩니다.

그림 인스턴스 멤버 x가 정의된 `Turtle` 클래스 구조

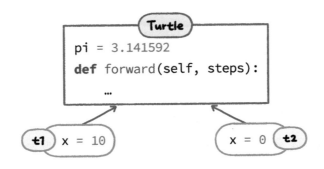

이들 x값은 객체(`t1`, `t2`)에서 각각 접근 가능합니다. `t1`의 x는 10, `t2`의 x는 0임이 잘 확인됩니다.

```
In [24]:   t1.x      # 객체 t1에서 x에 접근

           10
```

```
In [25]:    t2.x        # 객체 t2에서 X에 접근

            0
```

하지만 클래스에서 아래쪽으로의 접근은 불가능합니다. 인스턴스 멤버를 클래스에서 접근할 수는 없습니다. 접근하려 하면, `Turtle` 클래스에 `x`가 없어 참조할 수 없다는 `AttributeError` 오류가 발생하게 됩니다.

```
In [26]:    Turtle.x        # 클래스 Turtle에서 접근

            ---------------------------------------------------------------------
            AttributeError                          Traceback (most recent call last)
            Input In [26], in <cell line: 1>()
            ----> 1 Turtle.x

            AttributeError: type object 'Turtle' has no attribute 'x'
```

메서드 호출과 인스턴스 멤버

인스턴스 멤버 `x`가 정의되었으니, 이번에는 메서드를 호출해 보겠습니다. 클래스에 정의된 `forward()` 메서드를 이용하여 거북이 위치를 변경해 봅니다.

`forward(self, steps)` 메서드에서, 인수 `self`는 인스턴스 객체 자신을 의미합니다. `t1.forward(10)`을 호출할 때 `self`는 t1, steps는 10이 되며, `t2.forward(5)`를 호출할 때 `self`는 t2, steps는 5가 됩니다. 따라서 `self.x += steps`는 인스턴스 객체(t1 혹은 t2) 내부의 x값을 steps만큼 증가시키라는 의미가 됩니다.

다음은 객체 멤버 x가 미리 정의되어 있어야 실행 가능한 문이긴 하지만, 앞선 코드에서 10, 0으로 각각 치환했으니 현재 상태에서도 실행은 가능합니다.

```
In [27]:    t1.forward(10)
            t2.forward(5)
```

t1 객체를 10만큼, t2 객체를 5만큼 각각 이동시켰습니다. 이 메서드 호출에 의해 인스턴스 멤버 x의 값이 변경됩니다. 변경된 값을 확인해 보겠습니다. 먼저 t1입니다.

```
In [28]:    t1.x

            20
```

20이네요! 앞서 임의로 t1의 객체 멤버 x를 10으로 정의했었습니다. 여기서 10만큼 더 이동했으니 20이 된 것입니다. 그렇다면 t2는 어떨까요? 객체 멤버 x의 원래 값이 0이었으므로 5가 됩니다.

```
In [29]:    t2.x

            5
```

그림 t1.forward(10), t2.forward(5) 실행 후 인스턴스 멤버 x 값

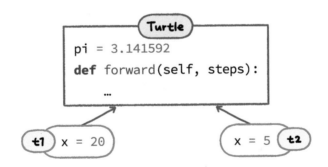

객체 멤버를 보다 효율적으로 초기화할 방법이 필요한 것 같습니다만, 그 내용은 다음에 다루겠습니다.

정리하자면, 클래스 공간에는 멤버와 메서드를 저장하고, 객체 공간에는 멤버를 저장하는 것이 일반적인 객체의 구조입니다. 이들 멤버와 메서드들은 서로 유기적인 관계를 갖고 연결되어 동작합니다. 멤버는 객체의 상태를 나타내며, 메서드는 이들 상태를 변경시키는 일을 합니다.

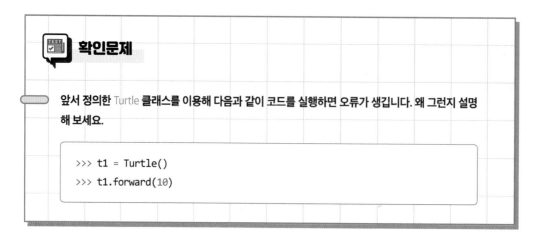

확인문제

앞서 정의한 Turtle 클래스를 이용해 다음과 같이 코드를 실행하면 오류가 생깁니다. 왜 그런지 설명해 보세요.

```
>>> t1 = Turtle()
>>> t1.forward(10)
```

노트북_37
클래스 작성 방법

자, 앞 노트북에서 클래스와 객체의 기본적인 개념을 세웠습니다. 이제 간단하지만 실제적인 클래스를 만들면서 몇 가지 개념을 좀더 구체화해 가도록 합시다.

⃝ 메서드와 self 인자의 관계

앞서 클래스는 변수와 메서드, 즉 객체를 정의하는 틀이라고 했습니다. 그러니 클래스 안에는 이런저런 변수나 메서드들이 들어있게 됩니다. 이런 클래스 내 변수나 메서드에 접근하려면 어떻게 해야 할까요?

클래스나 객체 내부의 속성에 접근하려면 먼저 self 인자를 이해해야 합니다. self가 과연 무엇인지, 실제 클래스를 작성해서 설명해 보겠습니다.

```
In [1]:
class Turtle:                    # Turtle 클래스 선언
    def initialize(self):        # initialize 메서드 = 초기화
        self.x = 0
    def forward(self, steps):    # forward 메서드 = steps만큼 이동
        self.x += steps
    def getPosition(self):       # getPosition 메서드 = 현재 위치 반환
        return self.x

t = Turtle()
```

`Turtle` 클래스에 있는 모든 메서드의 첫 번째 인자(소괄호 안)는 `self`입니다. 이렇듯 메서드는 첫 인자로 자기 자신의 객체를 전달받습니다. 그런 뒤 전달받은 객체에 대한 연산을 `self`를 통해 수행해 나갑니다. (이름이 꼭 self일 필요는 없지만, 관례상 self를 사용합니다.)

메서드를 '클래스 내부의 함수'라 이해해도 크게 무리는 없습니다. 그러나 함수에는 `self` 인자가 없습니다. 이것이 함수와 메서드의 차이점입니다. 따라서 이처럼 클래스를 '정의'만 했을 경우, 객체 `t`에는 아직 x라는 멤버 변수가 존재하지 않습니다.

```
In [2]:   t.x

          --------------------------------------------------------------------
          AttributeError                        Traceback (most recent call last)
          Input In [2], in <cell line: 1>()
          ----> 1 t.x

          AttributeError: 'Turtle' object has no attribute 'x'
```

x값을 설정하기 위해서 초기화 메서드 `initialize()`를 호출하겠습니다. `initialize()`는 클래스 `Turtle`의 이름 공간에 정의된 것이기 때문에, 당연히 클래스 수준에서 호출 가능합니다. 이런 경우, 다음처럼 명시적으로 첫 인자로서 인스턴스 객체를 전달해야 합니다. 그리고 나면 x 멤버가 설정됩니다.

```
In [3]:   Turtle.initialize(t)     #? 좋지 않은 호출 방법
          t.x

          0
```

하지만 이런 식의 호출은 객체 지향 프로그래밍 방식에 어울리지 않습니다. 객체 지향 프로그래밍에서는 객체를 중심으로 메서드를 호출합니다. 이렇게 인스턴스 객체를 통해서 메서드를 호출할 때는 `self` 인자에 값을 전달할 필요가 없습니다. `self` 인자에 자동적으로 `t`라는 객체가 전달되기 때문입니다.

```
t.initialize()
```

이것을 **바운드 메서드 호출**(bound method call)이라고 부르는데, 그 이유는 `t.initialize()` 메서드가 '바운드 메서드'이기 때문입니다. 여기서 '바운드 되었다'란, `initialize`가 `t`에 연결되어 있다는 말입니다. 즉, `self`를 지정하지 않아도 결과적으로 `t.initialize()`에 의해 `Turtle.initialize(t)`가 호출되는 것입니다.

In [5]:

```
t.initialize
```

이 출력은 `Turtle.initialize` 함수가
객체 t에 이미 연결되었다(bound)는 의미입니다.

```
<bound method Turtle.initialize of <__main__.Turtle object at 0x000001BAB7F69820>>
```

반복하지만 `self`는 `t` 객체를 참조하기 때문에, `self`로 연산되는 것은 `t`로 연산되는 것과 동일합니다. 따라서 `self.x = 0`은 `t.x = 0`과 같습니다. `self`를 이용한다는 것은, 인스턴스 객체 공간을 이용하는 것을 의미합니다.

객체 `t`를 초기화했으니 앞으로 진행시켜 봅시다. 값을 읽을 경우에도 멤버 x에 직접 접근하기보다는, `getPosition()`과 같이 메서드를 통해서 값을 가져오는 편이 좋습니다.

In [6]:

```
t.forward(100)      # 100이 steps에 전달됨
t.getPosition()

100
```

○ 객체의 자동 초기화 방법(`__init__()`)

객체가 생성될 때 멤버도 같이 만들어지고, 초깃값도 설정되는 것이 바람직합니다. 그러므로 객체 운영에 필요한 멤버를 생성하고, 자동으로 초기화해 주는 기능이 필요합니다.

○ 메서드 이름 ○

언더라인 두 개(__)로 시작하고 끝나는 이름들: 파이썬에 이미 정의된 것! 객체마다 다양함

파이썬 라이브러리 레퍼런스 중
'Data Model' 참고

__init__(self) 메서드가 이 일을 합니다. 이 메서드를 다른 말로 **생성자**(constructor)라고도 부릅니다. 클래스의 생성자는 객체가 생성되면 초기화를 위해서 자동으로 호출되는 메서드입니다. 모든 초기화 코드가 이 안에 들어갑니다. 이것을 이용해 Turtle 클래스를 다시 정의합니다.

```
In [7]:
class Turtle:
    def __init__(self):        # 생성자: 객체 생성시 자동으로 호출됨
        self.x = 0
    def forward(self, steps):
        self.x += steps
    def getPosition(self):
        return self.x

t1 = Turtle()
t2 = Turtle()
t1.forward(100)      # 100이 steps에 전달됨
t2.forward(50)

print(t1.getPosition(), t2.getPosition())

100 50
```

코드를 살펴보면, Turtle 객체(클래스)를 만들 때 가장 먼저 메서드 __init__()를 호출합니다. 그 덕분에 문제없이 다른 메서드들을 호출할 수 있는 것입니다. 반복하지만 self로 다루어지는 멤버들은 모두 객체 공간에 저장됩니다. 따라서 두 거북이 객체 t1, t2가 각기 다른 x값을 가질 수 있습니다.

◉ 메서드 내에서 메서드 호출하기

메서드 내에서 메서드를 호출하는 개념도, 지금까지 배워온 클래스 멤버에 접근하는 것과 크게 다르지 않습니다. 그렇지만 조금 생각해볼 거리는 있습니다. 다음 클래스를 보겠습니다. 앞선 Turtle 클래스에, backward() 메서드를 추가한 것입니다.

```python
class Turtle:
    def __init__(self):
        self.x = 0
    def forward(self, steps):
        self.x += steps
    def backward(self, steps):
        self.forward(-steps)
    def getPosition(self):
        return self.x

t = Turtle()
t.backward(100)
t.getPosition()

-100
```

여기에서 backward() 메서드는 클래스 내부의 forward() 메서드를 호출합니다. 이런 경우에도 self 인자를 이용해야 합니다. self 없이 그냥 forward(-steps)로만 처리하면, 파이썬은 forward() 함수를 클래스 내부 영역이 아니라, 전역 영역에서 찾게 됩니다.

이 예시에서 backward()를 호출할 때의 self는 t이므로, self.forward는 t.forward와 같습니다. t.forward도 바운드 메서드니, forward() 메서드의 self에 t가 전달됩니다.

참조는 객체를 이용하지만, 사실 메서드는 클래스에 정의된 함수를 공유하고 있습니다. 결론적으로, 클래스 멤버이든 메서드이든, 모든 속성을 참조할 때는 무조건 self.로 시작한다고 생각해도 무방합니다.

확인문제

다음과 같이 주어진 클래스에 speak라는 새로운 메서드를 여러분의 방식으로 추가해서 동작시켜 보세요. 그리고 서로 다른 이름과 나이를 갖는 인스턴스를 두 개 만들어 보세요.

```python
class Dog:
    def __init__(self, name, age):
        self.name = name
        self.age = age
```

 실행과제

파이썬은 _init_ 외에도 미리 정의된 메서드를 다수 가지고 있습니다. 그중 _repr_은 문자열을 반환하는데, 이것이 인스턴스 객체들이 print()로 출력할 때 보여줄 메시지가 됩니다. 이 메서드를 어떻게 사용하는지 확인해 보고, 직접 클래스에 구현해서 실행해 보세요.

노트북_38

클래스 설계의 예

이 책의 대단원으로, 지금까지 다뤄온 Turtle 클래스를 조금 더 발전시켜 보고자 합니다. 거북이 대신에 마우스가 실제로 움직이도록 하겠습니다.

◎ Turtle 그래픽 클래스 설계

터틀 그래픽의 메서드 몇 개를 Turtle 클래스에 구현하겠습니다. Turtle 클래스의 속성을 좌표와 진행 방향 두 개로 잡겠습니다. 이외에도 더 다양한 상태 변수를 설정할 수 있겠지만, 그것은 여러분 몫으로 남겨두고 최대한 간단히 정의해 보겠습니다.

```
In [1]:
import math                          # 수학 연산을 위한 math 모듈 가져오기


class Turtle:                        # Turtle 클래스 선언
    def __init__(self, x=0, y=0):    # 객체 자동 초기화
        self.pos = [x, y]
        self.direction = 0

    def moveTo(self, x, y):          # 특정 좌표로 이동
        print('moving ({}, {}) -> ({}, {})'.format(self.pos[0], self.
pos[1], x, y))
        self.pos[0] = x
        self.pos[1] = y
```

```python
    def forward(self, steps):          # 앞으로 이동
        rad = math.radians(self.direction)      # radian→degree
        dx = steps * math.cos(rad)
        dy = steps * math.sin(rad)
        new_x = self.pos[0] + dx
        new_y = self.pos[1] + dy
        self.moveTo(new_x, new_y)

    def left(self, angle):             # 좌회전
        self.direction = (self.direction + angle) % 360

    def backward(self, steps):         # 뒤로 이동
        self.forward(-steps)

    def right(self, angle):            # 우회전
        self.left(-angle)

    def getPosition(self):             # 좌표 반환
        return self.pos

    def getDirection(self):            # 진행 방향 반환
        return self.direction
```

일단 큰 틀만 정의했습니다. 위치 좌표(pos)는 [x, y] 리스트로 구성된 2차원으로 정했습니다. 거북이의 진행 방향을 지시하는 멤버 direction도 만들었습니다. 우측 방향을 0도로 지정한 뒤, 반시계 방향으로 한 바퀴를 돌면 360도가 됩니다.

다음으로 forward()와 left()만 잘 정의하면 backward()와 right()는 같이 해결됩니다. 반대되는 메서드의 인자를 -로 뒤집어 주면 되기 때문입니다.

진행 방향에 따른 좌표 변화는 도(degree)를 이용하려고 합니다. 그런데 삼각함수는 모두 라디안(radian) 단위를 사용합니다. 그래서 실제 연산에서는 진행 방향을 라디안으로 변환해서 처리해야 합니다. 실행 예는 다음과 같습니다.

```
t = Turtle()
t.forward(100)
t.left(90)       # 왼쪽 방향으로 90도 회전
t.forward(100)
```

```
moving (0, 0) -> (100.0, 0.0)
moving (100.0, 0.0) -> (100.0, 100.0)
```

⊙ Point 클래스 추가 정의

클래스에서는 다른 클래스의 인스턴스를 얼마든지 활용할 수 있습니다. 앞 노트북의 거북이 클래스에서는 좌표를 [x, y] 리스트에 저장했는데, 이번에는 좌표를 저장하는 클래스를 새로 만들어서 적용해 보겠습니다. 좌표를 나타내는 Point 클래스는 다음과 같이 정의합니다.

In [3]:

```
class Point:
    def __init__(self, x, y):
        self.x = x
        self.y = y

    def move(self, dx, dy):
        self.x += dx
        self.y += dy

    def moveTo(self, x, y):
        self.x = x
        self.y = y

    def getX(self):
        return self.x

    def getY(self):
```

```
        return self.y

    def getPos(self):
        return self.x, self.y
```

이 `Point` 클래스를 이용해서 거북이를 다시 정의해 봅시다. 다음 코드에 `Point`가 어떻게 적용되었는지 살펴보시기 바랍니다. `animation()` 메서드도 추가되었습니다. 지금은 애니메이션을 적용할 수 없으므로, 텍스트 메시지를 출력하는 것으로 대신했습니다.

In [4]:
```python
import math                              # 수학 연산을 위한 math 모듈 가져오기

class Turtle:                            # Turtle 클래스 선언

    def __init__(self, x=0, y=0):        # 전체 객체 자동 초기화
        self.pos = Point(x, y)
        self.direction = 0
        self.animation()

    def animation(self):                 # animation 메서드 정의
        print('[ANIM] move_to {}'.format(self.pos.getPos()))

    def moveTo(self, x, y):
        self.pos.moveTo(x, y)
        self.animation()

    def move(self, dx, dy):
        old_pos = self.pos.getPos()      # 기존 위치를 나타내는 old_pos 변수
        self.pos.move(dx, dy)
        self.animation()

    def forward(self, steps):
        rad = math.radians(self.direction)    # 라디안 → 도
        dx = steps * math.cos(rad)
        dy = steps * math.sin(rad)
        self.move(dx, dy)
```

```
        def left(self, angle):                    # 좌회전 = left 메서드 정의
            self.direction = (self.direction + angle) % 360

        def backward(self, steps):                # 뒤로 이동 = backward 메서드 정의
            self.forward(-steps)

        def right(self, angle):                   # 우회전 = right 메서드 정의
            self.left(-angle)

        def getPosition(self):                    # 좌표 반환 = getPosition 메서드 정의
            return self.pos

        def getDirection(self):                   # 진행 방향 반환 = getDirection 메서드 정의
            return self.direction
```

간단한 실행 예입니다.

```
t = Turtle()
t.forward(100)
t.left(90)
t.forward(100)

[ANIM] move_to (0, 0)
[ANIM] move_to (100.0, 0.0)
[ANIM] move_to (100.0, 100.0)
```

○ 클래스 상속 (MouseTurtle 편)

네밍의 실전 시간입니다. 정의한 거북이 클래스를 활용해 마우스 커서를 실제로 움직여 봅시다. 마우스 좌표 설정에는 Turtle 클래스를 그대로 사용하기로 합니다. 거기에서 animation() 메서드만 실제로 마우스를 움직이는 코드로 변경하면 됩니다.

[노트북_15]에서 익히 사용해 봤던 **pyautogui** 모듈로 마우스를 움직일 수 있습니다. 설치가 필요하다면 명령 프롬프트에서 다음 명령으로 설치해 줍시다.

```
> pip install pyautogui
```

> PyAutoGUI 패키지에 관해서는 https://pyautogui.readthedocs.io/ 참조

그러면 실제로 마우스를 움직이는 테스트를 먼저 해봅시다. 이 코드를 실행하면, 마우스 커서가 모니터상의 (100, 100) 좌표로 이동해 있을 겁니다.

```
In [6]:

import pyautogui     # pyautogui 모듈 가져오기

pyautogui.FAILSAFE = False
pyautogui.moveTo(100, 100)
```

주의 `pyautogui.FAILSAFE = False` 설정은 범위를 넘어선 좌표일 경우 오류를 발생시키지 말고 범위 내에서 처리하라는 옵션입니다.

이번에는 좀 천천히 움직여 보겠습니다. 다음 코드는 마우스 커서를 (10, 10) 좌표에서 (1500, 100) 좌표로 2.0초 동안 움직입니다.

```
In [7]:

pyautogui.moveTo(10, 10)
pyautogui.moveTo(1500, 100, duration=2.0)
```

이 기능을 추가한 새로운 클래스를 정의하려고 합니다. 그런데 새 클래스의 모든 기능은 기존의 **Turtle** 클래스와 동일하고, 단지 **animation()** 메서드만 다릅니다. 그러니 전부 새로 정의하는 것은 아무래도 낭비 같습니다.

이런 경우, **상속(inheritance)**을 이용하면 됩니다. 프로그래밍 언어에서 상속이란, 기존 클래스의 속성을 그대로 새 클래스에 받아내는 것입니다. 예를 들어, '남자'란 클래스는 '사람'이란 클래스에서 상속받아서 만들 수 있습니다. '사람'이란 클래스가 인간 공통의 속성을 전부 가지고 있기에, '남자' 클래스는 거기에 남자만 가지는 속성만 더 추가하면 되는 것입니다.

개념은 생소하지만 실행은 간단합니다. 클래스 상속 코드 형식은 다음과 같습니다.

```
class 새_클래스(슈퍼_클래스):
    pass
```

() 안에 속성을 상속시켜 줄 기존 클래스(슈퍼클래스) 이름을, () 앞에는 속성을 상속받을 새 클래스 이름을 하나 정해 각각 그대로 입력합니다. 상속 외의 다른 작업을 하지 않을 것이므로, pass 문으로 코드 블록을 마무리합니다.

그럼 마우스를 움직이는 새 클래스 이름을 임의로 MouseTurtle로 정하고, Turtle 클래스를 상속해 보겠습니다.

```
In [8]:   class MouseTurtle(Turtle):
              pass
```

간단하게 MouseTurtle 클래스가 Turtle 클래스를 그대로 상속받았습니다. 이 MouseTurtle 클래스는 Turtle 클래스와 완전히 동일합니다. 다음 이동 코드 블록의 출력값을 앞의 In [5] 코드와 비교해 보세요. 똑같다는 것을 쉽게 알 수 있을 겁니다.

```
In [9]:   t = MouseTurtle()
          t.forward(100)
          t.left(90)
          t.forward(100)

          [ANIM] move_to (0, 0)
          [ANIM] move_to (100.0, 0.0)
          [ANIM] move_to (100.0, 100.0)
```

하지만 말했듯이 클래스 내 메서드 중 단 하나, animation()만은 변경하기로 했습니다. 이렇게 변경하거나 새로 추가되는 부분만 다시 정의해 주면 됩니다.

```
import pyautogui              # pyatogui 모듈 가져오기

pyautogui.FAILSAFE = False    # pyautogui 모듈 오류 방지 코드

class MouseTurtle(Turtle):    # MouseTurtle 클래스에서
    def animation(self):      # animation() 메서드만 재정의
        pyautogui.moveTo(self.pos.getX(), self.pos.getY(), 1.0)
                              # pyautogui 모듈로 마우스 커서 동작 메서드로 변경

t = MouseTurtle()
for i in range(4):            # 다음 동작을 4번 반복
    t.forward(500)
    t.left(90)
```

이렇게 새로 정의된 `animation()`은 앞으로 기존 `animation()` 메서드를 대체해 쓰입니다. 나머지 메서드와 변수들은 그대로 사용됩니다. 두 클래스와 객체 `t`의 구조는 오른쪽 그림과 같습니다.

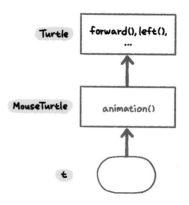

그런데 생각해 보니, 초기 이동 시에는 마우스를 빠르게 움직이는 게 좋을 것 같습니다. 멤버 `duration`을 이용해서 고정 이동 시간을 정해 보겠습니다.

그리고 `pyautogui` 모듈의 `pyautogui.easeOutQuad` 옵션은 마우스를 보다 자연스럽게 움직이게 해줍니다. 이걸 사용해 생성자를 다시 작성하겠습니다. 기존 `Turtle`의 생성자를 대치합니다.

In [11]:

```
class MouseTurtle(Turtle):
    def __init__(self, x=0, y=0):
        self.pos = Point(x, y)
        self.direction = 0
        self.duration = 0.0
        self.animation()
        self.duration = 1.0
```

```
    def animation(self):
        pyautogui.moveTo(self.pos.getX(), self.pos.getY(), self.
duration, pyautogui.easeOutQuad)

t = MouseTurtle()
for i in range(4):
    t.forward(500)
    t.left(90)
```

마지막으로 새로운 메서드를 추가해 보겠습니다. Turtle 클래스에 없는 새로운 메서드를 넣어서 MouseTurtle만의 동작을 구현할 수 있습니다. 다음은 pyautogui 모듈에 포함되어 있는 마우스 클릭, 더블 클릭, 마우스 다운, 마우스 업 관련 메서드를 MouseTurtle 클래스에 추가한 코드입니다.

```
In [12]:
class MouseTurtle(Turtle):
    def __init__(self, x=0, y=0):
        self.pos = Point(x, y)
        self.direction = 0
        self.setDuration(0.0)
        self.animation()
        self.setDuration(1.0)

    def animation(self):
        pyautogui.moveTo(self.pos.getX(), self.pos.getY(), self.
duration, pyautogui.easeOutQuad)

    def setDuration(self, dur):
        self.duration = dur

    def click(self):
        pyautogui.click()

    def doubleClick(self):
        pyautogui.doubleClick()
```

```
def mouseDown(self):
    pyautogui.mouseDown()


def mouseUp(self):
    pyautogui.mouseUp()
```

mouseDown(): 마우스의 왼쪽 버튼을 누른 상태로 유지합니다.
mouseUp(): 마우스의 눌린 왼쪽 버튼을 해제합니다.

mouseDown() → moveTo() → mouseUp() 순의
호출은 마우스 드래깅(dragging)과 동일합니다.

편의를 위해 모듈의 메서드 이름과 MouseTurtle 메서드 이름을 통일했습니다. 메서드가 잘 추가되었다면 다음 코드를 직접 실행하고, 그 실행 과정을 살펴보시기 바랍니다.

In [13]:
```
t = MouseTurtle()

t.mouseDown()           # 마우스 왼쪽 버튼을 누른 상태로 유지
for i in range(4):      # 다음 코드를 4회 반복
    t.forward(500)      # 앞으로 500포인트 이동
    t.left(90)          # 90도 좌회전

t.mouseUp()             # 마우스 버튼을 놓는 메서드
```

⬤ 변경된 Turtle 그래픽 클래스

Point, Turtle, MouseTurtle의 세 클래스 정의가 모두 끝났습니다. 이제 잘 작동하는지 테스트해볼 차례입니다. 시험을 위해 test() 함수를 정의합니다.

In [14]:
```
def test():
    t = MouseTurtle(100, 300)
    t.mouseDown()
    for i in range(4):
        t.forward(500)
        t.left(90)
    t.mouseUp()
```

```
if __name__ == '__main__':
    'test MouseTurtle'
    test()
```

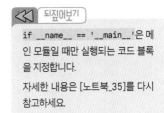
되짚어보기

if __name__ == '__main__'은 메인 모듈일 때만 실행되는 코드 블록을 지정합니다.

자세한 내용은 [노트북_35]를 다시 참고하세요.

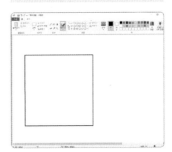

그림판 프로그램을 미리 바탕화면에 큰 창으로 열어 둔 상태에서 이 코드를 실행해 보세요. 마우스 버튼이 눌린 상태에서 이동하면서, 선이 그려지고 사각형이 완성됩니다.

지금까지 클래스에 관해서 소개 정도만 해드렸습니다만, 파이썬에 익숙해지시면 다른 중고급서를 이용해 클래스에 대한 추가 내용을 학습하고, 객체 지향 프로그래밍 방법론도 익히시면 좋을 것 같습니다. 다소 부족하지만 이렇게 클래스에 대한 내용을 정리하겠습니다.

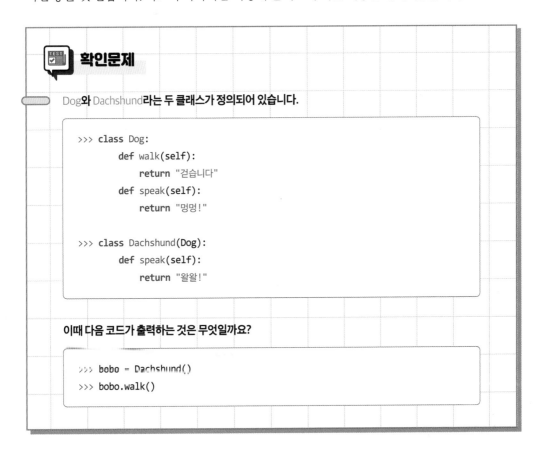

확인문제

Dog와 Dachshund라는 두 클래스가 정의되어 있습니다.

```
>>> class Dog:
        def walk(self):
            return "걷습니다"
        def speak(self):
            return "멍멍!"

>>> class Dachshund(Dog):
        def speak(self):
            return "왈왈!"
```

이때 다음 코드가 출력하는 것은 무엇일까요?

```
>>> bobo = Dachshund()
>>> bobo.walk()
```